Turismo
Como aprender,
como ensinar
1

1ª edição: 2000
2ª edição: 2001
3ª edição: 2003
4ª edição: 2008
5ª edição: 2012

OBRA ATUALIZADA CONFORME
O **NOVO ACORDO ORTOGRÁFICO**
DA LÍNGUA PORTUGUESA.

Dados Internacionais de Catalogação na Publicação (CIP)
(Câmara Brasileira do Livro, SP, Brasil)

Turismo. Como aprender, como ensinar, 1 / Luiz Gonzaga Godoi
    Trigo (organizador). – São Paulo: Editora Senac São Paulo,
    2000.

    Vários autores.
    Bibliografia.
    ISBN 978-85-7359-548-2

    1. Turismo – Estudo e ensino I. Trigo, Luiz Gonzaga
Godoi.

01-0175   CDD-338.479107

Índices para catálogo sistemático:

1. Turismo : Estudo e ensino   338.479107

Turismo
Como aprender,
como ensinar
1

LUIZ GONZAGA GODOI TRIGO

Organizador

5ª edição

ADMINISTRAÇÃO REGIONAL DO SENAC NO ESTADO DE SÃO PAULO

Presidente do Conselho Regional: Abram Szajman
Diretor do Departamento Regional: Luiz Francisco de A. Salgado
Superintendente Universitário e de Desenvolvimento: Luiz Carlos Dourado

EDITORA SENAC SÃO PAULO

Conselho Editorial: Luiz Francisco de A. Salgado
Luiz Carlos Dourado
Darcio Sayad Maia
Lucila Mara Sbrana Sciotti
Jeane Passos Santana

Gerente/Publisher: Jeane Passos Santana (jpassos@sp.senac.br)
Coordenação Editorial: Márcia Cavalheiro Rodrigues de Almeida (mcavalhe@sp.senac.br)
Thaís Carvalho Lisboa (thais.clisboa@sp.senac.br)
Comercial: Rubens Gonçalves Folha (rfolha@sp.senac.br)
Administrativo: Luis Americo Tousi Botelho (luis.tbotelho@sp.senac.br)

Preparação de Texto: Fátima de Carvalho M. de Souza
Revisão de Texto: Ivone P. B. Groenitz (coord.), Leticia Castello Branco,
Luiza Elena Luchini, Márcio Della Rosa
Capa: João Baptista da Costa Aguiar
Impressão e Acabamento: Rettec Artes Gráficas

Sumário

Nota do editor

Ensinamento inicial obrigatório para quem faz indagações sobre turismo, ou seja, sobre o que se deve conhecer para o domínio em alto nível desse tema, é que sua abrangência ultrapassa de muito toda concepção prévia, mesmo quando bem-informada. O turismo tem desdobramentos que se vão oferecendo ao interessado com crescente fascínio, e isso ajuda a explicar a evidência por ele obtida nestes últimos anos.

Como com frequência sucede em relação a temas de recente formação e rápido prestígio, delimitaram-se, porém, alguns "feudos" de informação nesse campo, que Luiz Gonzaga Godoi Trigo atribui à falta de comunicação ou de sentimento solidário, impedindo que se distribuíssem as fórmulas e os planos para o ensino de turismo nas escolas.

Este livro em dois volumes, o segundo sob a coordenação de Marília Ansarah, apresenta-se como uma contribuição a mais do Senac São Paulo no sentido de eliminar tais "feudos" e democratizar o conhecimento. Pela primeira vez no país se publica um roteiro em que considerações específicas sobre disciplinas na sua relação com o turismo somam-se à orientação de ministrá-las, indicando seu conteúdo básico e a bibliografia e incluindo reflexões sobre como cada disciplina se enquadra no contexto maior do turismo.

"Turismo é divertido e deve ser aprendido e ensinado com o maior prazer possível", diz Godoi Trigo, co-organizador dessa coletânea. Estes ensaios são a prova disso.

Apresentação

O que especificamente se aprende em turismo e hotelaria? Muitos alunos, profissionais e professores já ouviram ou fizeram essa pergunta crucial. A resposta não é tão óbvia ou evidente. Depende de vários fatores: do país onde o curso é oferecido, se é um programa básico e rápido, se é um curso técnico ou superior e ainda se está direcionado a determinado segmento. Sendo o turismo e a hotelaria áreas que envolvem várias disciplinas, é preciso que se entenda o fenômeno turístico de forma plena, assim como as suas relações com o mundo atual e com as outras disciplinas.

Com a expansão rápida dos cursos de turismo e hotelaria no Brasil, após 1995, percebeu-se que muitos dos novos profissionais e professores não entendiam exatamente de turismo. Essa realidade não é totalmente nova ou apenas nacional. O pesquisador Jafer Jafari, em palestra recentemente proferida em Hangzhou, China, declarou que em vários países do mundo há falta de professores especializados em turismo, hotelaria, gastronomia, lazer e entretenimento. Foi pensando em todos os que se interessam pela educação nessas áreas que os organizadores reuniram trinta especialistas para comentarem 24 disciplinas ou atividades pedagógicas relacionadas ao curso de turismo. Pela primeira vez no país é apresentado um roteiro com considerações específicas sobre determinada disciplina, sua relação com o turismo, como pode ser ministrada, seu conteúdo básico, bibliografia e algumas reflexões sobre como se enquadra no contexto maior do turismo. São propostas abertas, que podem ser ampliadas ou adaptadas à região geoeducacional, à instituição e aos alunos dos mais variados lugares e segmentos do Brasil. Os conteúdos foram divididos em dois volumes: este primeiro é dedicado às disciplinas de formação básica, e o segundo é dedicado às disciplinas mais específicas.

É importante esclarecer que os autores pensaram em realizar alguns cenários possíveis para os cursos de turismo. Aqui não há dogmas ou diretrizes rígidas, há "dicas" e modelos de como alguns pesquisadores e professores trabalham junto a seus alunos e colegas. O mais importante é que estamos eliminando os "feudos" de informação que impediam – por falta de comunicação ou de sentimento solidário – que se distribuíssem as fórmulas e os planos de como aprender e ensinar turismo nas escolas. Não há segredos. Há trabalho de pesquisa, busca de parâmetros científicos para o turismo, exigência de reflexão, consciência crítica e social, ao lado do desejo de inserção ética e sustentável em um dos mercados que mais crescem no mundo e que se caracteriza como ponta nas sociedades pós-industriais.

É importante levar em consideração que essas propostas são altamente perecíveis. Com as mudanças globais todo esse material deve ser atualizado sistematicamente com os jornais diários, revistas semanais ou quinzenais, com as informações *on-line* dos vários sistemas ligados ao turismo e com novos livros e artigos que periodicamente são lançados e mudam a nossa visão do mundo e do turismo. Tampouco os artigos esgotam totalmente os assuntos; há outras facetas e ângulos que podem ser desenvolvidos pelo leitor, de acordo com seus interesses e possibilidades intelectuais.

Qualquer instituição educacional, governo, empresa ou grupo que deseja promover o estudo do turismo deve entender que alguns tópicos são essenciais: analisar criticamente o processo da globalização e a dinâmica das sociedades pós-industriais; considerar a ética e a sustentabilidade como vitais para o turismo; compreender a inserção do turismo no contexto maior do entretenimento, da educação, mídia e cultura; ter consciência da necessidade de justiça social e promoção do ser humano; e finalmente que turismo é algo divertido e deve ser aprendido e ensinado com o maior prazer possível.

Os cursos de turismo existem desde 1971, e milhares de pessoas formaram-se ao longo dessas décadas. Atualmente, há um grupo de especialistas, composto por docentes, pesquisadores e profissionais engajados, que está se tornando significativo no Brasil e em alguns círculos internacionais, mas ainda há muito espaço para novos educadores, pesquisadores, empresários, profissionais e planejadores para a área do turismo e para as áreas correlatas. Esperamos que você seja um desses novos profissionais. Boa leitura.

Luiz Gonzaga Godoi Trigo

As possibilidades da filosofia

Luiz Gonzaga Godoi Trigo

Por que a filosofia é importante para o profissional (ou estudante) de turismo, lazer ou hotelaria? A pergunta poderia simplesmente ser colocada da seguinte forma: por que a filosofia é importante? Sua relevância pode ser evidenciada sob vários enfoques. Em primeiro lugar é uma das possibilidades mais interessantes com que a gente pode se divertir. Além disso, a filosofia possibilita ao ser humano uma compreensão mais ampla da sociedade e do mundo através de uma reflexão crítica, profunda, sistemática e abrangente. A filosofia permite que o cidadão compreenda melhor sua inserção na dinâmica da política, seja ela local ou global. Para o cidadão ou o profissional, a filosofia pode ser um importante diferencial que lhe garanta um nível de compreensão mais articulado e uma série de conhecimentos que lhe deem condições de ser um excelente *global player*, um jogador global, sem deixar de perceber as relações existentes em sua realidade. A filosofia ajuda de forma direta e consistente o estudo das diversas disciplinas de um curso, possibilita o desenvolvimento do raciocínio e permite que se atinjam as "raízes" ou as "fontes" do conhecimento. Um dos aditivos mais poderosos que um profissional pode utilizar para garantir seu sucesso e diferenciar-se da mediocridade dos demais é a filosofia. Afinal, quem detém o conhecimento detém o poder. Poder de fazer o quê? De ser mais livre e fazer opções na vida pessoal ou profissional. Usufruir a sua liberdade individual é uma das conquistas mais preciosas da civilização ocidental e trabalhar para que todos tenham condições de usufruir essa liberdade é um dos pontos vitais da manutenção de nossa civilização. Por isso, é importante lutar contra todos os tipos de totalitarismo, de direita ou de esquerda, e valorizar a paz, a ética e a justiça social. Filosofia tem tudo que ver com qualidade de vida em alto nível, com valores éticos e com compromissos sociais e políticos que garantem a nossa liberdade individual e a responsabilidade social.

Como o ensino de filosofia pode ser oferecido aos estudantes de lazer, turismo, hotelaria, gastronomia ou entretenimento em geral? É difícil fazer que as pessoas entendam todas as questões complexas de uma vez e de forma chocante. Por exemplo, não é uma boa ideia começar um curso dizendo que a filosofia permite que se diferencie o conceito do "nada" em Heidegger, Sartre e no pensamento taoísta. Tampouco ajuda entrar direto na epistemologia (teoria do conhecimento), apontando a evolução desde o empirismo de David Hume até o racionalismo de Descartes e a filosofia de Kant. Essas questões são para quem vai fazer o curso de filosofia ou de política. Há meios mais gostosos de se ensinar filosofia para outros cursos. Pode ser através de um enfoque histórico analisando a evolução do pensamento humano, desde as eras mitológicas e religiosas até o surgimento da filosofia e da ciência. Pode ser através de enfoques temáticos como o poder, o conhecimento, a política ou o prazer. Evidentemente devem ser estudados alguns filósofos que foram referência em seu tempo e espaço para que os alunos tenham uma visão do desenvolvimento das ideias filosóficas no contexto do desenvolvimento histórico. Entendo que o ensino de filosofia para os cursos destinados ao setor de serviços deve enfatizar a questão do prazer e ser oferecido de uma maneira tão gostosa e sofisticada como um jantar mediterrâneo, terminando com uma travessa de framboesas e amoras silvestres sutilmente lambuzadas de *chantilly* e acompanhadas de uma taça de champanhe ou, se preferir, um vinho doce. Aliás, o prazer não deveria ser desleixado de outros setores do conhecimento, e mesmo os conteúdos mais áridos podem ser apresentados de um modo sedutor.

Muitas facetas dos conteúdos programáticos dos cursos mais novos deixam de ser exploradas por desconhecimento, dogmatismo ou timidez dos professores. A gastronomia, por exemplo, é um curso novo e possui áreas como a etnogastronomia, em que a literatura, a antropologia, a história e a geografia se unem para traçar um cenário interessante e divertido de ser estudado. A área de turismo então oferece uma infinidade de facetas para os diversos enfoques filosóficos. O importante é que o professor seja um facilitador para os alunos e mostre primeiramente as delícias da filosofia enquanto se encaminha para suas sendas mais rigorosas e até mesmo menos exuberantes. O professor deve ter em mente que o processo pedagógico deve ser divertido e ao mesmo tempo eficiente. Em cursos destinados a formar profissionais que vão trabalhar com o prazer e o conforto dos seres humanos, é fundamental que as aulas, seminários e viagens ou visitas técnicas aproveitem todo o potencial de satisfação existente nesses campos. Deve-se notar que uma série de treinamentos organizados por consultorias nacionais e internacionais para executivos, empresários e profissionais em geral é organizada levando-se em conta a dinâmica, eficiência e possibilidade de integração e satisfação dos participantes. Nas escolas de nível médio e superior pode-se fazer a mesma coisa apesar das estruturas mais antigas e cristalizadas e dos modelos de gestão obsoletos. Na Grécia antiga, terra de origem da filosofia, saber e prazer eram laços indissolúveis de uma mesma realidade. Se na Grécia antiga o prazer era relevante, imagine agora nas sociedades pós-industriais e pós-modernas.

Que textos podem ser usados em um curso de filosofia? Só textos? As perguntas foram mal formuladas, o melhor é indagar: o que pode ser feito para tornar *cool* um curso de filosofia? Várias coisas. Em primeiro lugar, o professor deve ser informal, bem-humorado, descolado e muito competente. O importante é livrar-se dos dogmas e das ortodoxias e não ter receio de deixar a turma entrar pelos caminhos da polêmica, das novidades e da heterodoxia. O ideal é que o professor seja um frondoso jequitibá e não um estéril eucalipto, citando a analogia do bem-humorado mestre Rubem Alves que bem ilustra um exemplo de docente e de estudioso da filosofia. O curso de filosofia pode utilizar uma variedade muito grande de material de apoio às aulas e aos trabalhos em grupo. Há os manuais e livros específicos de filosofia, os textos de literatura com conteúdo filosófico, filmes, videogames, sites na internet, artigos de jornais e revistas, poemas, peças de teatro, espaços naturais e culturais, exemplos do relacionamento entre os alunos e a comunidade em geral e o mais importante: a imaginação e a criatividade. Percebe-se, assim, que não existem apenas os textos, apesar de eles serem fundamentais para o aprendizado de filosofia. Um dos cernes da filosofia é o pensamento humano, como ele é produzido, como se constrói o conhecimento, os princípios da lógica, do amor, da linguagem e da política (o poder). Tudo isso é fascinante e pode ser encontrado nos grandes romances, em filmes, nos mais variados dramas (desde as tragédias até as comédias) da humanidade. Imagine uma discussão sobre o que é a realidade apoiada nos filmes *Matrix* (EUA, 1999) e *O vingador do futuro* (EUA, 1990), ou a questão humana vista sob a ótica do filme *Blade Runner* (EUA, 1982). Pode-se remeter as questões às fontes literárias desses dois últimos filmes (o escritor Philip K. Dick) e mergulhar na ficção científica desde Edgar Allan Poe até William Gibson (*Neuromancer*). O drama humano atual pode ser representado pela angustiante peça teatral de Sartre, *Entre quatro paredes*, ou através do otimismo de Martin Buber no livro *Eu e tu*. Para se refletir sobre corporeidade, o que seria mais adequado do que assistir a um espetáculo de dança do diretor já falecido

Bob Fosse, ou ao espetacular Cirque du Soleil, ou ainda aos malabaristas chineses desafiando seus limites? As possibilidades são tão vastas quanto a produção cultural ao longo da história e do espaço global. Só não vale a xenofobia, o pensamento dogmático, o preconceito e o pecado estúpido do etnocentrismo.

O espaço da filosofia é privilegiado para se fazerem novos testes, para se aventurar em métodos educacionais diferenciados e para dar asas à dinâmica do grupo. Atenção: deve-se evitar cair para o que não é filosofia. Por exemplo, algumas conversas ou reflexões em classe podem evoluir para áreas limítrofes da psicanálise. Já tive alunos que fizeram confidências delicadas em provas escritas ou que, em participação de discussão em classe, aproximaram-se demasiadamente de fazer revelações mais íntimas que cairiam bem em uma sessão de análise, mas não em uma sala de aula. O motivo do cuidado é que o professor de filosofia não está necessariamente preparado para atender profissionalmente questões (ou problemas) de ordem psicológica ou psicanalítica.

O LUGAR DA FILOSOFIA NO MUNDO DE HOJE

A filosofia é importante e presente em nossas vidas mesmo que nem sempre se atente ao fato de a vida estar cercada por especulações filosóficas. A existência humana possui uma série de necessidades básicas como alimentação, saúde, habitação, transporte, trabalho e lazer. Porém há um outro nível de exigências que se refere ao pleno desenvolvimento do potencial cultural, artístico e político das pessoas. Nesse nível está tudo o que caracteriza mais profundamente o *homo sapiens*: o desenvolvimento de sua capacidade intelectual, a busca do conhecimento e a reflexão realizada sobre sua relação com outros seres humanos e com o mundo que o cerca. Refletindo sobre essas questões e relações entra-se no campo da filosofia. Para os seguidores do filósofo grego Platão, a filosofia era o uso do saber em proveito do homem. Não se referia apenas ao conhecimento em si, mas ao uso que se deveria fazer desse conhecimento. Outros filósofos entendiam que a filosofia seria a indagação primeira, profunda e radical (até as raízes) feita sobre os problemas humanos em geral. Essas questões passam pela produção do conhecimento, pela política e sociedade, pela natureza e cultura, pela ética e estética. A filosofia é um dos meios, um dos discursos possíveis do conhecimento humano. Outros são o discurso científico, o artístico e ainda o religioso.

Na Grécia antiga, berço do pensamento ocidental, a filosofia predominou sobre outros aspectos da vida cotidiana, chegando a ser considerada por Platão e Aristóteles a atividade humana mais sublime e sofisticada. Durante o período medieval a religião teve maior predominância na vida humana, mas a vertente filosófica, agora ligada ao cristianismo, teve importância quase tão relevante quanto a teologia. Atualmente, com o desenvolvimento do racionalismo, nossas sociedades tornaram-se mais pragmáticas. A ciência e a tecnologia predominam na organização de nossa sociedade, da política e da economia. Porém, a filosofia continua a ser relevante, até mesmo em face de seu maior desafio que é a discussão sobre a pós-modernidade, ou seja, o desaparecimento dos metassistemas filosóficos pretensamente atemporais e universalizantes (segundo Jean-François Lyotard). Mesmo sem ter um sistema de pensamento aceito em todo o mundo, cada vez mais globalizado, a filosofia continua a ser disseminada e discutida. Basta observar o amplo debate realizado pelos filósofos franceses Luc Ferry e André Comte-Sponville na belíssima obra *A sabedoria dos modernos*. Nesse livro, os autores procuram inserir a filosofia no mundo atual. Para que serve a filosofia? Como podemos nos relacionar com ela? Suas palavras são tão estimulantes quando aquele velho remédio caseiro para ressaca: um copo de cerveja preta Caracu com ovo e açúcar, tudo batido no liquidificador para dar um novo ânimo ao mal-estar da civilização. Em suma, a filosofia relaciona-se diretamente com a vida bem vivida:

> Como viver de uma maneira mais feliz, mais sensata, mais livre? [...] O máximo de felicidade no máximo de lucidez: é o que os antigos chamavam "sabedoria", que dava sentido à filosofia e à vida deles. Mas a sabedoria deles não é a nossa. Ou, antes, a nossa não poderia reproduzir, pura e simplesmente, a deles. O mundo não é o mesmo. A sociedade não é a mesma. Se quisemos reatar com o ideal antigo da sabedoria, foi menos por nostalgia do que por impaciência. A vida é breve demais, preciosa demais, difícil demais, para que nos resignemos a vivê-la de qualquer jeito. E interessante demais para não nos darmos tempo de refletir a seu respeito e debatê-la. Como viver? Se a filosofia não responder a essa questão, para que a filosofia?[1]

As evidências parecem explícitas. A filosofia pode servir para evitar que a vida humana chafurde na mediocridade, na monotonia e no tédio mortais que acabam com qualquer vontade ou desejo. Através dela o ser humano pode desco-

---

[1] André Comte-Sponville & Luc Ferry, *A sabedoria dos modernos* (São Paulo: Martins Fontes, 1999), p. 5.

brir o que fazer de sua vida e desfrutá-la com mais intensidade. Pode ser que o antigo ideal de descobrir o sentido e o significado da existência (quem sou eu, de onde vim e para onde vou...) nunca seja atingido, porém a capacidade de reflexão e a livre escolha entre as opções existentes podem originar uma vida mais plena e menos alienante. Viver uma existência intensa e saborosamente, em meio aos paradoxos e contradições que formam nosso cotidiano, esse é um dos desafios do pensamento atual.

A arte e a religião são outros campos que continuam a influenciar a vida das sociedades atuais. Apesar do materialismo emergente no final do século XIX a religião não morreu. A religião foi expressa por Karl Marx como sendo "o ópio dos povos"; por Sigmund Freud, fundador da psicanálise, como uma ilusão humana destinada a desaparecer; pelo filósofo alemão Nietzsche como a expressão do ressentimento e da inferioridade de alguns homens; e pelo francês Auguste Comte como algo em via de ceder lugar ao progresso científico (ideia já expressa na Revolução Francesa no século XVIII). Mas o século XX, mesmo nos países dominados pelo extinto socialismo materialista, viu a persistência do sentimento religioso. Hoje esse sentimento é expresso tanto na forma de cultos e cerimônias destinados a pregar a paz e a felicidade quanto no fanatismo, no fundamentalismo religioso e na intolerância fundados no ódio e na estreita visão de que só as ideias de alguns "iluminados" pela fé são verdadeiras, devendo os outros ser convertidos ou eliminados. Finalmente, a religião manteve toda uma vertente ligada a uma espiritualidade difusa, mágica, aquilo que os críticos chamam de "irracionalismo" e que se propaga como uma peste nos meios de comunicação e na sociedade em geral. São os que acreditam em seres extraterrestres (atuando aqui no planeta Terra), duendes, bruxas e outras entidades. Jostein Gaarder no livro *O mundo de Sofia* coloca essa insensatez e mediocridade como sendo o lixo pseudo-espiritual que contamina o mundo atual em contraposição à espiritualidade madura e rica das religiões que não se desvincularam da racionalidade aberta e do pensamento lógico e mesmo assim vivem de forma plena e madura a sua fé, seja ela qual for. Estudiosos da mitologia, como Mircea Eliade, mostram que o pensamento religioso é antigo e que sempre dominou as relações humanas, portanto a filosofia da religião é um espaço privilegiado de diálogo entre a razão, a reflexão filosófica e a fé. O livro do filósofo francês Michel Serres, *A lenda dos anjos*, traz uma mensagem mesclada de pensamento filosófico e a interpretação das antigas lendas e histórias sobre os anjos, uma mostra de como o sentimento religioso interpretado pela arte pode produzir uma reflexão filosófica poderosa e sublime. Quem senão um filósofo francês como Serres poderia ter a sensibilidade suficiente para interpretar poeticamente o grande centro de conexões de passageiros instalado no terminal 1 do aeroporto Charles de Gaulle em Paris?

> Mensageiro pela própria natureza, o aeroporto de Paris serve de cenário à ação e aos diálogos dos anjos mensageiros. Neste lugar de separações e encontros, a arquitetura imita a passagem das mensagens e a circulação no espaço; diagonais atravessam uma espécie de distribuidor circular com túneis transparentes, escadas ou esteiras rolantes; mensageiros automáticos; redondo como o mundo ou o universo, este modelo reproduz as linhas aéreas que o passageiro utiliza. Dir-se-ia o mapa da história que aqui se lê.[2]

A filosofia é uma grande viagem intelectual, portanto sua relação com o turismo, o mundo das viagens físicas, pode proporcionar grandes prazeres aos seus interlocutores em uma metaviagem.

As disciplinas da filosofia

A filosofia pode ser delimitada em algumas áreas independentes segundo o conteúdo específico das questões por elas tratadas e os objetos de estudo a ser considerados. As principais áreas são:

- *Antropologia filosófica* – O conhecimento da natureza do ser humano é um dos problemas básicos da filosofia.
- *Ética* – As questões fundamentais da ética referem-se ao bem que deve determinar a atitude e a atuação do homem. Seu objetivo é mostrar de maneira metodologicamente correta os fundamentos para um comportamento, uma vida e convivência justos, racionais e plenos.
- *Estética* – Trata da definição geral do belo e as formas de sua representação nas artes e na natureza. A nova estética trata também da teoria da informação e da análise da linguagem.
- *Metafísica e ontologia* – Desde Aristóteles são entendidas como "filosofia primeira", pois questionam as primeiras causas e princípios do ente enquanto ente. Seus campos temáticos são o ser mesmo (ontologia), o ser

---

[2] Michel Serres, *A lenda dos anjos* (São Paulo: Aleph, 1995), p. 10.

divino (teologia filosófica), a alma (psicologia) e a relação dos entes com a totalidade do universo (cosmologia).

- *Lógica* – É a teoria do pensar de modo ordenado e argumentativo. A lógica formal clássica divide-se em doutrina dos elementos e do método. A lógica moderna relaciona-se com modelos matemáticos mais complexos. Trabalha com cálculos lógicos que constituem um sistema de signos (símbolos) com suas correspondentes regras operacionais.

- *Teoria do conhecimento* (epistemologia) e *Filosofia da ciência* – É a teoria das condições, da essência e dos limites do conhecimento. Investiga a relação do conhecimento com respeito ao seu sujeito, objeto e ao seu conteúdo.

- *Filosofia da linguagem* – Trata da origem, evolução, significado e função da linguagem. A análise linguística que prevalece desde o filósofo Wittgenstein divide-se em duas direções: a linguagem ideal, que tenta criar uma linguagem de alta precisão lógica com a ajuda da crítica da linguagem, e a filosofia da linguagem ordinária, que analisa a linguagem em seu uso e significado cotidiano.

Existe também uma série de matérias interdisciplinares como a filosofia da história, da religião, do direito, da educação, filosofia social e política.

No caso dos cursos de turismo, hotelaria, lazer e entretenimento em geral, alguns dos tópicos mais interessantes podem ser a ética, a antropologia filosófica, o pensamento lógico e a estética. Para todos os cursos superiores uma questão primordial é a *teoria do conhecimento*. Muitos alunos e profissionais não sabem fazer a distinção entre conhecimento filosófico e científico, ou reconhecer o que é reproduzido pela mídia e nos diversos espaços da vida cotidiana como sendo o conhecimento do senso comum. O senso comum é precioso e todas as pessoas passam a maior parte de seu tempo realizando tarefas de acordo com seu senso comum e isso não é necessariamente prejudicial. O problema é quando algumas questões mais relevantes, que exigem uma metodologia específica, deixam de ser tratadas sem o devido rigor filosófico ou sem a metodologia científica para ser tratadas de forma incorreta, seja por ignorância ou por má-fé. O perigo é entrar pelas sendas do erro, do preconceito ou da análise turvada por argumentos obsoletos ou incorretos. A ignorância é um dos maiores problemas enfrentados pelo profissional em seu campo de trabalho. Há dois livros de leitura bastante acessível que podem ser indicados aos estudantes e profissionais para que tenham melhor visão do conjunto da teoria do conhecimento e de como o rigor filosófico pode facilitar a compreensão e resolução dos problemas. O primeiro é o de Rubem Alves, *Entre a ciência e a sapiência*, e o segundo, *O mundo assombrado pelos demônios*, de Carl Sagan.[3] O escritor de ficção científica Arthur Clarke entende que o livro de Sagan deveria ser obrigatório nos primeiros anos de todos os cursos superiores para mostrar aos estudantes como a superstição e a ignorância contaminam o cotidiano e muitas vezes apresentam falsidades como se fossem fatos comprovados e com o falso rótulo de "científico". Para se ter uma pequena ideia de como vários tópicos atuais são produtos de pseudociência ou superstição, basta ver a pequena lista de asneiras repetidas como tendo sido provadas e comprovadas por instituições ditas "sérias", privadas ou até mesmo governamentais: o triângulo das Bermudas; a astrologia; contatos com extraterrestres; o monstro do lago Ness; fantasmas; percepção extrassensorial; estátuas que sangram ou choram; o poder "mágico" das pirâmides; profecias de Nostradamus; quiromancia; profecias; curas milagrosas; orações poderosas; e uma série de bobagens fecundadas pela ignorância e pelo desejo do fantástico tão inerente aos seres humanos. A filosofia e a ciência mostram que o universo é realmente fantástico e maravilhoso, não eliminam a possibilidade da fé e ainda mostram como, baseado no conhecimento e no racionalismo não dogmático, o ser humano pode evoluir rumo a uma vida mais plena e rica em experiências pessoais e comunitárias, com muita aventura e criatividade. Não precisamos de monstros e seres imaginários para povoar o nosso mundo já tão pleno de horrores e desastres naturais; tampouco precisamos de seres ou forças "mágicas" para resolver os nossos problemas, pois as possibilidades naturais são igualmente fascinantes e podem ser muito eficientes. Sem contar a transcendência humana, representada pelo amor e pela fé que podem embasar a construção de um mundo melhor, para lembrar a filosofia de Martin Buber e toda uma tradição mística, seja ela judaica, islâmica, cristã ou oriental.

O QUE LER EM FILOSOFIA E INDICAR PARA OS INICIANTES

Podem-se ler milhares de textos. Denis Huisman escreveu no início da década de 1990 o *Diccionario de las mil obras clave del pensamiento*. O que significa isso?

---

[3] Rubem Alves, *Entre a ciência e a sapiência* (São Paulo: Loyola, 1999); Carl Sagan, *O mundo assombrado pelos demônios* (São Paulo: Companhia das Letras, 1996).

Mil obras é muito e é pouco. Muito, porque o número de obras que um professor de filosofia pode abordar seriamente com seus alunos no decorrer de um ano é muito restrito. Muito pouco, sem dúvida, porque a filosofia não se reduz somente aos autores e obras que figuram nos programas oficiais. Desde sete mil anos... tão numerosos filósofos manifestaram-se de tantas maneiras diferentes, que poderia parecer presunçoso querer reduzir a mil obras o patrimônio filosófico que nos foi legado pela humanidade.[4]

Essas considerações referem-se a uma formação mais centrada em filosofia, mas nos cursos de turismo e hotelaria, a filosofia (quando existe a disciplina) ocupa em média um semestre. Com um tempo tão exíguo, pode-se remeter os alunos a capítulos de alguns bons manuais brasileiros (consulte a bibliografia) ou fazer com eles uma leitura deliciosa do já citado *O mundo de Sofia*. Outro livro muito útil é *História da flosofia* do inglês Bryan Magge.[5]

O importante é que o professor possa indicar alguns textos que poderão ser de utilidade para os que desejam aprofundar-se em tópicos de seu interesse particular. A filosofia pode expressar-se de diversas maneiras e seu discurso foi se transformando através da história e dos pensadores, analisando ao longo desse processo vários temas e problemas.

A filosofia em si é ocidental e surgiu na Grécia antiga. Geograficamente, sua origem deu-se nas colônias gregas às margens do Mediterrâneo, na Ásia Menor jônica e no sul da Itália. O intenso comércio marítimo local gerou não apenas riquezas, mas também conhecimentos de outros povos. A astronomia e a geografia (fundamentais para as navegações), a matemática e o sistema monetário (importantes para o comércio), a descoberta do papel e o desenvolvimento da ordem política originaram um ambiente propício ao surgimento da filosofia. O período mais antigo do pensamento ocidental é chamado de pré-socrático e inclui a filosofia da natureza, a escola pitagórica, os eleatas, Heráclito, os atomistas e os sofistas. O período clássico foi determinado por Sócrates (470-399 a.C.), Platão (427-347 a.C.) e Aristóteles (384-324 a.C.), que tiveram uma relação de mestre e discípulo e criaram uma série de sistemas filosóficos que muito influenciaram os séculos posteriores. Aristóteles apresentou em sua volumosa obra o vasto e complexo mundo de conhecimentos composto ao longo da antiguidade por vários povos do Mediterrâneo e do Oriente Próximo. Seu discurso é lógico, explicativo e abrangente. A leitura

---

[4] Denis Huisman, *Diccionario de las mil obras clave del pensamiento* (Madri: Tecnos, 1997), p. 12. Tradução livre do autor.
[5] Bryan Magge, *História da flosofia* (São Paulo: Loyola, 1999).

das obras de Platão e Aristóteles nos remete às fontes primordiais da sabedoria ocidental. Platão influenciou a escola denominada neoplatônica de Plotino e o início do pensamento cristão organizado por Santo Agostinho (354-430). Aristóteles foi o grande sistematizador do pensamento antigo e influenciou Santo Tomás de Aquino (1225-1274), o grande teórico do cristianismo e cujas obras influenciaram o pensamento da Igreja Católica por mais de seiscentos anos, sendo hegemônico até o final da Idade Média, constituindo uma vertente predominante e quase exclusiva.

Existe uma grande vertente do pensamento oriental que não pode ser menosprezada apesar de ser difícil oferecer um conteúdo razoável de seus ensinamentos em um curso de filosofia semestral ou até mesmo anual. Esse pensamento oriental, a rigor, não deve receber o nome de "filosofia", pois esta é eminentemente greco-romana, ocidental e racionalista. O Oriente nos legou os *Vedas*, da Índia (cerca de 1500 a.C.); o pensamento do chinês Confúcio (551-479 a.C.); o taoísmo atribuído a Lao Tsé; o motismo chinês; e a escola de *yin-yang*, também chinesa, baseada no livro I Ching. Os centros culturais do antigo Oriente eram o Egito, a Mesopotâmia (região sede dos impérios sumério, aqueu, assírio e babilônio), o Irã com a religião monoteísta de Zaratustra e o Oriente Próximo, que legou as três grandes religiões monoteístas (o judaísmo, o cristianismo e o islamismo). Apesar de todo o racionalismo e pragmatismo legados pela filosofia, os ocidentais muitas vezes voltam-se aos "mistérios" do Oriente em busca de uma pretensa sabedoria desaparecida que possa orientar suas vidas ou de aventuras nas quais eles possam perder-se de vez. Escritores como Antonio Tabucchi (*Noturno indiano*), E. M. Foster (*Viagem à Índia*), R. Kipling (*Kim*), Somerset Maughan (*O fio da navalha*), André Malraux (*O caminho real*), Paul Bowles (*O céu que nos protege*) e Joseph Conrad (*O coração das trevas*) navegam nessa temática, sendo que Bowles e Conrad situam suas ações na África e não na Ásia. Todos esses romances tratam de viagens, de encontros e desencontros, de perdas e descobertas. Todos esses romances podem servir de reflexão para o turismo e as viagens. Por exemplo, Joseph Conrad, no romance *O coração das trevas*, narra a viagem de um homem pelo rio Congo em direção às profundezas da floresta equatorial, onde encontra um outro europeu que se perdeu irremediavelmente e acabou sendo transtornado pela natureza selvagem, perdendo seu verniz civilizatório. O romance é denso e ao mesmo tempo "enxuto", mostrando de forma progressiva o caminho traçado pelo europeu que se perdeu ao longo da viagem. O tema foi retomado pelo cineasta Francis Ford Coppola em seu clássico filme *Apocalipse Now*, ambientado na década de 1960 na guerra do Vietnã. Finalmente Alex Garland escreveu o livro *A praia* (transformado em filme estrelado por Leonardo Di Caprio), em que alguns jovens europeus, tentando fugir das rotas massificadas de turismo na Tailândia, buscam uma praia isolada e deserta, um local mítico onde pensam viver em um paraíso perdido, mas que se transforma em mais uma desilusão cultural em meio à natureza exuberante e onde as comparações com o Vietnã são inevitáveis. A origem das três histórias é a mesma: o desencontro no final de longas jornadas. O coração das trevas está situado no coração dos homens, no mesmo lugar onde provavelmente também encontra-se a luz. Nas décadas de 1960-70 foi moda entre os jovens norte-americanos e europeus viajar para o Marrocos, a Índia, o Nepal, o Tibete e vários países da Ásia em busca da "sabedoria perdida" pelo racionalismo ocidental. Esse deslumbramento pelo Oriente trouxe vários gurus e práticas alternativas de medicina, alimentação e escolas de pensamento para o Ocidente. Até mesmo a América do Sul e os povos originários dos antigos incas, maias e astecas foram pesquisados em busca de antigos preceitos sábios. Têm-se assim várias vertentes no caudaloso rio das coisas estranhas e heterodoxas da espiritualidade ocidental. Muitas práticas completamente exóticas e/ou compreendidas de forma fragmentária, ou ainda fora de seu contexto original, são apresentadas como "filosofias" alternativas ou até mesmo como sendo as únicas "verdadeiras". Tudo isso faz parte do gigantesco espetáculo em que as sociedades atuais se tornaram e da ausência de critérios filosófico-científicos para se mensurar a validade de várias práticas cotidianas, até mesmo do ato de pensar. O estudo da filosofia serve para separar a riqueza saudável do pensamento oriental e ocidental do sincretismo doentio das crendices fundamentadas na ignorância e na miséria material ou espiritual, e o maior problema dessa ignorância é a alienação ou o fanatismo.

Avançando além do período clássico há uma série de leituras que não são muito conhecidas, mas podem causar prazer para alguns. Algumas páginas são até mesmo irreverentes e divertidas, como *O elogio da loucura*, de Erasmo de Rotterdam, ou idealistas, como *A utopia*, de Thomas Morus, e *A cidade do sol*, de Campanella. Esses dois últimos textos falam de sociedades pretensamente perfeitas, de organizações em que o ser humano seja protagonista e não apenas coadjuvante do sistema econômico ou adereço mais ou menos útil da parafernália tecnológica que cobre cada vez mais o planeta. Há também muitos textos sobre educação (*Paideia*, do alemão Werner Jaeger, é uma das obras clássicas) e sobre filosofia da linguagem; e aqueles que adoram uma lógica impecável e uma construção literária que lembra equações matemáticas complexas poderão deliciar-se com os textos de Hegel ou Emmanuel Kant. Evidentemente, a leitura dos filósofos mais densos requer uma preparação mínima, e desde que se entenda a nomenclatura básica que cada filósofo usa, o texto torna-se legível e compreensível.

Há algumas obras mais "áridas", abstratas e puramente conceituais (sobre filosofia da história ou epistemologia, por exemplo), pouco acessíveis aos não iniciados. Talvez esses livros tenham sido responsáveis pela falsa imagem da filosofia como uma disciplina "estéril", fora da realidade e sem aplicação prática na vida. Isso não é verdade, apesar de alguns dos textos publicados ter um certo hermetismo injustificável. São incompreensíveis não porque tratam de assuntos profundos e complexos, mas simplesmente porque o autor não foi claro e usou uma linguagem artificialmente difícil. O conteúdo muitas vezes é ralo, mas o discurso é pretensioso ou arrogante. O filósofo Niestzsche escreveu que "aquele que se sabe profundo esforça-se por ser claro, aquele que deseja parecer profundo à plebe esforça-se para ser obscuro". Portanto, uma grande parcela da produção filosófica pode ser acessível a qualquer pessoa com uma cultura razoável, o que significa um ensino médio benfeito e o hábito de leitura. A filosofia é tão acessível que o norte-americano Matthew Lipman desenvolveu um bem-sucedido método de ensinar filosofia para crianças.

A FILOSOFIA ATRAVÉS DA ARTE

O discurso artístico pode ter um conteúdo filosófico significativo. A literatura, a poesia, o teatro, o cinema ou os *games* de computador podem trazer temas perfeitamente utilizáveis como auxílio para uma reflexão filosófica. Alguns romancistas trataram intimamente de temas eminentemente filosóficos. Escritores como Marcel Proust, em sua volumosa obra *Em busca do tempo perdido*, Albert Camus em *O estrangeiro*, ou Thomas Mann em vários de seus livros, trabalham com as questões existenciais humanas, o modo como as pessoas vivem, sua história pessoal e a relação entre esta e o período histórico na qual estão inseridas. O romance *A insustentável leveza do ser*, de Milan Kundera, é eminentemente filosófico ao tratar de como a vida humana é influenciada pelos acontecimentos e como a pessoa pode transcender seus limites históricos. Jean-Paul Sartre fundamentou o existencialismo ao longo de textos filosóficos e em várias peças teatrais e romances em que seus personagens vivenciam de forma intensa e instigante a sua problemática, seus desejos e frustrações. Simone de Beauvoir, companheira de Sartre, escreveu o livro *Todos os homens são mortais*, no qual conta a história de um nobre italiano que bebe um elixir da imortalidade e apesar de ter todo o tempo do mundo não consegue extrapolar os limites humanos. A influência desse texto pode ser percebida ao longo do filme *Highlander – o guerreiro imortal* e na cena final do filme *Esperando um milagre*, em que o homem e um ratinho, ambos muito velhos, contemplam o mistério de sua vida e os absurdos que foram obrigados a cumprir no contexto de uma sociedade racista e ligada às aparências. O desafio da filosofia é justamente esse: superar a superficialidade, a trivialidade das aparências, mergulhar no fundo da problemática humana e ser radical na descrição dos limites e possibilidades do ser. Autores como o italiano Dino Buzzati e o brasileiro Hugo Carvalho Ramos trataram do tema que, segundo alguns filósofos, é o único que importa para o ser humano: a morte. Buzzati sabia que iria morrer de uma doença incurável, Carvalho Ramos suicidou-se muito jovem e ambos viveram um período obcecados com a morte e com a transitoriedade da existência. No caso de Buzzati, a mensagem vem imbuída de um conteúdo de esperança ao refletir que a vida, por ser única, não pode ser negligenciada pelas pessoas e deve ser vivida plenamente de acordo com os desígnios de cada um.

Entre os poetas há outras tantas possibilidades de se tratar da filosofia. O português Fernando Pessoa, por exemplo, navegou com muita competência por entre os meandros das sensações humanas. Os norte-americanos Walt Whitman e Allen Ginsberg, cada um ao seu tempo (séculos XIX e XX respectivamente), apontaram criticamente as esperanças e os desvarios da sociedade. O brasileiro Carlos Drummond de Andrade falou sobre o amor e outras delícias e muitos poetas tentaram desvendar os mistérios humanos sob a estética torneada da linguagem poética, muitas vezes alcançando, propositalmente ou não, as águas geladas e límpidas da análise filosófica.

Alguns teóricos mais "puristas" questionam se os romances, filmes e poesias podem ser vistos como produção filosófica em si, por não terem uma metodologia sistematizada na explanação de suas ideias. A filosofia pode estar presente nessas obras, sendo algumas vezes de forma profunda e muito bem articulada. A diferença é justamente a utilização de um discurso mais informal como o literário, poético ou cinematográfico. Não é apenas a filosofia que pode servir-se da arte. A história, a política, a geografia e a antropologia são ciências cujo estudo pode ser muito enriquecido através da arte e até mesmo da produção da cultura de massa. Muitas vezes o que nos impede de oferecer ideias aos nossos alunos ou jovens profissionais de uma forma mais atraente é o preconceito elitista ou a desinformação. É evidente que o aprendizado radical de uma ciência ou da filosofia não pode prescindir de textos específicos de cada área, mas, enquanto material auxiliar, a arte e a mídia podem – e devem – estar presentes para que as pessoas percebam que os problemas filosóficos e os desafios científicos estão à sua volta e devem ser discutidos amplamente pelo maior número possível de pessoas da comunidade.

No caso do cinema a linguagem reveste-se de uma magia tecnológica preciosa. Não deve ser menosprezado o fato de que o cinema muitas vezes vai buscar inspiração na literatura ou no teatro, portanto a compreensão plena de algumas películas exige um embasamento cultural mais amplo, o que vai enriquecer a análise dos filmes e a maneira como eles serão analisados pelo seu público. O romance do gênio da ficção científica Philip K. Dick, transformado em filme com o nome de *Blade Runner* (direção de Ridley Scott, 1982), trata das questões filosóficas humanas na pele dos androides que fugiram de suas colônias nas profundezas do espaço e retornam à Terra querendo saber se o seu reduzido tempo de vida pode ser aumentado e querendo conhecer o seu criador humano. Tendo o ser humano como centro, o filme de Stanley Kubrick *2001 – uma odisseia no espaço*, baseado no romance de Arthur Clarke, trata do mesmo questionamento, porém enfocando o próprio homem como o sujeito que busca suas origens em um misterioso artefato alienígena, o monolito negro encontrado na Lua, e que se comunica com um outro monolito na órbita de Júpiter. E o que é o real? Depende. Para o personagem de *Matrix* é um programa de computador imenso que abarca todo o mundo conhecido; para a personagem de *Corra, Lola, corra,* a realidade é influenciada por eventos que dependem de frações de segundo e que podem alterar completamente a história individual, sendo essas mudanças mais ou menos aleatórias; para os personagens de *Quero ser John Malkovich,* a realidade depende do ponto de vista de quem está experimentando um determinado corpo; para os que vivem o enredo de *Beleza americana,* o real está pontilhado por mal-entendidos que são por sua vez frutos de preconceitos, da ignorância e da má-fé. Francis Coppola nos filmes *Outsiders – vidas sem rumo* e *O selvagem da motocicleta* explorou criteriosamente os véus que recobrem os caminhos dos adolescentes em busca de sua história pessoal e da construção de suas vidas em um mundo fragmentado e castrador pelo medo que permeia seus habitantes. Um outro filme belo e sensível é *Kaos*, dirigido pelos irmãos Taviani. O filme é centrado em um vilarejo italiano e discorre sobre os símbolos e anseios da comunidade local com suas histórias, suas recordações e esperanças. A problemática daquele vilarejo é a problemática humana em geral e a estética do filme, envolvida com os mitos locais, representa a força da esperança e da tentativa de transcender os seus limites aparentemente medíocres e que escondem qualidades preciosas humanas.

O teatro é uma outra possibilidade de apoio para a filosofia e foi utilizado no decorrer da história para várias funções junto ao seu público. Na Grécia antiga expressava a consciência e o drama da existência humana, levando Aristóteles a forjar o seu conceito de catarse baseado na sensação das pessoas ao assistir a dramatização de suas vidas nos palcos dos despojados anfiteatros de pedra localizados ao ar livre. O inglês Shakespeare revolucionou o teatro ao apresentar seus dramas com uma complexidade que influenciou os séculos posteriores. Na América colonial os jesuítas utilizavam-se da linguagem teatral para catequizar os nativos e passar o pensamento cristão. Ionesco valia-se do absurdo para incomodar as consciências amortecidas da burguesia e Brecht tentava conscientizar as pessoas através dos mesmos recursos envolventes do teatro.

Talvez seja um certo abuso afirmar que as letras de algumas músicas também tratam de temas filosóficos, mas, sendo a própria filosofia um abuso do pensamento, pode-se viajar nas letras de Chico Buarque, Milton Nascimento, Caetano Veloso, Renato Russo, Joan Baez ou Pink Floyd. Entre a harmonia musical e a poesia das letras, a política e a filosofia muitas vezes estão presentes no espetáculo. Em vários casos a literatura, a música, a poesia e o cinema utilizaram-se da filosofia para enriquecer seu conteúdo, assim como a própria filosofia pode utilizar-se das artes para expressar-se de maneira mais informal. Guy Debord poderia argumentar afirmando que a filosofia transformada em espetáculo a nivelaria ao discurso comum e inócuo da sociedade atual. Nem sempre. Os seres humanos não são tão passivos ao discurso da mídia e, mesmo em uma sociedade globalizada, mantêm suas diferenças culturais, seus anseios pessoais e seus estilos de vida; portanto a filosofia como espetáculo não precisa perder sua força regeneradora e transformadora, podendo continuar a servir de incômodo criativo para homens e mulheres pós-modernos.

Outras questões importantes como a política, as diversas religiões e a imensa problemática cultural são temas que podem ser trabalhados sob a ótica crítica da filosofia. Inúmeros projetos hoteleiros, novos roteiros turísticos, políticas de desenvolvimento de projetos em áreas históricas ou ocupadas por alguma etnia representam desafios para seus profissionais. A filosofia pode ajudar a dar respostas para evitar a violência gratuita do progresso desordenado. A filosofia pode inserir nos novos profissionais o respeito pela diversidade, a ideia de que o ser humano deve ser tomado como uma referência importante, não devendo ser subjugado friamente à lógica do mercado ou a equações econômico-financeiras. Em uma estrutura curricular dos cursos de turismo e hotelaria marcada pelas três vertentes do conhecimento (disciplinas de gestão, disciplinas de cultura geral ou humanísticas e disciplinas específicas) a filosofia pode servir de contexto mais amplo no qual os grandes questionamentos tenham oportunidade de surgir e no qual os novos profissionais tenham oportunidade de adquirir uma visão mais profunda e crítica dos problemas. Evitar a superficialidade e o conhecimento fragmentado ou medíocre pode ser uma boa forma de os professores e coordenadores servirem-se da filosofia e das ciências humanas ligadas à missão de fazer as pessoas pensarem.

A QUESTÃO ÉTICA

A ética é uma questão filosófica ligada à axiologia (teoria dos valores) que precisa estar presente em qualquer discussão sobre a sociedade e o mundo dos negócios contemporâneos. O século XX foi marcado por alguns dos maiores horrores da história: duas guerras mundiais; o desenvolvimento de armas biológicas, químicas e nucleares; implantação de campos de concentração nazistas e comunistas; ataques sistemáticos à população civil; atentados terroristas sofisticados; ditaduras militares latino-americanas; espionagem e ações ilegais no âmbito da Guerra Fria; torturas institucionalizadas; planos de extermínio étnico como em Kossovo e em outras áreas dos Bálcãs, Cáucaso e África; uso de alta tecnologia em guerras (Guerra do Golfo e na Iugoslávia); corrupção em vários governos; corrupção empresarial envolvendo favores governamentais ou espionagem industrial; globalização do crime (lavagem de dinheiro, narcotráfico) e sofisticação do crime organizado; manipulação da opinião pública pela mídia em geral e especialmente pela propaganda; contravenções eletrônicas envolvendo o mundo digital.

É uma longa lista de atrocidades, horrores e crimes. O ano 2000 viu surgir países onde a criminalidade atingiu índices tão elevados que causaram até mesmo o afastamento do Estado de grandes áreas (Colômbia, Macedônia, Albânia, alguns países da África). Cidades como São Paulo, Rio de Janeiro e México passaram por surtos de violência urbana inimagináveis a apenas vinte ou trinta anos atrás. No caso da história recente do Brasil o arbítrio e a inconstitucionalidade do Regime Militar (1964-1985) foram substituídos por governos civis envolvidos em maior (Fernando Collor) ou menor grau com corrupção e denúncias de irregularidades administrativas. A maior cidade do Brasil, São Paulo, viu no ano 2000 a sua Câmara Municipal, plena de vereadores corruptos, confirmar o mandato do prefeito envolvido em uma série de acusações desonrosas. Ainda no ano 2000 um dos maiores escândalos de desvio de verbas (construção do prédio do Tribunal Regional do Trabalho em São Paulo) de obras públicas envolveu os poderes Judiciário, Executivo e

Legislativo em torno de uma quantia de 160 milhões de dólares. Como falar de ética nesse contexto? De uma forma clara e ligada aos exemplos de como empresas e governos que se pautaram por padrões éticos conseguiram melhores resultados. Não faltam exemplos a ser dados aos alunos sobre a falta de ética em governos e organizações e todos os problemas causados pela sua ausência. Na referência bibliográfica estão indicados vários livros sobre ética e especificamente sobre ética no mundo empresarial.

O DESAFIO DA FILOSOFIA EM UM MUNDO GLOBALIZADO

O maior problema dos educadores atuais é dar condições para que os estudantes, os novos profissionais e até mesmo os profissionais mais velhos entendam a lógica contraditória e paradoxal das mudanças que estão ocorrendo no mundo. Essas mudanças são fruto do desenvolvimento de novas tecnologias de comunicação e processamento de informações; de novos modelos de gestão em geral, seja em âmbito público, privado ou no chamado terceiro setor; e do avanço do processo de globalização. Uma das maiores dificuldades dos educadores, seja para com os estudantes mais jovens ou com os profissionais de mais idade, é fazer que entendam a dinâmica das mudanças globais. Aliás, até mesmo vários educadores têm dificuldades e teimam em manter-se nos antigos e muitas vezes arcaicos métodos pedagógicos. É evidente que toda a riqueza do pensamento clássico greco-romano, da sabedoria expressa em textos religiosos (*Vedas*, Antigo e Novo Testamento, Tao, etc.) e de vários livros escritos ao longo da história deve ser transmitida às novas gerações. O exercício da leitura, da meditação e da reflexão foi um pouco descuidado pela nossa civilização nas últimas décadas e isso é uma perda lamentável para o ser humano. Porém, existem novas possibilidades que as tecnologias mais recentes de comunicação garantem às pessoas. Há um maior acesso às informações e maiores possibilidades de comunicação facilitada não apenas pela já famosa rede mundial de computadores, a internet, mas também pelas tarifas telefônicas mais baratas, pelos celulares, fax, tevês a cabo, redes internas de empresas e universidades, transporte mais econômico e uma cultura ao mesmo tempo local e global, envolvendo jovens de todas as idades em grupos e subgrupos (talvez tribos) que compartilham dos mesmos gostos ou das mesmas situações contingenciais. Isso mesmo, as realidades atuais não são permanentes ou absolutas. São efêmeras e contingentes. Flexíveis e mutáveis. Dinâmicas e contraditórias. Reais e virtuais. O grande desafio da filosofia atual é fazer que as pessoas percebam que podem tentar construir a sua história. Nunca os seres humanos tiveram tanto acesso às informações e nunca tantas possibilidades de vida foram oferecidas aos mais diversos grupos e comunidades. O problema é que o século XXI começa com grandes contradições e paradoxos e as pessoas ainda não estão acostumadas com pensamentos e práticas diferenciadas. Mas a realidade é essa e ficará ainda mais desafiadora nos próximos anos. Uma imensa revolução cultural está em desenvolvimento devido aos avanços da informática, da biotecnologia, de novas fontes de energia e meios de transporte. Se hoje nos admiramos com a multidiversidade das "tribos" urbanas e dos povos, imagine daqui a algumas décadas quando houver comunidades trabalhando e vivendo no espaço exterior ou quando as *information superhighways* estiverem instaladas e operando a velocidades fantásticas, trazendo comunicação e informação em fluxos que farão a internet atual parecer sinais de fumaça? Os últimos anos nos trouxeram a clonagem de mamíferos superiores, a decodificação do genoma humano, a possibilidade do turismo espacial e o crescimento exponencial de acesso às informações globais. As próximas décadas serão ainda mais surpreendentes e instigantes e as forças mundiais estão se posicionando rapidamente para defender suas posições. Um dos principais desafios é preparar as pessoas para esse novo mundo. A ciência, a filosofia, as artes e as religiões têm um grande campo aberto à sua frente e cada indivíduo continua responsável por si, pela sua comunidade e por sua história, por mais sofisticada e problemática que a realidade aparente ser. As respostas não estão só no passado, mas no presente e no futuro que estamos desenhando e nos sonhos que todos temos do que deve ser uma sociedade melhor, mais justa e principalmente mais divertida para todos.

PROPOSTA DE CONTEÚDO PARA UM SEMESTRE DE FILOSOFIA

1. *O que é pensar. A origem do ser humano.*
2. *Mito e realidade.*
3. *A origem da filosofia.*
4. *O início do pensamento científico.*
5. *O problema da cultura.*

6. *A política, o poder e a ética.*
7. *A transformação das sociedades humanas.*
8. *A questão da pós-modernidade.*

Cada dois tópicos podem ser dados em um mês, sendo que os tópicos 1 e 2 referem-se aos primórdios do conhecimento; os tópicos 3 e 4, ao surgimento da filosofia na Grécia antiga e sua estruturação; os tópicos 5 e 6, às questões de cultura, política e ética; e os tópicos 7 e 8, às mudanças ocorridas a partir da década de 1970, quando as novas formações sociais e o aumento do processo de globalização geraram novas realidades e novos desafios para os seres humanos. Cada um destes tópicos pode se valer de vários textos auxiliares, de filmes, músicas, relatos da imprensa ou qualquer recurso auxiliar que possibilite a crítica e a discussão. O importante é que o professor use a criatividade e permita que os alunos possam usar novamente a criatividade que a sua própria vida escolar formal muitas vezes possa ter atenuado ou reprimido.

REFERÊNCIAS BIBLIOGRÁFICAS

ALVES, Rubens. *Entre a ciência e a sapiência*. São Paulo: Loyola, 1999.

ARANHA, Maria L. A. & MARTINS, Maria H. P. *Filosofando: introdução à filosofia*. São Paulo: Moderna, 1993.

BERMAN, Marshall. *Tudo o que é sólido desmancha no ar*. São Paulo: Companhia das Letras, 1986.

BROWN, Marvin T. *Ética nos negócios*. São Paulo: Makron, 1993.

BUZZI, Arcângelo R. *Introdução ao pensar: o ser, o conhecimento, a linguagem*. Petrópolis: Vozes, 1999.

CASTELLS, Manuel. *A era da informação: economia, sociedade e cultura*. São Paulo: Paz e Terra, 1999, 3 v.

CHAUI, Marilena. *Convite à filosofia*. São Paulo: Ática, 1995.

COMTE-SPONVILLE, André & FERRY, Luc. *A sabedoria dos modernos*. São Paulo: Martins Fontes, 1999.

DE MASI, Domenico. *A sociedade pós-industrial*. São Paulo: Editora Senac São Paulo, 1999.

ECO, Umberto. *Viagem na irrealidade cotidiana*. Rio de Janeiro: Nova Fronteira, 1984.

GAARDER, Jostein. *O mundo de Sofia*. São Paulo: Companhia das Letras, 1995.

GALLO, Sílvio (org.). *Ética e cidadania: caminhos da filosofia*. Campinas: Papirus, 1997.

GAOS, Jose. *Historia de nuestra idea del mundo*. Cidade do México: Fondo de Cultura Económica, 1973.

LYOTARD, Jean-François. *O pós-moderno*. Rio de Janeiro: José Olympio, 1986.

HALL, Stephen S. J. *Ethics in Hospitality Management*. East Lansing: Educational Institute of the American Hotel and Motel Association, 1992.

HARVEY, David. *Condição pós-moderna*. São Paulo: Loyola, 1996.

HUISMAN, Denis. *Diccionario de las mil obras clave del pensamiento*. Madri: Tecnos, 1997.

KREMER-MARIETTI, Angèle. *A ética*. Campinas: Papirus, 1989.

MAGGE, Bryan. *História da filosofia*. São Paulo: Loyola, 1999.

MAFFESOLI, Michel. *O conhecimento comum*. São Paulo: Brasiliense, 1988.

MARCONDES, Danilo. *Textos básicos de filosofia*. Rio de Janeiro: Jorge Zahar, 1999.

NASH, Laura L. *Ética nas empresas*. São Paulo: Makron, 1993.

NEGROPONTE, Nicholas. *Vida digital*. São Paulo: Companhia das Letras, 1995.

PEIXOTO, Nelson Brissac. *Cenários em ruínas*. São Paulo: Brasiliense, 1987.

PENNINGTON, Randy & BOCKMON, Marc. *A ética nos negócios*. Rio de Janeiro: Objetiva, 1995.

SAGAN, Carl. *O mundo assombrado pelos demônios*. São Paulo: Companhia das Letras, 1996.

SERRES, Michel. *A lenda dos anjos*. São Paulo: Aleph, 1995.

SOLOMON, Robert C. *Ethics and Excellence*. Oxford: Oxford University Press, 1993.

TRIGO, Luiz G. G. *A sociedade pós-industrial e o profissional em turismo*. Campinas: Papirus, 1998.

_____ . *Turismo e qualidade: tendências contemporâneas*. Campinas: Papirus, 2000.

VV. AA. *Atlas de filosofía*. Madri: Alianza, 1997.

VV. AA. *Café Philo*. Rio de Janeiro: Jorge Zahar, 1999.

VAZQUEZ, Adolfo Sanchez. *Ética*. Rio de Janeiro: Civilização Brasileira, 1996.

WARNOCK, Mary. *Os usos da filosofia*. Campinas: Papirus, 1994.

WEBER, Max. *A ética protestante e o espírito do capitalismo*. São Paulo: Pioneira, 1996.

Fundamentos multidisciplinares do turismo: história

HAROLDO L. CAMARGO

INTRODUÇÃO

Ao pensarmos em história, imaginamos uma disciplina tão antiga quanto as culturas clássicas do mundo ocidental. Isso é, no entanto, uma meia verdade, pois a história autônoma como campo de saberes codificados acadêmicos e matéria de conhecimento obrigatório para crianças e adolescentes data apenas da terceira década do século XIX.

É verdade que os gregos investigavam a vida das suas sociedades no tempo. Essa investigação era e ainda é provocada pelos problemas que nos afligem no presente, buscando no passado os nexos que poderiam ajudar a compreendê-los. Mas não se poderia dizer que a história desempenhasse no passado função social idêntica àquela que desempenha hoje, ainda que sua importância fosse óbvia, se tivermos em conta, entre as nove musas que presidiam as artes, que os gregos incluíam Clio, representada com um rolo de pergaminho nas mãos, como musa da historiografia. Esse conceito, expresso através da iconografia, permite aferir o resultado das investigações que deveria ter necessariamente qualidade literária, entendida enquanto padrão culto da Grécia antiga.

Não quero dizer com isso que deveríamos hoje deixar de nos preocupar com textos bem escritos. Eles são condição essencial para o bom entendimento do leitor. Alguns podem até mesmo transcender os parâmetros *universitários*, tornando-se obras de inegáveis qualidades literárias. Na Antiguidade, no entanto, a construção do texto como obra literária era uma finalidade em si.

A arqueologia dos textos antigos, arquétipos e paradigmas da cultura renascentista e, nos séculos subsequentes, ao menos até meados do século XVIII com a Ilustração — que pretende o rompimento com a tradição, apoiando-se na razão como fonte de esclarecimento —, tornou a história matéria subserviente, sem autonomia, como comentário explicativo dos textos clássicos. Além disso, o círculo dos leitores de história concentrava-se entre as famílias reais e aristocráticas, como necessidade e exemplaridade, para o bom exercício de suas funções de governo, militares, diplomáticas e religiosas. Não se deveria pensar que esses textos fossem matéria de conhecimento e ensino entre a população.

Como se afirmou anteriormente, a democratização da história como conhecimento obrigatório, com o desdobramento necessário de profissionais habilitados para ensiná-la, deu-se apenas no século XIX. Por quê? Principalmente com a constituição dos Estados nacionais, oriundos do modelo proposto pela Revolução Francesa e com a independência das colônias inglesas da América do Norte que se emancipam da metrópole europeia para formar os Estados Unidos.

A identidade nacional e a ideologia do nacional em oposição ao estrangeiro forjam quase obsessivamente o quadro das pesquisas e investigações históricas entre os séculos XIX e XX. A historiografia política, as guerras, os grandes heróis nacionais, os grandes feitos de alguns homens modelarmente constituídos são matéria do conhecimento histórico. Em suma, todo o aparato relevante e necessário para a constituição do Estado nacional burguês, do qual não escapa o Brasil, apesar do regime monárquico, que não se deve ignorar, era articulado em torno dos princípios legados pela Revolução Francesa.

Não seria demais justificar, exemplificando, que o currículo do Colégio D. Pedro II — estabelecimento secundário oficial do Rio de Janeiro —, que revela o pensamento dominante a que se aludiu, com a adoção de compêndios de história que se atualizam e cronologias, não irá alterar a tônica e a ênfase no político, mesmo com a mudança de regime em 1889. Nesse sentido, apenas reinventaram-se os heróis, como é o caso de Tiradentes.

Uma outra historiografia só irá surgir entre nós evocando e procurando compreender e esclarecer outros problemas, após o primeiro momento modernista nos anos 1920. Além disso, há a criação das primeiras faculdades de filosofia desde 1935, que formarão transmissores de conhecimentos históricos, professores e pesquisadores, ao lado dos historiadores oriundos de outras áreas do conhecimento, preocupados em compreender o Brasil.

O pós-guerra e os dois grandes blocos liderados pelas potências hegemônicas fazem pensar o Brasil diferentemente do discurso centrado em torno do Estado nacional, enfatizando os aspectos econômicos, contribuição para o entendimento dos aspectos materiais com os quais se articulam e interage a sociedade. Independentemente da exacerbação dos aspectos ideológicos, de ênfase centrada na teoria da dependência, às vezes esquematizando processos cuja complexidade era eliminada ou mal resolvida, a atenção por temas pouco heroicos relativos à produção material e aos seus agentes, e aos vastos contingentes de excluídos e sem voz, sedimentou uma outra sensibilidade para o cotidiano e os aspectos da cultura material.

Finalmente, o enfoque das pesquisas hoje, permeadas pelo relativismo cultural que nos é sugerido pela antropologia, construiu uma outra vertente historiográfica, a etno-história. Independentemente das críticas que a ela são dirigidas, como o eventual abandono da diacronia, os problemas abordados sem um discurso articulado à sequência do tempo, singularidade peculiar à história, ou à pulverização das sociedades no contexto do relativismo cultural, apresenta adequação para história destinada ao ensino em e para o turismo.

De fato, a antropologia divide a cultura em duas vertentes, material e imaterial ou implícita e explícita. Sem tentarmos abordar qualquer uma das inumeráveis definições de cultura que existem, podemos dizer que a cultura imaterial refere-se aos valores internalizados nos indivíduos pelo grupo cultural a que pertencem, enquanto cultura material é a manifestação desses valores traduzida em objetos, artefatos ou produções da mais variada ordem, que podem ser tanto utilitários como transcender o utilitarismo.

Ora, com a escolha e estabelecimento do currículo mínimo do curso de turismo de 1971, ao lado da história do Brasil, alinha-se a história da cultura, na qual se recomenda que a ênfase seja dada aos aspectos artísticos. Na verdade, esses aspectos podem referir-se à música, ao teatro, à literatura, à dança, etc. Todavia, parece-me que a interpretação cabe muito mais adequadamente às artes plásticas, à arquitetura e aos contextos espaciais de entorno.

Assim, os remanescentes de complexos construídos, o traçado urbano, as paisagens rurais com seus artefatos e equipamentos não apenas evocariam a memória, mas deles poder-se-iam resgatar as relações sociais na sua distribuição pelo espaço vinculado aos valores do tempo que se quer abordar. Aplicar-se-ia tanto aos foros romanos e aos castelos medievais como aos conjuntos monumentais de conventos e palácios, como Escorial e Versalhes, às muralhas de Carcassonne e Évora, às fortalezas da costa brasileira, às vilas operárias de São Paulo, ao Zócalo da cidade do México, às aldeias indígenas, às habitações em palafitas nas zonas ribeirinhas amazônicas ou às favelas das grandes cidades brasileiras.

Complementando, a ênfase deveria recair sempre sobre a linguagem visual, induzindo daí a necessidade dos textos escritos. A fotografia, o filme, o desenho e as representações gráficas de natureza diversa, concomitantemente ao esforço da decodificação que remetessem ao texto. Se isso se aplica aos bens imóveis, não é necessário rematar que deles não estão excluídos os bens móveis em seu contexto, ou de acordo com suas circunstâncias de uso, funcional ou cerimonial, cotidianos ou excepcionais, por isso só importa em relação aos objetivos da abordagem.

Como se pode observar, da recomendação primeira do currículo mínimo proposto para cursos de turismo pelo Ministério da Educação, os aspectos artísticos, entendidos não apenas através de gêneros como se fez referência, mas enquanto objetos reconhecidos de valor não apenas por suas características de criação e arte-técnica, mas por seu valor comercial, canonizado por críticos, especialistas e museus, elitizariam e cristalizariam como passíveis da contemplação um número sempre constante de atrativos. Compreendidos numa dimensão menos restrita, sob ponto de vista antropológico, é possível resgatá-los em sua historicidade, bem como reconstruir as relações sociais que permeavam ou permeiam, artefatos e usuários. E, sobretudo, é possível ampliar incomensuravelmente o conhecimento e a oferta de bens de consumo histórico-cultural. Objetivando a proposta de abordagem histórica em relação aos interesses do conhecimento do turismo, se fosse possível defini-la fenomenologicamente, a compreensão se estabelece da percepção de correlações estético-visuais com os objetos de uso — variados como se disse — criados pelo homem. Cabe, entretanto, advertir que os horizontes amplos que se abrem para um campo de conhecimento muito mais vasto e diversificado apresentam na prática, ou seja, nos inventários de oferta cultural, uma enorme complexidade com pouca ou nenhuma metodologia que sistematize e seja capaz de abarcar essa totalidade para consecução de um projeto.

Após essa tentativa de sugestão, resta lembrar que a história em relação ao turismo, e, particularmente, os atrativos culturais, pode e deve ser construída em torno do patrimônio cultural — local, nacional, mundial — que ainda não se apresenta como disciplina organizada e codificada, mas se encontra permeando todo o discurso entre arte, antropologia, arqueologia, turismo e história. Da vertente arqueológica, sempre associada ao mundo antigo, aos aventureiros e exploradores desse inconsciente material subterrâneo, é preciso que se diga, constitui-se um notável instrumento a arqueologia histórica, que pode trazer à luz do dia e à consciência vestígios que reescrevem a história já consagrada pelos textos escritos. Subsidiariamente às novas possibilidades de ampliação e conhecimento, constituem-se também outras disciplinas que complementam o que ainda é pouco conhecido. É o caso da arqueologia subaquática, que, apenas para citar a história brasileira, construída na sua relação de dependência de uma metrópole que se fez de descobertas e do comércio marítimo, apresentaria vestígios e artefatos potencialmente enriquecedores do conhecimento e da oferta histórico-cultural para o turismo.

Finalizando, se retomarmos a ampliação do conceito de patrimônio cultural e o subsequente crescimento da oferta de bens culturais em relação ao tempo de não trabalho, como possibilidade virtual para o lazer e o turismo, é possível arriscar uma tendência que já se acentua: a ampliação da demanda de técnicos dotados de conhecimentos na área, tanto quanto os postos de trabalho. Todavia, a constância e permanência dessa demanda deveriam ser gerenciadas para superar a sazonalidade característica das atividades.

HISTÓRIA E TURISMO: CIÊNCIA E IDEOLOGIA

Salientar a importância da história para o turismo implica necessariamente estabelecê-lo como fenômeno historicamente localizado. E na medida em que o ensaio se insere numa perspectiva que o remete à educação, fixar num primeiro e breve momento aquilo que se entende como turismo no campo do conhecimento. Isto é, como se pode apreendê-lo justificando-o como objeto de estudo, esboçando assim uma abordagem metodológica possível da história nas suas inter-relações com o turismo.

Abandona-se aqui, ainda que isto não seja matéria totalmente irrelevante, toda e qualquer veleidade de afirmar ou recusar a cientificidade do turismo. Poderia se ampliar um pouco mais, dizendo não haver também qualquer preocupação quanto à cientificidade da história. Nada pode ser mais ingrato e ao mesmo tempo familiar para um historiador que a natureza deste debate. Passados já dois séculos, ainda se discute o valor epistemológico da história, à luz de algumas concepções dentro da teoria do conhecimento. No entanto, foram e continuam a ser produzidos muitos e excelentes trabalhos de história, no Brasil e no exterior.

Não se poderia deixar de justificar, todavia, que se encontram na própria história da ciência, mais precisamente na segunda metade do século XIX, no contexto do cientificismo, metodologias que se desenvolveram em torno das ciências da natureza e das chamadas ciências exatas, um modelo para aquilo que se considerava científico e, subsequentemente, um esforço para encamisar as ciências humanas nesses modelos, o que as legitimaria, colocando-as em pé de igualdade com aquelas ciências propriamente ditas, como gostariam alguns.[1] Em tempo, expressões numéricas e quantificantes nada significam em história, se não se articulam dialeticamente com qualidades e com noções de valor.

Para tornar transparente o quase prosaísmo de aferrar-se às discussões de cientificidade, basta lembrar o que nos diz um matemático e filósofo a propósito da invenção do termo ciências humanas. Logo após a Segunda Guerra Mundial na França,

[...] percebeu-se que a maior parte das verbas governamentais destinavam-se às instituições científicas. Como as faculdades de letras precisavam de verbas, pensou-se em obtê-las, denominando-lhes faculdades de ciências humanas, mostrando que ali também se fazia ciência [...] [2]

---

[1] Cito aqui apenas duas figuras arquetípicas do cientificismo e que tiveram incontáveis seguidores que não se limitam ao século XIX. O primeiro deles é Auguste Comte. Criador do *positivismo* e da palavra e disciplina *sociologia,* que o autor também denomina *física social,* dividindo-a em *estática* e *dinâmica social,* o que não deixa de trair suas origens como aluno da Escola Politécnica de Paris. Comte concebe a evolução da humanidade em estágios progressivos, lançando um esquema metafísico que precede qualquer verificação empírica. Sucedâneo desse pensamento é a divisão sociocultural dos homens em três estágios: selvageria, barbárie e civilização. Cf. Claude Lévi-Strauss, *O pensamento selvagem* (São Paulo: Nacional/Edusp, 1970). O autor demonstra a sofisticação do pensamento selvagem, que hoje não mais se poderia denominar *pré-lógico*. Em segundo lugar, Herbert Spencer, filósofo influenciado pelo *darwinismo* contido na *Evolução das espécies,* cuja doutrina é conhecida usualmente como *spencerismo evolucionista* e pretende uma explicação global da evolução dos seres a partir de leis ordinárias de mecânica. Relaciona raça e cultura entre si, dadas as peculiaridades do momento histórico em que viveu e a constituição dos impérios coloniais europeus. Ler um breve e excelente artigo de Francisco Iglesias, "Natureza e ideologia do colonialismo no século XIX", em *História e ideologia* (São Paulo: Perspectiva, 1971). Sobre o conceito das ciências humanas no contexto das ciências, além de um clássico como Max Weber e o seu *Economia e sociedade,* UnB, 1991 e 1999, 2 v., um comentador de sua obra pode ser muito útil: Julien Freund, *Sociologia de Max Weber* (Rio de Janeiro: Forense Universitária, 1987). Além dele, imprescindível, Michel Foucault, *A arqueologia do saber* (Rio de Janeiro: Forense Universitária, 1995) e *As palavras e as coisas* (São Paulo: Martins Fontes, 1981).

[2] "Entrevista com Michel Serres", Revista *Filosofia,* São Paulo, Centro Acadêmico Cruz e Costa, FFLCH/USP, 1974, p. 27. Na mesma entrevista e na mesma página, é oportuno salientar o que se remete à nota anterior: "[...] o cientificismo era, de início, uma ideologia, uma confiança absoluta no progresso infinito e na vitória da ciência. Chamou-se cientificismo porque era uma ideologia sistemática que considerava que, fora dos complexos da ciência, não havia senão obscurantismo".

Razões ideológicas e, sobretudo, estratégicas sobrepõem-se às considerações de cientificidade. De resto, não se excluem daquelas razões as ciências ortodoxamente constituídas. Não é possível ignorar que hoje todo o conhecimento é socialmente produzido. [3]

Por outro lado, seria um contrassenso imaginar que houvesse nessa atitude, diante de um objeto de estudos, qualquer estímulo para um discurso errático ou articulado através de associações livres. É preciso recordar a ambiguidade do termo metodologia. Ora refere-se aos fundamentos e propostas epistemológicos adequados ao objeto, ora é uma técnica de procedimentos sistematizados em etapas, para a condução de uma pesquisa. [4]

EM TORNO DE TURISMO

Como acercar-se do turismo sem a preocupação de uma definição dada? É possível, em primeiro lugar, considerá-lo um fenômeno. O uso da palavra, bastante desgastada, transcende os chavões usuais nas abordagens do gênero. Apreende-se o turismo como algo que se produz em nossa consciência por meio dos sentidos, envolvendo dados materiais, ou fenômenos internalizados, psicológicos, nos quais, por exemplo, se encontrariam as atitudes e as sensações antes, durante e após a viagem. Do que foi colocado, *não se considera o turismo um mero agregado de práticas comerciais*, [5] ainda que elas desempenhem uma parte não negligenciável na sua totalidade. Como se pode ver, um fenômeno multifacetado e abrangente requer uma qualificação que se adiciona ao substantivo, denominando-o *fenômeno cooperativo*. Recorre-se aqui ao aparato conceitual da física, e simplificando-se ao máximo, o registro

---

[3] Jurgen Habermas, "Conhecimento e interesse" e "Técnica e ciência enquanto 'ideologia'", em *Benjamin, Habermas, Horkheimer, Adorno* (São Paulo: Abril Cultural, 1983).

[4] A propósito de metodologia, tenho observado — entre alunos e um número não negligenciável de professores —, e isso não ultrapassa a constatação, que o desenvolvimento muito acentuado de pesquisas de oferta e demanda em turismo, pesquisas de mercado, aplicadas e de curta vigência de tempo, portanto, tem modelado a concepção do que é e deve ser *pesquisa em turismo*. A confusão se concretiza quando se percebe uma apropriação de técnicas e metodologias de origem americana que se remetem a *survey*, e não, absolutamente, *a research*, mais adequadamente aplicada à pesquisa básica. A ausência de palavras diferenciadas em português consolida um pragmatismo imediatista de turismo = práticas comerciais. Aliás, diga-se, a língua francesa também diferencia *enquête* de *recherche*.

[5] "Tourism is not just an aggregate of merely commercial activities; it is also an ideological framing of history, nature and tradition; a framing that has the power to reshape culture and nature to its own needs." [Turismo não é apenas um agregado de atividades meramente comerciais; é também uma combinação ideológica de história, natureza e tradições; combinação que tem o poder de adaptar cultura e natureza às suas necessidades.] D. MacCannell, *Empty Meeting Grounds: the Tourist Papers* (Londres: Routledge, 1992), p. 1.

em dicionário nos fornece como recurso a definição de fenômeno cooperativo, ou seja, qualquer processo cuja ocorrência exige a interação simultânea de vários sistemas ou subsistemas cujas atuações se adicionam para levar ao efeito final.[6]

Decorre disso também a abordagem sistêmica, que, a despeito de críticas às disfunções eventuais,[7] é talvez a única possibilidade de *sistematicamente* se abordar o turismo na sua totalidade. Apesar disso, recortam-se *idealmente*, para melhor entendimento, apenas relações entre história e turismo.

Chegamos assim à premissa proposta inicialmente, que identifica o turismo como fenômeno historicamente localizado, isto é, um fenômeno não inerente à natureza, nem imemorial, mas datado e parte integrante de um momento da cultura do homem ocidental.

À LUZ DA HISTÓRIA: CONCEITOS E PRÁTICAS FORA DO TEMPO

Turismo como entendemos hoje é fenômeno gestado e expandido no contexto da sociedade industrial. Com todas as modificações possíveis ocorridas entre o final do século XVIII e a contemporaneidade, do turismo *aristocrático*[8] ao turismo de massas, das diligências e dos trens aos aviões a jato, ele se prende ao soco, à base[9] onde se assenta o pilar da revolução e da sociedade industriais.

Não há dúvida, entretanto, que o homem sempre deslocou-se no espaço, viajou por necessidade impulsionado por interesses materiais diversos, acossado por invasores — a fuga não é também uma viagem? —, por razões de saúde, obrigações religiosas ou por simples prazer. Todavia, é *anacrônico* pensar um processo contínuo, sem rupturas e formas fundamentalmente diversas de satisfazer essas necessidades. Mudanças de sensibilidade, sociabilidade distintas, infraestrutura de serviços e transportes

---

[6] Mário C. Beni, *Análise estrutural do turismo* (3ª ed. rev. ampl. São Paulo: Editora Senac São Paulo, 2000). Constrói, da teoria geral dos sistemas, o Sistema de Turismo (Sistur). Com economia, mas muito bem fundamentado, pode ser um instrumento notável contra o utilitarismo que impregna os estudos em turismo.

[7] "Breve análisis crítico del sistema turístico", em R. Boullón *et al.*, *Un nuevo tiempo libre: tres enfoques teoricoprácticos* (2ª ed. Cidade do México: Trillas, 1991). Oportuna reflexão sobre a desordem do sistema (cíclica) e as suas razões nos países latino-americanos.

[8] A denominação está em grifo por ser inadequada à realidade do turismo já no século XIX, pois a burguesia é a classe social ascendente e dominante. Os valores aristocráticos seriam apropriados e adotados pelos burgueses, mas, ainda assim, tentando forjar suas vidas com esses valores, adaptam-nos à sua visão de mundo, recriando valores que só podem ser especificadamente seus; ver A. Corbin, "O primado inicial da aristocracia", em *O território do vazio* (São Paulo: Companhia das Letras, 1989).

[9] Entendido aqui como o conjunto de ideias e crenças, em que se fundamentam as manifestações materiais, de onde confluem os modelos para as sensibilidades, o próprio pensamento científico, seus objetivos, seus métodos e sua aplicação, enquanto tecnologia.

se articulam de maneira diversa daquelas do passado das sociedades pré-industriais. E não se trata aqui de considerar apenas os perigos das viagens no passado.[10]

É estranhíssimo para um historiador — refiro-me aos de formação acadêmica — surpreender algumas narrativas sobre sítios hidrominerais que efetivamente são frequentados há séculos na Europa, cuja história é disposta linearmente, ignorando as características de medicalização, de ritmo, quantidade, horas e qualidade de águas que são ingeridas sob rigorosa prescrição médica desde meados do século XVIII.[11] Ou, ainda, evocar os balneários marítimos, tratando-os indistintivamente, aqueles do passado remoto como estes da atualidade.[12]

Ainda sobre a sociabilidade, melhor dizendo, sobre o convívio entre os homens, ao comentar-se, ou pior, escrever-se algo sobre estrutura e organização de eventos, tecer-se ilações de continuidade e permanência sobre os simpósios na Grécia clássica e esses acontecimentos hoje. Todos os serviços dos simpósios ou dos banquetes eram executados por escravos. E, se havia presença feminina neles, como atestam as decorações dos vasos de cerâmica além dos textos, jamais essas mulheres poderiam ser esposas dos convivas. Tratava-se de *hetairas*, eventualmente convidadas ou contratadas para animar a conversação, pois, ao contrário das *mulheres honestas*, tinham uma educação esmerada, na qual estavam presentes o conhecimento da poesia e da literatura, do canto, da dança, o domínio de instrumentos musicais e não raro da filosofia. Seu comportamento livre era estimulado e não transgrediam as normas sociais, desde que não se fizessem passar por *mulheres honestas*. Em tempo, na Grécia clássica não se tomaria uma hetaira por prostituta ou *pornaia*, para usar a denominação corrente na época. Ainda que o mesmo fenômeno seja examinado na Antiguidade, mas em outro contexto sociocultural, como na Roma imperial, e se aquela infraestrutura de serviços também é integralmente constituída por escravos, jamais se poderia deduzir que o público feminino não fosse igualmente constituído por esposas dos participantes, além de eventuais não esposas. Os níveis de liberdade das mulheres são ali diferentes e mais amplos, sobretudo entre indivíduos da alta aristocracia.

---

[10] Se o peregrino viajava com insegurança na Idade Média, hoje a passagem por vários controles eletrônicos, o exame minucioso de bagagens e inquisitorial de documentos num aeroporto fazem reviver o sentimento de insegurança (Umberto Eco, "Viagem pela hiper-realidade", em *Viagem na irrealidade cotidiana* (5ª ed. Rio de Janeiro: Nova Fronteira, 1984), p. 88.

[11] Marc Boyer, *L'Invention du tourisme* (Paris: Gallimard, 1996). A prescrição médica é precedida pela análise da propriedade das águas. Notar ainda que surge na época o binômio curista-turista e ainda as denominações inglesas indissociáveis nesse contexto: *healthy place/pleasure place*. Quanto aos conceitos de higiene e saúde, águas e banhos, ver A. Corbin, *Saberes e odores* (São Paulo: Companhia das Letras, 1987).

[12] A. Corbin, *A invenção da praia* (São Paulo: Companhia das Letras, 1989).

Da mesma maneira, naquela civilização clássica greco-romana, que tomada como um todo apresenta não poucos traços em comum, como o da economia baseada no escravismo, por exemplo, são profundamente diferentes os valores que envolvem as práticas de exercícios físicos entre as duas culturas. Por mais influência que tivessem os costumes gregos entre os romanos e ainda que se tenha tentado disseminar entre os últimos as competições de ginástica, isso jamais catalisou as atenções e as paixões como os jogos que simulavam caçadas de animais selvagens e as lutas brutais entre gladiadores ou os espetáculos de corridas de carros no Circo Máximo, estes, diga-se, muito mais amenos.[13]

Rematando esses exemplos, um deles me parece capital: o das Olimpíadas, revividas como evento internacional por Pierre Coubertin em 1896, quando simbolicamente realizou-se em Atenas a primeira Olimpíada de nossos tempos. Ainda que Coubertin tivesse um ideal pedagógico de mostrar a importância da educação física no processo de formação da juventude — francesa sobretudo —, tanto quanto na sua prática desinteressada ou amadorística, os eventos foram apropriados pelos interesses políticos que atingem seu ápice na Olimpíada de Berlim de 1936, na Alemanha hitlerista. Hoje, além do viés político que jamais deixou de existir, as Olimpíadas tornaram-se um megaempreendimento financeiro com pesados interesses de indústrias de materiais esportivos e atletas profissionais regiamente patrocinados. Um evento internacional de comunicação e de cultura de massas, modelado e veiculado por grandes redes de comunicações. Nada disso é novidade. Tudo é conhecido e sabido. O problema situa-se na natureza dos jogos gregos, ou seja, eram eventos de natureza religiosa. É claro que não seríamos ingênuos de acreditá-los isentos de interesses materiais. Mas Coubertin propunha um congraçamento internacional que transcendesse diferenças religiosas entre os participantes dos jogos. Poder-se-ia acrescentar, aqui e ali, diferenças, tais a nudez dos atletas; a proibição da participação de mulheres; a unidade cultural grega a despeito das diferenças políticas.

Portanto, as Olimpíadas de nossos tempos têm pouco que ver com as Olimpíadas da Grécia antiga.

Em outras palavras, a falácia de se entender o homem, suas práticas sociais de maneira linear, encobre profundas diferenças em relação aos sistemas de valores

---

[13] Jerôme Carcopino, "O emprego do tempo" em *A vida cotidiana em Roma no apogeu do Império* (Lisboa: Livros do Brasil, s/d.). Os jogos gregos alternavam competição de destreza física, como a corrida a pé, pugilato, lançamento de dardo e disco, e outras habilidades, como eloquência, poesia, música e canto. Nunca foram populares entre os romanos. A Piazza Navona em Roma conserva hoje o traçado do antigo Circo Agonal de Domiciano, onde se realizavam essas competições sem jamais conseguir concorrer com os *munera*.

que se alteram, considerando dimensões distintas de espaço-tempo. A história, pesquisando singularidades, repele anacronismos, as considerações fora do tempo de uma cultura ou da realidade pretérita que se pretende estudar. Manifestações culturais expressas materialmente e que se prendem a necessidades estruturais do psiquismo do homem como ser social e que lhe podem ser inerentes poderão ser análogas às contemporâneas, considerando a variabilidade espaço-tempo. Não são idênticas. Não se desdobram numa sequência ininterrupta, sempre as mesmas e sempre iguais. Identificar o turismo e suas práticas antes da Revolução Industrial não tem qualquer consistência diante de evidências empíricas.

A INVENÇÃO DO TURISMO NUM TEMPO DE REVOLUÇÕES

A reiterada insistência em assinalar a Revolução Industrial como momento de ruptura e o aparecimento de formas novas no contexto da história humana devem-se ao reconhecimento de ter sido aquela revolução o segundo fato capital para a humanidade, enquanto o primeiro foi a Revolução Neolítica.[14] Sob o ponto de vista da tecnologia ou, melhor dizendo, dos seus avanços, esse desenvolvimento destrói a possibilidade de sobrevivência de outras tecnologias e concentra em algumas nações que dominam esse processo condições para o domínio de outras sociedades.

Outros aspectos, particularmente na área sociocultural, entendida aqui de forma mais restrita, esclarecem, entretanto, o aparecimento de um outro paradigma vinculado à Ilustração, ou ao Iluminismo: a passagem da noção de ordem mecanicista do Antigo Regime, manifesta no classicismo apoiado no modelo das matemáticas e das ciências ditas exatas, à noção de símbolos.

No final do século XVIII, com a descoberta intuitiva do inconsciente, desponta o pluralismo de significações, conteúdos obscuros, que não são, nem podem ser, interpretados à luz da metodologia da ordem, mas passam a ser interpretados como símbolos. No centro, e ao mesmo tempo vetor e difusor dessas noções, encontra-se o romantismo. Embora habitualmente associemos o romantismo ao lirismo, ao amor terno e romântico, aos devaneios ou rotulemos uma situação ou alguém de romântico por ser pouco pragmático, o que não deixa de caber no romantismo, este se caracteriza por um corte epistemológico que atinge a constituição do pensamen-

---

[14] C. Lévi-Strauss, *apud* Eunice Ribeiro Durham, em A. A. Arantes (org.), *Produzindo o passado* (São Paulo: Brasiliense, 1984), pp. 35-36.

to científico que passa a operar com modelos de análise simbólica. Não é inerente ao romantismo, portanto, apenas uma dimensão psicológica e artística, ou estados de espírito subjetivos e pouco práticos.

O momento e o movimento são tão fecundos que dão origem a novas disciplinas e conhecimentos, como a arqueologia, a noção de patrimônio histórico e o aparecimento de museus públicos. E, ainda, esboçam os fundamentos da antropologia,[15] ordenam-se e conferem-se conceitos básicos e fundamentais à historiografia, como a luta de classes, por exemplo, e enriquecem, aprofundam e ampliam a reflexão filosófica com modelos de análise articulados através de arquétipos. Disso é testemunho a psicanálise freudiana com o complexo de Édipo, modelo concreto e arquetípico de sentido denso, encontrável na mitologia e no teatro gregos.[16]

Fenômenos históricos imbricados entre si, concomitantes, Revolução Industrial e romantismo compartilham sua modernidade e os novos tempos com a Revolução Francesa. Acontecimento fundador da contemporaneidade, que, entendido nos seus aspectos políticos, inventa o sentimento nacional, as nações e o nacionalismo, tais como ainda o concebemos hoje. De tal forma, tão intensa e arraigadamente estão ligadas essas noções às coletividades humanas e aos nossos espíritos que nos parece que tudo isso tenha existido desde sempre. E, no entanto, também são historicamente localizáveis.

O impacto dos acontecimentos que se sucederam em apenas dez anos na França ampliaram-se incomensuravelmente e seus efeitos, mais ou menos, atingiram praticamente todo o mundo com a destruição das monarquias absolutas, a ascensão da burguesia, os princípios de igualdade diante da lei e, sobretudo, o conceito de cidadania. É claro que se pode contestar que alguns desses princípios dificilmente se implantaram de forma homogênea, de modo a beneficiar todos os segmentos sociais. Ou ainda que os Estados nacionais jamais tiveram ou têm o caráter de neutralidade que lhes daria, e a seus governos, o papel de mediadores e árbitros isentos nos conflitos sociais internos. Também se poderia acrescentar que os eventuais benefícios foram conquistados através de lutas, arduamente, e em dimensões de tempo muito dilatadas. De qualquer forma, os olhares passaram a vislumbrar outros horizontes após a Revolução Francesa. O conceito e as aspirações de liberdade alteraram-se e legitimaram as lutas contra a opressão.

---

[15] C. Lévi-Strauss, "Jean-Jacques Rousseau, fundador das ciências do homem", em *Antropologia estrutural II* (Rio de Janeiro: Tempo Brasileiro, 1976).

[16] Rubens R. Torres Filho, "Vida e obra", em *F. von Schelling,* (São Paulo: Abril Cultural, 1984), Col. Os Pensadores.

Das contradições que se podem verificar em contextos históricos particularizados em relação às ideias da Revolução Francesa, basta lembrar aqueles imanentes à sociedade brasileira do século XIX. País independente, o Brasil, livre da tutela da metrópole em 1822, não apenas não alforria seus escravos, mas intensifica de forma paroxística a importação de africanos até 1850, para libertá-los, estigmatizados e condenados ao pauperismo, em 1888. Isso é suficiente para nos inteirarmos dos tortuosos caminhos da história, que nem sempre é digna ou bela de recordar. Fazem parte da história tanto os feitos convencionalmente considerados heroicos quanto a exploração mais torpe dos seres humanos. Os grandes acontecimentos e também as pequenas/grandes lutas do cotidiano com suas microestratégias urdidas para a sobrevivência diária.

Seria, entretanto, oportuno perguntar em que medida essas três categorias de acontecimentos teriam relevância para o turismo, de que forma poderiam ter criado ou inventado uma outra concepção de lazer, se considerarmos o turismo — muito sumariamente — uma ocupação do tempo livre em viagens?

REVOLUÇÃO INDUSTRIAL E TURISMO: IMPLICAÇÕES E DIMENSÕES

Qual o significado do processo de industrialização na transformação das cidades? Em que medida uma cidade da era industrial se diferencia daquelas do Antigo Regime ou *pré-industrial*?

Pode-se dizer que uma cidade *pré-industrial* é uma *cidade barroca*. O termo não surge aqui apenas como emanação da morfologia das construções. Insistir com a denominação Antigo Regime requalifica o sentido dessa denominação pré-industrial muito vaga e dilatada como categoria de análise. Desde que o significado primeiro do Antigo Regime contém uma referência ao absolutismo monárquico, à aristocracia e ao alto clero, a cidade e o traçado urbano realizam e traduzem essa ordenação social. O elemento central da cidade barroca é o palácio do príncipe. O ponto axial para onde convergem os caminhos, os cuidados e as preocupações urbanísticas. No entanto, essa articulação não destruiu, mas incorporou os elementos mais importantes da cidade medieval, a praça do mercado — das feiras — e a catedral. Ao mesmo tempo, a cidade barroca não se constituía em setores estanques socialmente estratificados: ricos e pobres conviviam nas mesmas áreas urbanas, cujo traçado e imóveis datavam de séculos ou feitos para durar séculos, considerando a qualidade e a solidez de materiais e edifícios. A distinção das casas aristocráticas, além das dimensões materialmente perceptíveis, situava-se intramuros, particularmente com a presença de jardins. Conventos, congregações religiosas e palácios episcopais também se inseriam nos mesmos espaços, compartilhando o perímetro possível permitido pelos sítios amuralhados. [17]

Com a industrialização, a pressão demográfica, a decadência da aristocracia, a progressiva secularização da vida, vastos edifícios são relegados ao abandono, as muralhas são derrubadas e as cidades se expandem, os bairros se compartimentam entre ricos e pobres, crescem as periferias... De forma simplificada e generalizante, essa é a gestação daquilo que chamamos hoje de centros históricos, assim como cidades históricas seriam aquelas que por diversas razões ficam à margem da industrialização ou de seus feitos e desdobramentos. Tanto os centros como as cidades históricas são conceitos impensáveis antes da industrialização. E só podem ser entendidos conceitualmente, pois qual o centro urbano e que cidade podem não ser históricos? [18]

Por sua vez, a industrialização irá dissociar as edificações dos seus respectivos lotes ou terrenos. O edifício converte-se em artefato descartável facilmente renovável. O valor se adere exclusivamente ao terreno. As indústrias fornecem os materiais a custos mais baixos, padronizados e produzidos em larga escala, reduzindo substancialmente o tempo da construção, e se apropriam da mão de obra abundante disponível, expulsa do campo para a cidade. Os edifícios não devem durar mais por séculos, pois os materiais não possuem a qualidade e os cuidados artesanais do passado pré-industrial.

Na verdade, é bom que se contraponha a essas considerações generalizantes a enorme gama de variabilidade e o descompasso temporal nos processos de industrialização, não apenas na Europa mas também nas áreas periféricas do Ocidente de capitalismo tardio como o Brasil: em São Paulo, a industrialização — qualitativa e quantitativamente — é um processo datado tradicionalmente por volta de 1890.

Na Inglaterra, porém, o processo data de meados do século XVIII, aproximadamente em 1760. É justamente por isso que Londres, sofrendo as transformações provocadas pela industrialização, apesar de não ser uma cidade industrial, [19] reflete a imagem opressora da vida urbana e a nostalgia imaginária do campo, da vida rural sempre rodeada de belas e idealizadas paisagens, da necessidade de evasão:

---

[17] L. Mumford, *A cidade na história* (São Paulo: Martins Fontes, 1991); Leonardo Benevolo, *História da arquitetura moderna* (3ª ed. São Paulo: Perspectiva, 1998).

[18] G. C. Argan, "A cidade ideal e a cidade real", em *História da arte como história da cidade* (São Paulo: Martins Fontes, 1995).

[19] R. Williams, *O campo e a cidade* (São Paulo: Companhia das Letras, 1989).

Não vejo bosque verde, fonte pequenina,

Nem ribeirão descendo a encosta da colina.

Para onde quer que eu volte os olhos curiosos

Vejo fileiras de tijolos malcheirosos

E monturos nauseabundos que apodrecem,

Nos quais os porcos buscam abrigo e se aquecem.

Se em qualquer lugar onde se vá só se veem

Imagens que vejo cá no beco também,

Se ruído e pó não inspiram ideias serenas

E as diligências ainda mais enfeiam a cena,

Por que buscar a musa em sítios tão ingratos?

Fico em casa a escrever, e poupo meus sapatos. [20]

É claro que esse poeta, ainda em pleno século XVIII, nada mais via senão os aspectos negativos de uma grande concentração urbana em transformação: materiais de construção, lixo, mesmice, barulho, poluição do ar, tráfego, indistintamente distribuídos por todo o sítio urbano. Outros arrolariam os benefícios do crescimento e das transformações. [21] Mas o que importa ressaltar disso tudo é o imperativo de mudanças, de deslocamentos periódicos, de viagens e de retorno ao mesmo sítio, o local do trabalho e domicílio. Uma contradição que não é resolvida, mas é vivida cada vez mais intensa e facilmente com o desenvolvimento dos meios de comunicação e transporte, como se pode observar num texto francês de 1877, já um processo consolidado:

> Até bem pouco tempo, ninguém saía de sua cidade natal. Hoje, ninguém fica parado. Até poucos anos atrás permaneceríamos em Paris durante todo o ano. Hoje, como é possível ficar em Paris durante o verão?
> Temos de ir para o campo. Temos de ir para as águas. Se não vamos para as águas, saímos para as praias. Se não vamos para as praias, seguimos para a Itália. [22]

Na verdade, quando se fala de um processo consolidado, a referência é ao lazer, ocupado em viagens para diversos itinerários e que se vão tornando pouco a

---

[20] R. Williams, "Transformações na cidade", em *O campo e a cidade*, cit., pp. 199-200; Charles Jenner (1736-1774) é considerado por Williams um poeta menor, e autor dos versos, parte de uma série de Éclogas urbanas ou londrinas.

[21] Em contraponto: "Voltaire via a atividade industrial e a busca de prazeres refinados como as marcas características da cidade e da própria civilização [...] Londres, em particular, era o símbolo do progresso e das luzes (*Ibid.*, p. 202).

[22] E. Weber, "Turistas e curistas", em *França fin-de-siècle* (São Paulo: Companhia das Letras, 1989), p. 217.

pouco acessíveis a diversos tipos de bolsos. Já nos encontramos aí em tempos da segunda revolução industrial, a do petróleo e a do aço. A primeira, responsável por aquelas transformações desagradáveis em Londres, como considerava o poeta inglês, articulou-se tecnologicamente do carvão como combustível, e do ferro, material resistente e dúctil para o desenvolvimento da maquinofatura que se impõe sobre a manufatura, a *indústria doméstica*, com a constituição do *sistema fabril*.

Condição fundamental para o elemento nuclear da infraestrutura turística, transportes e comunicação já se dão em meados do século XIX: o telégrafo elétrico, o trem, os navios a vapor.[23] Bem entendido, o aço, nos veículos de transporte já existentes, permite redimensioná-los, torná-los mais resistentes e econômicos e mais lucrativos.

Sobre o telégrafo, basta notar a importância da expansão, a rapidez e o controle das informações. Pensemos em horários de partida e chegada dos meios de transporte, de reservas em meios de hospedagem, no conhecimento de calamidades de natureza diversa, podendo sustar destinações perigosas e estabelecer outros roteiros.

Quanto aos meios de transporte, é possível escolher apenas três indicadores de mudança: a diminuição de tempo de viagem, o conforto e a segurança. Por mais aventurosas que nos pareçam hoje, as condições de vida a bordo de um veleiro de madeira eram terríveis.[24] Quanto às viagens em veículos de tração animal e viagens a cavalo, é possível imaginar as condições das estradas, melhor dizendo dos caminhos. Mas, atenção, existe um abismo entre optar, como faríamos hoje, por essas formas de locomoção como prática de lazer ou *esporte* e apenas dispor delas para qualquer necessidade de deslocamento no espaço. Finalmente, a consolidação dos Estados nacionais avocando para si o monopólio da repressão e da violência com corpos de policiamento, aumento crescente da circulação de homens e mercadorias sobre rotas conhecidas e a abertura de novos caminhos, se não resolvem, aumentam substancialmente a segurança dos viajantes.

O turismo no século XIX, e ainda hoje em não poucos casos, é, todavia, um fenômeno que se apropria da infraestrutura dos meios de comunicação e transportes. Mais especificamente, do tempo em que os equipamentos permanecem ociosos. Mas, também é um fenômeno que, apropriando-se, transforma e recria a realidade.

Ninguém poderia ser mais emblemático daquilo que se afirmou no parágrafo anterior do que a trajetória de vida de Thomas Cook ao constituir pouco a pouco sua empresa comercial, elemento organizador e controlador do tráfego turístico.

---

[23] Ver Haroldo L. Camargo, "Machado de Assis, as crônicas e os novos meios de comunicação", em *A colônia alemã de Santos e a construção do perigo alemão*, tese de doutoramento (São Paulo: FFLCH/USP, 1996).
[24] Cf. "O povo miúdo; os desafios sociais, o trabalho e a família", *ibidem*.

Seria injusto não dizer também que tornou acessível e conhecida uma oferta cultural, à qual apenas um reduzidíssimo estrato social tinha acesso. É importante salientar aqui as características do capitalismo industrial inglês, o liberalismo. Terrível por sujeitar trabalhadores, homens, mulheres e crianças a uma disciplina de trabalho desumanizante, que apresentava, por outro lado, dada uma relativa e aparente ausência de controles governamentais, a possibilidade de inovações.[25] Aventureiros, soldados da fortuna, escroques, cavalheiros ou puritanos, os vitorianos tinham os mares e as terras do império britânico e dos países dependentes para fazer fortuna e ascender socialmente.[26]

Cook nasceu de uma família pobre em Derbyshire em 1808. Permaneceu na escola até 10 anos de idade. É provável que tenha abandonado os estudos em razão dos níveis de pobreza dos pais e, efetivamente, a educação acadêmica naquele tempo poder-lhe-ia conferir poucas oportunidades por não ser socialmente de estrato superior. Embora curiosas, suas atividades ou primeiros empregos são típicos de indivíduos destituídos de especialização: ajudante de jardineiro, torneador de madeiras em marcenaria, gráfico, para converter-se aos 20 anos em missionário batista local e leitor público da *Bíblia*.

É justamente dessa última atividade que Thomas Cook, já com pouco mais de 40 anos, em 1841, executará, indiretamente, a primeira ação que daria origem à sua conhecida e pioneira agência de viagens, a Thomas Cook & Son, absorvida em 1928 pela International Sleeping Car Co., apesar da manutenção do antigo nome. Como missionário, estava vinculado ao movimento de *Temperança*, contra a ingestão de bebidas alcoólicas.[27] Cook convence os donos da estrada de ferro Midland Railway Co. a colocar um trem especial entre Leicester e Loughborough, para um encontro dos membros da Liga de Temperança a ser realizado no início do verão, em 5 de julho. A partir desse evento ou excursão, talvez nesses moldes o primeiro em todo o mundo, Cook intensifica progressivamente suas relações comerciais com a Midland, propiciando usufruto de *lazer saudável* primeiramente aos membros da

---

[25] "Um dos mitos que surgiu a respeito da Revolução Industrial na Inglaterra é que ela aconteceu na ausência e não com a presença da intervenção econômica, que o papel do governo foi omitir-se [...]" (Phyllis Deanne, "O papel do governo", em *A Revolução Industrial* (Rio de Janeiro: Zahar, 1969), p. 231.

[26] Vitorianos: ingleses do tempo da rainha Vitória, que reinou na Grã-Bretanha e Irlanda de 1837 a 1901. Quanto às formas de ser e sentir, ver a tetralogia de Peter Gay, *A experiência burguesa: da rainha Vitória a Freud* (São Paulo: Companhia das Letras, 1999).

[27] Ligas de Temperança e organizações de proibição de ingestão de bebidas alcoólicas são originárias: 1) da identificação do alcoolismo como doença na segunda metade do século XVIII, desmistificando a crença nas virtudes terapêuticas do álcool; 2) da necessidade de reforma social; 3) do mecanismo de controle sobre as classes trabalhadoras; 4) da moral puritana de ordem religiosa, mais especificamente ligada às confissões evangélicas; 5) e características dos países anglófonos.

sua igreja, depois operando em escala comercial aberta para o público em geral. As primeiras iniciativas ocorreram da constatação de que a ferrovia mantinha suas operações em finais de semana, os períodos de *não trabalho*, com assentos ociosos nos trens... Aos serviços prestados para carga e transporte ordinário de passageiros, deslocamentos estratégico-militares ou de forças de repressão, somavam-se os serviços turísticos, otimizando-se a ocupação dos carros, consequentemente aumentando os lucros e dando origem aos serviços de agente de viagens.

As atividades posteriores de Cook vão criando outros serviços, hoje considerados usuais para os agentes. Por exemplo, conduzir excursões de Leicester, atravessar o Canal da Mancha até Calais e levar os excursionistas a Paris em 1855, ou no ano seguinte vender o primeiro grande *tour* organizado com turistas britânicos pela Europa. Em 1860, Cook deixa essas atividades e passa a ser agente de venda de bilhetes locais e estrangeiros, ponto de apoio para turistas independentes. É bastante clara a mudança. A agência, ainda que jamais perca essa denominação, transforma-se numa operadora, abrindo filiais primeiro na Europa, depois em todo o mundo conhecido. Cook faleceu em 1892. Os negócios passam então a ser presididos por seu filho, John Mason Cook, e após sua morte em 1899, os netos de Thomas conduziram a firma. [28]

Uma última referência, agora aos eventos relacionados ao capitalismo industrial, é a realização das grandes feiras ou das exposições universais. Para complementar o que foi dito sobre as atividades de Thomas Cook, é preciso notar que a excursão a Paris em 1855, organizada por ele, destinava-se a visitar o segundo acontecimento mundial do gênero. O primeiro teve lugar em Londres em 1851.

Embora não se possa descartar o entusiasmo da burguesia industrial diante das múltiplas aplicações das máquinas e as eventuais possibilidades de bem-estar para os homens que delas se utilizavam, não se pode deixar de notar também os interesses político-ideológicos e hegemônicos que os orientam. [29]

De qualquer forma, a montagem de pavilhões, de cidades efêmeras destinadas aos objetos e a abrigar essas *festas dos povos*, grandes eventos de massas, não apenas animaram os deslocamentos e concentração turísticos, mas geraram alguns sítios e monumentos significativos como atrativos para o turismo atual. Basta citar a

---

[28] "[...] il veut mettre le chemin de fer au service de la lutte contre l'alcoolisme en emmenant les ouvriers anglais à la campagne [...]'Cook and Sons'oublie la philantropie du père et répond à la demande des riches Anglais." [ele quer colocar a ferrovia a serviço da luta contra o alcoolismo, levando os operários ingleses ao campo [...] "Cook and Sons" esquece a filantropia do pai e atende às necessidades dos ingleses ricos.] Marc Boyer, *L'Invention du tourisme*, cit., p. 77.

[29] Florence P. de Villechenon, *Les expositions universelles* (Paris: Presses Universitaires de France, 1992).

Torre Eiffel, em Paris, que ressemantizou a cidade como um dos centros avançados da sociedade industrial.[30]

Pois bem, falávamos retrospectivamente do turismo como fenômeno que veio se delineando e, em meados do século XIX, adquire consistência como prática de alguns estratos sociais no contexto do capitalismo industrial. Creio que não seria inoportuno tratar, na sequência, daquilo que poderíamos chamar prototurismo, o *grand tour*. É possível também, sempre através dessas escolhas e divisões eminentemente arbitrárias, retomar o que se falara sobre a pertinência do romantismo para o turismo e, subsidiariamente, da Revolução Francesa imbricada naquele movimento.

GRAND TOUR: A EDUCAÇÃO ARISTOCRÁTICA. ROMANTISMO E REVOLUÇÃO: OS SENTIMENTOS E A PEDAGOGIA BURGUESES

De imediato, é preciso assinalar quando a denominação *grand tour* apareceu. O termo foi usado pela primeira vez por Richard Lassels em uma edição de 1670 do livro *Voyage of Italy: or a compleat journey trough Italy*.[31] A publicação inglesa não pode ser efetivamente considerada responsável por uma prática ou costume naquele momento já vigente havia tempos. Entretanto, o nome atribuído e fixado permite codificar e institucionalizar as características da viagem. Bem como revela por si, a importância social do fenômeno, ampliando consideravelmente o círculo de adesões e participantes. Torna-se imperativo na camada aristocrática, entre os áulicos e dependentes desse estrato, um rito de iniciação e um instrumento de poder.

Que era o *grand tour*? Tratava-se de fazer que os jovens da nobreza — da Inglaterra — inicialmente vivenciassem, isto me parece fundamental, aquilo que já conheciam através de fontes literárias. Basicamente, a literatura latina — e grega — da Antiguidade, que, como o livro de Lassels indica, centralizava-se na Itália. Dos textos, partir-se-ia para o conhecimento visual e palpável dos monumentos remanescentes, em especial do Império Romano.

As opiniões de alguns doutrinários eram no entanto controversas quanto ao efeito desta educação: enquanto John Locke acreditava que a viagem "enriquecia o espírito, retificava o julgamento, afastava os prejuízos da educação — tradicional —

---

[30] Rigorosamente a velha cidade já desaparecera com as reformas de Haussmann. Em meados do século XIX, Paris já era uma cidade da sociedade industrial. Além da Torre, o Grand e o Petit Palais, a Ponte Alexandre III sobre o Sena, o Palais de Tokio e o Palais de Chaillot são remanescentes das exposições incorporados à paisagem urbana.

[31] Sílvia Visino, *I pittori del grand tour* (Latina: L'Argonauta, 1994).

e formava as maneiras que modelam o perfeito cavalheiro", Alexander Pope assinalava o contrário. Escrevia Pope: "O jovem inglês no seu 'grand tour' viu tudo e não compreendeu nada, contagiou-se com todos os vícios de terras cristãs, perdeu sua língua e não aprendeu nenhuma outra". [32]

Polêmicas à parte, a moda difundiu-se entre os europeus. Tornou-se preparação necessária para ser um cidadão do mundo, um índice de cosmopolitismo de turismo? Dificilmente. Os valores inscrevem-se em características restritas à *paideia* aristocrática. Depois, é preciso considerar o tempo de viagem: de seis meses a dois ou três anos! São apenas homens que dela participam, jamais mulheres. Há também uma faixa etária a considerar: entre 20 e 25 anos. E embora a equipagem e os acompanhantes variem segundo os índices de riqueza, estamos longe daquilo que se concebe como uma viagem turística. "O terceiro conde de Burlington partiu — da Inglaterra — com seu tutor, um desenhista artístico, um intendente, três companheiros e cinco ou seis criados." [33]

Apesar dessas diferenças, o *grand tour* já em 1743 possuía um guia de viagens editado por Thomas Nugent. [34] Um guia não é indício de atividades turísticas? Nesse caso, deveríamos recuar no tempo. Em 1130 já havia um *guia do peregrino* para aqueles que se dirigiam a Santiago de Compostela. [35] Manuscrito, bem entendido, pois a imprensa de tipos móveis ainda não existia. Ora, já que se aludiu à imprensa, é preciso considerar a circulação do guia relativo ao *grand tour*. Qual a sua relevância, se ele era um produto de consumo para a aristocracia inglesa? Muito reduzida, considerando-se o público-alvo.

O *tour* foi responsável, no entanto, pela origem da palavra turista. Não obstante, o termo só se fixou em inglês por volta de 1800. Do inglês, a palavra é adotada na França, por volta de 1816. Deste último idioma, língua de comunicação internacional, a palavra imigrou para o italiano, o espanhol, o português, etc. É possível, assim, alocar o registro do vocábulo em algumas línguas europeias no século XIX, quando o *grand tour* ia se tornando, pouco a pouco, apenas memória. Quanto ao termo turismo, indicando a prática e os deslocamentos, é um pouco posterior: fixa-se em 1811 em língua inglesa, enquanto, em francês, torna-se usual apenas em 1841. Primeiro os indivíduos e os grupos, depois a prática, se impõem socialmente.

Também os guias de viagem, aqueles com a feição com a qual ainda os identificamos hoje, datam do século XIX. Em primeiro lugar, os livros-guia do editor in-

---

[32] M. Boyer, cit., p. 28.
[33] *Ibidem.*
[34] Valéry Patin, *Tourisme et patrimoine en France et en Europe* (Paris: La Documentation Française, 1997).
[35] Sílvia Visino, cit.

glês John Murray, que sugeriram o famoso *Baedecker*, de origem alemã, tão vulgarizado e traduzido que acabou por se tornar designativo de todo e qualquer guia turístico e cujo volume era atributo que identificava o turista. [36]

A quantidade, a escala de publicação, as edições periodicamente recolhidas e revisadas não atestam o perfil de uma atividade com público suficiente e definido?

Ainda que o *grand tour* não seja turismo, não deixou de prefigurar aquilo que hoje entendemos por circuito de turismo cultural. [37] Ele desenhou e conferiu aos locais e às coisas, particularmente aqueles referentes à Antiguidade clássica, uma aura que emana daquilo que necessariamente se deve ver ou fazer, sem o que as finalidades da viagem não se completam.

É preciso, contemporaneamente, satisfazer a curiosidade alimentada pelos escritores e guias de viagem, por relatos coloquiais, pelo vastíssimo conjunto de imagens transmitido pela mídia, porque o psiquismo humano no passado não seria tão distinto nem os sintomas e reações, se não considerarmos os nossos suportes de comunicações de massas.

Nada melhor do que algumas referências registradas por Goethe na sua *Viagem à Itália* realizada em 1786 e nos dois anos seguintes. As mais eloquentes são suas impressões por finalmente achar-se em Roma, o epicentro da jornada:

> Recomeçamos a viver quando vemos em torno de nós e dos nossos olhos o que não conhecíamos ainda senão parcialmente ou por ouvir dizer. Realizam-se os sonhos de minha juventude. As vistas de Roma, que outrora meu pai trouxera da Itália [...], erguem--se agora vivas diante de mim, e eu encontro a cada passo um antigo conhecido. Tudo aqui é como eu imaginara e tudo, entretanto, me parece novo. [38]

A viagem cultural, no caso citado, é um meio, um instrumento de reconhecimento. Goethe completa o parágrafo lançando mão de uma evocação mitológica grega que separa ideal de real. Pois, só quando Afrodite deu vida à estátua que Pigmalião esculpira, o artista entendeu a diferença entre o mármore e a carne.

Há uma segunda característica no circuito cultural que já se verifica no *grand tour* e que permanece hoje, a despeito da ameaça da homogeneização, que discutiremos

---

[36] John Murray (1808-1892) iniciou a publicação dos *Murray's Handbooks* em 1836. Karl Baedecker (1801-1859) iniciou-se na publicação de guias em 1829, com um exemplar sobre Koblenz, cidade onde estava estabelecida sua firma. Suas edições vulgarizam a utilização de estrelas para indicar atrativos e hotéis. Seu primeiro guia internacional sobre a Bélgica data de 1843.

[37] Valéry Patin, cit., p. 16.

[38] Wolfgang Goethe, *Viagem à Itália* (2ª ed. Rio de Janeiro: José Olympio, 1959), p. 88.

posteriormente: trata-se do conhecimento e aprendizado de valores locais, nacionais e, se isso é possível, universais. Tratamos aqui da identidade do sujeito e aquela do outro, fenômeno que se articula em torno do que se pode chamar *alteridade*. Aspecto relevante do atrativo cultural é o diferente, o *diferencial cultural*. Nesse contexto, ocorre um momento de conhecimento e aprendizado de identidades. Adquirido o conhecimento, este se reporta à esfera social: distingue, consolida a posição do indivíduo no próprio grupo ou faculta a possibilidade de articular-se a outros grupos.

Eis o que nos diz Goethe no seu diário de viagem:

> Parti ontem de Trento, e aqui estou em Revoredo, onde as línguas se separam: o idioma alemão desaparece inteiramente: o italiano reina, enfim, sozinho, e eu me vejo forçado a recorrer aos meus conhecimentos filológicos. Até o presente o italiano não fora para mim mais do que uma língua puramente literária. [39]

Nem tudo, porém, é perfeito para o entusiasmado viajante. Surgem também comentários negativos, procedentes ou não, que indicam a diferença nos ritmos e nos comportamentos em contraste com o observador, como se pode notar na sua estadia no entorno do lago de Garda:

> [...] fui passear nos arredores, e só então compreendi estar no meio de uma outra nação. Os homens são aqui de uma indolência inaudita, e se descuidam até das coisas de primeira necessidade [...] Por sua vez, as mulheres tagarelam e falam aos gritos o dia todo.

Ao mesmo tempo, sequencialmente, as diferenças, agora positivas no seu imaginário ao se referir à alimentação: "[...] mas eu só verdadeiramente me regalo com as frutas, que não podem deixar de ser excelentes na terra que dá o limão". [40]

Apesar das diferenças, encontra a unidade senão dos homens como denominará, mas da história das sociedades europeias e cristãs:

> Por ocasião de minha visita à Universidade [de Bolonha] um dos meus antigos pensamentos me voltou à memória: o de que o homem se apega às coisas do passado [...] Os estabelecimentos científicos têm sempre o ar de mosteiros porque foi nos mosteiros que a ciência encontrou de início seu refúgio. [41]

---

[39] *Ibidem.*
[40] *Ibid.*, p. 35.
[41] *Ibid.*, p. 77.

As diferenças, no entanto, já haviam sido consideradas quando se refere à decoração de estuques e afrescos das salas: "[...] um alemão lá se sente oprimido, pois estamos habituados a centros de estudos mais amplos e mais livres".[42]

Razões confessionais conscientes apontam as diferenças para Goethe ao participar da missa solene de Todos os Santos pelo papa no Quirinal em Roma: "[...] vendo-o passar de um para outro lado do altar, gesticulando e murmurando, o pecado original do protestantismo se revela em mim, e o sacrifício da missa de modo nenhum me edificou".[43] Finalmente, os monumentos romanos: "Quando já ia anoitecendo, entramos no Coliseu. Aí, tudo mais nos parece pequeno. É tão grande que nós poderíamos guardar sua imagem sem a diminuir na imaginação [...]"[44]

Por último, a terceira característica inerente ao turismo cultural, sua dimensão econômica, da compra e venda de materiais diversos, os suvenires, sem que nos preocupemos nessa instância, especificamente, com o valor real das mercadorias e dos bens. Das antigas *vedutte*, vistas panorâmicas de cidades e sítios, produzidas já em larga escala nas oficinas de pintores, em Veneza, Roma, e Nápoles no século XVIII, aos seus sucedâneos, os cartões-postais.

Goethe não se revela um grande comprador. Não obstante, apossa-se rapidamente de objeto de cerâmica que lhe foi oferecido, "[...] parece um fragmento das bordas de um grande prato. Aí se veem dois cães ao pé de um altar [...] Tenho já uma boa coleção de semelhantes antiguidades".[45] Mas esse mercado já abrigava contravenções que hoje se configurariam crimes contra os patrimônios nacionais:

> Lord Hamilton me deu a conhecer [em Nápoles] uma coleção de antiguidades que ele só mostra a amigos de cuja discrição esteja certo, porque nela estão muitos objetos desviados das escavações de Pompeia, os quais têm de conservar ocultos embora os haja comprado muito caro.[46]

Há, no entanto, um aspecto original e distinto dos dias de hoje, o que está bem presente no diário que tomamos como paradigma e fonte de informações. Os viajantes não apenas *consomem* cultura, tratando-se de artistas e acadêmicos, como também a produzem. O retrato de Goethe foi pintado em Roma por Angelika Kaufmann, e o escritor sempre se revela às voltas com seus manuscritos. Nesse sen-

---

[42] *Ibidem.*
[43] *Ibid.*, p. 89.
[44] *Ibid.*, p. 94.
[45] *Ibid.*, p. 108.
[46] *Ibid.*, p. 182.

tido, Roma, além de ser uma cidade cosmopolita, é um centro onde se consome a cultura e onde se reelabora e se produz a cultura. [47]

Uns poucos reparos devem ser feitos, tentando ultrapassar e resolver alguns eventuais paradoxos que permeiam os dados mais recentemente alinhados com afirmações anteriores.

Primeiramente, ao tomarmos Goethe como testemunho, em momento algum se poderia afirmar que todo e qualquer indivíduo teria as mesmas reações. É preciso notar, por outro lado, que o uso do vocabulário *prefiguração* deixa claras mudanças no tempo que envolverão uma grande variedade de transformações. Finalmente, o que é mais importante, falou-se no *grand tour* como atividade educativa, *paideia* aristocrática. Ora, Goethe, não sendo um aristocrático de nascimento, comungaria com a tábua de valores da aristocracia. [48] Originário de uma família abastada e culta, estava a serviço de um príncipe, tendo ocupado diversos cargos de governo em Weimar, e foi nobilitado em 1782 quando nomeado ministro. Sua importância intelectual e artística não nos impediria de considerá-lo cortesão. O turismo cultural do século XIX, marcadamente burguês, filia-se mais claramente ao *consumo conspícuo das classes ociosas*, em que os excedentes obtidos nas atividades de produção são dilapidados, tanto quanto o tempo, demonstrando para os outros a existência de posses. [49]

Não se poderia dizer que Goethe foi um entusiasta da Revolução Francesa. O parágrafo anterior fala da sua situação social. Mas não se poderia dizer também que fosse um conservador empedernido. Seu intelecto e sua sensibilidade ultrapassam as balizas dos estratos sociais. Retornando à Alemanha, ao serviço do duque de Weimar, após a viagem à Itália, parte junto ao príncipe para a "Campanha da França", em 1792, numa das coalizões europeias contra os revolucionários franceses. Em Valmy, o canhoneiro francês sobre os prussianos e aliados tornou vitoriosos os revolucionários. Quando alguém do séquito pergunta a Goethe o que ele pensava daquilo, diz: "[...] neste lugar, e a partir do dia de hoje, começa uma nova era para a história do mundo. E cada um de nós pode dizer: 'Eu estava lá'". [50]

A revolução inventou o patrimônio cultural como o patrimônio nacional. O processo relativo ao patrimônio é longo e atravessa todo o século XIX e consolida-se

---

[47] Jean Starobinski, "Roma e o neoclássico", em *1789: os emblemas da razão* (São Paulo: Companhia das Letras, 1988).

[48] Ver Renato Janine Ribeiro, *A etiqueta e o Antigo Regime* (2ª ed. São Paulo: Brasiliense, 1987).

[49] Thorstein Bunde Veblen, *A teoria das classes ociosas: um estudo econômico das instituições* (São Paulo: Abril Cultural, 1983), p. 24. Notar: "[...] o termo 'ócio', na conotação que tem neste estudo, não implica indolência ou quiescência. Significa simplesmente tempo gasto em atividade não produtiva. Gasta-se o tempo de modo não produtivo, primeiramente, por um sentimento de indignidade do trabalho produtivo e, em segundo lugar, para demonstrar a capacidade pecuniária de viver uma vida inativa".

[50] Cf. Wolfgang Goethe, "Minha campanha na França", em *Viagem à Itália*, cit., p. 267.

apenas no século XX. O que a revolução faz, com todas as contradições que lhe são inerentes, é institucionalizar, tornar socialmente necessária a preservação. Por quê?

A revolução atribuiu e resgatou um caráter novo e fundamental para as obras de arte — ou aquilo que convencional ou conceitualmente as sociedades considerariam arte. [51] Aos bens móveis e imóveis é conferido um valor de "historicidade". Isto é, deveriam ser preservadas pelo seu significado simbólico, não apenas pelo seu valor de mercado por conterem materiais preciosos. Da mesma maneira ultrapassava-se o seu valor estético. E o mais significativo: não seriam manifestações de um segmento social localizado, idealmente representariam a nação, o "gênio nacional". A memória não ficaria mais contida entre indivíduos, famílias ou estratos sociais; tornava-se memória nacional. Repito, idealmente. Tanto o patrimônio é construção quanto a própria nação não deixa de sê-lo. [52]

Passamos a conviver com essa metonímia, o patrimônio, tão importante para o turismo quanto este último fenômeno é fundamental para a preservação do patrimônio e, contraditoriamente, para a sua própria desaparição, quando gerenciado inadequadamente.

A metonímia nesse caso é o paralelismo que se remete ao conceito jurídico legal, a herança do pai para os descendentes. Presumivelmente, nessa cadeia, em que cada indivíduo é um elo, dever-se-iam evitar as perdas e, principalmente, o patrimônio deveria ser acrescido de novos bens. Mas no caso do patrimônio nacional, a metonímia transforma-se em metáfora, pois o Estado nacional ultrapassa as relações de nascimento, confessionais, de Estados sociais, pretendendo a todos representar e ninguém em particular. A memória, o patrimônio cultural e a própria história oficial — pelo menos — são instâncias privilegiadas do imaginário das representações e da ideologia nacionais. [53]

Toda essa construção, não obstante, decorre de alguns problemas. Em primeiro lugar, a ameaça de destruição provocada pelos conflitos internos. Vamos nos fixar num

---

51 Ivan Gaskell, "História das imagens", em P. Burke (org.), *A escrita da história* (São Paulo: Unesp, 1992). O autor, curador de pinturas do Museu M. S. Winthrop, de Harvard, aborda de forma sugestiva e inovadora o tema, focando as instituições para definir material visual, bem como seus limites e hierarquias.

52 Eric Hobsbawm, *Nações e nacionalismo* (Rio de Janeiro: Paz e Terra, 1990); Eric Hobsbawm e T. Ranger (orgs.), *A invenção das tradições* (2ª ed. Rio de Janeiro: Paz e Terra, 1997).

53 Sobre o conceito de imaginário, ver G. Bachelard, *O ar e os sonhos* (São Paulo: Martins Fontes, 1990). A imaginação não forma imagens, ela as deforma. Consequentemente, o vocábulo fundamental que corresponde à imaginação é *imaginário*. Conceito importante não apenas para a história, mas igualmente para o turismo, principalmente para os estados psíquicos observáveis em viagens — aéreas sobretudo — e os contrastes entre o conhecimento ideal de coisas, pessoas e lugares e sua realização ou concretização. Outra abordagem de imaginário: Cornelius Castoriadis, "A instituição e o imaginário", em *A instituição imaginária da sociedade* (6ª ed. Rio de Janeiro: Paz e Terra, 2007).

simples exemplo, a destruição da fachada de Notre-Dame de Paris, da qual as cabeças esculpidas dos reis de Judá, que o povo identificava com os reis franceses, foram "decapitadas" e descobertas em escavações recentes. O estado da igreja era tão ruinoso que, para a coroação de Napoleão em 1804, foram consumidos milhares de metros de tecidos para montar um cenário que ocultasse a devastação. A Notre-Dame que conhecemos hoje é o resultado de uma "restauração" conduzida por Viollet-le-Duc. [54]

O que se disse não pode ser atribuído a simples vandalismo; [55] são motivos políticos, ideológicos, portanto, que levam à destruição. [56] Contraditoriamente, a revolução protege e preserva. A ameaça da perda mobiliza setores da sociedade, que de alguma forma também promoveu a perda, à preservação.

Tendo às mãos as propriedades da monarquia abolida, os bens do clero e da Igreja, acrescidos das propriedades de nobres imigrados, é preciso conservar essas propriedades, pois elas agora pertencem ao Estado. Como se conservar algo que é fruto da "espoliação" secular da monarquia, e do primeiro e segundo estados? É necessário ressemantizar esses bens, conferir-lhes um sentido, distribuir entre toda a sociedade o usufruto deles, torná-los um instrumento pedagógico. Inventam-se os museus.

Surge esse elemento novo e fundamental para o circuito cultural turístico. Não havia museus antes disso? Sim e não. Havia coleções de gabinete, reunidas ao capricho do seu dono. São as coleções dos "antiquários" e dos "arqueólogos", denominações que nada dizem da realidade atual: de um lado, uma atividade vinculada ao mercado — vamos colocar em suspensão a eventual aptidão e habilidade dos antiquários —, de outro, uma atividade acadêmica, uma ciência, que atualmente se ocupa de prospecções impensáveis em passado recente e se subdivide em diversos campos [57] e que pode enriquecer enormemente o campo dos atrativos turísticos. [58] Quem eram os antiquários e arqueólogos do passado? Hoje, nada mais seriam para nós que amadores e curiosos.

---

[54] Eugène Emmanuel Viollet-le-Duc (1814-1879), arquiteto e restaurador, além da igreja citada, restaurou outras em Paris, como Saint-Germain-des-Prés, Saint Sévèrin, a basílica de Vezelay, a cidadela de Carcassonne, o castelo de Pierrefonds. Sua concepção racionalista-dedutiva não encontra apoio hoje, embora tenha tido enorme importância para a restauração de monumentos medievais.

[55] Louis Réau, *Histoire du vandalisme: les monuments détruits de l'art français* (Paris: Robert Laffont, 1994).

[56] Françoise Choay, *L'allégorie du patrimoine* (Paris: Seuil, 1996). Professora e historiadora das teorias e das formas urbanas arquitetônicas, nos dá a mais completa história da preservação e do restauro e das tendências francesa, inglesa e italiana.

[57] A imagem cristalizada da arqueologia é a do trabalho com as civilizações antigas, clássicas e orientais. Hoje, além da pré-histórica, a arqueologia histórica que trabalha com o subcampo industrial tem importância crescente, com publicações e revistas especializadas.

[58] Ver "Uma 'Carta Internacional' de Preservação: Sófia, 1996", em Haroldo L. Camargo, "Carta internacional do Icomos: proteção e gestão do patrimônio cultural subaquático". Sobre turismo e arqueologia, ver Paulo Fernando Bava de Camargo, "O aproveitamento dos vestígios arqueológicos para o turismo: potencialidades de Iguape, SP", em *Boletim de Turismo e Administração Hoteleira*, 1 (7), maio de 1998.

Por que não haveria museus? Havia o Ashmolean de Oxford, o Museu de Portici, em Pompeia, as vastíssimas coleções do papado romano, dizia-se, diz-se ainda, que Luís XVI da França pretenderia colocar as coleções reais à disposição do público interessado. Voltamos ao nosso companheiro de viagens, Goethe, no Quirinal, em Roma:

> [...] saímos da capela para ir percorrer as grandes e magníficas salas abobadadas. Aí encontramos uma multidão de artistas admirando e estudando as soberbas pinturas que somente neste dia se podem ver sem o tributo das gorjetas, que os guardas instituíram em seu próprio benefício. [59]

A revolução não regulariza, mas institucionaliza o museu estatal, transforma o privado em público, inventa o Louvre:

"Foi preciso a chegada de um novo soberano, um novo senhor, à Nação, para que finalmente possamos ver todas estas obras imortais, retiradas das catacumbas reais e trazidas à luz do dia [...]" [60] Em meio ao exagero flagrante, é possível identificar o princípio, o fundamento novo.

Finalmente, a finalidade da arte nas palavras de um pintor revolucionário:

> Cada um de nós tem compromissos com a pátria pelos talentos que recebeu da Natureza; se a forma é diferente, o alvo deve ser igual para todos. O verdadeiro patriota deve buscar com avidez todos os meios de esclarecer os concidadãos, de apresentar-lhes sem cessar os atos sublimes do heroísmo e da virtude [...]. [61]

As discussões sobre "arte engajada" desaparecem e retornam. A retórica e o proselitismo revolucionários são registros de um passado distante. A função pedagógica, de conhecimento e cultura destinados a todos, permanece como finalidade dos museus. De resto, já não estavam inscritas na agenda da Ilustração? O que são as enciclopédias senão um meio de disseminar conhecimentos e colocá-los ao alcance de todos? Nessa mesma medida, a folhetaria turística de boa qualidade, os guias de viagens exercem hoje um papel importante na difusão cultural e na articulação da cultura turística.

---

[59] W. Goethe, cit., p. 89.
[60] M. Viardot, no verbete "Louvre", em P. Larousse, *Grand Diccionaire Universel du XIXème Siècle* (Paris: Larousse, s/d., p. 742.
[61] Albert Soboul, *História da Revolução Francesa* (3ª ed. Rio de Janeiro: Zahar, 1981), p. 514.

Também as artes plásticas, a escultura e a pintura passam a incorporar a historicidade. Não poderíamos dizer que a revolução motivou isso. Recortada como acontecimento político, as balizas das transformações culturais não se adaptam necessariamente a isso.[62] O que a revolução fez foi apropriar-se de algumas tendências culturais vigentes para os seus próprios fins.

Dois acontecimentos devem ser levados em conta. O primeiro é a "descoberta" das cidades soterradas pelo Vesúvio no golfo de Nápoles em 79 d.C., Pompeia em particular. As escavações se iniciaram em 1748, assistematicamente. A repercussão foi enorme em toda a Europa. Pintura, decoração, mobiliário, objetos utilitários, vestuário reproduzirão motivos pompeianos. Na verdade, uma descoberta entre aspas, porque as *Cartas* de Plínio, o Jovem, nos haviam legado a narrativa da catástrofe. Ora, há uma profunda diferença numa evocação literária e na visão de objetos da vida cotidiana.

Subitamente, um enorme repertório de coisas antes desconhecidas permite "reconstruir" a Antiguidade, como as telas de Jacques-Louis David, que solicitava de um marceneiro a execução da cópia de móveis para compor suas telas. Elas eram evocativas das virtudes republicanas dos antigos romanos, os "atos sublimes de heroísmo" tão caros ao proselitismo revolucionário cercado de monarquias e cujo modelo arquetípico vinha tanto daquele mundo semissoterrado quanto dos textos antigos, dos varões ilustres de Plutarco.[63] Os desafios do presente remetiam os homens àquele passado distante, tornando-o histórico e contemporâneo.[64]

Em segundo lugar, a publicação da obra de Winckelmann[65] em 1764, *História da arte entre os antigos*, fundamento da história da arte como disciplina científica, salientando o ideal de beleza e simplicidade da arte greco-romana baseada principalmente na estatuária que ele cataloga, ilustra e comenta. Não mais se veriam aquelas magníficas obras de arte, representadas anacronicamente. Figuras da Antiguidade em trajes renascentistas, objetos contemporâneos dos pintores, temas religiosos ambientados na Palestina com paisagens do campo italiano.

---

[62] "La fréquentation des lieux culturels emprunte largement aux nouveaux usages de la consommation touristique: médiatisation, visite en groupe, photographie, achat de souvenirs, attrait des oeuvres phares. Le tourisme culturel cède peu à peu à la culture touristique. [A frequência aos lugares culturais se presta largamente aos novos hábitos da consumação turística: mediatização, visita em grupo, fotografia, compra de suvenires, atração pelas obras de arte. O turismo cultural cede pouco a pouco à cultura turística.] Valéry Patin, cit., p. 6.

[63] Autor grego de *Vidas paralelas* e *Obras morais*, viveu entre os finais da primeira metade do século I a.D. e o primeiro quartel do século II. Adquiriu notoriedade desde o Renascimento, na França, em particular com a tradução de suas obras por J. Amyot, publicadas em 1559.

[64] Benedetto Croce, *A história. Pensamento e ação* (Rio de Janeiro: Zahar, 1962), p. 14.

[65] Johann Joachim Winckelmann (1717-1768) foi um dos pioneiros da arqueologia, além da história da arte. Publicou *Monumenti antichi inediti spiegati ed ilustrati*, em 1767.

Qual é, entretanto, o significado disso tudo para o turismo? Além daquilo que já se tentou mostrar, a invenção do patrimônio; dos museus; a arqueologia de culturas e civilizações; a produção de arte consciente de si mesma feita para figurar em exposições. Resta ainda considerar as marcas profundas que o neoclassicismo deixou nos espaços públicos das cidades do Ocidente. Tão relevante que algumas delas nos levam à identificação imediata de centros urbanos.

Haveria alguma dificuldade em inferirmos a existência de Paris através do Arco do Triunfo? Por que não falar de Berlim? Não seria possível subentendê-la à visão da Porta de Brandenburgo? Mesmo na América, o que é o eixo urbano central de Washington com o Capitólio senão um símbolo da cidade, de democracia representativa, de uma grande cúpula que nos remete a Paris, ao Panteão, que inspirou aquelas da capital americana? Tomemos os obeliscos: eles estão em Washington, na Praça da Concórdia em Paris, na Praça do Povo em Roma ou na Avenida Nove de Julho em Buenos Aires. Que dizer da arquitetura dos museus tradicionais? Com sua colunata, sua arquitrave e frontão que oculta o telhado: o Museu Britânico, o velho Museu de Berlim, a Gliptoteca de Munique, a edificação bem mais tardia do Museu do Ipiranga em São Paulo.

São símbolos, marcas identificadoras na paisagem urbana e portanto atrativos e componentes de oferta turística. Resta-nos correlacioná-los à Revolução Industrial. Citemos mais um exemplo: a Bolsa de Paris, construída por Napoleão Bonaparte. No meio de inúmeras outras, um símbolo burguês e capitalista. Com toda sua evocação à simplicidade dos clássicos, esses edifícios retilíneos e monumentais prestam-se às maravilhas aos engenheiros formados pela Escola Politécnica de Paris, fundada pela revolução, que substituem os antigos arquitetos e decoradores, simplificando o trabalho e diminuindo o tempo de construção. [66]

ROMANTISMO

Em 1832, Colburn & Bentley publicam, em Londres, *The Alhambra: a Serie of Tales and Sketches of Moors and Spaniards*. Título muito longo, nós o conhecemos hoje por *Narrativas da Alhambra*. Escrito por um norte-americano, Washington Irving, [67] não se poder dizer que seja uma das obras-primas do romantismo. Escapa, entretanto, do

---

[66] Leonardo Benevolo, "As mudanças na técnica das construções durante a Revolução Industrial", em *História da arquitetura moderna*, cit.

[67] Washington Irving, *Narrativas da Alhambra*, trad. Lilia de Barros Malferrari (São Paulo: Brasiliense, 1959).

interesse que nos move sugerirmos análise literária daquilo que se toma aqui como fonte documental verossímil para essa abordagem relacionada ao turismo.

Poderíamos dizer que há nesse gênero de literatura romântica (orientalista, mouresca, de costumes, pitoresca) [68] um extraordinário apelo à aventura, ou de refazer a aventura da viagem do autor, visitando aqueles centros exóticos descritos. O leitor é tomado em sua imaginação e fantasia não mais por lugares míticos como aqueles descritos no *Livro das maravilhas*, [69] mas por sítios reais, reconstruídos através da história.

Não é preciso dizer do impacto de uma obra como as *Narrativas da Alhambra*, publicada em língua inglesa na Inglaterra. Esse país constitui o núcleo emissor por excelência dos turistas nesse período no continente europeu. O que nos sugere a leitura?

Em primeiro lugar, as diferenças de paisagem de um novo e potencial núcleo receptor, em contraste como já conhecido:

"Muita gente imagina a Espanha uma suave e amena região sulina, adornada com todos os encantos luxuriantes da voluptuosa Itália [...] Na sua maior parte é um país [...] de rudes montanhas e extensas planícies, completamente destituídas de árvores". [70]

Depois, a imagem comparativa com aquilo que é apenas imaginário, o território do desconhecido: "compartilha do caráter selvagem da África". [71] Ora, todos sabemos que exceto as zonas litorâneas, o interior africano, as savanas em especial, serão pouco a pouco conhecidos dos europeus após meados do século XIX. A Espanha é, portanto, uma África, mais acessível, mais próxima. De viés, conhecendo uma, é possível vislumbrar a outra, mesmo porque nada indica que Washington Irving, em sua vida, tenha estado em parte alguma do continente africano. Se ele conhecia a África, só a conhecia de leituras, ou do discurso dos outros. [72] Temos aqui um atrativo natural.

Em segundo lugar, a presença do Oriente: "Os perigos da estrada obrigam também a um modo de viajar que se assemelha, em escala bem menor, às caravanas do

---

[68] Paul van Tieghem, *Le romantisme dans la littérature européene* (Paris: Albin Michel, 1969), p. 261.

[69] Referência ao *Livro das maravilhas do mundo*, publicado no século XIII pelo veneziano Marco Polo. Ao lado da documentação precisa se imbricam elementos fantasiosos, gênero que inspirou outros autores.

[70] W. Irving, cit., p. 9.

[71] *Ibidem*.

[72] Em nenhuma biografia, particularmente *Life of Washington Irving*, de Stanley T. Williams, publicada em dois volumes em 1935, há qualquer referência à África, embora conhecesse muito bem a Itália e a França (*tour* da Europa em 1804-1806).

Oriente." [73] Repete-se aqui, num outro contexto, a referência imediatamente anterior. O autor forja um outro Oriente, do imaginário ocidental, que não é o verdadeiro Oriente, ele o inventa. E, apesar dos perigos da viagem pela Andaluzia, de Sevilha à Granada, em lombo de burro, em momento algum foi assediado por bandoleiros. Um estímulo vigoroso aos leitores aventureiros — por que não dizer aos turistas — é que há sempre um perigo latente que jamais se manifesta, uma relativa insegurança sem que materialmente alguém seja molestado, pois é um perigo virtual. Poderíamos concordar se tenta *"obter renome de proeza"*. [74] Mas como não há garantias de que nada ocorra, enfrenta-se um risco mitigado. Nada aristocrático, tudo muito burguês.

Uma oferta de outra paisagem, uma promessa de aventura, um outro homem, outro povo, o diferencial cultural que evocam "[...] os dias de cavalaria, das guerras entre cristãos e muçulmanos e a romântica luta pela conquista de Granada". [75]

Finalmente, o monumento, alegoricamente bem patrimonial, contendo em si o valor de atrativo cultural:

> Para o viajante imbuído de sentimento histórico e poético, a Alhambra de Granada é objeto de veneração [...] Quantas lendas e tradições, verdadeiras e fabulosas, quantas canções e baladas, espanholas e árabes, de amor, guerra e cavalaria estão associadas com esse romântico edifício de construção maciça! [76]

A Alhambra, conjunto de construções mouriscas amuralhadas, sofrera um terremoto em 1821. Outros danos de monta teriam sido provocados pela ocupação francesa durante as guerras napoleônicas. Os trabalhos de restauração teriam se iniciado em 1828. Irving, cuja estadia na Alhambra data de 1829, não faz nenhuma alusão a isso. Ao contrário, salienta o abandono e a apropriação de espaços nobres para usos do cotidiano, responsáveis por danos à integridade da decoração interna. [77]

Há, porém, alguns dados na biografia de Washington Irving que transcendem o escritor romântico e nos fazem pensar que seja conhecido da sociedade madrilenha e do governo: era adido da legação americana desde 1826 e, durante cinco anos, desde 1842, foi ministro encarregado dos negócios dos Estados Unidos na Espanha.

---

[73] W. Irving, cit., p. 11.
[74] Thorstein Veblen, "Sobrevivências modernas da proeza", em *A teoria da classe ociosa* (São Paulo: Abril Cultural, 1983), p. 115.
[75] W. Irving, cit., p. 13.
[76] *Ibid.*, p. 26.
[77] *Ibid.*, p. 52: "O pessoal da casa". Uma das salas do palácio fora adaptada para cozinha e a fumaça da lareira descoloriu as paredes e destruiu arabescos estucados que recobriam a peça.

Além disso, existe o romantismo espanhol, o "costumbrismo", [78] o despertar da historiografia nacional, que ao lado da Idade Média passa a entender os remanescentes mouriscos, parte integrante do patrimônio espanhol.

Percebe-se a importância fundamental das *Narrativas* de Irving ao se entrar em contato com outro relato de viagens mais tardio, em 1862, de origem francesa, e que tem as *Narrativas da Alhambra* como fonte e contraste à visão do monumento, agora já consagrado como atrativo turístico. Sujeito todavia aos colecionadores de suvenires:

> [...] vimos certo dia um inglês que se divertia em arrancar azulejos da parede, e que não se perturbou com nossa chegada [...] Doré, que naquele instante copiava um friso mourisco, interrompeu o desenho para registrar em seu álbum aquela cena de vandalismo que vimos repetir-se muitas vezes. [79]

A Alhambra é declarada monumento nacional espanhol em 1870. Não foi de pouca importância o romantismo para a sua preservação, tanto quanto o turismo, embora este último, contraditoriamente, por ausência de gestão adequada, pôde preservar e colaborar ao mesmo tempo para a deterioração do objeto de fruição.

A língua, os costumes, a ideia da existência de um *caráter nacional*, a Idade Média, quando se formam as nacionalidades europeias, tudo o que era singular e diferente, todos esses itens são integrantes da agenda romântica. O romantismo ampliou consideravelmente o elenco de atrativos, atuando ao mesmo tempo para sua conservação.

É claro que o repertório de bens culturais que os românticos trazem à luz, em diversos países e culturas, não caberia em espaço tão limitado. O que se tentou fazer com Irving e a Alhambra de Granada foi tão somente um exemplo. Entre as inúmeras coisas que se poderiam apontar aqui optou-se, arbitrariamente, por uma única, em vez de um arrolamento de coisas e situações variadas.

Um elemento central para o entendimento daquilo que se vem falando é atentar para novas formas de olhar que o romantismo traz à tona. Sentido privilegiado na cultura Ocidental, é ao mesmo tempo através dele que se avaliam as mudanças no espaço e se captam as diferenças culturais. [80] Consequentemente, as mudanças

---

[78] Os dois principais representantes do *costumbrismo* são Mesonero Romanos, de *Cenas madrilenhas*, e Estebanez Calderón, com *Cenas andaluzas*.
[79] Charles Davillier & Gustave Doré, *Viaje por España* (Madri: Miraguano, 1998), v. II, p. 212.
[80] Chris Rojek & John Urry, "Tourism and Senses", em *Touring Cultures: Transformation of Travel and Theory* (Londres/Nova York: Routledge, 1997), p. 5.

no olhar não apenas podem ampliar repertórios como já se falou, mas requalificá--los; este é o caso da natureza, particularmente dos Alpes, onde o Mont Blanc, antiga Montanha Maldita, transforma-se em algo digno de ser visto. Para alguns românticos, transforma-se em Monte Amado.[81] Em 1870, Thomas Cook

> [...] organizou excursões regulares a Chamonix e ao Oberland bernense; trem e balsa até Genebra; "char-à-banc" até as montanhas. Em Chamonix, os turistas, por um franco, podiam disparar um canhão, fazendo os Alpes ribombarem, e, em grupos de cinquenta, podiam subir o "mar de Gelo".[82]

As percepções do tempo e o tempo da sociedade industrial

Entre os objetos pessoais que possuímos hoje talvez não haja nada mais corriqueiro do que um relógio. Seu valor material pode ser variável, a marca pode distingui-lo e os materiais que o constituem podem ser preciosos, mas efetivamente é, analógico ou digital, um artefato banalizado e comum.

Apesar de conhecido nas sociedades pré-industriais, a posse de um relógio pessoal era raríssima antes dos finais do século XVIII, enquanto que os carrilhões das igrejas, usuais havia alguns séculos, não ostentavam mais do que o ponteiro das horas.[83]

Pouquíssimos eram aqueles que se preocupavam com os minutos. Uma curiosa exceção: salvo de um naufrágio, o relógio resgatado de um médico de bordo de um navio britânico que naufragou em fins do século XVIII apresenta essa complexidade, ponteiro de minutos e segundos. Seria impossível calcular pulsações arteriais e batimentos cardíacos com espaços de sessenta minutos!

Ora, então não se trata de equipamento do qual se desconhecia tecnologia mais precisa. Simplesmente ele não era socialmente necessário. Ancorado na agricultura, para a maior parte da população o tempo não era dividido, minuciosamente dividido, vivia-se integrado aos ritmos sazonais, ao plantio e à colheita, atentas apenas ao canto dos galos, ao voo de certos pássaros, ao período das festas religiosas, sem a divisão de um calendário sacro e profano. Poucas seriam as pessoas,

---

[81] Simon Schama, *Paisagem e memória* (São Paulo: Companhia das Letras, 1996), p. 510.
[82] *Ibid.*, p. 499.
[83] Lucien Febvre, "Temps flottant, temps dormant", em *Le problème de l'incroyance au 16ᵉ siècle* (Paris: Albin Michel, 1968).

com exceção das famílias aristocráticas de nível mais alto e os membros das famílias reais — dos quais se faziam horóscopos —, a conhecer com precisão a data de seu nascimento! Nem se separariam como fazemos hoje, com precisão minuciosa, tempo de trabalho do tempo de não trabalho. [84]

A vulgarização dos relógios pessoais é a condição essencial para a otimização do *sistema fabril*. Nada poderia melhor traduzir essa situação do que o velho adágio da burguesia industrial britânica: *time is money*. [85]

A Revolução Industrial introduz, então, o tempo cronometrado estabelecendo o período de trabalho, induzindo assim aquilo que nos interessa aqui, o tempo do não trabalho, aquilo que hoje chamaríamos de lazer e que nos ocupa como lazer utilizado em viagens, vindo a constituir o turismo como prática social, vigente portanto dentro da sociedade industrial. Cabe aqui, contudo, considerar a moral puritana que se imbrica nessa divisão de tempo de trabalho e que ao mesmo tempo estabelece as ocupações lícitas e socialmente aceitáveis para o tempo de não trabalho.

Não é possível ignorar aqui a contribuição de Max Weber para a compreensão do tema, ainda que a leitura, entre as mais importantes do século XX, se preste a considerações deterministas e reducionistas, o que não era — muito ao contrário — intenção do autor.[86] O que importa salientar, na minha leitura, é a existência de uma modalidade de capitalismo entre outras e uma concepção de protestantismo, cuja ética legifera sobre o trabalho tanto quanto administra o tempo de lazer, estabelecendo o que é útil e saudável para o corpo e o espírito. Nesse sentido, é oportuno lembrar outro texto capital para a discussão e entendimento do tema "Tempo: disciplina de trabalho e capitalismo industrial", de Edward Thompson. Dele retiro a citação de um texto de John Wesley, o fundador do metodismo — que segundo o autor, evocando o método, enfatiza a administração do tempo — que nos fala:

---

[84] "Toda a sociedade existe instituindo o mundo como o seu mundo, ou seu mundo como o mundo, e instituindo-se como parte deste mundo. Desta instituição, do mundo e da sociedade, pela sociedade, a instituição do tempo é sempre essencial" (ver Cornelius Castoriadis, "A instituição filosófica do tempo", em *A instituição imaginária da sociedade*, cit., p. 222; obviamente, o que se quer reter é a configuração do tempo na sociedade industrial. Para uma visão que sintetiza preocupações de entendimento do tempo, inclusive da sociedade pós-industrial, ver Manuel Castells, "O limiar do eterno: tempo intemporal", em *A sociedade em redes* (São Paulo: Paz e Terra, 1999), v. II. Além, é claro, das contribuições da sociologia do lazer, em particular Joffre Dumazedier. Sobre o tempo como construção social e o tempo das férias, do não trabalho, ver Chris Ryan (org.), *The Tourist Experience* (Londres/Nova York: Cassel, 1997), principalmente o capítulo final do organizador, "An Examination of Time in Holidaying".

[85] Ver E. Thompson, *Costumes em comum* (São Paulo: Companhia das Letras, 1998).

[86] Max Weber, *A ética protestante e o espírito do capitalismo* (São Paulo: Pioneira, 1967). Ver, principalmente, "Fundamentos religiosos do ascetismo laico".

Cuide para andar de forma circunspecta, diz o apóstolo [...] redimindo o tempo: poupando todo o tempo possível para melhores propósitos; arrebatando todo o momento fugaz das mãos do pecado e de Satã, das mãos da preguiça, da indolência, do prazer, dos negócios mundanos [...] [87]

Tendo em mente aquilo que se falou sobre os propósitos de Thomas Cook — a Liga da Temperança —, de confissão batista, originária da Igreja da Inglaterra, da mesma maneira que Wesley deriva sua confissão da mesma Igreja, não seria difícil pensar que o turismo organizado, originalmente, se apoia não em considerações hedonistas, mas numa prática útil — a instrução e o consumo nos momentos de não trabalho —, segundo a moral puritana, ao menos em suas origens. Talvez isso seja útil para compreender a tirania do tempo das viagens, da pontualidade exigida pelos guias, dos horários implacáveis e, sobretudo, da inefável ilusão de que dispomos, voluntariamente, dos nossos momentos de lazer ocupados em viagens.

Por uma história do turismo no Brasil

Daquilo que foi visto, parece ter sido fundamentado o aspecto nuclear em torno do qual se desenvolve o turismo: a percepção de tempo nas sociedades industriais decorrente e concomitante à Revolução Industrial. Ficaram assentados pré-requisitos, sem os quais falamos em torno de algo que se assemelha ao turismo, mas não é turismo.

Se podemos traçar sem grandes dificuldades uma história do turismo na Europa — particularmente no ocidente europeu —, não se pode dizer que haja facilidades para isso no Brasil. Mas não é possível abdicar de construí-la, a despeito das nossas peculiaridades.

Em primeiro lugar, as características do capitalismo tardio e de um processo de industrialização fora dos compassos cronológicos europeus e norte-americanos. Tradicionalmente, a industrialização é identificada como um processo que se inicia por volta de 1890 em São Paulo, tendo por corolário a grande imigração. Em segundo, a imensidão do território brasileiro, sua profunda diversidade étnico-cultural, tão grande ou maior que aquela das paisagens. Em terceiro, a quase total ausência de

---

[87] Ver E. Thompson, cit., p. 296.

estudos de história voltados para o lazer e nenhuma preocupação com a história do turismo no Brasil. Assim sendo, nada mais nos resta senão pesquisar para construir esta história, reiterando o que foi dito acima.

A primeira dificuldade fica patente ao se fazer referência à industrialização em São Paulo. Em que medida isso teria relevância para outras regiões ou estados brasileiros? Apenas indiretamente e tangencialmente e, ainda assim, em proporções absolutamente desiguais, se nos deslocarmos nos espaços e tempos dos quais se constitui o país. Daí a necessidade vital de desenvolvermos estudos locais e regionais, microestudos que contenham em si, nas suas relações internas, elementos de ligação com o todo e, por que não dizer, pontes com a historicidade do mundo a que pertencemos, o extremo ocidente. Um outro problema a não negligenciar: somos núcleo receptivo e emissivo, simultaneamente. Não iremos, como historiadores, apontar desequilíbrios no balanço e sugerir políticas para corrigi-lo; nosso esforço deve ser a compreensão histórica dos fenômenos, a matéria-prima para que se pensem as políticas.

Estude, portanto, cada um a realidade que lhe é adjacente e onde assentam seus pés, ou como diria Tchecov, *fala da tua aldeia e falarás do mundo*. Não deve, portanto, causar estranheza a maioria das referências deste ensaio tornar São Paulo, a cidade e algumas regiões mais próximas recorrentes.

Malgrado isso, é possível ter em conta, além de eventuais modelos europeus, uma cidade e região circunvizinha como espelho, elemento de reflexão e arquétipo para múltiplas realidades regionais no país. Trata-se do Rio de Janeiro. Capital do vice-reinado ainda na segunda metade do século XVIII; capital do império português entre 1808 e 1821; sede da Corte até 1889 e capital federal até inícios dos anos 1960, sua importância não pode ser negligenciada, por ditar formas de usufruto do lazer e tornar-se núcleo receptor e também emissor por excelência. Não é preciso evocar aqui que o termo "capital" tem sua origem na palavra latina que designa "cabeça". Exemplo corriqueiro disso, do aspecto modelar ao Rio de Janeiro, é a multiplicação de Cristos Redentores que adornam as elevações, algumas bastante mesquinhas, de nossas cidades.

As transformações pelas quais passa o Rio de Janeiro datam do estabelecimento da Corte portuguesa na cidade. O Rio, ainda que guardando sua fisionomia do período colonial, sofre um processo de metropolização, ponto de arribada de estrangeiros, ingleses, sobretudo, ao lado de aristocratas, cortesãos, funcionários, a serviço da família real portuguesa. A cidade cresce em tamanho e seus hábitos — se não os populares, aqueles de elite — serão bastante modificados. Trajes, alimentação, diversões, formas e locais de moradia, sofrem o impacto de uma europeização, para a qual não deixa de contribuir a importação de mercadorias, articulando novos hábitos de consumo desconhecidos até então. Mas, apesar de isso nem remotamente dizer respeito à industrialização, a reboque, a cidade sofre o impacto de novas e diferentes formas de vida, de uma outra concepção de mundo.

Um primeiro aspecto relevante para o tema é a escolha dos espaços residenciais. Ingleses e outros estrangeiros, mais do que os cortesãos portugueses, escolhem para moradia locais mais afastados do centro urbano. Buscam a viração da brisa marinha na orla das praias quase desabitadas, os sítios cercados por matas como a Tijuca. Separam-se locais de trabalho e residência, que, ainda por quase um século, serão vigentes entre nós: armazéns e negócios no térreo e habitação nos altos. De alguma forma, os hábitos das elites vão cavando um fosso profundo — nas cidades ao menos — entre aqueles das camadas populares.

Não apenas as distinções na área de residência, mas a partir dos costumes da família real, várias outras residências, em locais mais aprazíveis que o Paço, antigo palácio dos vice-reis, tornam-se refúgios de eventuais epidemias e andaços ou dos rigores do clima e do cotidiano, este último pautado pelo cerimonial barroco. Fazenda de Santa Cruz, Ilha do Governador, a Quinta da Boa Vista tornam-se os locais de evasão. Tudo muito distante das idas para as fazendas e as periódicas voltas à cidade em tempos de festas religiosas dos senhores das terras, suas famílias e agregados.

Mais do que esses deslocamentos periódicos, é bem provável que a família real, aristocratas e estrangeiros tenham sido responsáveis pela introdução e posterior vulgarização dos banhos de mar. Deles, sabe-se, era adepta Carlota Joaquina e as filhas, banhando-se na enseada do Botafogo, onde tinha uma propriedade. Torna-se vigente, a partir da segunda década do século XIX, o sítio como área de moradia da elite que se entregava aos banhos por razões de saúde, ainda que disso não se possa descartar a diversão. Cura da melancolia e do *spleen*, alívio das ansiedades e dos desejos, os médicos produzem um discurso científico que justifica a prática dos banhos, *que mais tarde haverão de escapar do seu controle*.[88] Certas peculiaridades desses banhos, pouco ou nada teriam que ver com nossos hábitos contemporâneos. Trata-se de salas e tanques flutuantes, nos quais o acesso se fazia através de escaleres. Homens e mulheres banhavam-se em separado por meia hora, pagando os banhos por meio de assinaturas ou isoladamente.[89]

---

[88] A. Corbin, *A invenção da praia*, cit., p. 69.
[89] Maria Beatriz Nizza da Silva, *Cultura e sociedade no Rio de Janeiro (1808-1821)* (2ª ed. São Paulo: Nacional, 1978), p. 76.

Muito tempo mais tarde, em Santos, casas e chácaras da Barra, na orla maríti-ma da baía, já se constituíam, em alguns casos, segunda residência: "moramos numa casa que pertence a toda a família e que é ocupada sempre pelos que precisam dela para os banhos de mar". [90] O depoimento de Ina von Binzer, governanta da abasta-da família paulista, os Prado, mostra que ainda em 1882 os banhos de mar man-tinham-se dentro de preceitos médicos:

> De manhã, lá pelas cinco horas, quando a lua ainda está careteando para o sol, todos os habitantes da nossa casa atiram-se às ondas. Homens e mulheres, pretos e brancos, o bando todo corre em trajes de banho feitos de flanela e atravessa o jardim em direção à praia, entrando n'água e refrescando-se à luz do luar [...] [91]

De volta à Corte, um fenômeno desconhecido na colônia: a vilegiatura. A serra onde se situará Petrópolis em tempos de Pedro II, cujo nome teria sido inspirado por Petersburg, capital do império da Rússia, [92] tornar-se-á um refúgio do calor do Rio de Janeiro para Pedro I, sua segunda esposa e imperatriz Amélia — bávara e encantada pelo panorama e o clima da serra — e uma de suas filhas, D. Paula, doente e neces-sitada de outros ares. Pedro I abdica sem prosseguir os planos da construção de um palácio na serra, na Fazenda do Córrego Seco. Caberá ao filho, Pedro II, inventar a cidade imperial para onde se deslocava nos meses de verão, seguido pela Corte — ministros, funcionários e familiares — e por diplomatas estrangeiros. É certo que se-guirão o imperador famílias da elite e figuras que se deslocam para onde se dirige o poder. Aos poucos, Petrópolis se impõe, transforma-se em hábito que terá sua conti-nuidade com a Presidência da República e as figuras gradas da capital federal.

Ora, se o Rio e a sua sociedade desempenharam uma função modelar, em que medida as elites provinciais nisso não se espelhavam e reproduziam, considerando os seus limites? Por outro lado, se industrialização não havia, o calendário civil, os horários das repartições, dos ministérios, os períodos de funcionamento do Parla-mento e seus recessos, as vilegiaturas imperiais vão pouco a pouco separando o tempo do trabalho do não trabalho, a tirania do tempo marcado pelos relógios, os cebolões de algibeira. Se pré-requisitos há, nada indica que eles tenham de desen-volver-se no mesmo diapasão das sociedades europeias.

---

[90] Ina von Binzer, *Os meus romanos* (3ª ed. Rio de Janeiro: Paz e Terra, 1982), p. 108.
[91] *Ibid.*, p. 110.
[92] Depoimento do mordomo da casa imperial, Paulo Barbosa da Silva, em *Nosso Século*, São Paulo: Abril Cul-tural, 1981, v. 1, p. 31.

Aos poucos, o porto de Santos, em São Paulo, vai consolidando sua vocação de paragem de lazer e turismo nas praias da Barra. As memórias de Jorge Americano descrevem a descida para Santos pela São Paulo Railway e, à chegada no Valongo, os bondes de tração animal esperando os passageiros. Os banhos de mar nesse ano de 1900 não diferem muito daqueles relatados por Ina von Binzer: madrugada de inverno, evitava-se o sol — para evitar congestões e aproveitar o iodado da água — e, em poucos minutos, voltava-se para casa. À praia, com sol, só se poderia retornar a passeio resguardados todos por imensos chapéus de palha *para evitar a insolação*.[93]

O que importa notar, além das notórias diferenças das opções contemporâneas cujas destinações preferidas são as praias no alto verão tanto quanto usufruir do inverno em lugares montanhosos, é a existência de uma infraestrutura de transportes. O trem e os transportes urbanos — ainda que não eletrificados, mas puxados por burros — passam a constituir-se um sistema, articulando-se em horários precisos e minuciosos, dividindo o tempo e inculcando hábitos anteriormente desconhecidos. Sob esse ponto de vista, criam-se possibilidades de democratização, ou, pelo menos, da ampliação de usufrutuários do lazer nas praias.

O sistema constituído pelos transportes articulava-se também com os navios, nos quais se embarcava para viagens à Europa com duração não inferior a três meses, sem passaportes ou documentos de identidade, desconhecidos em fins do século XIX e início do XX. A temporada de viagens situava-se entre abril e setembro, embarcava-se em trem especial na estação da Luz e, *antes de chegar à estação de Santos o trem tomava por uma chave à esquerda e seguia pelo cais até parar ao lado do navio* da Royal Mail ou da Messageries.[94] Evidentemente, não seriam muitos a viajar para a Europa, em fins do Império e início da República, burguesia comercial e alta burguesia, além da aristocracia cortesã. Poucos que fossem — e nossa população não ultrapassa dez milhões em 1872 —, parece que deixaram algumas marcas de dispêndio de dinheiro e tempo, estroinice e uma admirável aptidão para qualquer tipo de divertimento, podendo ser categorizados nas *classes ociosas* de Veblen, anteriormente citado. Esse tipo de turista brasileiro, estereotipado, consagra-se como personagem de opereta francesa de Jacques Offenbach, encenada pela primeira vez em Paris no ano de 1866.[95] Aliás, a *Vida parisiense*, em que figura o *Brésilien* de Offenbach, é uma verdadeira enciclopédia cômico-musical do turismo que fazia de Paris o núcleo receptor por excelência no

[93] Jorge Americano, *São Paulo naquele tempo (1895-1915)* (São Paulo: Saraiva, 1957), pp. 242-243.
[94] *Ibid.*, pp. 237-238.
[95] Della Corte y Gatti, *Diccionario de la música* (Buenos Aires: Ricordi Americana, 1950).

continente europeu. Lá, como observou Oliveira Lima, "[...] na 'Mabille' da Paris imperial, os transatlânticos tropicais se deleitavam com uma ostentação que deu origem ao tipo do 'Brésilien'". [96]

TEMPO DAS DILIGÊNCIAS, TEMPO DOS TRENS E DOS NAVIOS A VAPOR

Não é inútil insistir aqui nos processos de apropriação que o turismo faz dos meios de transportes, condição essencial para a sua existência, nem nas profundas diferenças de concepção de tempo das sociedades tradicionais, daquelas que, ainda não sendo industriais, se beneficiam de bens e equipamentos inerentes ao capitalismo industrial.

É possível, então, traçar um corte, ao menos nas áreas aqui referidas, em meados do século XIX, quando efetivamente surgirá uma infraestrutura de comunicações e transportes — com todas as limitações vistas hoje — que transforma os meios de locomoção qualitativamente, tornando-os serviços regulares. Creio que é adequado recorrer às duas viagens que Pedro II e a imperatriz Teresa Cristina fazem a Santos e São Paulo em duas diferentes ocasiões: 1846 e trinta anos depois, em 1876.

Em 18 de fevereiro de 1846, vindos das províncias ao sul em fragata — navio à vela – [97] desembarcam em Santos. Passeiam a pé pela vila acanhada e modorrenta. O imperador visita São Vicente em montaria, assiste à pescaria na praia da Barra e visita a fortaleza da Barra Grande. Dia 25 partem para Cubatão, na raiz da serra, de coches, onde almoçam. Sobem a serra de coches. A imperatriz, grávida, usa uma liteira. Chegados no alto da serra, pernoitam. Dia 26, em São Bernardo, mudam de coches e animais, chegando à tarde em São Paulo. [98] Aproximadamente 36 horas para um percurso de sessenta quilômetros!

Em 1876, saem do Rio em navio a vapor, chegam a Santos e hospedam-se na casa do barão do Embaré, seguindo depois em bonde para a Barra. Voltam, imperador e imperatriz, seguem para a Estação da São Paulo Railway, a Inglesa, partindo às duas horas e quinze minutos para São Paulo, lá chegando às seis horas da tarde. [99]

---

[96] Manuel de Oliveira Lima, *O império brasileiro (1822-1889)* (2ª ed. São Paulo: Melhoramentos, 1962), p. 497.

[97] Heitor Lyra, *A vida de D. Pedro II* (Belo Horizonte/São Paulo: Itatiaia/Edusp, 1977), p. 141.

[98] Manuel Eufrásio de Azevedo Marques, *A província de São Paulo* (Belo Horizonte/São Paulo: Itatiaia/Edusp, 1980), p. 307, v. 2.

[99] *Ibid.*, p. 311.

É também oportuno lembrar Petrópolis e as viagens para atingi-la: só no final do império poder-se-ia fazer todo o percurso por trem. De início, barca, coches, montarias e mais de um dia de viagem. [100] O primeiro trecho da estrada de ferro para Petrópolis, que ia até a raiz da serra, foi construído por Mauá para atender à vilegiatura do imperador; já as estradas de ferro paulistas se destinavam ao transporte de carga, fundamentalmente café. Logo, as cargas são ultrapassadas pelos passageiros. Os sistemas de transportes podem ser, portanto, apropriados pelo turismo e redirecionados para outros fins.

NÚCLEO TURÍSTICO PLANEJADO

Melhor ilustração daquela referência, e considerando o turismo como fenômeno criador e organizador das suas próprias necessidades, é notar o que talvez tenha sido a criação do primeiro *resort*, como diríamos hoje, ou afirmar que o turismo inventou o Guarujá tal como o conhecemos. Bairro rural de Santos, situado na ilha de Santo Amaro, até a última década do século XIX nada mais lá havia senão sítios, chácaras e esparsos agrupamentos de pescadores. É bom que se tenha em conta não podermos considerá-los segunda residência. É preciso lembrar-se de que as chácaras e sítios são unidades de produção para o consumo doméstico, sobretudo hortifrutigranjeiros, cujo transporte era comprometido pela ausência de técnicas de refrigeração. São essas técnicas que permitirão no futuro o abastecimento dos centros urbanos, de onde desaparecerão as chácaras, as hortas e os pomares.

Em 1892, a Companhia Prado Chaves constitui a Companhia Balneária da Ilha de Santo Amaro com a compra de um sítio ou de vários. Todo equipamento comprado nos Estados Unidos veio a constituir na praia de Pitangueiras um hotel-cassino e 46 chalés de pinho da Geórgia. Uma pequena estrada de ferro conectava Pitangueiras ao Itapema — atual Vicente de Carvalho — na margem oposta ao sítio do centro de Santos. Duas barcaças atracadas no Valongo, junto da estação da Inglesa, recolhiam os passageiros levando-os até o trenzinho para Pitangueiras. A Balneária instalou uma usina a vapor para a produção de luz elétrica, rede de água e esgotos e uma corporação de bombeiros. Em 6 de setembro de 1893, um ano após o início dos trabalhos, inaugurou-se a Vila Balneária do Guarujá. Os turistas

---

[100] Heitor Lyra, cit., p. 100.

elegantes da elite paulistana deslocavam-se a passeio em charretes e caleças dos jardins formados pela Balneária pelas praias da Ilha de Santo Amaro. [101] Atualmente, só podemos ter conhecimento desse passado através de documentos e parca iconografia de particulares.

Curistas, peregrinos, práticas reapropriadas pelo turismo

Não se poderia deixar de fazer menção aos estabelecimentos termais e à ingestão de águas com efeitos curativos, à crenoterapia como um dos núcleos de maneira assemelhada à Europa Ocidental, e por causa de hábitos transplantados, dos quais o turismo se apropria.

Não seriam desconhecidas dos colonizadores e até dos indígenas as águas para banhos e para ingestão, com características terapêuticas. É claro que, no caso dos colonizadores, apesar de se situarem num mundo antípoda, haveria uma tendência de recriar certos hábitos originais, tanto quanto assimilar práticas indígenas ao seu repertório para otimizar a convivência com o território desconhecido.

Mais uma vez é preciso recordar que esses hábitos são disciplinados no século XVIII, rigorosamente ordenados em espaços de tempo e porções, correlacionados às moléstias, às estações, ao sexo, à idade. Em suma, medicalizados. Tornam-se objeto de estudo, ultrapassando as constatações empíricas e as observações sem empenho de sistematização. De resto, isso também se aplicava aos banhos de mar.

As denominações genéricas de *caldas* indicam regiões e terrenos ricos para os tratamentos crenoterápicos, sendo sucedidos em finais do século XIX e durante o século XX pelo termo *águas*, mais afeito aos congêneres europeus não portugueses, com uma conotação importada e modernizante.

As notícias que possuímos são parcas e codificadas somente no século XIX, para sítios dotados de águas com propriedades curativas. Da província de São Paulo, em 1875, dizia-se serem conhecidas "algumas fontes e entre estas as do município de Cunha, de água férrea, e em São João Batista uma fonte termal sulfurosa na vertente paulista da serra de Caldas da província de Minas Gerais". [102] É outra, entretanto, a informação que nos é dada da província de Minas Gerais em 1837, data bem mais recuada do texto anterior. Nela, o território mineiro é citado como

---

[101] Diva B. Medeiros, "Guarujá", em *A Baixada Santista* (São Paulo: Edusp, 1965), v. 3, pp. 124, 126, 131.

[102] Joaquim Floriano de Godoy, *A província de São Paulo* (2ª ed. facsimilada. São Paulo: Gov. do Estado, 1978) (Col. Paulística).

tendo "um grande número de Fontes Minerais, proveitosas à espécie humana em várias enfermidades [...]", tais como: "Lagoa Santa, Ribeirão de Brejo Salgado, Ribeirão do Salitre, Araxá, Campanha da Princesa, Caldas do Rio Pardo, Inficionado e Curimataí".

Essas denominações arcaizantes ou pouco usadas hoje, com algumas exceções, observadas com atenção, estão associadas a áreas de criação de gado, servindo o exame das condições oferecidas aos animais – "o gado dos lugares circunvizinhos e as mesmas feras frequentam estas fontes, cujas águas lhes conservam saúde vigorosa" — [103] para indicá-las por extensão à sanidade humana. É o mesmo autor que nos diz que o Conselho do Governo de Minas resolvera construir casas de banhos em Caldas do Rio Pardo, ou Poços de Caldas, como denominamos hoje. [104]

Talvez tenhamos de apontar de forma mais clara a passagem para a existência concomitante do curismo com o turismo. Aí intervém mais uma vez a reprodução de hábitos europeus, dos quais a família imperial dá o tom junto ao séquito dos cortesãos, sejam eles aristocratas ligados à família do monarca ou burgueses enriquecidos, nobilitados por títulos não hereditários. Nesse sentido, veremos surgir em 1846, na província de Santa Catarina, Caldas da Imperatriz, que homenageia Teresa Cristina. Mas o exemplo mais acabado de lugar de cura e turismo — entendido aqui como oferta de jogos, bailes, distrações várias, simultaneamente ao tratamento — será Caxambu, em Minas Gerais. Próxima do Rio de Janeiro e Petrópolis, indicada à princesa imperial após anos de casamento sem herdeiros, o que a alijava da sucessão do trono, o assunto familiar e ao mesmo tempo político resolve-se a bom termo. D. Isabel engravida após o tratamento das águas e constrói em agradecimento uma igreja na cidade. O exercício paradigmático da família ainda permanece na memória das fontes do parque das águas e na evocação do sobrenome de família, Bragança. O processo percorre a certeza da cura paralelamente com o turismo aristocratizante, consolidando-a no plano social e consequentemente institucionalizando a prática.

Finalmente, numa breve referência, as peregrinações religiosas, que não são desconhecidas desde o período colonial. As coleções de ex-votos, hoje rica fonte iconográfica para reconstituir os hábitos e os artefatos da vida cotidiana, atestam a existência de percursos de peregrinação como o de São Bom Jesus de Matosinhos, Pirapora do Bom Jesus, ou mesmo Aparecida, já em finais do século XVIII. Devoções e imagens milagrosas, cultuadas com procissões, às vezes cavalgadas, ritualizadas,

---

[103] Raimundo José da Cunha Matos, *Corografia histórica da província de Minas Gerais* (Belo Horizonte/São Paulo: Itatiaia/ Edusp, 1981), p. 281.
[104] *Ibid.*, p. 282.

permanecem, se esvaem, se atenuam ou se acentuam. Também essas práticas serão objeto dos serviços turísticos, necessitando de estudos sistemáticos de casos para construir mais solidamente uma história do turismo no Brasil. [105]

Hospedagem e alimentação

Acostumados que estamos a uma oferta diversificada de hospedagem e restauração — entendida como alimentos preparados em locais públicos —, não nos ocorre que essas formas também sejam historicamente determinadas. Não devemos imaginar, entretanto, que isso tenha ocorrido diferentemente no continente europeu. Sabemos que, a despeito das tavernas e hospedarias, salvo em contingências forçadas pelas paradas em postos de muda de animais de tração, mulheres da aristocracia e da burguesia e mesmo as *donas honestas do povo* jamais frequentavam tais paragens, nem para alimentar-se ou repousar. Podemos evocar Cervantes, que coloca a amada do Quixote numa estalagem respondendo pelo nome de Aldonça, prostituta que se transfigura quixotescamente em Dona Dulcineia del Toboso.

Deve-se ter em conta que as viagens eram feitas com cartas de recomendação para particulares que alimentavam e hospedavam homens e mulheres, ou alugavam-se residências particulares mobiliadas e providas de serviços, com criadagem para hóspedes, animais de montaria e de tração de carros. Dessas residências, chamadas em francês *hôtels*, surgirá a variante pública e comercial por nós conhecida. Da mesma forma, os primeiros estabelecimentos públicos frequentados por mulheres são os cafés, onde são servidos não apenas café, mas chocolate, bebidas pouco comuns entre os europeus. Na verdade, é preciso observar o aparecimento de novas formas de socialização que transcendem o ato de alimentar-se ou dormir. Variantes fundamentalmente importantes para perceber que as práticas comerciais surgem ajustadas às necessidades sociais, ainda que, em alguns casos, possam, dialeticamente, interferir sobre elas. Mas essas profundas mudanças que ocorrem na Europa na segunda metade do século XVIII só se dariam no Brasil um século depois.

Nossas informações sobre formas de hospedagem e restauração nos vêm da rica fonte de viajantes cronistas, na sua maior parte estrangeiros que nos visitaram durante o século XIX. Reeditados em anos, constituem esses depoimentos matéria

---

[105] Nessa área específica, ver Christian Dennys Monteiro de Oliveira, *Um templo para cidade-mãe: a construção de um contexto metropolitano na geografia do santuário de Aparecida-SP*, tese de doutoramento, São Paulo, Departamento de Geografia, FFLCH-USP, 1999.

fundamental para o conhecimento do nosso passado. Não temos uma tradição de autobiografias e diários íntimos que nos revelem os traços que aqui buscamos. Sua existência é uma raridade. E, por outro lado, só podemos recorrer à imprensa para nos informarmos, de maneira sequencial e coerente, a partir da metade do século XIX. Basta recordar o primeiro jornal em São Paulo, o *Pharol Paulistano*, publicado em 1827. Trazer esses fatos à luz, por outro lado, não pode ter suporte na historiografia tradicional, ocupada com grandes feitos e distante das miudezas do cotidiano. Essas preocupações são posteriores ao movimento modernista — que está longe de ser uma proposta exclusivamente artística — com as obras de Gilberto Freire, de Sérgio Buarque de Holanda e de Caio Prado Jr., atentos aos aspectos da vida material. [106] Não seria justo, porém, esquecer Capistrano de Abreu, de geração anterior. [107]

Ora, na São Paulo da primeira metade do século XIX, nada mais havia senão duas hospedarias. A mais conhecida delas, a do português Manoel Bixiga, ainda hoje é evocada num bairro paulistano. Desta última sabemos o que nos diz o relato de Saint-Hilaire de 1822 [108] e as memórias de Francisco Vieira Bueno. [109] Eram nada mais do que um renque de cubículos dispostos em quadra, com anexos. Destinavam-se aos tropeiros, mas, considerando o desconforto e o acanhamento das instalações, poder-se-ia crer que os maiores cuidados recaíam sobre os animais de carga. Saint-Hilaire, para alimentar-se, dependia da caça obtida por um dos empregados que o acompanhavam e só permaneceu no local por não contar com a alternativa de hospedagem entre particulares. Serviços, inexistentes. O lazer dos tropeiros na hospedaria era ocupado em jogos de cartas que frequentemente degeneravam em desavenças sangrentas, segundo o paulistano Vieira Bueno. Esse mesmo autor rememora o aparecimento do primeiro restaurante da capital, cujo público era constituído quase exclusivamente de acadêmicos da Escola de Direito. Para as famílias, considerava-se aquele local um antro de perdição.

Apenas em 1883, com a construção do Grande Hotel entre o beco da Lapa e a rua de São Bento, São Paulo contará com edifício e infraestrutura precípua para hospedagem e restauração com características dos grandes centros da época, apesar

---

[106] No conjunto das obras produzidas, destacam-se, respectivamente, *Casa-grande & senzala*, de Gilberto Freire, *Raízes do Brasil*, de Sérgio Buarque de Holanda, e *Formação do Brasil contemporâneo*, de Caio Prado Jr.

[107] Autor de *Capítulos de história colonial*, entre outros, é o primeiro leitor rigoroso da documentação tanto quanto intérprete crítico dos fatos históricos, ainda que ligado ao cientificismo na sua vertente germânica.

[108] Cf. Auguste de Saint-Hilaire, *Viagem à província de São Paulo* (São Paulo: Martins, 1972). Na página 146 lemos: "[...] não pude deixar de estremecer quando me encontrei num cubículo úmido, infecto, de uma repugnante imundície, sem forro, sem janela, e tão estreito que, conquanto minhas bagagens tivessem sido empilhadas umas sobre as outras, pouco espaço restava [...] esse cubículo escuro me fez ter saudades dos ranchos do deserto [...]".

[109] Francisco de Assis Vieira Bueno, *A cidade de São Paulo* (São Paulo: Academia Paulista de Letras, 1976), p. 28. Além do Bixiga, a hospedaria do Lavapés "era situada no arrabalde do Cambuci".

de ainda ser uma pequena cidade provinciana. É preciso notar, entretanto, que os meios de hospedagem e restauração são iniciativas tomadas por estrangeiros. O Grande Hotel, por exemplo, foi construído por Frederico Glete, suíço germânico. Na verdade, encontramos outros meios de hospedagem na segunda metade do século XIX. Todavia, são adaptações de residências, como o Hotel Palm, propriedade de família alemã. Aqui deveríamos nos perguntar, nesta breve alusão, por que apenas estrangeiros seriam empreendedores, proprietários e gestores?

Tradição de pequenas empresas familiares, no entanto, a escravidão, sem dúvida, era o sustentáculo desses serviços. São abundantemente relatados os preconceitos em relação ao trabalho entre nós.[110] Toda e qualquer tarefa que evocasse *serviço* associava-se ao elemento *servil*, eufemismo oficial muito pouco sutil para designar a massa de escravos, dos não assalariados. É mais uma vez digno de nota que a mera importação de técnicas e procederes pressupõe correlações possíveis com situações socioculturais vigentes. Será preciso esperar ultrapassar a abolição, os primeiros anos da República e completar-se a transição do trabalho escravo para o trabalho assalariado, num contexto de outras demandas sociais, para a expansão e consolidação desses serviços.

Finalmente, não é possível deixar de notar também uma outra transição, a passagem da esfera doméstica, familiar ou privada, para a esfera pública dos serviços a que se aludia. Hoje é possível abrir novos caminhos recorrendo aos estudos sobre a *vida privada*.[111]

TURISMO CULTURAL NO BRASIL

Duas palavras necessárias devem anteceder à proposta expressa no subtítulo. Deveríamos entender turismo cultural na acepção corrente do termo, um recorte convencional, cujo apoio se encontra na concepção clássica de cultura, ou seja, o

---

[110] Nas ruas das cidades era usual a presença de "escravos de ganho", cujos rendimentos eram repassados aos senhores; entre os serviços prestados, estava o de carregar volumes, pois, por mais modestas que fossem suas dimensões, homens livres não deveriam portá-los.

[111] À coleção relativa à "vida privada" de origem francesa, traduzida e editada em língua portuguesa pela Companhia das Letras, seguiu-se a produção e publicação pela mesma editora de *História da vida privada no Brasil*, em quatro volumes. Destaco particularmente o terceiro, organizado por Nicolau Sevcenko, riquíssimo no repertório e sugestões temáticas que podem transcender à polaridade feio-bonito, usual na oferta-demanda cultural, compreendendo a casa, o palacete e o barraco como inscrições da ordenação e das relações sociais nos espaços urbanos, como faz Paulo César Garcez Marins em "Habitação e vizinhança", o segundo capítulo do volume citado.

conceito anglo-francês de *civilização*, expresso através das grandes realizações materiais traduzidas em música, literatura, artes plásticas, etc. Muito distinto, entretanto, é o conceito antropológico de cultura, que abarca todas as atitudes e realizações materiais como expressão de comportamentos internalizados e imateriais, característicos dos indivíduos de determinado grupo. Convenhamos, então, é moeda corrente, o turismo se apropria convencionalmente do primeiro conceito, mais restrito e elitizado.

Dificilmente poderíamos localizar no Brasil do século XIX e nas duas primeiras décadas do século XX traços de oferta e demanda cultural. Sem dúvida, havia as paisagens naturais, a majestosa Baía de Guanabara, as florestas com a diversidade de espécies desconhecidas na Europa para as quais cronistas e viajantes estrangeiros voltaram nossos olhares pouco a pouco. A vastidão do território, os acidentes geográficos, a vegetação densa e os caminhos escabrosos, salvo exceções, nada mais eram do que obstáculos e dificuldades para o assentamento e para a exploração da terra. Demandando enormes sacrifícios para vencê-los pelo trabalho, dominando a natureza, não despertariam o deleite do olhar, ainda que não deixassem de despertar a afetividade apoiada na memória, dos locais imbricados nas lembranças da infância, das relações familiares, das cores, dos odores e dos sabores. Lembranças afetivas, pessoais e grupais que não se valorizavam para fazê-las divulgadas e conhecidas do outro. Nenhum olhar sensível para os bens culturais, os conjuntos barrocos hoje tão valorizados, as igrejas, os solares, as fazendas. Por quê?

Devemos considerar que, no século XIX, o Brasil é um país recém-independente. Nada mais há do que rejeição pela herança deixada pelo colonizador. É preciso rejeitá-la para afirmar sua identidade, própria de jovem adulto. Diga-se que o fenômeno é recorrente nos Estados nacionais americanos libertos da tutela colonial europeia.

Do México à Argentina, do Brasil aos Estados Unidos. Neste último país, mesmo a denominação da confissão religiosa da maioria se modifica. Seria impensável considerar-se filiado à Igreja da Inglaterra — Church of England —, daí a Igreja Episcopal americana. Essa rejeição, curiosamente, em Nova York, passa a valorizar a antiga colonização e fundação da cidade holandesa — Nova Amsterdã —, resgatando-a para forjar tradições de Natal, entre as quais a figura de São Nicolau — Santa Klaus —, alheia à cultura inglesa e típica dos neerlandeses.

Ora, modelos de cultura identificam-se com os conceitos de modernidade da época, com o progresso, os avanços tecnológicos, características dominantes da sociedade industrial. Os olhares voltavam-se para a França e a Inglaterra. O pequeno

Portugal parecia-nos apoucado, cada vez mais marginalizado no contexto das grandes potências europeias; além disso, o passado que nos legara de servidão política não queríamos lembrar, apenas esquecer. Nossas cidades seriam arremedos do casario pesado e sem graça do reino, sem a leveza das modernas construções neoclássicas e ecléticas, símbolos imponentes da modernidade da qual procurávamos nos apropriar.

Por outro lado, as estruturas arquitetônicas, na sua morfologia "colonial", ainda eram ativas, vigentes como unidades de produção. É o caso das fazendas, as moradias, os locais de culto como as igrejas, as construções defensivas como as fortalezas. Nada parecia ameaçado de morte, essa morte simbólica da qual procuramos nos libertar, erigindo alegórica e metaforicamente os bens em patrimônio cuja finalidade social cessou de existir ou cuja existência é ameaçada pela destruição e pela especulação que transforma tudo em artefatos substituíveis.

Mais uma vez, ressurge o problema estrutural de nossa história, no passado e, ainda no presente, ainda que transfigurado, um passado que não quer passar — a escravidão. O escravo mantinha em funcionamento as engrenagens montadas desde o início da colonização. Sentimentos contraditórios rondavam as relações sociais, o símbolo do atraso, o estigma condenado pela opinião pública internacional, o temor das insurreições, a lubricidade satisfeita nos corpos sem liberdade para recusa, o amor pela docilidade e subserviência, os objetos da cólera, a admiração pelas habilidades e, simultaneamente, a rejeição por serem escravos, de outra raça e, "consequentemente", inferiores. Eram escravos também os artesãos, carapinas e pedreiros, os santeiros, os pintores, os músicos e os mestiços de ascendência africana, nossos grandes artistas do passado. Apesar da afetividade, não tínhamos, para os homens e gerações do século XIX, uma cultura digna de apreciação e, sobretudo, exceção feita aos grandes feitos políticos, como a independência, por exemplo, ao nosso passado não se atribuía o valor de historicidade. [112]

Foi preciso ultrapassar a mudança de regime e conferir a todos os homens igualdade perante a lei — ao menos teoricamente —, olhar com empatia para o passado, para brancos, índios e negros — ainda que nestes dois últimos casos de forma distorcida e folclorizada — e perceber a ameaça de desaparição do que hoje consideramos patrimônio nacional, para reconciliar-se com o próprio passado.

---

[112] A historicidade relacionada às manifestações de cultura material do passado em relação ao patrimônio cultural foi conceitualmente definida como "valor de historicidade" pelo historiador da arte austríaco Aloïs Riegl, numa pequena obra capital para fundamentos teóricos do patrimônio, *Der Moderne Denkmalkultus* (O culto moderno dos monumentos), em 1903. O conceito é retomado por Françoise Choay em *L'Allégorie du patrimoine*, cit.

Chegamos assim à segunda década do século XX com a primeira manifestação consistente e não pontual e isolada de valorização do nosso patrimônio, através de propostas do neocolonial. [113] Desse movimento, eclético, mas que voltava os olhos para as técnicas, materiais e estética da arquitetura "colonial", surgem as primeiras preocupações em estudar e valorizar os exemplares remanescentes do passado, sobretudo os mineiros. Ora, dessa proposta, ainda que não de forma totalmente consciente, assumimos o nosso diferencial cultural e nos postulamos a divulgá-lo e oferecê-lo para nós e para os outros. Num segundo instante, o modernismo, ancorado principalmente nas ideias de Mário de Andrade, que sintetiza no *Macunaíma* o resultado de suas viagens pelo Brasil conforme o exposto em *O turista aprendiz* ao lado de outros artistas e intelectuais, redundará em políticas públicas que se apropriam dessas ideias — recortam-nas e as ajustam aos seus próprios interesses —, criando o Departamento de Cultura da Prefeitura de São Paulo em 1935 e a Secretária do Patrimônio Histórico e Artístico Nacional (Sphan) em 1938.

Não será preciso lembrar mais uma vez que a ênfase em São Paulo — que não apresenta mais e melhores exemplares de arquitetura do nosso passado — se atém, sobretudo, à industrialização, à expansão e urbanização que ameaçam as velhas estruturas, esvaziadas do seu significado social. Talvez isso explique, mais uma vez, o aparecimento de denominações que nos parecem antigas e tradicionais como "centro histórico" e "cidades históricas", incongruentes e contraditórias nos seus termos, mas que podem ser compreendidas e explicadas.

Conclusão

Não seria excessivo afirmar que o turismo se torna enfim um fenômeno no Brasil apenas em meados dos anos 1930. A instituição das férias anuais como direito de todos, através da legislação trabalhista do varguismo, permite que o turismo se torne consciente de si próprio e progressivamente, enquanto se estrutura como prática comercial, devido a uma demanda mais consistente, incorpore como oferta de turismo cultural o diferencial que se codificava alegoricamente entre os estratos intelectuais como patrimônio histórico e artístico nacional.

---

[113] O lançamento do neocolonial como opção construtiva surge com Ricardo Severo, arquiteto de origem portuguesa que trabalhava no escritório de Ramos de Azevedo em São Paulo, particularmente com a conferência proferida em 1914, "A arte tradicional brasileira".

Hoje, já nos afastamos daquela premissa unificadora e um tanto artificial, pois pretende uma unidade inexistente de fato. Temos agora escolhas que são pautadas pelo relativismo cultural e que podem repousar num incomensurável número de áreas geográficas, de gêneros e espécies a ser preservados, mais aos cuidados da sociedade e das comunidades locais do que do Estado. Embora isso acarrete inventários que jamais se esgotam, dificultando o processo de classificação, bem como a preservação e o restauro, cujos altos custos não podem ser ignorados, abrem-se inúmeras possibilidades para os sítios de história recente, que antes se considerariam à margem dos centros convencionalmente ricos daquele patrimônio histórico e artístico nacional, e que agora, em muitos casos, são reconhecidos pela Organização das Nações Unidas para a Educação, a Ciência e a Cultura (Unesco) como patrimônio mundial. Um motivo adicional para pensar o lazer e o turismo em localidades pequenas afastadas das tradicionais destinações turísticas. Se a "globalização", bordão da mídia, que muitos nem sequer suspeitam iniciada no século XV com o capitalismo comercial e as grandes navegações, tudo tende a homogeneizar, há uma incomensurável riqueza sob os nossos olhos ou oculta nas camadas de nosso solo, que nos faz ser diferentes (nem inferiores ou superiores) dos outros.

REFERÊNCIAS BIBLIOGRÁFICAS

AMERICANO, Jorge. *São Paulo naquele tempo (1895-1915)*. São Paulo: Saraiva, 1957.

ARANTES, A. A. *Produzindo o passado*. São Paulo: Brasiliense, 1984.

ARGAN, G. C. *História da arte como história da cidade*. São Paulo: Martins Fontes, 1995.

BABELON, J. P. & CHASTEL, A. *La notion du patrimoine*. Paris: Liana Levi, 1994.

BACHELARD, G. *O ar e os sonhos*. São Paulo: Martins Fontes, 1990.

BENEVOLO, Leonardo. *História da arquitetura moderna*. 3ª ed. São Paulo: Perspectiva, 1998.

BENI, Mário Carlos. *Análise estrutural do turismo*. 2ª ed. São Paulo: Editora Senac São Paulo, 1998.

BINZER, Ina von. *Os meus romanos*. 3ª ed. Rio de Janeiro: Paz e Terra, 1982.

BOULLÓN, R. et al. *Un nuevo tiempo libre: tres enfoques teórico-prácticos*. 2ª ed. Cidade do México: Trillas, 1991.

BOYER, Marc. *L'Invention du tourisme*. Paris: Gallimard, 1996.

BUENO, Francisco de Assis Vieira. *A cidade de São Paulo*. São Paulo: Academia Paulista de Letras, 1976.

BURKE, Peter (org.). *A escrita da história*. São Paulo: Unesp, 1992.

CAMARGO, Haroldo L. "Machado de Assis, as crônicas e os novos meios de comunicação" e "O povo miúdo; os desafios sociais, o trabalho e a família", em *A colônia alemã de Santos e a construção do perigo alemão*, tese de doutoramento, São Paulo: FFLCH/USP, 1996.

_____. "Uma 'carta internacional' de preservação: Sófia, 1996", *Carta Internacional do Icomos: proteção e gestão do patrimônio cultural subaquático*.

CAMARGO, Paulo Fernando Bava de. "O aproveitamento dos vestígios arqueológicos para o turismo: potencialidades de Iguape, SP". Em *Boletim de Turismo e Administração Hoteleira*, nº 1 (7), maio de 1998.

CARCOPINO, Jerôme. *A vida cotidiana em Roma no apogeu do império*. Lisboa: Livros do Brasil, s/d.

CASTELLS, Manuel. *A sociedade em redes*. São Paulo: Paz e Terra, 1999. v. II.

CASTORIADIS, Cornelius. *A instituição imaginária da sociedade*. 6ª ed. Rio de Janeiro: Paz e Terra, 2007.

CHOAY, Françoise. *L'Allégorie du patrimoine*. Paris: Seuil, 1996.

CORBIN, A. *Saberes e odores*. São Paulo: Companhia das Letras, 1987.

_____. *A invenção da praia*. São Paulo: Companhia das Letras, 1989.

_____. *O território do vazio*. São Paulo: Companhia das Letras, 1989.

CROCE, Benedetto. *A história. Pensamento e ação*. Rio de Janeiro: Zahar, 1962.

DAVILLIER, Charles & DORÉ, Gustave. *Viaje por España*. Madri: Miraguano, 1998. v. II.

DEANNE, Phyllis. *A Revolução Industrial*. Rio de Janeiro: Zahar, 1969.

DELLA CORTE Y GATTI. *Diccionario de la música*. Buenos Aires: Ricordi Americana, 1950.

ECO, Umberto. *Viagem na irrealidade cotidiana*. 5ª ed. Rio de Janeiro: Nova Fronteira, 1984.

FEBVRE, Lucien. *Le problème de l'incroyance au 16ᵉ siècle*. Paris: Albin Michel, 1968.

FOUCAULT, Michel. *A arqueologia do saber*. Rio de Janeiro: Forense Universitária, 1995.

_____. *As palavras e as coisas*. São Paulo: Martins Fontes, 1981.

FREUND, Julien. *Sociologia de Max Weber*. Rio de Janeiro: Forense Universitária, 1987.

GAY, Peter. *A experiência burguesa: da rainha Vitória a Freud*. São Paulo: Companhia das Letras, 1999.

GODOY, Joaquim Floriano de. *A província de São Paulo*. 2ª ed. facsimilada. São Paulo: Gov. do Estado, 1978 (Col. Paulística).

GOETHE, Wolfgang. *Viagem à Itália*. 2ª ed. Rio de Janeiro: José Olympio, 1959.

HABERMAS, Jurgen. "Conhecimento e interesse". Em *Benjamin, Habermas, Horkheimer, Adorno*. São Paulo: Abril Cultural, 1983.

_____. "Técnica e ciência enquanto 'ideologia'". Em *Benjamin, Habermas, Horkheimer, Adorno*. São Paulo: Abril Cultural, 1983.

HOBSBAWM, Eric. *Nações e nacionalismo*. Rio de Janeiro: Paz e Terra, 1990.

_____ & RANGER, T. (orgs.). *A invenção das tradições*. 2ª ed. Rio de Janeiro: Paz e Terra, 1997.

IGLÉSIAS, Francisco. "Natureza e ideologia do colonialismo no século XIX". Em *História e ideologia*. São Paulo: Perspectiva, 1971.

IRVING, Washington. *Narrativas da Alhambra*. Trad. Lilia de Barros Malferrari. São Paulo: Brasiliense, 1959.

LAROUSSE, P. "Louvre", verbete. *Grand Dictionnaire Universel du XIXème siécle*. Paris: Larousse, s/d.

LÉVI-STRAUSS, Claude. *O pensamento selvagem*. São Paulo: Nacional/Edusp, 1970.

_____. "Jean-Jacques Rousseau, fundador das ciências do homem". Em *Antropologia estrutural II*. Rio de Janeiro: Tempo Brasileiro, 1976.

LIMA, Manuel de Oliveira. *O império brasileiro (1822-1889)*. 2ª ed. São Paulo: Melhoramentos, 1962.

LYRA, Heitor. *A vida de D. Pedro II*. Belo Horizonte/São Paulo: Itatiaia/Edusp, 1977.

MACCANNELL, D. *Empty Meeting Grounds: the Tourist Papers*. Londres: Routledge, 1992.

MARQUES, Manuel Eufrásio de Azevedo. *A província de São Paulo*. Belo Horizonte/São Paulo: Itatiaia/Edusp, 1980.

MATOS, Raimundo José da Cunha. *Corografia histórica da província de Minas Gerais*. Belo Horizonte/São Paulo: Itatiaia/Edusp, 1981.

MEDEIROS, Diva B. "Guarujá". Em *A Baixada Santista*. São Paulo: Edusp, 1965. v. 3.

MUMFORD, L. *A cidade na história*. São Paulo: Martins Fontes, 1991.

NOSSO SÉCULO (Coleção). São Paulo: Abril Cultural, 1981.

OLIVEIRA, Christian Dennys Monteiro de. *Um templo para cidade-mãe: a construção de um contexto metropolitano na geografia do santuário de Aparecida-SP*. Tese de doutoramento. São Paulo, Departamento de Geografia, FFLCH/USP, 1999.

PATIN, Valéry. *Tourisme et patrimoine en France et en Europe*. Paris: La Documentation Française, 1997.

RÉAU, Louis. *Histoire du vandalisme: les monuments détruits de l'art français*. Paris: Robert Laffont, 1994.

REVISTA FILOSOFIA. São Paulo: Centro Acadêmico Cruz e Costa — FFLCH/USP, 1974.

RIBEIRO, Renato Janine. *A etiqueta e o Antigo Regime*. 2ª ed. São Paulo: Brasiliense, 1987.

RIEGL, Aloïs. *Le culte moderne des monuments: son essence et sa genèse*. Paris: Seuil, 1984.

ROJEK, Chris & URRY, John. "Tourism and senses". Em *Touring Cultures: Transformation of Travel and Theory*. Londres/Nova York: Routledge, 1997.

RYAN, Chris (org.). "An Examination of Time in Holidaying". Em *The Tourist Experience*. Londres/Nova York: Cassel, 199 7.

SAINT-HILAIRE, Auguste de. *Viagem à província de São Paulo*. São Paulo: Martins, 1972.

SCHAMA, Simon. *Paisagem e memória*. São Paulo: Companhia das Letras, 1996.

SERRES, Michel."Entrevista". Revista *Filosofia*. São Paulo, Centro Acadêmico Cruz e Costa, FFLCH-USP, 1974.

SEVCENKO, Nicolau (org.). *História da vida privada: República: da Belle-époque à era do rádio*. São Paulo: Companhia das Letras, 1998. v. 3.

SILVA, Maria Beatriz Nizza da. *Cultura e sociedade no Rio de Janeiro (1808-1821)*. 2ª ed. São Paulo: Nacional, 1978.

SOBOUL, Albert. *História da Revolução Francesa*. 3ª ed. Rio de Janeiro: Zahar, 1981.

STAROBINSKI, Jean. *1789: os emblemas da razão*. São Paulo: Companhia das Letras, 1988.

TIEGHEM, Paul van. *Le romantisme dans la littérature européenne*. Paris: Albin Michel, 1969.

THOMPSON, E. *Costumes em comum*. São Paulo: Companhia das Letras, 1998.

TORRES FILHO, Rubens R. "Vida e obra". Em *Friedrich von Schelling, 1775 - 1854*. São Paulo: Abril Cultural, 1984. (Col. Os Pensadores).

VEBLEN, Thorstein Bunde. *A teoria das classes ociosas: um estudo econômico das instituições*. São Paulo: Abril Cultural, 1983.

_____."Sobrevivências modernas da proeza". Em *A teoria da classe ociosa*. São Paulo: Abril Cultural, 1983.

VILLECHENON, Florence P. de. *Les expositions universelles*. Paris: Presses Universitaires de France, 1992.

VISINO, Silvia. *I pittori del grand tour*. Latina: L'Argonauta, 1994.

WEBER, E. "Turistas e curistas". Em *França fin-de-siècle*. São Paulo: Companhia das Letras, 1989.

WEBER, Max. *A ética protestante e o espírito do capitalismo*. São Paulo: Pioneira, 1967.

_____. *Economia e sociedade*. Brasília: UnB, 1991/1999. 2 v.

WILLIAMS, R. *O campo e a cidade*. São Paulo: Companhia das Letras, 1989.

Geografia do turismo: novos desafios

ADYR BALASTRERI RODRIGUES

INTRODUÇÃO

Da mesma forma que o setor agrário e o setor industrial, extrativo e manufatu-reiro desempenharam e ainda desempenham relevante papel na economia brasilei-ra, atualmente o chamado setor terciário, abrangendo o comércio e os serviços, vem assumindo também uma crescente importância, orquestrada pelas tendências hege-mônicas globais.

Entre os componentes desse processo, relacionados aos grandes progressos nos domínios da ciência, da técnica e da informação, surgem novas formas de relações de trabalho, tais como a terceirização, a produção flexível, o teletrabalho, elementos que modificam substancialmente os aspectos espaçotemporais ligados à produção, circu-lação, distribuição e consumo de bens materiais e imateriais. Tudo isso, de forma concatenada, se traduz por uma urbanização crescente da população e por diferenças cada vez menos sensíveis entre mundo rural e mundo urbano, entre campo e cidade.

Acrescentem-se a esse feixe imbricado de eventos as mudanças expressivas nas estruturas socioprofissionais e etárias da população, com um surpreendente aumen-to na expectativa de vida, que se traduz por um crescimento notável das faixas etárias maduras — cuja velhice vê-se postergada —, estratos suficientemente aptos e ativos para o trabalho e para o lazer.

É nesse cenário que as atividades de lazer e de turismo vêm assumindo uma importância cada vez mais destacada, sendo consideradas, hoje, os setores que mais crescem no mundo e que mais mobilizam recursos — gerando empregos, desempenhando significativo papel na balança de pagamentos e na arrecadação de impostos de muitos países, tanto do capitalismo central quanto do periférico.

Nessa nova divisão social, técnica e territorial do trabalho, marcada pela globalização da economia e pela mundialização da cultura, o Brasil se inscreve com enorme potencial turístico, já em amplo e voraz processo de exploração, notadamente a partir dos primeiros anos da década de 1990, quando começaram a ser sistematizadas políticas públicas agressivas para a efetiva transformação dos recursos em atrativos, ditadas pelos atores hegemônicos do capitalismo transnacional.

Tais iniciativas têm repercutido rapidamente em todo o território nacional, de forma bastante rápida, como já foi salientado, produzindo-se novos espaços turísticos ou reorganizando-se espaços anteriormente ocupados, de forma frequentemente desenfreada. Esse processo tem tido efeitos e impactos significativos que demandam estudos e pesquisas, além de carecer de um embasamento técnico consistente para direcionar novos empreendimentos, necessitando de profissionais qualificados.

Acompanhando essas tendências, a sociedade tem a necessidade de preparar seus quadros superiores nos diversos níveis de conhecimento, tanto para ensino e pesquisa como para concepção e implantação de projetos e administração e gestão empresariais.

Tais fatos justificam a imediata necessidade da capacitação altamente especializada no plano acadêmico, visando o ensino e a pesquisa multidisciplinar, difundindo-se o compromisso de aprofundar as reflexões sobre o fenômeno, objetivando a assunção de uma postura ética e responsável, comprometida com a realidade do país e, no plano operacional, objetivando a atuação no mercado, ao aprimorar a formação dos atores responsáveis pela concepção, implantação, gestão e monitoramento de projetos integrados que garantam a sustentabilidade ambiental, esta entendida no seu sentido amplo, nos planos político, físico, social, cultural e econômico.

Considerando a formação acadêmica dos profissionais em turismo, observam-se certas lacunas de formação básica, havendo necessidade de aprofundamentos em nível teórico e operacional. Assim, partindo dos anseios da comunidade, tanto acadêmica quanto dos demais profissionais do mercado que atuam no setor do turismo, tem-se a necessidade de valorizar certas áreas nas quais priorizamos a questão ambiental e a gestão do território nas suas interfaces com o turismo, no sentido de fornecer importantes subsídios à análise, interpretação e planejamento de espaços em que o turismo se apresenta como fenômeno estruturante de novas territorialidades, até mesmo com fins geopolíticos. Daí a importância crescente de estudos integrados que focalizem o fenômeno no seu universo complexo, polissêmico e multifacetado.

Outro tema importante estreitamente vinculado ao turismo que deverá merecer a atenção em projetos acadêmicos e técnicos refere-se ao lazer particularmente nos espaços urbanos, na busca de melhor qualidade de vida da população, elemento que incide diretamente na diminuição da violência, segundo pesquisas realizadas no âmbito da sociologia do lazer, nomeadamente nas regiões metropolitanas.

Reconhecidamente turismo e lazer devem ser focalizados de forma integrada no quadro das ciências humanas, em disciplinas básicas e de domínio conexo, em abordagens interdisciplinares, através do ensino, mas também e principalmente através da pesquisa básica e aplicada, contemplando os três pilares da universidade: ensino, pesquisa e extensão.

Os lazeres urbanos

Para dar continuidade às nossas reflexões é necessário tecer breves considerações sobre a natureza do lazer na cultura e no modo de vida contemporâneos — que marcam as sociedades ditas pós-modernas — a fim de realçar sua materialização no espaço, na medida em que cria e recria territorialidades.

O tratamento geográfico dos lazeres urbanos pretende revelar ou, mais apropriadamente, desvelar a criação das formas espaciais expressas na paisagem urbana e buscar a compreensão das suas funções e estruturas por meio do estudo dos processos sociais que as engendraram.

A palavra "lazer" é frequentemente confundida com as expressões "tempo livre" e "ócio" — estas compreendidas como tempos que se opõem ao tempo do trabalho. É evidente que tempo não é sinônimo de atividade. Pode-se gastar o tempo livre sem executar nenhuma ação. Nesse caso, o tempo despendido é um tempo de puro ócio, ou seja, de contemplação. Já o vocábulo "lazeres" tem a conotação de atividades, ou seja, ações desenvolvidas durante o tempo livre. Os lazeres diferem do turismo porque, para sua prática, não há necessidade de deslocamentos que excedam o período mínimo fixado em 24 horas e que, portanto, incluam um pernoite, enquadrados, nesse caso, na categoria de turismo pela Organização Mundial de Turismo (OMT).

Os conceitos de turismo, lazer, tempo livre, ócio e até de trabalho não são estáticos, uma vez que mudam conforme o dinamismo das relações sociais, acompanhando o processo histórico. Está claro que não basta estabelecer critérios para a isenção de dúvidas e ambivalências no trato desses conceitos. Se aqui os discutimos brevemente é apenas com o intuito de tornar o texto mais inteligível, além de instigar novas reflexões.

Grande parte dos paradigmas nos quais se baseiam as teorias do fenômeno de urbanização salienta que, conforme as populações se concentram em espaços relativamente exíguos das cidades, desestruturam-se o processo produtivo e as relações sociais que caracterizavam a vida rural. São substituídos por novas formas de divisão social e territorial do trabalho, nas esferas de produção, circulação, distribuição e consumo. Erigem-se novos valores, novas expectativas, novos estilos de vida, que, incentivados e homogeneizados pela ação dos *mass media,* produzem efeitos nas novas relações de trabalho — quase indistintas hoje entre mundo urbano e rural.

Produzem-se formas de comportamento nas quais já não faz sentido opor o urbano ao rural, em particular nos territórios marcados por fortes conteúdos de ciência, técnica e informação. Essa característica é marcante nos novos territórios do turismo, mesmo no chamado ecoturismo, em que os padrões de consumo, ligados ao conforto e à segurança, são nitidamente urbanos, como no caso dos *ecolodges* da Amazônia setentrional.

Ao se definirem as megametrópoles que concentravam grande parte da produção material no auge do desenvolvimento industrial centralizado, processo intensificado a partir da Segunda Guerra Mundial, a cidade é alardeada como monstro causador de estresse. Paralelamente, cria-se a "indústria" do lazer e do turismo que consagra a viagem como a única forma de livrar-se das neuroses urbanas e do cotidiano constrangedor das cidades. Tudo é divulgado como se o trabalho fosse intrinsecamente desagradável e a viagem sempre prazerosa. Essa ideologia, originada nos países centrais do capitalismo, chega quase sincronicamente ao Brasil, ainda nos anos 1960, exatamente no período em que a população urbana ultrapassa a população rural (1964).

Acompanhando o desenvolvimento das formas de produção material expandem-se enormemente as formas de produção não material e, consequentemente, do consumo não material, como o lazer e o turismo, produtos criados e ampliados pela sociedade de consumo de massas.

O cotidiano é marcado cada vez mais pelo enclausuramento, pelo recolhimento, que é insuportável sem o simulacro do mundo, sem o álibi de uma participação no mundo; participação essa muitas vezes virtual. Assim, não só vemos como vivemos a realidade travestida. Desaparece a rua como *locus* da sociabilidade. Da mesma forma que desaparecem a família e a rua, as relações de vizinhança e de compadrio, desaparece também o lugar, entendido por Milton Santos como o "acontecer solidário da vida cotidiana". Observamos assustados um aumento brutal da violência, do terrorismo, do vandalismo. Pesquisas recentes sobre a periferia social na metrópole paulistana, veiculadas pelos meios de comunicação de massa, revelam que a violência é mais frequente nos bairros onde não existem alternativas de lazer, intensificando-se nos fins de semana. Um outro complicador desse processo, que deve merecer a atenção dos cientistas sociais, é que o agravamento da violência urbana extrapola a periferia social e atinge, de forma espantosa, os bairros considerados de classe média e alta, não poupando os shoppings, até então considerados áreas de lazer seguras, e nem mesmo as escolas, onde ocorrem tragédias cada vez mais frequentes.

O convívio social desaparece nas grandes cidades na medida em que a nova megavia de comunicação — a internet — penetra nas empresas, nas universidades, nos lares, nos bares. A "ciberestrada" tornou-se rapidamente o canal de comunicação global. Com o barateamento da tecnologia de produção da realidade virtual, até os estratos sociais menos favorecidos têm acesso ao computador, usado hoje para o controle do narcotráfico. Muitas das atividades urbanas, como as de lazer, de trabalho, de serviços e obrigações sociais podem ser realizadas sem sair de casa — on-line —, como o envio de correspondência, compras as mais variadas, até mesmo no trivial supermercado, serviços bancários, reuniões de trabalho, envio e recebimento de correspondências ligadas ao trabalho ou com fins sociais — cartas, cartões, presentes, flores —, certas consultas médicas, alguns exames de laboratório, terapias alternativas, dietas, confecção e envio de projetos arquitetônicos, leitura de jornais e revistas, audição de programas musicais, namoro e relacionamentos sexuais, viagens virtuais, etc. Há excelentes programas que permitem viagens fantásticas ou visita aos mais famosos museus do mundo sem sair de casa. Tudo pode ser realizado por meio de equipamentos de multimídia.

O ser humano consegue tornar-se onipresente — além de estar em vários lugares ao mesmo tempo, pode interagir simultaneamente com o passado, com o presente, com o futuro. Porém, os efeitos perversos do mundo globalizado virtual, paradoxalmente doméstico, conduzem a humanidade à solidão. Vivemos, assim, a era do simulacro, confundindo ficção com realidade. A violência exibida diariamente ao vivo pela televisão juntamente com filmes do mesmo teor colocam realidade e ficção no mesmo nível, confundindo os espectadores — crianças, jovens e até mesmo os adultos.

O ávido consumo dos produtos do turismo e do lazer relaciona-se diretamente ao número de habitantes residentes em centros urbanos, não só porque constituem um volume maior, mas também, e principalmente, pela ideologia do hedonismo consumista largamente difundida pela mídia, tornando-se uma das características das sociedades pós-industriais. A propósito, Milton Santos comenta: "Em tais sociedades corporativas reina a propaganda fazedora de símbolos, o consumismo como seu portador, a cultura de massas como caldo de cultura fabricado, a burocracia como instrumento e fonte de alienação".[1]

Acrescenta ainda que "em lugar do cidadão formou-se um consumidor que aceita ser chamado de usuário".[2]

Qual seria o contraponto desse processo?

O sociólogo Domenico De Masi, que tem se dedicado a estudar o ócio como um tempo de criação, mostra que na realidade contemporânea é cada vez mais difícil distinguir os tempos, divisão estabelecida a partir da primeira Revolução Industrial, tornando-se cada vez mais sofisticada a partir do estabelecimento das férias anuais remuneradas e do encurtamento da jornada de trabalho diária e semanal.[3]

Outros elementos que devem ser considerados quando se pensa no tempo livre são os novos tempos que também surgem na chamada pós-modernidade — o tempo dos desempregados, dos ocupados na produção flexível (que podem administrar seu próprio tempo), dos trabalhadores no setor informal, dos empregados em *part time*, dos que se dedicam ao teletrabalho, isso sem falar no tempo gradativamente ampliado dos aposentados, que, usufruindo desse direito cada vez mais precocemente — benefício social não dimensionado para expectativas de vida tão longas —, contam com preciosos "tempos livres" para desempenhar as mais variadas funções, de natureza individual ou social: passiva, ativa, criativa, laboral, física ou mental. Os *hobbies* vão se mesclando a atividades remuneradas na invenção de novas e prazerosas ocupações. Como diz De Masi: "[...] aprende-se, enfim, a viver a plenitude da vida pós-industrial, feita não só de trabalho cansativo, mas também de ócio inteligente".[4]

Há uma acentuada tendência na valorização do lugar, da cultura local, do sentido de "pertencimento". Antigos espaços degradados de grandes cidades, principalmente áreas portuárias, estão sendo reabilitados e revividos como *locus* de lazer, sediando centros culturais, por exemplo, em Recife e em Fortaleza. O mesmo ocorre com edifícios fabris, cujas instalações estão se tornando agradáveis centros de lazer, como o Sesc Pompeia em São Paulo, só para citar um exemplo. Os lazeres desem-

---

[1] Milton Santos, *O espaço do cidadão* (São Paulo: Nobel, 1987), p. 11.
[2] *Ibid.*, p. 13.
[3] Domenico De Masi, *O ócio criativo* (Rio de Janeiro: Sextante, 2000).
[4] *Ibid.*, p. 305.

penham função primordial no resgate da vida social urbana, merecendo projetos integrados, principalmente no setor da extensão universitária. Muitas experiências estão contemplando segmentos excluídos que se envolvem em projetos comunitários, resgatando a sociabilidade e a autoestima individual e grupal. Certamente onde se incentivam o convívio e a solidariedade diminui-se a violência. Há que incentivar formas genuínas de expressão cultural, nascidas e administradas por segmentos residuais da sociedade, com base nas territorialidades do cotidiano, imbuídas de grande força política, porque, na medida em que reforçam a sociabilidade, mobilizam a solidariedade grupal, de força inimaginável.

Citamos a título de exemplo um projeto, de que tomamos conhecimento pela mídia, desenvolvido através de um programa de extensão universitária da Universidade Metodista, em São Bernardo do Campo — região metropolitana de São Paulo. O projeto, denominado Vila Vivaldi, ocupa uma área de 4.000 m² da Eletropaulo (zona da rede elétrica de alta tensão) onde foi implantada uma horta comunitária. Trata-se de uma experiência interdisciplinar, apoiada na psicologia social, atingindo de forma simples e criativa vários objetivos, dos quais consideramos fundamentais:

- desenvolver o espírito comunitário;
- melhorar a qualidade de vida de uma zona de periferia social;
- resgatar saberes e práticas tradicionais, como do uso das ervas medicinais;
- incentivar novos e sadios hábitos alimentares;
- aprimorar a relação sociedade–natureza;
- diminuir o estresse através do contato com a terra;
- fortalecer laços de solidariedade e de autoestima individual e grupal;
- aprimorar o exercício da cidadania.

Daí a grande importância do estudo do lazer nos cursos de turismo, devendo ser tratado em enfoques interdisciplinares, que transitem pela sociologia, pela psicologia, pela antropologia, pela história, pela geografia, só para citar as disciplinas de caráter mais humanista. O turismo e o lazer devem ser abordados nas questões relativas à qualidade de vida urbana, tendo como pano de fundo a conservação e a melhoria do meio ambiente. Uma cidade só poderá atrair turistas se sua população residente desfrutar de boa qualidade de vida. Daí o *slogan*: "Uma cidade será boa para o turista se ela for boa para seus moradores".

Há que ultrapassar os espaços de lazer urbanos massificados dos shopping centers e dos parques temáticos basicamente relacionados ao consumo consumptivo, reinventando outros locais de encontro e de estímulos à socialização. Pedro Jacobi, ao relacionar o movimento ambientalista à melhoria de qualidade da vida urbana, afirma que o turismo e por extensão o lazer podem assumir funções e papéis relevantes, criando novas atitudes em relação à melhoria da qualidade de vida nas grandes cidades, "notadamente pelas inúmeras possibilidades de valorizar novos conhecimentos e qualificar pessoas para desenvolver atividades que efetivamente contribuam para que o lazer não seja reduzido a um consumo superficial e irresponsável".[5]

Geografia turística ou geografia do turismo?

A chamada geografia do turismo no Brasil só muito recentemente tem despertado a atenção dos geógrafos e de muitos outros profissionais que se dedicam ao estudo do turismo, entre os quais destacamos: bacharéis em turismo, economistas, arquitetos, urbanistas, engenheiros florestais, biólogos, historiadores.

Nos cursos superiores de turismo, que crescem assustadoramente, principalmente a partir de 1995, disseminados por todo o país, sempre houve disciplinas com conteúdos geográficos, tais como geografia do Brasil e/ou geografia regional, apenas com o objetivo de subsidiar os estudos de turismo. Os conteúdos desenvolvidos nessas disciplinas com muita frequência procuram mapear no Brasil e no mundo os espaços turísticos já consolidados como destinações turísticas importantes ou em fase de "turistificação", tentando até mesmo estabelecer algumas tipologias. Outras abordagens com o rótulo de geografia do turismo focalizam noções básicas de geografia geral e do Brasil seguindo linhas clássicas que contemplam a descrição dos fenômenos em detrimento da sua análise e interpretação. Essa vertente não ocorre somente no Brasil, mas em todas as escolas acadêmicas do mundo, que entendem que a base geográfica, locacional e descritiva é importante para o estudo do turismo. A essa geografia que serve aos cursos de turismo, em seus diversos níveis (básico, técnico e superior), simplesmente como suporte de informação baseada na descrição de lugares e de recursos turísticos ditos naturais, chamaremos de geografia turística. Apresenta um viés naturalista na medida em que privilegia o estudo de ambientes e paisagens "naturais", desconsiderando as relações sociedade — natureza, que constituem a base da geografia social.

---

5   Pedro Jacobi, "Lazer, ambiente e cidadania", em *Debates Socioambientais*, São Paulo: Cedec, ano 3, nº 9, 1998, p. 1.

94

Para entender o significado da geografia do turismo, sempre fazemos a seguinte pergunta: a geografia serve para entender o turismo ou o turismo serve para entender a geografia? Essa questão não estará suficientemente respondida em nenhum manual porque propõe o aprofundamento do significado da geografia, do significado do turismo e de suas interfaces. Podemos dizer que a geografia do turismo serve para alimentar e irrigar a reflexão na geografia. O contrário também é válido — é necessário aprofundar-se na reflexão geográfica para entender o fenômeno no turismo, contemplando sua natureza complexa e multifacetada, percorrendo os campos econômico, sociológico, antropológico, psicológico, cultural, político, jurídico, ideológico com significativas incidências espaciais. É importante deter-se nos conceitos, revisitar os clássicos, incorporar aportes, criar conceitos originais. Para tanto é necessário avançar na direção de um terreno transdisciplinar e pluriparadigmático, conforme proposta de Rodrigues.[6]

Foi com este intuito que, em 1987, introduzimos uma disciplina no Programa de Pós-Graduação em Geografia Humana do Departamento de Geografia, da Faculdade de Filosofia, Letras e Ciências Humanas (FFLCH) da USP, denominada Turismo como Fenômeno Social e seu Papel na Organização do Espaço. Posteriormente, em 1989, a disciplina geografia do turismo foi incorporada ao currículo de graduação em geografia do mesmo departamento, como disciplina optativa.[7]

No momento atual a disciplina geografia do turismo, com o objetivo da análise e interpretação do espaço turístico, vem sendo implantada em outros cursos superiores de geografia e em diversos cursos de bacharel em turismo. Em muitos desses cursos e em currículos de pós-graduação *lato sensu* que surgiram no Brasil nesses últimos anos, além dos cursos de pós-graduação *stricto sensu* (ainda em número reduzido), constam disciplinas que, de alguma forma, estão recorrendo a aportes da geografia não mais meramente descritivos, tais como: dimensão espacial do turismo; fundamentos geográficos do turismo; ecoturismo; turismo ambiental; meio ambiente e turismo; gestão ambiental; avaliação de impactos ambientais em áreas turísticas; turismo, espaço, paisagem; turismo: potencialidades e impactos; estrutura e planejamento de unidades de conservação; ecossistemas brasileiros: potencialidades e conflitos; turismo e desenvolvimento sustentável; planejamento e gestão sustentável do turismo, só para citar alguns rótulos. A trajetória da geografia nos cursos especializados de turismo está atrelada, seguramente, à emergência das

---

[6] Adyr Balastreri Rodrigues (org.), *Turismo e geografia: reflexões teóricas e enfoques regionais* (2ª ed. São Paulo: Hucitec, 1999).
[7] *Ibid.*, p. 55.

questões ambientais na década de 1990, tendência amplamente acentuada após a Eco-92, com a assinatura da Carta da Terra e as propostas expressas na Agenda 21.

Em comparação com trabalhos que se desenvolvem em países centrais do capitalismo no pós-guerra, particularmente na França, na Grã-Bretanha, na Alemanha, na Itália, nos Estados Unidos e no Canadá, observa-se um tardio despertar para o turismo por parte da comunidade geográfica brasileira. Esse fato relaciona-se de forma bastante direta à postura preconceituosa, que vigorava e ainda vigora no mundo acadêmico, ao considerar que os estudos do turismo estão atrelados a interesses elitistas, sendo portanto descabidos num país onde não são garantidas as condições mínimas de existência digna aos cidadãos e onde quase a metade da população (cerca de setenta milhões de pessoas) vive na miséria e na pobreza. Estaria, portanto, excluída dos fluxos turísticos, fato que foi sobejamente contestado pela pesquisa Fipe-98, cujos dados comprovam que a grande maioria da demanda turística do mercado interno brasileiro é formada pelas chamadas classes D e E. São também esses segmentos que compõem a clientela representada pelos excursionistas domingueiros que passam o domingo na praia ou fazem peregrinações religiosas.[8]

A forma equivocada de entender o turismo como um tema supérfluo para abordagens geográficas é muito presente ainda no seio da Associação dos Geógrafos Brasileiros (AGB), que manifesta acentuada preferência pelos assuntos comprometidos com a militância política, contemplando temas de pesquisa relacionados aos movimentos sociais urbanos, à reforma agrária e aos conflitos no campo, só para citar alguns dos mais valorizados. Há uma tendência manifesta de ignorar nos congressos da AGB eixos temáticos que contemplem o fenômeno do turismo, mesmo percebendo-se que o interesse por esse tema é crescente. Um grande número de comunicações livres apresentadas no evento realizado em Recife (PE), em 1996, e em Vitória da Conquista (BA), em 1998, foram os estudos sobre o ecoturismo e o modelo sol e praia, uma vez que, através do incentivo da Política Nacional de Turismo, encontram-se em acelerado crescimento muitas ações do Programa de Desenvolvimento do Turismo (Prodetur), que durante os primeiros anos da década de 1990 privilegiaram a região Nordeste, estendendo-se, hoje, às demais regiões brasileiras.

Também se observa um crescente interesse pelo fenômeno nas últimas reuniões da Sociedade Brasileira para o Progresso da Ciência (SBPC), em que inúmeros trabalhos de geógrafos têm sido apresentados com resultados de pesquisas em turismo. Entre os assuntos abordados destacam-se aqueles relativos aos impactos

---

[8] *Ibid.*, p. 118; Adyr Balastreri Rodrigues, *Geografía del turismo: su enfoque en Brasil*, Paris, Workshop Paris-98, outubro de 1998, p. 94.

ambientais do turismo, com grande relevância para os estudos de caso sobre áreas litorâneas e áreas naturais protegidas. Uma modalidade que vem crescendo no país é o turismo em espaço rural, devido a políticas de incentivo à interiorização do turismo, como o Programa Nacional de Municipalização do Turismo (1994), despertando também a atenção de geógrafos.[9]

Observamos também que a partir do início da década de 1990, quando foi introduzida no currículo do curso de geografia no Departamento de Geografia da FFLCH, da USP, a obrigatoriedade das monografias de conclusão de curso, denominadas trabalhos individuais de graduação (TIG), muitas pesquisas estão se dando na área de lazer e turismo, contemplando tanto áreas urbanas como rurais, com destaque dos temas que se relacionam a impactos ambientais em unidades de conservação, em que aparecem interessantes trabalhos de ecoturismo. Da mesma forma cresce o interesse pelo estudo do turismo nas dissertações de mestrado e teses de doutorado, tanto na geografia física como na geografia humana. Um levantamento desse material para divulgação é extremamente necessário, tal como tem sido feito sistematicamente por Mirian Rejowski, da Escola de Comunicação e Artes (ECA) da USP.[10]

EVENTOS REALIZADOS E PUBLICAÇÕES RECENTES

A geografia do turismo passa a despertar mais o interesse dos profissionais da área do turismo e até dos próprios geógrafos a partir de dois eventos que foram realizados no Departamento de Geografia da FFLCH; eventos esses que funcionam como marcos de referência, mobilizando um grande número de representantes da comunidade acadêmica, em âmbito nacional e internacional.

O primeiro tratou-se de um evento internacional, denominado Sol e Território, sobre geografia e planejamento do turismo, realizado em julho de 1995.

Como produto desse evento foram publicados três livros pela Editora Hucitec, já na segunda edição, sobre os quais faremos um breve comentário:

---

[9]   Olga Tulik, "Do conceito às estratégias para o desenvolvimento do turismo rural", em Adyr Balastreri Rodrigues (org.), *Turismo e desenvolvimento local* (2ª ed. São Paulo: Hucitec, 2000), pp. 136-143; Maria Del Carmen H. Calvente, *Turismo rural no norte velho do Paraná*, relatório de qualificação apresentado ao Programa de Doutorado em Geografia Humana, São Paulo: DG-FFLCH-USP, 1999; Adyr A. Balastreri Rodrigues, *Geografía del turismo – su enfoque en Brasil.*, cit.; Adyr Balastreri Rodrigues (org.), *Turismo e desenvolvimento local*, cit.; Carminda Cavaco (org.), *Desenvolvimento rural: desafio e utopia* (Lisboa: Centro de Estudos Geográficos, 1999); Anderson Pereira Portuguez, *Agroturismo e desenvolvimento regional* (São Paulo: Hucitec, 1999).

[10] Mirian Rejowski, *Turismo e pesquisa científica* (São Paulo: Papirus, 1997).

1) *Turismo e geografia. Reflexões teóricas e enfoques regionais*
Organizado por Adyr Balastreri Rodrigues, foi dividido em quatro partes. As duas primeiras partes intituladas "Aportes teórico-metodológicos à geografia do turismo" e "Turismo como vetor do desenvolvimento" têm base essencialmente teórica, perpassando vários temas, tais como: o turismo no processo de globalização; o turismo e sua espacialidade (territorialização e desterritorialização); turismo e subdesenvolvimento; além de outros temas emergentes. Outras duas partes intituladas "Turismo: modelo sol e praia" e "Turismo e lazer: fenômenos essencialmente urbanos" propiciam, além da discussão teórica, a abordagem de diversos estudos de caso do território brasileiro e de alguns países estrangeiros, como Portugal e Espanha.

2) *Turismo: impactos socioambientais*
Organizado por Amalia Ines G. de Lemos, consta de cinco partes com contribuições, na sua maioria, de ordem empírica, distribuídas de acordo com os seguintes títulos: "Turismo, meio ambiente e impactos espaciais"; "Turismo em áreas protegidas"; "Impactos socioculturais do turismo"; "Políticas de turismo"; e "Turismo, representações e tendências", finalizando com um trabalho sobre a cartografia do turismo, assunto sobre o qual há poucos estudos.

3) *Turismo: espaço, paisagem e cultura*
Organizado por Eduardo Yazigi, Ana Fani A. Carlos e Rita de Cássia Ariza da Cruz, foi dividido em quatro partes, a saber: "Espaço, lugar e percepção"; "Patrimônio e cultura"; "Paisagem"; terminando com uma parte dedicada ao "Planejamento", um dos eixos temáticos do evento.

Passados dois anos, em maio de 1997, foi concebido outro evento a fim de discutir um assunto de grande relevância no momento — as bases endógenas para a promoção do desenvolvimento socioespacial alavancada no turismo. Tratou-se do I Encontro Nacional de Turismo com Base Local, realizado em maio de 1997.

Como produto desse encontro foram lançados três livros, organizados por Adyr Balastreri Rodrigues, também publicados pela Editora Hucitec, todos na segunda edição revista.

Os estudos que compõem as obras têm como finalidade precípua trazer a público trabalhos de muitos profissionais especializados no estudo do turismo, na sua maioria geógrafos, ou que embora não *experts* se dispuseram a contribuir para a reflexão de tão importante fenômeno global, cujas repercussões espaciais, perpassando as instâncias econômica, política, social e cultural, são de grande magnitude hoje no território brasileiro. Os efeitos do turismo e, por extensão, do lazer demandam urgência e seriedade científica nas pesquisas, particularmente nos países de economia periférica, localizados no mundo intertropical, com praias paradisíacas e reservas naturais quantitativamente e qualitativamente reconhecidas como patrimônio mundial. Não menos importantes são os estudos visando à avaliação da dimensão econômica do fenômeno, tendo em vista sua importância do desenvolvimento com base local, ou seja, mobilizando potencialidades locais com efeitos sinérgicos regionais, voltados para a melhoria da qualidade de vida da população dos lugares e regiões onde novos projetos se encontram em fase de implantação, ou em áreas que já sofreram degradações por conta do uso indiscriminado, necessitando de estratégias urgentes de gestão flexível — monitoramento, previsão e mitigação de impactos. Os livros são os seguintes:

1) *Turismo e ambiente: reflexões e propostas*
   Composto de duas partes: a primeira trazendo reflexões de ordem teórica, e a segunda apresentando propostas e estudos de caso específicos de vários espaços turísticos brasileiros.

2) *Turismo e desenvolvimento local*
   Sistematizado em três eixos temáticos que procuram responder às inquietações provocadas pelo título do evento. A primeira parte chamada de "O turismo como desafio ao desenvolvimento" contempla o lugar, ou seja, pensa o desenvolvimento à microescala, ressaltando a vocação dos lugares. A segunda parte, denominada "Turismo e ordenação territorial", evidencia a importância do planejamento turístico por meio de vários estudos de caso. A terceira parte traz importantes contribuições focalizando "O turismo no processo educativo".

3) *Turismo. Modernidade. Globalização*
   De fundamental importância para a compreensão do turismo no período em que vivemos a era das comunicações, da velocidade, da instantaneidade. A primeira parte reúne estudos de ordem teórica relacionados ao "Turismo e globalização", em que aparecem também alguns trabalhos sobre o lazer. A segunda parte contempla pesquisas sobre o "Turismo e impactos sociocultu-

rais", abordando temas polêmicos como turismo e religião, e turismo e prostituição. A última parte denominada "Turismo e porvir" enfeixa diversos textos sobre o Nordeste do Brasil, principalmente estudos da fachada litorânea onde o processo de turistificação é bastante intenso.

No ano seguinte, em novembro de 1998, o evento foi sediado em Fortaleza, organizado pelo Departamento de Geociências e pelo Núcleo de Geografia Aplicada (Nuga), da Universidade Estadual do Ceará, com o apoio da Secretaria de Turismo do Estado do Ceará. O II Encontro Nacional de Turismo com Base Local congregou um grande número de geógrafos e profissionais de outras áreas, dedicados à pesquisa e ao ensino do turismo. Como produto do evento foram também publicados três livros, que passamos a indicar:

1) *Turismo com ética*
   Organizado por Luzia Neide M. T. Coriolano, inicia com três ensaios que discutem ética e turismo. Outros trabalhos perpassam vários temas de relevância como abordagens geográficas do turismo (de cunho metodológico): ambiente, cultura, patrimônio, território, sustentabilidade, percepção ambiental, gestão participativa, capacitação profissional, entre outros.

2) *Da cidade ao campo: a diversidade do saber-fazer turístico*
   Organizado por Luiz Cruz Lima, prioriza temas relativos ao turismo e lazer urbanos em vários estudos de caso do Brasil; reúne diversas reflexões sobre o turismo religioso; apresenta alguns estudos sobre o turismo no espaço rural; terminando por contemplar trabalhos relacionados ao planejamento do turismo no âmbito governamental, particularmente na Região Nordeste.

3) *Turismo e meio ambiente*
   Organizado por Fábio Perdigão Vasconcelos, reúne trabalhos que, em diversos estudos de caso, focalizam as interfaces entre turismo e ambiente, tanto natural quanto social. Na obra podem-se encontrar muitos estudos de ecoturismo e de educação ambiental.

No final do ano de 1999, no mês de outubro, realizou-se em Manaus o III Encontro Nacional de Turismo com Base Local, organizado pelo Departamento de

Geografia do Instituto de Ciências Humanas e Letras da Universidade do Amazonas, tendo como eixo temático principal Turismo: mitos e ritos.

Em 2000, a quarta versão, realizada em Joinville, teve como eixo temático A ecologia nos caminhos do turismo.

REFERENCIAL TEÓRICO-METODOLÓGICO DA GEOGRAFIA DO TURISMO

No que tange às linhas de investigação sobre o espaço turístico em geografia observam-se vários direcionamentos que vão desde os enfoques descritivos clássicos, passando pela linha da quantificação na tentativa da busca de modelos, aos estudos que se enveredam pela chamada geografia crítica, apoiando-se na teoria marxista, não muito desenvolvida nos estudos do espaço turístico brasileiro. Também de pouca expressão são as pesquisas baseadas na teoria geral dos sistemas. Atualmente, salvo engano, observa-se uma tendência para contemplar a geografia humanística e cultural apoiada na percepção espacial e no comportamento ambiental.

A tendência mais expressiva consiste em priorizar estudos críticos sobre os impactos negativos do turismo no ambiente, este entendido no seu sentido amplo, ou seja, físico-social-cultural. Essa postura aparece com clareza nos trabalhos apresentados nos eventos mencionados e, portanto, nos textos publicados, traduzindo as preocupações de analisar a forma pela qual o turismo vem se implantando no Brasil, notadamente no Nordeste do país, a partir dos anos 1980 e, em particular, nos anos 1990, sob o modelo denominado mexicano ou modelo Cancún, contemplando-se os megaempreendimentos financiados por capitais hegemônicos globais, com destaque para o Banco Interamericano de Desenvolvimento (BID).

Uma tendência oposta, mas complementar, é constituída pelo Programa Nacional de Municipalização do Turismo, proposto pelo Ministério da Indústria, Comércio e Turismo (MICT) e pelo Instituto Brasileiro de Turismo (Embratur), que tem realizado oficinas em todo o território nacional para a implementação de projetos adequados às potencialidades locais, o que evidencia a preocupação federal em atacar várias frentes de expansão do fenômeno, visto apologeticamente como um dos mais eficientes meios de arrecadação de divisas, geração de empregos e de renda para as regiões economicamente deprimidas. Esse discurso tem sido muito criticado pelos geógrafos, o que, de certa forma, tem causado bastante incômodo para alguns tecnocratas ligados à esfera governamental, assim como para uma minoria de docentes e alunos dos cursos superiores de turismo, que ainda ostentam atitudes acríticas em relação ao fenômeno, assumindo viés prioritariamente economicista. Observam-se, hoje, com muita clareza, mudanças de pensamentos e ações por parte de muitos atores envolvidos no processo — professores, estudantes, gestores e técnicos — que estão defendendo atitudes responsáveis no planejar e fazer turismo.

CONSIDERAÇÕES SOBRE MÉTODOS DE ANÁLISE

Milton Santos propõe: "[...] entender o espaço como um conjunto indissociável de sistemas de objetos e de sistemas de ações".[11] Tanto objetos como ações não têm vida própria se não forem tomados em conjunto. Já havia afirmado anteriormente que o "espaço é também e sempre formado de fixos e de fluxos".[12] Para analisar o fenômeno do turismo, essa forma aparentemente simples de entender o espaço é, não por casualidade, a mais pertinente, porque expressa de maneira clara a dinâmica espacial, tanto horizontal quanto vertical, principalmente quando acoplamos os dois conceitos, que, embora não tenham o mesmo significado, complementam-se. Fixos, porém não estáticos, são os centros emissores da demanda, de onde partem os fluxos para os núcleos receptores, usando a linguagem técnica do turismo.

Assim, o espaço do turismo é essencialmente fluido, porque por natureza implica mobilidade horizontal e vertical. Isso não significa que nas áreas de deslocamento dos fluxos não se imprimam formas. Nos territórios de transportes e de traslados constroem-se ferrovias, rodovias, hidrovias, estações rodoviárias e ferroviárias, portos e aeroportos, artefatos que compõem o chamado sistema de objetos.

Há que considerar, ainda, os equipamentos de apoio à demanda — os chamados serviços. Para exemplificar, hoje quase todos os postos de gasolina contam com lojas de conveniências, abertas 24 horas, que nasceram nos Estados Unidos e se espalharam por várias partes do mundo. Elegantes e impecavelmente limpas, são encontradas até no deserto de Mojave, como centro de suporte aos turistas que transpõem o vale da Morte, em direção a Las Vegas, por via terrestre. Trata-se de estabelecimentos fixos, edificados nos trechos de fluxos. Também são conhecidas no mundo todo as zonas de hotéis nos arredores das antigas estações ferroviárias. Nos dias atuais, o fenômeno se repete no entorno dos grandes aeroportos do espaço

---

[11] Milton Santos, *Técnica espaço tempo: globalização e meio técnico-científico informacional* (São Paulo: Hucitec, 1994), p. 90.
[12] Milton Santos, *Metamorfoses do espaço habitado* (São Paulo: Hucitec, 1988), p. 77.

global, onde se instalam unidades de hospedagem das megaempresas hoteleiras transnacionais. É nos destinos dos fluxos horizontais que se dão tanto a produção quanto o consumo dos espaços de turismo, onde encontramos novos sistemas de objetos interagindo com novos sistemas de ações.[13]

É na obra *Espaço e método* que Milton Santos expõe, de maneira clara e inequívoca, os elementos constitutivos do espaço – os homens, as firmas, as instituições, o chamado meio ecológico e as infraestruturas.[14] Esses elementos se entrelaçam, se fundem e se confundem, contêm-se uns nos outros e são por todos contidos, produzindo-se a totalidade espacial.[15]

FIGURA 1 - ELEMENTO DO ESPAÇO

1. Homens
2. Firmas
3. Instituições
4. Infraestruturas
5. Meio ecológico

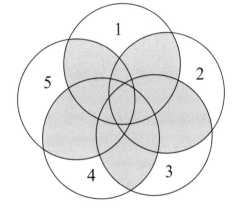

Fonte: Adyr A. B. Rodrigues (org.) (1996).

Homens e mulheres, como seres individuais e sociais, correspondem, no turismo, à demanda turística, à população residente e a todos os indivíduos responsáveis pelo funcionamento de outros elementos, tais como os representantes das firmas, das instituições, etc.

A demanda turística é em sua esmagadora maioria originária nos centros urbanos, em particular nas metrópoles, como já foi observado. Desloca-se em volumosos fluxos para lugares distintos de seu domicílio habitual, dirigindo-se para núcleos receptores, onde interage com a população anfitriã, elemento não menos im-

---

[13] Adyr Balastreri Rodrigues, "Geografia e turismo: notas introdutórias", em *Geografia*, São Paulo, v. 6, 1992, pp. 71-82.
[14] Milton Santos, *Espaço e método* (São Paulo: Nobel, 1985), pp. 6-7.
[15] Para auxiliar o entendimento a figura 1 objetiva ilustrar a maneira pela qual os elementos agem e interagem reciprocamente, funcionando como peças de uma engrenagem.

portante do espaço do turismo, que somente na última década tem sido contemplado nos estudos geográficos do fenômeno.[16]

As firmas, segundo Milton Santos, "têm como função essencial a produção de bens, serviços e ideias". Referente ao turismo, correspondem aos serviços de hospedagem, de alimentação às agências e operadoras de viagem, às companhias aéreas e de outras modalidades de transporte, aos sistemas de promoção e comercialização de toda natureza e em diversas escalas, incluindo as poderosas empresas de marketing e publicidade, de fundamental importância internacional.

O processo de globalização unifica os mercados, definindo subespaços hierarquizados ou não, que vão dos centros às periferias, determinando relações de dominação e de subordinação — "verticalidades" — no entender de Milton Santos. Já não existe um centro hegemônico como contrapartida da globalização, mas sim uma multiplicidade diferencial de centros extremamente dinâmicos, de caráter efêmero e transitório. As novas relações que se estabelecem em escala mundial e local podem desarticular o local do regional e do nacional, ignorando-se as fronteiras do Estado-nação. Assim, as redes e as hierarquias engendradas pelas empresas transnacionais devem ser reavaliadas à luz de novos paradigmas, em que o tempo desempenha papel fundamental no desenho de novas verticalidades sobre regulações horizontais preexistentes.[17] Como acentua Milton Santos: "[...] o meio técnico-científico informacional é a nova cara do espaço e do tempo. É aí que se instalam as atividades hegemônicas, aquelas que têm relações mais longínquas e participam do comércio internacional, fazendo com que determinados lugares se tornem mundiais".[18]

É interessante ressaltar que os novos fluxos de capitais, manipulados pelos atores hegemônicos globais, constroem tema de fundamental importância nos estudos dos espaços de turismo. Referindo-se aos fluxos do dinheiro, Milton Santos observa que os "valores de uso são mais frequentemente transformados em valores de troca, ampliando a economização da vida social, mudando a escala de valores culturais, favorecendo o processo de alienação de lugares e de homens".[19]

As instituições correspondem à supraestrutura. Produzem normas, ordens e legitimações. Delas emanam ações racionais, pragmáticas, ditadas pelas forças da economia hegemônica e a serviço do Estado. De posse do sistema sofisticado de informação, regem as ações definidoras das novas realidades espaciais. Muitas vezes confundem-se com as firmas ou juntam-se a elas, constituindo os atores

---

[16] Adyr A. B. Rodrigues, *Águas de São Pedro: estância paulista. Uma contribuição à geografia da recreação*, São Paulo, FFLCH-USP, 1985, tese de doutoramento.

[17] Milton Santos, *Técnica espaço tempo: globalização e meio técnico-científico informacional*, cit., p. 56.

[18] *Ibid.*, p. 45

[19] *Ibid.*, p. 127.

hegemônicos, produzindo, segundo Milton Santos, um incessante processo de entropia, desfazendo e refazendo contornos e conteúdos dos subespaços, sob uma "racionalidade perversa".[20] As instituições que regulam o turismo global seriam, nomeadamente, a Organização Mundial do Turismo (OMT), a Organização Mundial do Comércio (OMC), a International Air Transport Association (Iata) e outras organizações supranacionais. No Brasil figuram diversas instituições que regem o turismo, como o Instituto Brasileiro de Turismo (Embratur), o Ministério da Indústria, do Comércio e do Turismo (MICT), o Ministério do Meio Ambiente (MMA) e o Instituto Brasileiro do Meio Ambiente e dos Recursos Naturais (Ibama).

Por outro lado, o Estado pode agir como firma e produzir bens e serviços, como hotéis, centros de convenções, marinas, terminais turísticos. Postulam-se amplamente as parcerias entre as empresas privadas e as instituições, em particular na alardeada transferência de tecnologias, ou, em outras palavras, no incentivo à pesquisa aplicada, em detrimento da pesquisa básica, em que as universidades são chamadas a intervir.

As políticas de turismo, estabelecidas no bojo das instituições, sempre orquestradas pela política econômica vigente, hoje em macroescala com vistas ao mercado globalizado, indiferentes às características dos lugares, são ditadas pelas elites hegemônicas do capitalismo mundial, expressando-se por verticalidades, ações provindas de fora, alheias aos interesses locais. Nos documentos oficiais, os cuidados com o meio ecológico, em nome do desenvolvimento sustentável — expressão que, apesar de ambígua, permeia todos os discursos —, procuram legitimar as intervenções em nome da conservação ambiental e, mais recentemente, em nome da melhoria da qualidade de vida das populações anfitriãs — mais um *slogan* para dar credibilidade aos projetos.

As infraestruturas são importantes elementos do espaço do turismo. Além da infraestrutura de acesso, representada pela rede de transportes e de comunicações nos trabalhos de diagnósticos turísticos, faz-se o inventário da infraestrutura urbana, tais como: rede de água, de energia, de abastecimento, de saneamento básico, de coleta de lixo e de esgoto. Os serviços de apoio ao turismo, nomeadamente segurança, comunicação e saúde, também podem ser classificados como pertencentes às infraestruturas. Esse elemento aparentemente simples é bastante complexo, pois seu volume e conteúdo devem estar dimensionados de acordo com a demanda, pelo menos com a demanda atual de um núcleo turístico. Entretanto, basta uma campanha publicitária contemplar determinado lugar para que a demanda se avolume desmesuradamente, rompendo o equilíbrio entre oferta e demanda, às ve-

---

[20] *Ibid.*, p. 96.

zes meticulosamente estudado pelos planejadores — prova cabal de que a razão instrumental nem sempre funciona.

Como último elemento, Milton Santos nomeia o chamado meio ecológico, compreendido como o "conjunto de complexos territoriais que constituem a base física do trabalho humano".[21] Assim concebido, o meio ecológico abrange muito mais que somente os objetos naturais, confundindo-se com ambiente.

Na concepção de Armando Dias Mendes:

[...] o ambiente (*oikos*) é apropriado pelo homem como fonte e objeto de conhecimento, como material de construção do Universo, e como *locus* de vida ou hábitat. Os cenários assim decompostos são, esquematicamente, o ambiente natural, o construído e o ocupado — obviamente, superpostos. Por isso interagem, interpenetram-se. Para efeito de análise, entretanto, podem ser expostos como constituindo o meio ecológico, o modo econômico e o mundo ecumênico. Em resumo, o homem trabalha-os, trabalha com e trabalha nos três *oikos*: *oikoslogos*, *oikosnomos* e *oikosmene*. Resta ver como se articulam, se harmonizam ou se repelem".[22]

Assim compreendido, o meio ecológico não é só receptáculo das ações humanas, mas é também delas resultante durante o processo histórico. Relaciona-se à história das técnicas, através das quais as comunidades humanas conquistam, demarcam e legitimam seus territórios.

No estudo do espaço do turismo o meio ecológico é de fundamental importância, sobretudo quando ainda no seu estado pouco valorizado pelo trabalho humano. No período atual, os grandes ecossistemas até então preservados do mundo tropical, em particular dos continentes africano e latino-americano — espaços de reserva de valor —, são agora chamados a entrar em cena. No Brasil, onde existem ainda expressivas reservas ecológicas nas regiões Norte e Centro-Oeste, os projetos são justificados com base no chamado turismo sustentável, que pretende respeitar o ambiente, atenuar os desequilíbrios regionais (como se esse fato não fosse determinado pelo capitalismo hegemônico), assegurar a distribuição da renda e a melhor qualidade de vida às populações envolvidas — palavras do discurso oficial. Também o meio ecológico é responsável pela ocorrência de paisagens notáveis, muito valorizadas no ideologismo do ecoturismo que se pretende implantar nas

---

[21] Milton Santos, *Espaço e método*, cit.
[22] Armando D. Mendes, "Breve itinerário dos ecossistemas à ecopoesia", em Marcel Burztyn *et al.* (orgs.), *Para pensar o desenvolvimento sustentável* (São Paulo: Brasiliense, 1993), p. 12.

unidades de conservação como estratégias de proteção ao patrimônio natural — proposta, no mínimo, romântica —, a não ser que as comunidades locais, diretamente envolvidas no processo, desafiem os agentes hegemônicos e imponham irracionalidades, ou seja, contrafinalidades, fazendo valer seus interesses, reforçando, portanto, as horizontalidades.

É nos núcleos receptores que se dá, de maneira mais explícita, o consumo do espaço — consumo consumptivo e consumo produtivo. O primeiro é o que se esgota em si mesmo, ao passo que o segundo consome produzindo. Nos espaços de turismo observa-se uma superposição dos efeitos do consumo consumptivo e do consumo produtivo, como Milton Santos observa, mais especificamente, referindo-se ao espaço rural: "[...] ao consumo consumptivo, que se ampliou, corresponde, também, uma ampliação de consumo produtivo, através da incorporação de ciência, técnica e informação".[23] Essa observação é válida também para o espaço urbano. Nos novos espaços de turismo, particularmente em grandes reservas de biodiversidade, consome-se destruindo e produzindo. Objetos naturais vão transformando-se em objetos sociais no processo de valorização do espaço.

Todos os elementos do espaço, numa dinâmica constante de ações e interações recíprocas, em movimentos sincrônicos e/ou diacrônicos, produzem formas distintas, historicamente determinadas que constituem a paisagem, recurso turístico de grande magnitude.[24]

Das categorias de análise espacial[25] propostas por Milton Santos, o estudo da paisagem, expressa pelas formas (categoria 1), é o mais sedutor, não deixando, entretanto, de apresentar uma grande complexidade.[26]

FIGURA 2 - CATEGORIA DE ANÁLISE ESPECIAL

1. Forma
2. Função
3. Estrutura
4. Processo

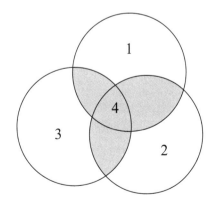

Fonte: Adyr A. B. Rodrigues (org.) (1996).

---

[23] Milton Santos, *Técnica espaço tempo: globalização e meio técnico-científico informacional*, cit., p. 146.
[24] Adyr A. B. Rodrigues, "Geografia e turismo: notas introdutórias", cit., pp. 71-82.
[25] A figura 2 procura ilustrar as categorias de análise espacial.
[26] Milton Santos, *Espaço e método*, cit., p. 57.

A PAISAGEM COMO CATEGORIA DE ANÁLISE

Embora pareça paradoxal, os fixos, expressos pelos objetos, compõem a paisagem dos núcleos receptores, a qual é essencialmente dinâmica e cuja leitura pode ser feita através do estudo da forma — uma das categorias de análise proposta por Milton Santos em *Espaço e método*.

Das diversas concepções de paisagem na obra de Milton Santos, sempre em complementação ou elucidação, em escritos diversos e em momentos distintos, a mais difundida é: "a paisagem é o resultado de uma acumulação de tempos".[27] A paisagem é a forma espacial presente, testemunho de formas passadas que podem ou não persistir.

Muitos geógrafos da chamada geografia clássica se detiveram na análise e interpretação da paisagem, chegando a formar uma importante escola na geografia francesa. O conceito que se segue, um dos mais conhecidos e veiculados em muitos textos que estudam a paisagem, é atribuído a Jean Tricard, conceituado geofísico. Com algumas adaptações diz o seguinte: paisagem é a porção de um espaço perceptível a um observador onde se inscreve uma combinação de fatos visíveis e invisíveis e inter-relações cujo resultado global só percebemos num determinado espaço de tempo.

Um fato é constante em todos os conceitos de paisagem: parte-se sempre de um observador, como se a paisagem não existisse sem alguém que a observasse. Desde que o observador é um sujeito, a apreciação da paisagem é impregnada de conotações culturais e ideológicas. Mesmo que se trate de uma foto e, portanto, de um quadro estático, vários elementos podem interferir na captação da imagem, tais como o ângulo escolhido, a posição e a distância do observador, a incidência da luz, o jogo de luz e sombra, de onde resulta o realce ou o ocultamento de detalhes. Estes elementos são muito importantes para a publicidade e marketing turísticos.

Segundo Bartley, o organismo humano possui, além dos cinco sentidos — visão, audição, tato, gosto e olfato —, outros cinco sentidos que compõem as modalidades sensoriais por meio das quais o indivíduo contata o mundo externo, que são: a temperatura, a sinestesia, a dor, o sentido vestibular e o sentido químico. Cada sentido se especializa em captar uma parte da realidade.[28] Além desses sentidos acrescentam-se a experiência individual e a bagagem cultural que o indivíduo

---

27 Milton Santos, *Pensando o espaço do homem* (São Paulo: Hucitec, 1982), p. 38.
28 S. Howards Bartley, *Principios de la percepción* (Cidade do México: Trillas, 1978), p. 82.

acumula durante a sua vida, além das suas emoções, dos seus valores e atitudes. Portanto, ler e perceber a paisagem é muito mais complexo do que simplesmente ver a paisagem. Envolve uma visão de mundo, consciente e inconsciente, sempre subjetiva e permeada pelo imaginário.

Entre os geógrafos que se destacam nessa linha há que citar Yi Fu-Tuan, cujos belíssimos trabalhos mais conhecidos entre nós são *Topofilia* (1980) e *Espaço e lugar* (1983), ambos traduzidos por Lívia de Oliveira, pioneira dos estudos de percepção e comportamento ambiental no Brasil, dos quais destacamos os textos publicados no livro *Percepção ambiental. A experiência brasileira.*[29]

Ao ler-se a paisagem toma-se contato com uma parte do espaço circunscrita à abrangência do campo visual do observador, como se o espaço fosse estático. Porém, a paisagem resulta de uma acumulação desigual de tempos, revelando um dinamismo diacrônico resultante do processo espacial. Todos os objetos, expressos pelas formas, captados num determinado momento e formando um conjunto, estão fixos como numa fotografia. Isso não significa que não sejam dotados de ações. Essas ações podem ser presentes ou pretéritas. Os tempos distintos, não cronológicos, mas sociais, podem estar determinando formas. Exemplificando: na saída de um *resort* de alto luxo podemos encontrar um vendedor ambulante oferecendo suvenires feitos artesanalmente ou bananas colhidas no seu quintal.

A paisagem é um notável recurso turístico, desvelando alguns objetos e camuflando outros, por meio da posição do observador, quando pretende encantar e seduzir. A paisagem corresponde à representação artístico-pictórica do mundo visível da cultura desde o século XV. Os magníficos quadros dos artistas renascentistas e, posteriormente, do período áureo do romantismo, convidam a viajar. Até hoje produzem intensas e profundas sensações nos visitantes dos museus, remetendo-os a uma viagem virtual.[30]

As cenas bucólicas de uma vida rural idealizada, as florestas tropicais luxuriantes, as tomadas de praias paradisíacas atraem os turistas, ávidos de exotismo, de aventura, de mistério. Por isso, o marketing turístico explora tanto as fotos nos *folders* promocionais. Repetidas dezenas de vezes nos estudos geográficos dos espaços do turismo, a frase de Jean-Marie Miossec diz: "L'espace touristique, c'est avant rout une image".[31] Hoje, com o uso das técnicas de computação gráfica maquiam-se fo-

---

[29] Lívia Oliveira *et al.* (orgs.), *Percepção ambiental: a experiência brasileira* (São Paulo: Studio Nobel, 1996).

[30] Adyr A. B. Rodrigues, "Lugar, não lugar e realidade virtual no turismo globalizado", em *Geografia,* São Paulo, 1996, v. 10, pp. 73-78.

[31] Jean-Marie Miossec, "Un modèle de l'espace touristique", em *L'Espace Geographique*, nº 1, Paris, jan./mar., 1977, v. 6, p. 55.

tos de paisagens, distorcendo a realidade, resultando em propagandas enganosas, causando, não raro, frustração nos visitantes. Pode-se mudar a cor do céu, reinventar a vegetação, florir artificialmente a paisagem.

A avaliação qualitativa da paisagem é um recurso dos mais interessantes para a classificação e hierarquia dos atrativos turísticos, trabalho que tem sido desenvolvido no Brasil por geógrafos, arquitetos e paisagistas. Os elementos componentes da paisagem se relacionam às suas propriedades visuais, analisadas com o objetivo de avaliação qualitativa. Foram estabelecidas, ao que parece, nos mesmos princípios que Jacques Bertin empregou para a classificação das variáveis visuais usadas na semiologia gráfica para fins de representação gráfica e cartográfica.[32] São as seguintes:

Cor – propriedade das mais importantes na composição da paisagem. Quanto mais colorida for a paisagem mais atrativa será para fins turísticos. Podem predominar cores frias, como as paisagens de regiões nevadas ou glaciais, como as da Antártida, por exemplo; ou cores quentes, em apreciadíssimas paisagens de pôr do sol.

Forma – corresponde ao desenho dos componentes da paisagem, onde os elementos morfológicos desempenham papel fundamental. Quanto mais movimentada for a paisagem mais valorizada ela será. Um dos exemplos dos mais citados é a magnífica paisagem do Grand Canyon do Colorado (EUA), que apresenta relevos ruiniformes de impressionante beleza cênica, associando a essa propriedade visual cores e texturas diversificadas.

Orientação – refere-se às linhas predominantes na paisagem, tendendo para a horizontalidade ou para a combinação de inclinações produzidas pela morfologia do relevo.

Granulação – os diferentes elementos que compõem a paisagem, tais como o relevo, a vegetação, as superfícies aquáticas, as construções humanas conferem distintas texturas à paisagem que vão da extremamente lisa — como a água — à extremamente rugosa — como superfícies rochosas de grande aspereza, que podem causar repulsa ao observador.

Tamanho – também chamado de escala, porque se refere à relação existente entre os vários componentes da paisagem, como a organização tridimensional dos corpos sólidos e líquidos e dos espaços livres entre as formas, conferindo harmonia ou desarmonia. É muito comum observarmos construções humanas cujos tamanhos e materiais poluem visualmente a paisagem desencadeando atitudes repulsivas, fato observado com frequência em ambientes naturais paradisíacos que se transformam em paisagens de grande intrusão visual.

---

[32] Jacques Bertin, *Sémiologie graphique: les diagrammes, les reseaux, les cartes* (Paris: Mouton, 1973).

Da combinação dessas variáveis visuais define-se a qualidade da paisagem, que se distingue pela diversidade, pela singularidade, pelo grau de naturalidade, pelo espelho d'água, pela harmonia e pela amplitude. Pode-se utilizar uma matriz de avaliação estabelecendo uma pontuação para esses efeitos visuais, atribuindo-se notas, se acordo com a avaliação estética do observador, que evidentemente varia de pessoa para pessoa, mas que apresenta algumas similitudes em função do imaginário coletivo, inerente a cada cultura.

Sugerimos as seguintes notas: a) *péssima* — zero; b) *regular* — 1,0; c) *boa* — 2,0; d) *excelente* — 3,0. Após a avaliação podem ser computados os pontos e estabelecer uma classificação hierárquica das paisagens observadas. Esse recurso técnico é de fundamental importância para fins de planejamento de roteiros turísticos, como o exposto em trabalho de Pires ao analisar algumas paisagens do litoral de Santa Catarina.[33]

Outras categorias de análise

Dando sequência à proposta metodológica, vamos procurar elucidar outras categorias de análise, que não precisam ser abordadas necessariamente na ordem em que estamos colocando. Pode-se, também, numa pesquisa, priorizar uma ou outra categoria, dependendo da proposta de cada uma.

Através da categoria função (categoria 2), propõe-se abordar o papel de cada elemento componente do espaço, separadamente, num determinado fragmento de tempo, tratando-se então de uma abordagem sincrônica. Assim, "os movimentos da totalidade social, modificando as relações entre os componentes da sociedade, alteram os processos, incitam a novas funções. Do mesmo modo, as formas geográficas se alteram ou mudam de valor; e o espaço se modifica para atender às transformações da sociedade".[34]

As mutações das formas expressam os novos conteúdos da sociedade e do espaço perante as mudanças das funções de cada elemento. No dizer de Milton Santos, "na medida em que função é ação, a interação supõe interdependência funcional entre os elementos".[35] A função expressa uma tarefa ou atividade de cada elemento num determinado momento do processo espacial.

---

[33] Paulo dos Santos Pires, "A paisagem litorânea como recurso turístico", em Eduardo Yázigi *et al.* (orgs.), *Turismo: espaço, paisagem e cultura* (2ª ed. São Paulo: Hucitec, 2000), pp. 169-177.

[34] Milton Santos, *Pensando o espaço do homem*, cit., p. 38.

[35] Milton Santos, *Espaço e método*, cit., p. 7.

No caso do estudo do espaço do turismo, significa abordar a função dos elementos da oferta e da demanda no diagnóstico, tarefa de fundamental importância, que antecede qualquer intervenção pretendida pelos planos e programas do planejamento e gestão.

Do ponto de vista técnico, consiste em avaliar todos os recursos disponíveis e os que se pretende implementar, tendo como parâmetro a demanda atual, futura e potencial, e sua sazonalidade.

Como diz Milton Santos: "as infraestruturas presentes em cada lugar encontram, em grande parte, explicação e justificativa fora do lugar".[36] Enfim, é adequar a oferta à demanda, elementos constitutivos do espaço do turismo, sem olvidar a população residente.

Numa abordagem também sincrônica, a estrutura (categoria 3) é aquela da qual lançamos mão para elaborar a análise. Enquanto as categorias anteriores — forma e função — se referem à disposição e ação dos elementos de per si, a estrutura dá conta do dinamismo espacial presente, expressando a rede de relações. Milton Santos esclarece:

> Se separa-se estrutura e função chega-se ou a um estruturalismo a-histórico e formal ou a um funcionalismo prisioneiro do caráter conservador de toda instituição, com o que se abandona o problema da transformação. Se considera-se apenas a forma, cai-se no empirismo.[37]

Deve-se sempre ter em mente que o espaço não resulta da soma das partes, como nos estudos funcionalistas, e que a estrutura não é preestabelecida, como sugerem os estudos estruturalistas. A totalidade que "supõe um movimento comum da estrutura, da função e da forma é dialética e concreta".[38]

A última categoria de análise (categoria 4) corresponde ao processo que pretende dar conta das ações e interações de todos os elementos, contemplando as categorias forma, função e estrutura num movimento diacrônico. Um novo e importante elemento é inserido no conjunto tempo, não o tempo somente linear, mas também o tempo social, como já abordamos. Como acentua Milton Santos, "para os diversos agentes sociais, as temporalidades variam, mas se dão de modo simultâ-

---

[36] Milton Santos, *Técnica espaço tempo: globalização e meio técnico-científico informacional*, cit., p. 65.
[37] Milton Santos, *Pensando o espaço do homem*, cit., p. 38.
[38] *Ibid.*, p. 39.

neo".[39] O autor enfatiza, ainda, que a noção de tempo é fundamental, não só para entender os objetos que se transmutam durante o processo histórico, mas também as ações que, de forma distinta, evoluem com o tempo, produzindo novas relações que se expressam em novas formas, e assim sucessivamente. O tempo assume novas conotações com o desenvolvimento das técnicas. Assim, formas antigas convivem em sincronia com novas formas, embora expressem tempos distintos. Só o processo pode dar conta da totalidade espacial.

A GESTÃO AMBIENTAL BASEADA NA VISÃO SISTÊMICA

Os trabalhos que vêm sendo desenvolvidos para fins de planejamento e gestão do território no âmbito geográfico têm se pautado pela visão sistêmica, método muito usado nas ciências naturais, que acabou sendo adotado pelas ciências humanas, como a economia. A noção básica dessa teoria se fundamenta na distribuição da energia. Parte da ideia de que os elementos formadores do sistema relacionam-se fundamentalmente entre si formando um todo unitário e complexo – a totalidade espacial a que se refere Milton Santos. Assim, quanto maior equilíbrio os elementos apresentarem entre si, ou seja, quando a energia encontra-se distribuída de maneira equitativa pelo sistema, obtém-se a entropia máxima. A otimização na distribuição da energia — *imputs* e *outputs* — determina estados mais desejáveis na organização dos sistemas na busca da *entropiai* máxima. Ao aplicarem-se esses princípios deve-se ter em conta que os sistemas não funcionam isoladamente e que as sociedades humanas são imprevisíveis, além do que dependem de fatores não só conjunturais, mas também, e principalmente, estruturais, ainda mais no momento histórico em que vivemos, subordinados ao jogo dos atores homogênicos que comandam o mundo globalizado. É oportuno observar que a chamada geografia teorética, que se pautava pela perspectiva nomotética, baseada na formulação de modelos, foi uma escola que se disseminou no mundo todo, atingindo seu auge no Brasil na década de 1970.

A figura 3 pretende expressar de forma esquemática os subsistemas que compõem o chamado sistema turístico. Evidentemente, todo modelo incorre em reducionismo. Serve, entretanto, para fins de análise, propondo a decomposição da totalidade espacial em meio social, meio econômico, meio político, meio ecológico

---

[39] Milton Santos, *Técnica espaço tempo: globalização e meio técnico-científico informacional*, cit., p. 163.

e meio tecnológico. É interessante notar a integração entre os sujeitos e os objetos no cerne do sistema, que nos remete ao conceito de espaço de Milton Santos, quando se refere ao conjunto indissociável de um sistema de objetos (formas) e um sistema de ações, determinadas pelos sujeitos (atores) que também aparecem no modelo. Não se contempla nesta proposta de análise o dinamismo espacial diacrônico, representado pela categoria processo anteriormente abordada.

Figura 3 - Enfoque sistêmico

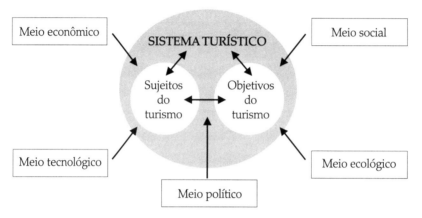

Fonte: C. Kaspar (1975). Tradução e adaptação de Adyr A. B. Rodrigues.

Segundo Moraes, o "estado da arte atual apresentado pelo campo da chamada economia ambiental ou ecológica mostra grande avanço no que tange ao equacionamento teórico do seu universo de análise e aos métodos de valoração dos recursos naturais.[40] Seu trabalho de sistematização das experiências sobre o gerenciamento costeiro no Brasil, Programa Gerco, do Ministério do Meio Ambiente, constitui um marco no que tange à política de gestão ambiental no litoral brasileiro, onde se insere a maior parte dos projetos de grande envergadura visando à valorização da costa brasileira alavancada pelo turismo, via financiamento do Banco Interamericano de Desenvolvimento (BID), tendo como contrapartida o Banco Nacional de Desenvolvimento Econômico e Social (BNDES). Referindo-se ao turismo litorâneo, o autor assim se posiciona:

[...] o litoral também particulariza-se, modernamente, por uma apropriação cultural que o identifica como um espaço de lazer por excelência, e os espaços preservados são hoje ainda mais valorizados nesse sentido. Isso sustenta uma das indústrias [sic] litorâneas de

---

[40] Antonio Carlos R. Moraes, *Contribuições para a gestão da zona costeira do Brasil* (São Paulo: Hucitec, 1999), p. 13.

maior dinamismo na atualidade, qual seja a que serve às atividades turísticas e de veraneio. Identifica-se, assim, mais um campo no qual a posição em tela apresenta, se não exclusividade, pelo menos grande favorabilidade locacional.[41]

Ao se referir ao Plano Plurianual — 1996-99 (PPA), observa que o setor do turismo é visto como área de interesse especial, sendo considerado importante veículo para "o desenvolvimento regional sustentável" pelo seu reconhecido potencial de geração de emprego e renda, além de captador de divisas. O referido plano pretendia canalizar investimentos para o ecoturismo como modalidade capaz de lograr "proteção e recuperação ambiental", além de incentivar a "restauração do patrimônio histórico" da zona costeira.[42]

Apesar das boas intenções dos planos, não só do referido PPA, sabemos que a montagem de infraestrutura básica, através do Programa de Desenvolvimento do Turismo no Nordeste (Prodetur-NE), é altamente seletiva, priorizando áreas naturais ainda preservadas e de grande atratibilidade, com a finalidade precípua de preparar o terreno para as empresas privadas investirem em rede hoteleira e demais equipamentos a serviço do turismo. Embora seja uma política de alto custo social, reconhecemos que a vocação turística da região Nordeste é inegável, sendo, indiscutivelmente, esse o principal papel que lhe cabe na nova ordem global.

A gestão ambiental faz parte das políticas públicas em todas as suas escalas de atuação: federal, regional, estadual e municipal, procurando respeitar a legislação ambiental para otimizar o manejo dos recursos tanto naturais quanto sociais. Há uma tendência manifesta de considerar-se o ambiente somente aquele relativo aos aspectos físicos. Para evitar enfoques equivocados, a expressão "gestão territorial" é mais adequada, porque propõe uma concepção mais abrangente, relativa aos diversos níveis de atuação do poder público.

Não é objetivo deste trabalho esgotar o assunto, mas apenas sugerir pistas que devem ser perseguidas por pesquisas mais aprofundadas. Para tanto informamos que os estudos sistêmicos foram divulgados por Antonio Christofoletti na geografia brasileira. Foram seus trabalhos que influenciaram Mario Beni na formulação do Sistema Integrado de Turismo (Sistur) que o autor desenvolve como tema de sua tese de doutoramento (1988), em parte divulgada no livro *Análise estrutural do turismo*, muito importante para os profissionais que se dedicam ao planejamento e gestão. Em se tratando de planejamento há que enfatizar também a contribuição de

---

[41] *Ibid.*, p. 18.
[42] *Ibid.*, p. 149.

Doris Ruschmann, que tem perseguido a ótica da sustentabilidade nas suas várias esferas.[43]

PROPOSTA DE UM PROGRAMA DE GEOGRAFIA DO TURISMO

Com base no exposto apresentamos, a título de sugestão, um programa completo da disciplina — geografia do turismo — que poderá sofrer modificações tendo em vista os objetivos do curso e as linhas de pesquisa propostas.

O TURISMO COMO IMPORTANTE FENÔMENO SOCIAL E SUA EXPRESSÃO TERRITORIAL

Ementa:

Análise do papel do turismo no Brasil no cenário da globalização da economia e da mundialização da cultura. Tratamento conceitual do espaço turístico em geografia. Elementos do espaço turístico e categorias de análise num enfoque geográfico, contemplando os aspectos sincrônicos e diacrônicos. Leitura, propriedades e classificação qualitativa da paisagem para fins turísticos. Grandes domínios geossistêmicos – o espaço brasileiro. O turismo e o mito da sustentabilidade, contemplando as políticas públicas e a gestão ambiental. O turismo e a gestão participativa territorial local. Modelos de organização espacial. Métodos de representação gráfica e cartográfica aplicados ao turismo.

Objetivos:

Focalizar o turismo no cenário da globalização.

Compreender o turismo como fenômeno social.

Analisar o turismo como produtor e consumidor de espaço.

Compreender as limitações do turismo como indutor de desenvolvimento.

Discutir estratégias de planejamento e gestão do turismo em escala regional e local.

Aplicar o sistema de informações geográficas para representação e interpretação do fenômeno do turismo.

---

[43] Mário Carlos Beni, *Análise estrutural do turismo* (2ª ed. São Paulo: Editora Senac São Paulo, 2000); Doris Van De Meene Ruschmann, *Turismo e planejamento sustentável* (São Paulo: Papirus, 1996).

Conteúdo programático:

l. Conceito de espaço geográfico e de espaço turístico

    1.1. Evolução conceitual

    1.2. Linhas teórico-metodológicas

2. Elementos do espaço turístico

Demanda, população residente; Recursos e atrativos; Infraestrutura básica e de apoio, superestrutura, meio ecológico e meio técnico-científico informacional.

3. Categorias de análise espacial

    3.1. Paisagem (formas)

    3.2. Função

    3.3. Estrutura

    3.4. Processo

4. Organização espacial – leitura da paisagem

    4.1. Aspectos sensorial e cognitivo

    4.2. Fatores de avaliação estética

    4.3. Propriedades visuais

    4.4. Classificação hierárquica

5. Turismo e apropriação do território

    5.1. Turismo em espaços urbanos

    5.2. Turismo em espaços rurais

    5.3. Turismo em unidades de conservação

6. Grandes domínios geossistêmicos e potencialidades turísticas

    6.1. Divisão territorial mundial

    6.2. O espaço brasileiro

7. Turismo e sustentabilidade

    7.1. Políticas públicas e gestão ambiental – ênfase para a Agenda 21

    7.2. Gestão participativa e desenvolvimento socioespacial

8. Cartografia aplicada ao turismo

    8.1. Representações gráficas

    8.2. Semiologia gráfica e cartografia temática

    8.3. Noções de geoprocessamento aplicadas ao turismo

O OBJETIVO A PERSEGUIR

A nossa ótica ao abordar o estudo do espaço turístico em geografia, já expressa em muitos trabalhos anteriores, particularmente no livro *Turismo e espaço. Rumo a um conhecimento transdisciplinar*, parte de uma perspectiva globalizante, considerando a complexidade do turismo como fenômeno social nos seus aspectos econômico, político, social e cultural, materializando-se no território através de um sistema de objetos articulados a um sistema de ações.[44]

A primeira categoria proposta diz respeito à paisagem ou à forma, ou seja, à fisionomia do espaço considerada um acúmulo de tempos.

Através da categoria função enfocamos o papel de cada elemento do espaço, de uma perspectiva sincrônica — os homens, as firmas, as instituições, a infraestrutura e o meio ecológico. Focalizamos, então, num recorte de espaço-tempo, a oferta, a demanda, as populações fixa e flutuante, as infraestruturas, as superestruturas, as empresas e as instituições.

Na categoria estrutura buscamos o entendimento da ação e interação de todos os elementos num dado território. Cada um dos elementos contém o outro e é por ele contido numa interação dialética. Quando um deles muda, toda a estrutura se transforma.

Esse entendimento, quando feito diacronicamente, responde pela categoria processo, que também contempla as horizontalidades — as articulações espaciais dadas pelo conjunto dos lugares — e as verticalidades — que buscam a compreensão dos lugares num conjunto mais amplo, ditado atualmente pelo processo de globalização.

Estamos num período muito fértil de reflexão sobre os paradigmas dominantes e emergentes nas ciências, conforme reflexões de Thomas Kuhn, P. Feyerabend, Ilya Prigogine e Isabelle Stenger, Edgar Morin, Michel Maffesoli e Boaventura Souza Santos, entre outros.[45]

A tendência cada vez mais assumida é a queda dos limites rígidos entre as disciplinas das chamadas ciências sociais, mesmo porque, rumo à transdisciplinaridade, parece não ser mais pertinente nem a distinção entre as ciências sociais e naturais.

---

[44] Adyr A. B. Rodrigues, *Turismo e espaço: rumo a um conhecimento transdisciplinar* (2ª ed. São Paulo: Hucitec, 1999).

[45] Thomas Kuhn, *The Structure of Scientific Revolutions* (Chicago: The University of Chicago Press, 1962); P. Feyerabend, *Against Method* (Londres: New Left, 1975); Ilya Prigogine & Isabelle Stengers, *La nouvelle alliance* (Paris: Gallimard, 1979); Edgar Morin, *Science avec conscience* (Paris: Fayard, 1982); Michel Maffesoli, *O conhecimento comum* (São Paulo: Brasiliense, 1988); Boaventura Souza Santos, "Um discurso sobre as ciências na transição para uma ciência pós-moderna", em *Estudos Avançados*, nº 2, São Paulo, maio./ago., 1988, v. 2, pp. 46-71, e *Introdução a uma ciência pós-moderna* (Rio de Janeiro: Graal, 1989).

Acreditamos também que o turismo, da maneira como vem sendo abordado na geografia, é um fenômeno que, pela sua abrangência e inúmeras modalidades de expressão, constitui um eixo temático sob o qual pode-se alcançar um discurso geográfico unitário, superando-se a propalada dicotomia sociedade x natureza.

Procurando assumir um compromisso social através do discurso geográfico, temos batalhado no sentido de mobilizar as potencialidades locais para alavancar o desenvolvimento socioespacial, acreditando no efeito sinérgico do turismo com significativa capilaridade regional, clamando pela gestão participativa, no sentido de fortalecer o que Milton Santos denomina irracionalidades, porque constituem a única forma de desobediência aos desmandos do poder hegemônico, ditado pelo processo de globalização.

REFERÊNCIAS BIBLIOGRÁFICAS

ANDRADE, Rui Otávio B. de *et al.*(orgs.). *Gestão ambiental: enfoque estratégico aplicado ao desenvolvimento sustentável*. São Paulo: Makron, 2000.

BARTLEY, S. Howards. *Principios de la percepción*. Cidade do México: Trillas, 1978.

BENI, Mário Carlos. *Sistema de turismo: construção de um modelo teórico referencial para aplicação na pesquisa em turismo*. São Paulo, ECA-USP, 1998, tese de doutoramento, inédita.

_____. *Análise estrutural do turismo*. 3ª ed. São Paulo: Editora Senac São Paulo, 2000.

BERTIN, Jacques. *Sémiologie graphique: les diagrammes, les reseaux, les cartes*. Paris: Mouton, 1973.

BUTLER, Richard W. "The Concept of a Tourist Area Cycle of Evolution. Implications for Management of Resources". Em *The Canadian Geographer*, XXIV (1), Montreal, 1980.

CAZES, Georges. *Fondements pour une géographie du tourisme et des loisirs*. Paris: Bréal, 1992.

CALVENTE, Maria Del Carmen H. *Turismo rural no norte velho do Paraná*. Relatório de qualificação apresentado ao Programa de Doutorado em Geografia Humana (São Paulo: DG-FFLCH-USP, 1999).

CAVACO, Carminda (org.). *Desenvolvimento rural: desafio e utopia*. Lisboa: Centro de Estudos Geográficos, 1999.

CHRISTOFOLETTI, Antonio. *Análise de sistemas em geografia*. São Paulo: Hucitec, 1979.

CORIOLANO, Luzia Neide M. T. (org.). *Turismo com ética*. Fortaleza: Uece, 1998.

DE MASI, Domenico. *O ócio criativo*. Rio de Janeiro: Sextante, 2000.

DEWAILLY, Jean-Michel. *Géographie du tourisme et des loisirs*. Paris: Sedes, 1993.

ESCOURIOU, Pierre. *Tourisme & environnement*. Paris: Sedes, 1993.

FEYERABEND, P. *Against Method*. Londres: New Left, 1975.

FERNANDO VERA, J. *et al.* (orgs.). *Análisis territorial del turismo*. Barcelona: Ariel, 1997.

GONDOLO, Graciela Cristina F. *Desafios de um sistema complexo à gestão ambiental*. São Paulo: Annablume, 1999.

JACOBI, Pedro."Lazer, ambiente e cidadania". Em *Debates socioambientais*. São Paulo: Cedec, ano 3, nº 9, 1998.

KNAFOU, Remy *et al.* "Une approche géographique du tourisme". Em *L'Espace Géographique*, nº 3, 1997.

KUHN, T. *The Structure of Scientific Revolutions*. Chicago: The University of Chicago Press, 1962.

LEMOS, Amalia Ines G. (org.). *Turismo. Impactos socioambientais*. 2ª ed. São Paulo: Hucitec, 2000.

LIMA, Luiz Cruz (org.). *Da cidade ao campo: a diversidade do saber-fazer turístico*. Fortaleza: Uece, 1998.

LOZATO-GIOTARD, Jean-Pierre. *Géographie du tourisme*. Paris: Masson, 1987.

MAFFESOLI, Michel. *O conhecimento comum*. São Paulo: Brasiliense, 1988.

MENDES, Armando D. "Breve itinerário dos ecossistemas à ecopoesia". Em BURZTYN, Marcel *et al.* (orgs.). *Para pensar o desenvolvimento sustentável*. São Paulo: Brasiliense, 1993.

MIOSSEC, Jean-Marie."Un modèle de l'espace touristique". Em *L'Espace Géographique*, nº 1., Paris, jan./mar., 1977, v. 6.

MORAES, Antonio Carlos R. *Contribuições para a gestão da zona costeira do Brasil*. São Paulo: Hucitec, 1999.

MORIN, Edgar. *Science avec conscience*. Paris: Fayard, 1982.

MOWFORTH, M. & MUNT, Ian. *Tourism and Sustainability: New Tourism in Third World*. Londres: Routledge, 1998.

OLIVEIRA, Lívia *et al.* (orgs.). *Percepção ambiental: a experiência brasileira*. São Paulo: Studio Nobel, 1996.

PEARCE, Douglas. *Géographie du tourisme*. Paris: Nathan, 1993.

PIRES, Paulo dos Santos. "A paisagem litorânea como recurso turístico", em YÁZIGI, Eduardo *et al.* (orgs.). *Turismo: espaço, paisagem e cultura*. 2ª ed. São Paulo: Hucitec, 2000.

PORTUGUEZ, Anderson Pereira. *Agroturismo e desenvolvimento regional*. São Paulo: Hucitec, 1999.

PRIGOGINE, I. & STENGERS, I. *La nouvelle alliance*. Paris: Gallimard, 1979.

REJOWSKI, Mirian. *Turismo e pesquisa científica*. São Paulo: Papirus, 1997.

RODRIGUES, Adyr A. B. *Águas de São Pedro: estância paulista. Uma contribuição à geografia da recreação*. São Paulo, FFLCH-USP, 1985, tese de doutoramento.

_____. "Geografia e turismo: notas introdutórias". Em *Geografia*. São Paulo, 1992, v. 6.

_____. "Lugar, não lugar e realidade virtual no turismo globalizado". Em *Geografia*. São Paulo, 1996, v. 10.

_____. "Natureza e método de análise do espaço do turismo". Em SOUZA, Maria Adélia de (org.). *O mundo do cidadão. O cidadão do mundo*. São Paulo: Hucitec, 1996.

_____. *Geografía del turismo: su enfoque en Brasil*. Paris: Workshop Paris-98, outubro de 1998, inédito.

_____. "Turismo eco-rural". Em ALMEIDA, Joaquim Anécio de *et al.* (orgs.). *Turismo rural e desenvolvimento sustentável*. Santa Maria: UFSM, 1998.

_____ (org.). *Turismo e geografia: reflexões teóricas e enfoques regionais*. 2ª ed. São Paulo: Hucitec, 1999.

_____. *Turismo e espaço: rumo a um conhecimento transdisciplinar*. 2ª ed. São Paulo: Hucitec, 1999.

_____ (org.). *Turismo e ambiente: reflexões e propostas*. 2ª ed. São Paulo: Hucitec, 2000.

_____ (org.). *Turismo e desenvolvimento local*. 2ª ed. São Paulo: Hucitec, 2000.

_____ (org.). *Turismo. Modernidade. Globalização*. 2ª ed. São Paulo: Hucitec, 2000.

_____. "Turismo rural no Brasil: ensaio de uma tipologia". Em ALMEIDA, Joaquim Anécio de *et al.* (org.). *Turismo rural: ecologia, lazer e desenvolvimento*. Santa Maria: UFSM, 2000.

RUBIO, Manoel Valenzuela. *Aportaciones a un balance de cuatro décadas de geografía del turismo en España*. Paris: Workshop Paris-98, 1998.

RUSCHMANN, Doris Van De Meene. *Turismo e planejamento sustentável*. São Paulo: Papirus, 1996.

SANTOS, Boaventura S. "Um discurso sobre as ciências na transição para uma ciência pós-moderna". Em *Estudos Avançados*, nº 2, São Paulo, maio/ago., 1988, v. 2.

_____. *Introdução a uma ciência pós-moderna*. Rio de Janeiro: Graal, 1989.

SANTOS, Milton. *Pensando o espaço do homem*. São Paulo: Hucitec, 1982.

_____. *Espaço e método*. São Paulo: Nobel, 1985.

_____. *O espaço do cidadão*. São Paulo: Nobel, 1987.

_____. *Metamorfoses do espaço habitado*. São Paulo: Hucitec, 1988.

_____. *Técnica espaço tempo: globalização e meio técnico-científico informacional*. São Paulo: Hucitec, 1994.

_____."A aceleração contemporânea: tempo mundo e espaço mundo". Em SANTOS, Milton *et al.* (orgs.). *Fim do século e globalização*. São Paulo: Hucitec/Anpur, 1994.

SILVA, Sylvio Bandeira de Mello e."Geografia, turismo e crescimento: o exemplo do estado da Bahia". Em RODRIGUES, Adyr A. B. (org.). *Turismo e geografia*. São Paulo: Hucitec, 1996.

SMITH, Stephen L. J. *Geografía recreativa*. Cidade do México: Trillas, 1992.

SONEIRO, Javier Callizo. *Aproximación a la geografía del turismo*. Madri: Síntesis, 1991.

TRIGO, Luiz Gonzaga G. *Turismo e qualidade: tendências contemporâneas*. São Paulo: Papirus, 1993.

TUAN, Yu Fu. *Topofilia*. São Paulo: Nobel, 1980.

_____. *Espaço e lugar*. São Paulo: Difel, 1983.

TULIK, Olga."Do conceito às estratégias para o desenvolvimento do turismo rural". Em RODRIGUES, Adyr Balastreri (org.).*Turismo e desenvolvimento local*. 2ª ed. São Paulo: Hucitec, 2000.

VASCONCELOS, Fábio Perdigão (org.). *Turismo e meio ambiente*. Fortaleza: Uece, 1998.

Fundamentos multidisciplinares do turismo: direito do turismo[1]

JOANDRE ANTONIO FERRAZ

O QUE É A DISCIPLINA E POR QUE ELA É IMPORTANTE PARA O TURISMO

A disciplina visa identificar e analisar princípios, conceitos e normas jurídicas específicas sobre o planejamento e o exercício de atividades turísticas, pelo poder público e pela iniciativa privada, abrangendo os seguintes temas:

- Intervenção do Estado sobre o domínio econômico turístico.
- Normas constitucionais, legais e regulamentares intervencionistas.
- Normas societárias, administrativas e ambientais relativas à constituição de empresas de turismo.
- Aspectos tributários e trabalhistas referentes às atividades turísticas.
- Relações comerciais entre fornecedores de serviços turísticos.
- Relações de consumo turístico.
- Contratos de transporte, de hospedagem, de agenciamento e de eventos.

Sua importância para o turismo está em ser esse um setor que:

---

[1] Expressão já adotada nos países latino-americanos e europeus para designar a disciplina.

- vem sofrendo intervenção do Estado, em maior ou menor grau, desde a década de 1930;
- vem apresentando um notável incremento na quantidade de empresas fornecedoras de serviços, em especial a partir da década de 1980.

VISÃO GERAL DA DISCIPLINA E SUAS RELAÇÕES COM OS CAMPOS DO LAZER E TURISMO

A organização dos mercados turísticos nos países que a promovem é baseada em um processo contínuo de planejamento implementado, entre outros, pelos instrumentos de natureza jurídica que operacionalizam sua implantação.

Por meio desses instrumentos jurídicos de planejamento, sao:

- definidas políticas públicas de turismo;
- instituídos órgãos oficiais para formulação e execução de planos, programas e projetos de desenvolvimento turísticos;
- estabelecidas regras ordenadoras do uso não predatório dos atrativos naturais e culturais que compõem o patrimônio turístico;
- criados mecanismos financeiros, fiscais e creditícios para induzir investimentos privados no setor de turismo;
- controlados as atividades, os direitos e as obrigações das empresas de turismo, entre si e em relação aos consumidores de seus serviços.

O conhecimento dos princípios e estrutura desse microssistema jurídico é conveniente e oportuno para os estudantes de turismo de todos os níveis interessados em atuar no setor público ou privado.

Desse modo, são compreendidos os aspectos dessa atuação sujeitos a regras jurídicas, existentes ou passíveis de criação ou modificação, para o melhor desempenho do setor de turismo.

Tal compreensão não dispensa a necessária participação de profissionais do direito na formulação, orientação e interpretação de atos jurídicos, de natureza legal ou contratual, aplicáveis aos órgãos oficiais ou às empresas de turismo.

A complexidade crescente das relações humanas, que ocorre também nos campos do lazer e do turismo, recomenda sua disciplina por meio de normas específicas ou conexas de conduta obrigatória.

O próprio planejamento turístico oficial há de ser pautado por princípios e regras de ordem constitucional, legal e regulamentar, tanto na sua formulação quanto na sua implementação, para evitar arbítrios.

A análise da legislação aplicável ao turismo, que no Brasil teve início ainda em 1938, no chamado Estado Novo instituído pelo governo Getúlio Vargas, permite compreender a visão pública sobre o setor e seu contexto social e político.

Nessa linha, objetiva-se apreender as fases pelas quais passou a ação pública setorial e sua influência sobre a atuação dos agentes privados do mercado, com visão mais ou menos focada no controle, desenvolvimento ou articulação do setor.

Conforme a visão e consequente instrumento legal ou regulamentar vigente, o foco da ação oficial oscila entre a tentativa de controle rigoroso do exercício das atividades turísticas e sua liberalização.

Esse controle, que pode ter início já na utilização dos recursos turísticos, busca regular a qualidade do produto turístico e defender seus consumidores, restringindo a clássica liberdade contratual entre eles e seus fornecedores.

Daí a importância, diante da pulverizada cadeia de produção de serviços turísticos, do estudo das relações comerciais e contratuais que a permeiam, vale dizer, das responsabilidades específicas de cada elo que a integra.

A defesa do consumidor, seguindo tendência dos países mais desenvolvidos social e economicamente, foi erigida à condição de norma constitucional no ordenamento jurídico brasileiro — origem do Código de Defesa do Consumidor (CDC).

As ações oficiais de apoio a investimentos privados passam a preferenciar os que promovem benefícios diretos para a comunidade, como geração de empregos e capacitação profissional.

A preservação ambiental extremada, que condena qualquer exploração econômica de recursos naturais, evolui dos santuários ecológicos para o desenvolvimento sustentável e para o uso menos predatório possível.

É mais clara a percepção de que o desenvolvimento desorganizado do turismo, individual ou coletivo, degrada os atrativos e valores que originaram o interesse por um ou outro destino e acabam por prejudicar o próprio setor.

Os níveis de poluição maior ou menor de destinos mais ou menos urbanizados ou primitivos propiciaram a segmentação dos mercados turísticos por nichos de interesse e, daí, do perfil dos empreendimentos.

A tradicional classificação de hotéis de luxo pelo seu grande porte, entre outros fatores, começa a ser decorrente desses nichos, com o surgimento de pequenos, suntuosos e exclusivos meios de hospedagem.

Também a figura histórica do investidor único vem dando lugar a diversas outras configurações cooperadas, como são os grupos de investimentos via fundos de pensão ou fracionamento da propriedade, ou mesmo de uso.

Do mesmo modo, o investidor e, concomitante, administrador, salvo nos empreendimentos de menor porte, vem sendo substituído por operadores especializados, que utilizam ampla rede de divulgação e reserva.

Essas modificações, mais a crescente utilização de meios eletrônicos, vêm gerando sensíveis alterações nas relações de fornecimento e de consumo de serviços turísticos.

Entre elas está a de maior complexidade, como ilustra a compra de cruzeiro marítimo feita em uma agência de viagens, que o reserva em outra, representante da empresa estrangeira que possui os navios, com bandeira de um terceiro país.

O direito aplicável a relações da espécie conjuga regras legais internas e tratados internacionais que, por vezes, geram conflito de interpretação sobre aplicabilidade e territorialidade.

Todos esses aspectos podem ser objeto de estudo na disciplina hoje já denominada direito do turismo, conforme o nível do curso, o foco desejado e a carga horária disponível para transmitir as informações.

O temário básico indicado no item anterior considera uma abordagem informativo--analítica, com metodologia que compreende exposições, seminários e estudos de casos, e carga horária entre 30 e 60 horas/aula, conforme o nível desejado.

PLANOS DE ESTUDO PARA O APROFUNDAMENTO NA DISCIPLINA

O estudo da disciplina conta, nos dias atuais, com razoável doutrina pátria – conjunto de comentários escritos sob forma de artigos, monografias, livros ou similares – produzida principalmente a partir de 1999.

E conta, mais ainda, com doutrina estrangeira, sendo mais importante o estudo da produzida em países latinos, sejam americanos ou europeus, por serem originárias da mesma raiz, o sistema românico, bem distinto do anglo-saxão.

A própria União Europeia edita normas diretivas específicas sobre o setor turístico, como as referentes a viagens combinadas e a relações de consumo, que orientam a legislação interna dos países que a integram.

A legislação pátria específica compreende, principalmente, regras federais, enquanto as estaduais e municipais, baseadas nas respectivas constituições e leis orgânicas, costumam ser restritas à atuação setorial do poder público.

Nesse sentido, merecem destaque as Constituições dos estados do Pará e do Rio Grande do Sul, esta, inclusive, enumerando ações concretas a serem promovidas em prol do turismo como fator de desenvolvimento social e econômico gaúcho.

Outra importante fonte de estudo da disciplina está na jurisprudência – conjunto de decisões judiciais sobre questões levadas ao Judiciário – sobre casos de interesse turístico, cujo acesso hoje está facilitado por meio eletrônico.

De todo modo, dada a amplitude das áreas de lazer e turismo, é recomendável eventual aprofundamento de seu estudo sob a ótica jurídica, focado em temas específicos.

Nas relações de consumo, por exemplo, é possível aprofundar o estudo da aplicação ao turismo de uma ou mais cláusulas contratuais abusivas elencadas no art. 51 do CDC.

Já na ordenação jurídica do patrimônio turístico, é possível aprofundar o estudo direcionado ao aproveitamento turístico dos Parques Nacionais ou, na indução a investimentos, à distinção existente entre leis voltadas a regiões diversas do país.

ANTECEDENTES, CENÁRIO ATUAL E TENDÊNCIAS

O direito aplicado ao turismo e a legislação específica não têm limites ou divisores claros desde a edição do primeiro ato normativo disciplinador, em 1938, de uma das atividades setoriais.

Ora as regras revelam natureza de polícia administrativa, em especial entre 1938 e 1966, ora de organização do mercado, a partir daí e notadamente entre 1977 e 1986.

Nesse período, a legislação turística específica foi consolidada como instrumento do planejamento oficial setorial, abrangendo as áreas de ordenação do patrimônio turístico, estímulos a investimentos privados e controle de qualidade do produto.

No final desse período, o modelo de planejamento sofreu uma ruptura, e, até os dias atuais, não há um novo modelo formal de caráter operacional, sendo tal planejamento limitado a formular objetivos genéricos.

Assim, o princípio constitucional expresso sobre o setor, inserido na Constituição Federal de 1988, no capítulo dedicado à ordem econômica, não foi acompanhado por legislação infraconstitucional hábil para sua implementação.

Mas a legislação anterior à nova Constituição contém regras que não mais se afinam com as disposições desta sem que tenham sido revogadas expressamente – o que dificulta o estudo dos interessados na matéria.

Com efeito, diversas regras de conduta estabelecidas por meio de atos regulamentares – decretos, resoluções ou deliberações – passaram a carecer de lei em sentido estrito para manterem sua eficácia jurídica.

E pior, alguns desses atos editados posteriormente à Constituição de 1988 afrontam-na diretamente ao criar obrigações a serem cumpridas por fornecedores de serviços turísticos.

Ilustra essa afronta a Deliberação Normativa nº 392/98, do Instituto Brasileiro de Turismo (Embratur), que impõe a forma escrita aos contratos entre fornecedores de serviços turísticos, obrigação que só poderia ter sido instituída por lei.

Esse cenário revela, por si só, a fragilidade do processo de planejamento turístico oficial, posto que fundado em intenções desvinculadas da obrigatoriedade de serem postas em prática.

A questão vem sendo debatida em diversos foros políticos, administrativos e até judiciais, sem ainda nenhuma sinalização clara de caminhos a serem trilhados para seu adequado encaminhamento.

A consequência necessária é a insegurança jurídica de investidores, fornecedores e consumidores quanto a seus direitos e deveres, que vêm oscilando ao sabor de regras inconstantes e, muitas vezes, destituídas de eficácia.

As práticas da liberdade de iniciativa e do funcionamento da economia em regime de livre mercado, princípios da ordem econômica estabelecidos na Constituição de 1988, dependem de leis que estabeleçam seus limites.

E tais leis devem observar outros princípios da mesma ordem, como são a função social da propriedade e a defesa do consumidor, por si sós restritivos da liberdade econômica em sua acepção mais ampla.

Devem, ainda, atentar para a realidade do país, nem sempre considerada quando a atuação legislativa incorpora regras que se adaptam a sociedades cultural e economicamente mais desenvolvidas.

Um exemplo nesse sentido está na legislação ambiental brasileira, que por vezes impede qualquer aproveitamento, menos ainda o turístico, dos atrativos naturais existentes no país.

Ordenar o uso do patrimônio turístico implica permitir esse aproveitamento, da forma menos predatória possível, de forma a perenizar os bens que o integram, mas não proibir que ele ocorra.

Do mesmo modo, defender o consumidor, como expressa o próprio código específico, não implica eliminar o fornecedor, mas buscar como objetivo maior a harmonização entre eles, ainda que de forma obrigatória.

O exame do direito aplicado ao turismo e da legislação setorial específica permitem identificar as distorções, sejam conceituais ou práticas, que inibem o desenvolvimento planejado do lazer e do turismo.

Há, mesmo, a necessidade jurídico-formal de definir os traços próximos e distintivos do que sejam lazer e turismo, com o que seus planejadores terão rumos claros para a disciplina normativa adequada a sua prática.

É preciso, portanto, que o profissional de turismo tenha conhecimentos sistemáticos sobre a disciplina, sem prescindir do profissional do direito para formular novas normas ou interpretar as existentes.

O conhecimento da espécie recomenda seja ela abordada e apreendida a partir de princípios de lógica jurídica, comuns a todos os ramos da ciência do direito, inclusive aos mais recentes, como o direito econômico.

Diferentemente dos ramos tradicionais do direito, que disciplinam condutas sociais preexistentes, esse ramo visa regular comportamentos futuros de mercado, observados os princípios e regras constitucionais pertinentes.

Nesse passo, oportuna parece uma visão, ainda que panorâmica e superficial, do que vem ocorrendo nas Américas e no Brasil como manifestações jurídicas dessa natureza.

Essa abordagem permite verificar que a evolução jurídico-turística brasileira está perfeitamente conforme à havida em toda a América Latina, como, de resto, ambas derivam de similar evolução ocorrida nos países latinos europeus.

Nas Américas

O documento Legislação Turística nas Américas, da Organização Mundial de Turismo (OMT), de junho de 1999, compreende revisão do que fora editado em maio de 1995.

Esse documento aborda os antecedentes da legislação turística continental, as tendências normativas atuais e seus novos objetivos, finalizando com uma avaliação global e conclusões que se mostram ilustrativas para os interessados na matéria.

Destaca a evolução havida na intervenção governamental sobre o setor, com predomínio do papel controlador, dito utópico, dos anos 1960, das funções promotora e articuladora dos anos 1970-1980 e da função coordenadora dos anos 1990.

Nos anos 1990, a ordenação das atividades se liberaliza, a licença para exercer atividades turísticas passa a ser direito e não favor, os limites de sua concessão são as garantias dos serviços e não o porte econômico, e há liberdade de preços.

As normas sobre contratos dos operadores com os usuários salientam a informação prestada e a responsabilidade pelo descumprimento, e os incentivos fiscais cedem vez a obras de infraestrutura e benefícios creditícios.

O novo intervencionismo destaca a proteção do meio ambiente e a segurança do consumidor, as instalações de hospedagem e as alternativas de sua configuração imobiliária e administração, via multipropriedade e tempo compartilhado.

Há tendência de predomínio normativo do Legislativo sobre o Executivo, com ênfase nos princípios da livre iniciativa, sem reservas de mercado, da livre concorrência, e de contínuo processo de desregulamentação das atividades.

A intervenção estatal é restrita à proteção do patrimônio natural e cultural e à proteção do turista por motivos de saúde, segurança física e em suas relações com todos os fornecedores de serviços turísticos.

Por isso, as legislações turísticas tendem a ser mais seletivas em seus objetivos, disciplinando problemas reais e abandonando a ideia de submeter a realidade nacional a esquemas de controle, que exigiriam uma custosa malha burocrática.

Também por isso, vêm sendo modificadas as estruturas e funções dos órgãos oficiais de turismo de diversos países, como nos de língua inglesa do Caribe, na Bolívia, no Peru, em Honduras, no México e no Canadá.

Mesmo o Brasil uniu o órgão executivo (Embratur) e o normativo (Confederação Nacional do Turismo – CNTur), a partir de 1991, assim como em 1995 concentrou naquele o papel coordenador que fora delegado à Secretaria Nacional de Turismo, instituída em 1993.

Essas novas funções e estruturas geram diversos modelos e iniciativas que passam a ser incentivadas, como capacitação profissional e geração de empregos, como revela, por exemplo, a lei do Panamá, de 1994.

No Brasil

O objetivo de modernizar a legislação setorial constante da política de turismo formulada pela Embratur em 1995 está longe de ser alcançado, não tendo sido sua implementação sequer iniciada.

Ao contrário, como dito antes, há normas superpostas e colidentes, de ordem constitucional, legal e regulamentar –, em decorrência do que o mercado, cuja organização deveria visar, revela até certa desorientação.

Há vários exemplos nesse sentido, como o "registro" – na verdade, recadastramento – tratado na Deliberação Normativa Embratur nº 398/98, que colide, conceitual e operacionalmente, com o cadastro tratado na Deliberação nº 195/86.

Outro exemplo está nas penalidades elencadas na Lei nº 6.505/77, que colidem com as da Lei nº 8.078/90 (CDC), ambas aplicáveis pela mesma Embratur.

O modelo estritamente fiscalista das décadas de 1940 a 1960, sucedido pelo desenvolvimentista da década de 1970 e pela coordenação conjugada dos anos 1980, não encontra, nos anos 1990, nenhum sucessor.

O amplo processo de privatização e de liberalização econômica ocorrido na década de 1990 não encontrou eco sistemático no planejamento turístico oficial, que continua baseado, formalmente, em normas da década de 1980.

Essas normas, por serem anteriores a tal processo e mesmo à Constituição Federal de 1988, não se coadunam muitas vezes com seus princípios, e dificultam a percepção do que, afinal, está ou não materialmente em vigor.

Esse cenário, ilustrado pelos exemplos anteriormente citados, recomenda a iminente operacionalização do objetivo de modernizar a legislação setorial constante da política oficial de turismo, sob risco de desorganizar o mercado.

Modernização da espécie implica rever o papel indutor e controlador do Estado em prol do desenvolvimento do turismo nacional, sua atuação na divulgação e promoção dos atrativos turísticos do país, internamente e no exterior.

Essa revisão de natureza extrajurídica implicará, por sua vez, a edição de novo instrumental normativo que sinalize de modo claro para o mercado os seus direitos e obrigações, hoje muito difusos.

Daí a conveniência e oportunidade de, como vem sendo proposto por juristas e entidades classistas, ser procedida a consolidação da legislação turística específica, por meio de um verdadeiro código brasileiro de turismo.

Diploma legal dessa envergadura poderá, observados os princípios e ditames constitucionais, voltar a balizar o modelo de planejamento setorial que for considerado mais adequado para o desenvolvimento turístico do país.

Bibliografia e textos indispensáveis

A doutrina específica brasileira foi bastante ampliada nos últimos cinco anos e é complementada por partes de obras sobre direito constitucional, administrativo, econômico, urbanístico, ambiental, tributário, trabalhista, civil e comercial.

No direito constitucional, destaque para as garantias individuais e sociais, para o regime de competências, inclusive tributárias, de União, estados, Distrito Federal e municípios, e para as regras sobre as ordens econômica e social.

No direito administrativo, para o conceito, classificação e exploração de serviços públicos, o exercício do poder de polícia, inclusive quanto a documentos para viagem, e as normas sobre edificações e vigilância sanitária.

No econômico, para as regras, inclusive penais, sobre os sistemas financeiro e econômico nacionais, os incentivos a investimentos privados e a fiscalização das atividades econômicas privadas.

No urbanístico, para, em especial, as normas ambientais restritivas do uso da propriedade, além das referentes a zoneamento de atividades econômicas e índices de ocupação e aproveitamento de áreas.

No tributário, para os conceitos, classificações, elementos e distinções entre impostos, taxas, contribuições de melhoria e contribuições sociais, os respectivos fatos geradores, bases de cálculo e alíquotas e repercussão sobre os custos.

No trabalhista, para as normas sobre descrição de cargos e salários, o controle e a compensação de horas extraordinárias, a integração da gorjeta e da taxa de serviço à remuneração.

No civil e no comercial, os destaques são para as obrigações e contratos de formulação mais recente, como os de condomínio hoteleiro, arrendamento mercantil, franquia, operação hoteleira e cessão de marca.

Ainda, o novo Código Civil, de 2002, que regula o direito de empresa e contratos de interesse para o turismo, como os de transporte, de depósito necessário de bagagem por hotéis, de agência e de locação de serviços.

Segue a bibliografia indicada como relevante para o estudo da disciplina.

Doutrina

BONNIN, Enrique Perz. *Tratado elemental de derecho turistico*. Barcelona: Daimon, 1978.

CAHALI, Yussef Said. *Dano moral*. São Paulo: Revista dos Tribunais, 1998.

CAMPOS, Armando Rodrigues de. *Legislação e organização do turismo na Itália*. Rio de Janeiro: Editora Rio, 1977.

DINIZ, Maria Helena. *Tratado teórico e prático dos contratos*. vol. 3. São Paulo: Saraiva, 2000.

FERRAZ, Joandre Antonio. *Legislação do turismo*. São Paulo: LTr, 1977.

_____. *Ordenação jurídica do turismo*. Dissertação para mestrado (São Paulo: Faculdade de Direito da USP, 1983).

_____. *Manual de esclarecimentos sobre turismo no Código de Defesa do Consumidor*. São Paulo: Secretaria de Esportes e Turismo do Estado de São Paulo, 1991.

_____. *Regime jurídico do turismo*. Campinas: Papirus, 1992.

_____. *Assuntos jurídicos na área hoteleira, pesquisa doutrinária e jurisprudencial*. São Paulo: Senac/Ceatel, 1998.

_____. *Obrigações e contratos em viagens e turismo*. São Paulo: Ipeturis/Manole, 2005.

GRAU, Eros Roberto. *Planejamento econômico e regra jurídica*. São Paulo: Revista dos Tribunais, 1978.

_____. *Elementos de direito econômico*. São Paulo: Revista dos Tribunais, 1981.

JOCARD, Louis-Michel. *Le tourisme et l'action de l'État*. Paris: Berger-Levraut, 1965.

LEONNET, Jean & FONTAINE, Pierre. *Le droit du tourisme et des voyages*. Paris: J. Delmas, s/d.

MAMEDE, Gladston. *Manual de direito para administração hoteleira*. São Paulo: Atlas, 2002.

MARTÍN, Maria Matilde Ceballos. *La regulación jurídica de los establecimientos hoteleros*. Madri: Marcial Pons, 2002.

MARTINEZ, Augusto Duran."Turismo: aspectos del regimen juridico". Em *Estudios de derecho administrativo*. Montevidéu: Acali, 1979.

MENDÍVIL, Juan Ortiz de. *El concepto jurídico de hospedaje*. Madri: Estudios Turísticos, 1970.

MORSELLO, Marco Fábio. *Responsabilidade civil no transporte aéreo*. São Paulo: Atlas, 2006.

PACHECO, José da Silva. *Comentários ao Código Brasileiro de Aeronáutica*. 4ª ed. Rio de Janeiro: Forense, 2006.

PINTO, Antonio Carlos. *Brasil, turismo e meio ambiente*. Campinas: Papirus, 1999.

SERRANO, Pérez. *El contrato de hospedaje y su doble aspecto civil y mercantil*. Madri: Imprensa del Asilo de Huérfanos del S. C. Jesús, 1930.

LEGISLAÇÃO

BRASILEIRA
- Constituição Federal de 1988.
- Código Tributário Nacional.
- Código Civil de 2002.
- Lei nº 8.078/90 (Código de Defesa do Consumidor).

- Decretos-lei nᵒˢ 1.439/75 e 2.294/86.
- Leis nᵒˢ 6.505/77, 6.513/77, 6.902/81, 6.938/81, 8.181/91, 8.623/93, 9.605/98 e 10.683/03.
- Medida Provisória nº 2.216-37/01.
- Decretos nᵒˢ 84.910/80, 84.934/80, 87.348/82, 89.707/84, 946/03, 4.672/03, 4.683/ 03, 4.898/03 e 5.203/04.
- Portarias MTur nᵒˢ 32/06 e 57/05.
- Resolução Normativa CNTur nº 04/83.
- Deliberações Normativas Embratur nᵒˢ 161/85, 378/97, 390/98, 392/98, 398/98, 399/98, 400/98, 429/02 e 433/03.

ESTRANGEIRA

A OMT, sediada em Madri, edita resenha legislativa de 140 países, assim classificada:

- organização, administração e política de turismo;
- alojamentos turísticos (normas classificatórias, funcionamento e gestão em tempo compartilhado);
- profissões turísticas (agentes de viagens, operadores, guias);
- apoio do Estado e incentivos turísticos;
- tributação no turismo;
- proteção, revalorização e ordenação dos recursos turísticos e das zonas de interesse turístico;
- outras regulamentações relacionadas com o turismo (facilitação de viagens, assistência e seguro a viajantes, capacitação no setor)

JURISPRUDÊNCIA

- http://www.stj.gov.br
- http://www.stf.gov.br

A gestão privada do turismo

RUI OTÁVIO B. DE ANDRADE E LUÍS MORETTO NETO

Designada como "indústria sem chaminés", "indústria do lazer", "indústria do tempo livre", entre outras, a atividade turística tem sido objeto recente de estudos e pesquisas sistematizadas, portanto ainda carente de instrumentos adequados às peculiaridades/especificidades que lhe são inerentes.

É bastante comum a interpretação de fatos e processos turísticos ocorrer com base em métodos, técnicas ou mesmo em referencial teórico utilizado por outras áreas de produção e/ou de estudos, fenômeno que provoca a distorção de parte ou da totalidade da realidade vigente, subestimando ou superestimando, em alguns casos, a relevância no concerto das relações produtivas. A título de exemplo, resgata-se a definição de turismo como a "indústria sem chaminés", construída a partir de visão economicista, tendo como referência a geração de riquezas derivadas do setor secundário (geração de produtos finais ao consumidor, através da incorporação de tecnologias, insumos *in natura*, trabalho e capital). Sendo a prestação de serviços o negócio direto da atividade turística, o que leva à designação de "indústria sem chaminés"? Afinal, o resultado da atividade turística é similar ao disponibilizado por empresas de confecções, fábrica de bolachas, cimento, etc.? Que elementos inerentes à produção de serviços turísticos são diferenciais aos da área industrial?

O chavão "indústria sem chaminés" caracteriza-se como apologético e omisso aos efeitos ambientais decorrentes da expansão da atividade turística sem limites, assumindo caráter de excessiva generalização. Inúmeros estudos e pesquisas, elaborados em países desenvolvidos ou não, apontam que a expansão da atividade turística sem a observância de limites socioespaciais provoca impactos positivos e negativos múltiplos nas dimensões sociais, econômicas, culturais e ambientais, até mesmo induzindo à saturação ambiental e à decadência econômica das atividades produtivas.

A atividade turística, portanto, não pode ser comparada à indústria, diante das especificidades inerentes ao setor terciário da economia e às peculiaridades da área, distintas e a exigir aplicação de métodos, técnicas, instrumental e de referencial teórico apropriado ao objeto da análise, nem ser genericamente considerada ambientalmente limpa, quando inexistirem cuidados permanentes para mitigação dos impactos decorrentes da sua expansão sem limites.

A atividade turística é fenômeno que experimentou expansão irreversível na sociedade industrial, principalmente em função das economias de escalas, da expansão de segmentos de mercado com excedentes de renda, dos avanços na legislação social que garantiram férias remuneradas e da implantação de equipamentos de consumo coletivo que contribuíram para junção das variáveis tempo/espaço.

A sociedade industrial possibilitou a ampliação da oferta de lazer para os segmentos laborais revestidos de renda, poupança e tempo livre para o descanso.[1]

Na sociedade contemporânea, o avanço tecnológico e seus rebatimentos diretos e indiretos nas mais diversas dimensões da vida associada e a busca progressiva de economias de escala têm sido responsáveis pela acelerada abreviação dos tempos históricos, incremento de novos processos produtivos e a liberação do homem no trabalho mecânico e repetitivo.[2] O avanço das tecnologias da informação e sua incorporação pelos povos demonstram a abreviação progressiva dos tempos históricos: a imprensa, inventada em 1454 por Gutenberg, passou a ser utilizada em larga escala após quatrocentos anos, no início do século XIX; o telefone, inventado por Alexandre Graham Bell em 1876, entrou em uso setenta anos depois, com o fim da Segunda Guerra Mundial; o rádio, inventado por Guglielmo Marconi, em 1895, foi incorporado pelo mercado durante as duas grandes guerras, quarenta anos depois; a televisão, inventada em 1925 por John Baird, foi difundida como produto em 1950; a internet, estabelecida em 1990, já havia sido incorporada por 1,96 bilhão de usuários em 2010.

Os processos e as máquinas empregadas na geração de bens e riquezas que marcaram a Revolução Industrial, no passado próximo, assumem condições jurássicas quando comparadas às tecnologias em uso, cujo paradigma é o mundo virtual do trabalho, a sociedade do conhecimento.[3]

---

[1] John Urry, *O olhar do turista: lazer e viagens nas sociedades contemporâneas*, trad. Carlos Eugênio Marcondes de Moura (São Paulo: Studio Nobel/Sesc, 1996).

[2] Karl Erik Sveiby, *A nova riqueza das organizações*, trad. Luiz Euclides Trindade Frazão Filho (Rio de Janeiro: Campus, 1998).

[3] *Ibidem.*

O tempo livre é resultante desse processo e requer ações planejadas, organizadas e executadas dentro de critérios de gerenciamento que otimizem de forma sustentada os insumos disponíveis e atendam às aspirações de consumo dos clientes que se encontram no mercado.

As artes, o cinema, o teatro, a televisão, a música, a comunicação e a difusão da informação através de modernas tecnologias, a literatura, os esportes, os espaços temáticos, as viagens e o lazer programado constituem algumas das alternativas aos consumidores na economia do ócio ou do tempo livre.

É necessário preparar o tempo livre, assim como é necessária a preparação das pessoas para o novo paradigma social que já está presente e com tendência a ser hegemônico: "a sociedade do tempo livre".

A compreensão de que a atividade turística, sob a ótica empreendedora, requer a aplicação de conhecimento e de instrumental gerencial inerentes ao estudo da administração, como área do saber.

A dimensão sistêmica e multifacetada da administração aplicada à atividade turística requer análise apurada do objeto, para identificação, seleção e aplicação de métodos e técnicas de gestão, de modo a facilitar sua compreensão e interpretação. Analisar a ausência, expansão ou retração de processos turísticos em determinado espaço requer a incorporação de múltiplas variáveis e instrumentos desenvolvidos e/ou aperfeiçoados por outras áreas do conhecimento, tais como estatística, matemática, geografia, economia, biologia, sociologia, história e antropologia.

O diagnóstico socioespacial do objeto, portanto, irá requerer conhecimentos, métodos e técnicas instrumentais desenvolvidas e em uso, em áreas distintas do saber, tal como ocorre na administração aplicada.

O discernimento técnico-científico do gestor turístico é imprescindível, nesse processo, para evitar a excessiva generalização, seja na aplicação incorreta de instrumental ou na obtenção de resultados não fidedignos.

Na elaboração de projetos de empreendimentos turísticos, a exemplo das outras áreas produtivas, é de fundamental importância a análise preliminar e apurada das variáveis relativas ao estudo dos aspectos econômicos, técnicos, administrativos, organizacionais, mercadológicos e financeiros, observadas as especificidades inerentes ao ambiente e negócio projetado.

Nesse momento, o gestor privado do turismo irá valer-se de instrumentos, métodos e técnicas aplicadas no cotidiano da administração.

Na análise dos aspectos econômicos, observadas as tendências e perspectivas macro em relação à oferta e à demanda efetivas e potenciais, ocorre a avaliação das condições disponíveis no entorno e as possibilidades de recuperação do investimento e a sobrevida do negócio projetado. A projeção de empreendimento de hospedagem, por exemplo, em espaço social e ambientalmente degradado, constitui-se em ameaça potencial ao investimento. Nesse momento, estudos e pesquisas desenvolvidas no âmbito da geografia econômica ou mesmo da sociologia do trabalho vêm contribuir para a gestão privada do turismo.

A análise preliminar de viabilidade à implantação de negócio no espaço permite a avaliação prévia de eventuais impactos decorrentes e mecanismos de mitigação do processo, reforçando o caráter multidisciplinar da administração, particularmente na sua aplicação à gestão privada do turismo. Possibilita, ainda, a identificação de atividades correlatas potenciais, tais como a atração de fornecedores de bens e/ou prestadores de serviços não disponíveis antes da implantação do negócio. Na identificação e análise da oferta dos condicionantes básicos — acesso, abastecimento de água, energia, comunicações, segurança, ações de preservação e/ou de recuperação ambiental existentes e/ou projetadas —, constituem momento decisivo a implantação ou expansão de negócio turístico no espaço e a interface entre a gestão privada e pública na área.

Na identificação e análise dos aspectos técnicos, são consideradas a escala de utilização e a ociosidade do negócio projetado, em função da demanda regular e/ou sazonal, através da aplicação de instrumentos, ferramentas e conhecimentos inerentes à administração mercadológica e insumos básicos ao seu funcionamento.

Os aspectos mercadológicos demandam análise dos fornecedores, concorrentes e consumidores, segmentados nas categorias de efetivos e potenciais. Os efetivos são aqueles que já atuam, detêm fatia de mercado, independentemente de estar localizados diretamente no espaço de atuação projetado ou não. Os potenciais apresentam características similares ou próximas às projetadas e ainda não se fazem presentes na área de atuação programada.

A avaliação, análise e seleção de fornecedores, no âmbito da atividade turística, a exemplo de outras atividades produtivas, têm papel fundamental para o alcance de resultados satisfatórios no mercado.

As empresas prestadoras de serviços turísticos caracterizam-se por intensa e frequente utilização de serviços de terceiros, processo que demanda apurada avaliação, para manutenção de padrões mínimos de qualidade exigidos pelo mercado, vital ao sucesso e longevidade do empreendimento projetado. Num empreendimento de hospedagem, por exemplo, a disponibilidade próxima de negócio de apoio — lavanderia — garante a oferta de serviço adicional ao hóspede, desde que sejam observados prazos de entrega, padrões básicos de lavagem e apresentação do produto, de modo a garantir a satisfação do usuário. Num empreendimento de organização de viagens, a disponibilidade paralela de empresas e/ou prestadores de serviços de traslados e passeios terrestres possibilitará a operação de serviços receptivos. Num empreendimento voltado à organização de eventos, a disponibilidade de negócios para montagem de feiras, decoração de ambientes, aluguel de veículos, programação visual, entre outros, alarga as possibilidades de renda empresarial.

A formação de redes virtuais ou de cadeias de negócios, no âmbito da atividade turística, constitui elemento diferencial de competitividade e decisivo à gestão privada. Nesse contexto, o pensamento sistêmico incorporado pela administração, a partir de estudos desenvolvidos nas áreas biológicas, tem papel decisivo.

Outro segmento importante do mercado a ser analisado é o concorrencial, ou seja, a identificação da oferta similar de negócios diretos e indiretos aos projetados. Para um empreendimento de hospedagem, a unidade habitacional pode exercer o papel de produto âncora e, paralelamente, ocorrer a oferta de restaurante, salão de beleza, sauna, locadora de veículos, loja de conveniências, agência de turismo, etc. Portanto, ao projetar uma agência de turismo, por exemplo, é necessário identificar e avaliar todos os segmentos já estabelecidos de forma direta e indireta no mercado em que irá atuar. Considerando, ainda, no exemplo citado, as facilidades de comunicação derivadas do avanço tecnológico, é importante que seja efetuada a avaliação das ofertas disponíveis no mercado virtual das companhias aéreas, locadoras de veículos e de empresas afins, de modo a identificar o(s) elemento(s) diferencial(ais) a ser(em) incorporado(s) nos serviços programados e garantir condições de competitividade.

Além dos mercados fornecedores e concorrentes, fazem-se necessárias a identificação, análise e avaliação dos mercados consumidores — perfil, localização, hábitos de consumo, períodos frequentes de viagens, elementos motivadores centrais, volume e estrutura de gastos, tipos de bens e serviços que consome e utiliza com frequência, instrumentos de crédito de que dispõe, principalmente. Em cada segmento, a identificação dos nichos de mercados *efetivos* — aqueles que já utilizam serviços similares — e os *potenciais* — aqueles que ainda não estão integrados aos mercados, em face do desconhecimento da oferta dos serviços, da distância geográfica, da indisponibilidade de renda ou mesmo por fatores culturais e/ou religiosos constituem elementos importantes à análise da viabilidade do negócio projetado.

É a incorporação de métodos, técnicas, instrumentos e conhecimentos trabalhados nas áreas da sociologia, estatística, matemática e economia aplicados à gestão privada do turismo.

A apurada avaliação de mercado, no âmbito da atividade turística, permite responder questões básicas e vitais ao sucesso dos negócios, tais como:

- Qual será a característica central e diferencial do serviço programado?
- Quais os canais de distribuição que serão utilizados e com que frequência?
- Que segmentos de mercado serão trabalhados e a partir de que estratégias de curto, médio e longo prazos?
- De acordo com a estação do ano, que componente central dos serviços será utilizado como âncora para alavancar demanda e receitas aos negócios?
- Que componentes da oferta de serviços servirão de base à geração de valor agregado no composto das receitas?
- Que estratégias de operação serão utilizadas — isoladas, cooperativas, redes, franquias, etc.?

A sistematização das ideias através da estruturação de estratégias empresariais caracteriza a gestão privada do turismo.

Na avaliação dos aspectos administrativos, ocorre análise das tecnologias de gestão empregadas em organizações competitivas similares à projetada e as possibilidades de incorporação e/ou de inovação em relação a elas.

Na análise dos aspectos relativos à estrutura organizacional projetada, ocorre avaliação dos mecanismos de controle e gestão necessários à longevidade do negócio. O equilíbrio da estrutura, com as pessoas, tarefas, tecnologias e processos em sinergia com o mercado, constitui-se num dos grandes desafios para as organizações, em qualquer área de produção e à gestão privada do turismo.

Que elementos diferenciais de competitividade e longevidade manifestam-se na organização projetada, por exemplo, diante de entes virtuais dotados de expressiva capilaridade e de estrutura flexível?

Afinal, o investimento pressupõe a credibilidade da longevidade no negócio.

Na análise dos aspectos financeiros ocorre a identificação dos volumes e fontes de capitais necessários à implantação e ao funcionamento do negócio. Nesse momento, com base na análise integrada das demais variáveis citadas, é possível avaliar se o negócio é economicamente viável, possibilitando a rentabilização dos capitais potenciais ao investimento com critérios de sustentabilidade.

Os diversos momentos trabalhados na análise e avaliação de projetos para organização de negócios não eliminam por completo a possibilidade de eventual fracasso, particularmente em função da manifestação de fatos e fenômenos incontroláveis no âmbito da gestão privada, como alterações de políticas econômicas, sazonalidade, surgimento de produtos mais competitivos no mercado, saturação do ciclo de vida do entorno, convulsões, etc.

Empreender em turismo, empreender na economia do tempo livre, empreender na economia do ócio, na sociedade do conhecimento necessita ação estruturada, embasada em princípios de gestão voltados à conquista e manutenção de padrões de qualidade organizacional e satisfação total dos clientes, de modo a garantir a longevidade e o retorno dos investimentos efetuados.

O ator social, potencial investidor, necessita estar ciente dos aspectos relacionados aos riscos, incertezas e exigências financeiras e mercadológicas inerentes ao ato de investir, bem como habilitado à aplicação de instrumentos, métodos e técnicas gerenciais inerentes ao campo da administração.

Em caráter preliminar, num processo de avaliação pessoal o comportamento do empreendedor necessita apresentar caráter proativo para:

- disponibilidade de alocar jornada de trabalho semanal superior a quarenta horas, principalmente por ocasião da implantação e consolidação do negócio proposto;
- alienar trabalho sem a certeza de recebimento de retirada mensal fixa; diferentemente do exercício de função empregatícia, o empreendedor tem no risco a grande certeza de sua ação;
- disponibilidade de reservas monetárias para cobertura de despesas pessoais, moradia, alimentação, vestuário, transporte, etc.;
- disponibilidade para executar tarefas operacionais de suporte ao funcionamento do negócio, diante da indisponibilidade de recursos para alocar pessoas para atender ao telefone, varrer o ambiente de trabalho, transportar volumes e pessoas, executar tarefas burocráticas de suporte, etc.;
- identificação pessoal com o negócio proposto;
- motivação pelo tema expressa em leituras de livros, jornais e revistas especializadas, visitas a negócios similares, participação em feiras, palestras e eventos afins, ou pela observação efetuada em viagens de lazer;
- despertar pelo empreender, diante da necessidade de ampliar fontes de renda, sucesso de amigos e parentes, interesse em autonomia pessoal e profissional ou a busca, exclusivamente, da independência pessoal.

Na sociedade pós-industrial, diante da progressiva redução na oferta de empregos, o empreender surge como alternativa de ocupação produtiva e geração de renda ao sustento familiar.

A ESTRUTURAÇÃO DO NEGÓCIO TURÍSTICO

A decisão de investir necessita estar acompanhada do planejamento das ações de curto, médio e longo prazos, de modo a avaliar as alternativas existentes no mercado, os aspectos positivos e negativos, as oportunidades similares ou não para aplicação dos recursos disponíveis, e outras variáveis afins.

A produção de plano de negócio, com a delimitação clara do conceito, dos serviços básicos a ser ofertados, avaliação da localização, a identificação dos eventuais fornecedores de bens e serviços, o potencial de consumo atual e futuro, as empresas similares que já operam na área ou que pretendem se instalar, as tecnologias e pessoas necessárias à geração de serviços diferenciados, o montante dos investimentos necessários, o custo do dinheiro no mercado, os prazos mínimo, médio e máximo de maturação dos investimentos projetados, são alguns dos aspectos que o investidor potencial necessita conhecer.

É bastante comum na ação empreendedora o investidor observar o funcionamento de determinado negócio no mercado, particularmente nos espaços em que desenvolve-se o turismo de massas, por exemplo, *buffet* de sorvetes, através de identificação de eventuais falhas na prestação de serviços, e implantar um novo negócio sem a elaboração de estudo de viabilidade econômica financeira preliminar. No médio prazo, dependendo da localização, da frequência de público, da eventual sazonalidade de demanda ou não, os dois estabelecimentos se encontram ameaçados pela não rentabilidade dos capitais investidos. A não aplicação dos instrumentos, métodos, técnicas e conhecimentos da administração à gestão privada do turismo caracteriza-se como forte ameaça ao sucesso do empreendimento proposto. O estudo de viabilidade é um instrumento que possibilita a identificação prévia dos resultados, por meio da simulação de dados e projeções, reduzindo o grau de risco ou orientando o investidor ao longo do processo.

Decidida a implantação do negócio, faz-se necessária a seleção da forma jurídica de estruturação da organização de produção, de acordo com a legislação vigente, para definição das responsabilidades e obrigações dos empreendedores diante da sociedade civil. De acordo com o tipo de sociedade firmada, a legislação nacional estabelece responsabilidades sociais ao empreendedor perante terceiros, consumidor, Estado e outros atores sociais que mantenham interface com a empresa.

As exigências básicas ao funcionamento de entidade de direito privado, no território nacional, incluem o registro do contrato social no cartório de registro de pessoas jurídicas, inscrição no Cadastro de Contribuintes da Receita Federal, Secretaria de Estado da Fazenda, cadastro de contribuintes do município, alvará de funcionamento e de vigilância sanitária e registro no sindicato patronal.

Após a abertura das instalações, a empresa necessita apresentar anualmente declaração de Imposto de Renda de pessoa jurídica, atualizar cadastro de movimento econômico junto à Secretaria de Estado da Fazenda e da Secretaria de Finanças do município, manter os registros contábeis atualizados, preencher nos prazos estabelecidos as guias de recolhimento de contribuição previdenciária, fundo de garantia, documento de arrecadação da Receita Federal, relação de empregados (CEF), relação anual de informações sociais (Rais), programa de integração social (PIS), relação de empregados e dispensados ao Ministério do Trabalho.[4]

De acordo com o tipo de negócio, a amplitude espacial de atuação, os acordos existentes e firmados entre segmentos empresariais e trabalhadores pode ocorrer o surgimento de alguma obrigação adicional de ordem administrativo-gerencial.

A estruturação do negócio turístico, portanto, irá demandar a aplicação de conhecimentos sistematizados nas áreas do direito civil, comercial e tributário, administração financeira e de capital humano, principalmente, caracterizando a dimensão sistêmica que envolve a área.

PRINCIPAIS CATEGORIAS DE NEGÓCIOS TURÍSTICOS

Ao introduzir as categorias de negócios que integram a atividade turística, para efeito de compreensão, faz-se necessário o resgate das especificidades que diferenciam a economia de serviços dos demais setores produtivos, ou seja, a dimensão de intangibilidade, impossibilidade da estocabilidade, simultaneidade da produção e consumo e necessidade da presença do consumidor para a materialização da ação.

O serviço prestado possibilita experiência pessoal ao cliente, a consequente formação do juízo de valor, mesmo caracterizando-se pela condição de intangibilidade, por exemplo, a visita a um centro de artes, a hospedagem em unidade habitacional, o deslocamento entre lugares através do transporte aéreo, etc.

Aspectos relacionados à estética do entorno, à cordialidade e à presteza das pessoas alocadas no atendimento, à pontualidade e ao cumprimento dos aspectos indutores e motivadores da visita serão determinantes para a construção de juízo final do cliente.

---

[4] Heitor José Pereira, *Criando seu próprio negócio: como desenvolver o potencial empreendedor* (Brasília: Sebrae, 1995).

Nesse contexto, o capital humano mobilizado no processo e a adequação dos espaços construídos e/ou naturais às aspirações do mercado constituem-se em desafios centrais ao gestor privado do turismo.

Os serviços não podem ser estocados e o não consumo implica a incorporação de prejuízos para as organizações produtivas. Ação sistemática de monitoramento dos mercados consumidores efetivos e/ou potenciais caracteriza-se como fundamental para garantir a ocupação da capacidade empresarial instalada, valendo-se de estudos e pesquisas, bem como de campanhas promocionais que incrementem a demanda. Cabe ao gestor privado do turismo a seleção e aplicação de ferramentas inerentes ao exercício da administração.

A prestação do serviço demanda o deslocamento do cliente ao local de produção para concretização da ação, num mercado marcado por acirrada competitividade. A adequação contínua da oferta, através da qualificação de capital humano alocado, de melhorias nas instalações e de encantamento permanente, surgem como grandes desafios ao gestor privado do turismo.

A condição de simultaneidade de produção e consumo pode ser expressa no espetáculo teatral, na apresentação cultural, na viagem guiada, etc.

Apresentadas as características centrais inerentes ao processo de produção e consumo de serviços, identificam-se as categorias de negócios que formam o denominado sistema turístico.

O SISTEMA TURÍSTICO SOB A ÓTICA EMPREENDEDORA

O sistema turístico sob a ótica empreendedora é formado pela oferta de equipamentos e serviços disponíveis no mercado e suas interfaces com a demanda.

A oferta turística é a expressão quantitativa dos equipamentos, mercadorias e serviços disponíveis no espaço, em determinado momento, avaliados segundo parâmetros de troca, de acordo com critérios flexíveis de mercado.

A oferta de equipamento de hospedagem, por exemplo, num determinado sítio, é a quantidade de unidades habitacionais e de leitos disponíveis em determinado dia, semana, mês, semestre ou ano nos estabelecimentos formais e informais que operam naquele espaço. A composição interna da oferta de hospedagem desse espaço, em termos de estrutura física e de serviços alocados aos clientes, sua composição de custos e preços finais aos consumidores, entre outros aspectos, determina o maior ou o menor grau de competitividade do destino e dos negócios ali instalados, diante do mercado como um todo.

Esse processo é inerente à estruturação das diversas empresas que integram a cadeia de negócios que dá sustentação ao sistema turístico empreendedor.

As empresas de natureza turística que operam no mercado podem ser agrupadas nas categorias de agências de turismo, alimentos e bebidas, entretenimento e lazer, eventos, hospedagem e transportes.

As agências de turismo são empresas de assessoramento, organização e intermediação de negócios relativos às viagens, seja na área de transportes, aluguel de veículos, embarcações e equipamentos de suporte ao viajante, alimentação, passeios, entradas para espetáculos e apresentações esportivas, elaboração de roteiros de visitas, câmbios de moedas, despachos de documentos e bagagens, contratação de serviços de seguro e saúde, entre outros.

São consideradas empresas de criação e com maior porte as atacadistas, diante da produção e difusão de circuitos organizados, condicionando o movimento e destinação dos fluxos. No mercado, tecem forte capilaridade através das empresas varejistas, e raramente atuam diretamente junto aos consumidores. As empresas que atuam diretamente no mercado podem ser classificadas de varejistas e diferenciam-se pela operação na emissão e/ou recepção dos fluxos nos mercados em que atuam. Em função do desenvolvimento, aperfeiçoamento e incorporação de tecnologias da informação, o segmento das agências de turismo vem deparando-se com o paradigma das empresas virtuais, que dispõem de inúmeras e diversificadas alternativas de serviços de viagens *on-line*. Esse processo, aliás, tem exigido o repensar da estruturação e funcionamento de organismos de produção, nas mais diversas esferas da vida associada contemporânea. Diante da expressiva incorporação de serviços de terceiros, o agente de turismo necessita estabelecer critérios rígidos à seleção dos fornecedores agregados ao atendimento de seus clientes.

A disponibilidade de tabelas e tarifas aéreas nacionais e internacionais, livros, folhetos e filmes, informativos e promocionais dos negócios e destinos que representa, televisão, computadores, impressoras, conexão à rede mundial de computadores, credenciamento junto às principais empresas de transportes aéreos nacionais e ao sistema financeiro para operar câmbio, pessoal especializado em receptivo e operação de serviços de apoio às viagens são alguns dos insumos básicos da operação do negócio.

O segmento de alimentos e bebidas é composto por restaurantes, churrascarias, confeitarias, lanchonetes, quiosques, pizzarias, rotisserias, bares, uisquerias, clubes, choperias, entre outras alternativas, diferenciados pelos produtos e serviços que oferecem e públicos que atendem, de acordo com os diversos segmentos que integram o mercado.

O segmento de entretenimento e lazer envolve a rede de negócios voltados para a oferta de alternativas para preenchimento do tempo livre. Ou seja, museus e acervos para visitação, casa de espetáculos e shows regulares, cinemas e teatros, ginásios e espaços de esporte, equitação, golfe, quadras de tênis e *paddle*, parques temáticos, piscinas, aluguel de transporte de recreio terrestre e marítimo, expedições de observação de fauna e flora terrestre e aquática, aluguel de aeronaves e equipamentos de voo livre, zoológicos, orquidários, aquários e grupos artísticos e culturais que atuam em função de segmentos turísticos.

O mercado de eventos, no âmbito da atividade turística, movimenta expressivo volume de capitais, diante da mobilização simultânea de empresas e pessoas para a prestação de serviços e aluguel de equipamentos nas áreas de transportes, receptivo, hospedagem, alimentação, lazer programado, aluguel de espaços, decoração, produção gráfica e visual, segurança e manutenção, entre outros.

Nos espaços de uso turístico edificados em função da demanda temporal, o mercado de eventos tem sido trabalhado de forma progressiva para ocupação da capacidade empresarial instalada, quebra da sazonalidade e sustentabilidade econômica do meio.

No contexto das relações de produção, distribuição e consumo de serviços turísticos, o segmento empresarial mobilizado com o mercado de eventos caracteriza-se pela condição simultânea de presencial e virtual.

A ação presencial se dá na orientação e assessoria para a elaboração de agenda técnica, científica e comercial sustentada, capaz de despertar interesse nos segmentos envolvidos, movimentando recursos, remunerando capitais e trabalho aplicados, dentro de critérios básicos de qualidade exigidos pelo mercado; bem como na supervisão, acompanhamento e controle das ações programadas, observando o cumprimento dos prazos, contratos e compromissos firmados na agenda de trabalho, com os públicos interno e externo.

A ação virtual se materializa pela apurada seleção das empresas e pessoas a serem mobilizadas no cumprimento da agenda de trabalhos programados, utilizando de forma eficiente e eficaz o instituto da terceirização, observados os critérios básicos de domínio tecnológico e idoneidade comercial.

No contexto da atividade turística, a oferta de negócios de hospedagem assume papel importante, em função de possibilitar a permanência dos fluxos visitantes no espaço.

A oferta de equipamentos de hospedagem precisa ser compatível com as características centrais do espaço em que se encontra inserida, com relação seja à localização, ao tipo de edificação, aos equipamentos e serviços de suporte exigidos ou ao conceito final do destino diante do mercado.

O mercado consumidor caracteriza-se pela condição simultânea de pluralidade e singularidade. É plural na medida em que é formado por diversos segmentos distintos em função da faixa etária, categoria funcional e social; hábitos regulares de consumo e valores culturais, quando analisados de per si, indicam a condição singular que lhe é inerente.

A estruturação de negócios de hospedagem necessita considerar as idiossincrasias inerentes ao mercado consumidor, de modo a ofertar equipamentos e serviços que possam ser escolhidos por um ou mais segmentos de consumidores, gerando demanda regular e garantindo a sustentabilidade do empreendimento. Entre as diversas categorias de meios de hospedagem disponíveis no mercado, resgata-se definição dos hotéis de negócios, congressos, residencial, terminais aeroviários ou rodoviários, lazer, pousada, dormitório, refúgio de montanha, apartamento de temporada, *lodge*, albergue e *camping*.

O hotel de negócios tem a unidade habitacional dotada de cama e banheiro, sala de apoio à realização de reuniões de trabalho, com pontos para recepção e transmissão de dados e informações, além da garagem e de serviços de suporte à oferta central; o hotel de congressos, além das instalações do estabelecimento de negócios, oferece espaços, equipamentos e serviços de apoio para realização de eventos coletivos de pequeno, médio ou grande portes; o hotel residencial oferece estrutura básica e serviços similares aos de negócios, caracterizando-se pela operação semanal, quinzenal ou mensal, no processo de contratação junto aos hóspedes; o hotel de aeroportos e terminais rodoviários prima pela cama, chuveiro e pequenos espaços para refeições rápidas; o hotel de lazer distingue-se dos demais estabelecimentos de hospedagem pela oferta simultânea de equipamentos gastronômicos e de apoio aos usuários — saúde, compras, passeios, locação de veículos e embarcações, agenda programada de atividades recreativas, amplos espaços de circulação, entre outros.

A pousada caracteriza-se pela reduzida oferta de unidades habitacionais, serviços de café da manhã e, quando instalada em espaços naturais sustentados, opera ainda passeios e expedições no entorno.

O dormitório, geralmente instalado em eixos rodoviários ou em espaços de ampla circulação comercial, tem na cama o produto exclusivo.

O refúgio de montanha oferece serviços de hospedagem, café da manhã, sala de integração e alguns serviços de apoio, de acordo com o entorno.

O apartamento de temporada oferece basicamente a unidade habitacional para estada.

O *lodge*, instalado em espaço ambientalmente limpo, caracteriza-se pela oferta de serviços básicos de hospedagem e alimentação.

O albergue, dirigido ao segmento jovem, oferece espaço de hospedagem e estrutura coletiva para realização de refeições, higiene pessoal e de vestuário.

O *camping* oferece espaço dotado de pontos de energia, água tratada e coleta de águas sujas, além de lojas de conveniências para atender aos adeptos dessa modalidade de hospedagem.

Além dos serviços oferecidos pelos agentes de turismo, alimentação, bebidas e hospedagem, o segmento de viagens tem na área de transportes contribuição significativa.

O transporte turístico envolve a rede de equipamentos e serviços aéreo, terrestre, ferroviário, marítimo e fluvial, regular ou não, de abrangência local, nacional e internacional disponíveis no mercado.

A gestão privada do turismo exige análise do meio, a definição clara do ramo de atividade e do negócio escolhido, o conhecimento e avaliação dos mercados consumidores, fornecedores e concorrentes, efetivos e potenciais, a localização pretendida, a seleção de pessoas, tecnologias e processos produtivos, a definição do tamanho da organização, das estratégias e preços de comercialização, a projeção de vendas e de fluxos de caixa, para verificar a viabilidade econômico-financeira do negócio proposto.

Empreender é aplicar métodos, técnicas e conhecimentos de administração, para transformar ideias e capitais potenciais em riquezas, trabalho e renda, alavancando o desenvolvimento sustentado do meio.

REFERÊNCIAS BIBLIOGRAFICAS

BERLE, Gustav. *O empreendedor do verde: oportunidade de negócios em que você pode ajudar a salvar a terra e ainda ganhar dinheiro*. Trad. Gladys P. Wiezel. São Paulo: Makron/McGraw-Hill, 1992.

CAMPOS, Luiz Claudino de A. Menescal; GONÇALVES, Maria Helena Barreto; VIANNA, Maria da Conceição de O. *Lazer e recreação*. Rio de Janeiro: Senac Nacional, 1998.

CASTELLI, Geraldo. *Excelência em hotelaria: uma abordagem prática*. Rio de Janeiro: QualityMark, 1994.

CAVASSA, César Ramírez. *La modernización y administración de empresas turísticas*. Cidade do México: Trillas, 1994.

CONELLAN, Thomas K. *Nos bastidores da Disney: os segredos do sucesso da mais poderosa empresa de diversão do mundo*. Trad. Marcello Borges. São Paulo: Futura, 1998.

CUNHA, Licinio. *Economia e política do turismo*. Lisboa: McGraw-Hill, 1997.

DANIELS, John L. & DANIELS, N. Caroline. *Visão global*. Trad. Luiz Liske. São Paulo: Makron, 1998.

DEGEN, Ronald Jean, com a colaboração de Álvaro Araújo Mello. *O empreendedor: fundamentos da iniciativa empresarial*. São Paulo: McGraw-Hill, 1989.

DE MASI, Domenico (org.). *A emoção e a regra: os grupos criativos na Europa de 1850 a 1950*. Trad. Elia Ferreira Edel. 4ª ed. Rio de Janeiro: José Olympio, 1999.

DENCKER, Ada de Freitas Maneti. *Métodos e técnicas de pesquisa em turismo*. São Paulo: Futura, 1998.

DRUCKER, Peter. *Administrando para o futuro: os anos 90 e a virada do século*. Trad. Nivaldo Montigelli Jr. São Paulo: Pioneira, 1992.

EDVINSSON, Leif. *Capital intelectual*. Trad. Roberto Galmann. São Paulo: Makron, 1998.

FISCHMANN, Adalberto Américo. *Planejamento estratégico na prática*. São Paulo: Atlas, 1991.

GALBRAITH, John Kenneth. *A era da incerteza*. 8ª ed. São Paulo: Pioneira, 1986.

GEUS, Ariel de. *A empresa viva: como as organizações podem aprender a prosperar e se perpetuar*. Trad. Lenke Peres. Rio de Janeiro: Campus, 1998.

GIANESI, Irineu G. N. *Administração estratégica de serviços: operações para a satisfação do cliente*. São Paulo: Atlas, 1994.

HESSEBEIN, Frances; GOLDSMITH, Marshall; BECKARD, Richard (orgs.). *A organização do futuro: como preparar hoje as empresas do amanhã*. Trad. Nota Assessoria. 2ª ed. São Paulo: Futura, 1997.

HOROVITZ, Jacques. *Qualidade de serviço: a batalha pela conquista do cliente*. Trad. Eduardo Brandão. São Paulo: Nobel, 1993.

JIMENEZ, Alfonso. *Turismo, estructura y desarrollo*. Cidade do México: McGraw-Hill, 1992.

KIERNAN JR., Matthew. *Os 11 mandamentos da administração do século XXI*. Trad. June Camargo. São Paulo: Makron, 1998.

LINDBERG, Donald E. *Organización y administración de turismo*. Barcelona: Centrum, 1986.

MINTZBERG, Henry. *Safári de estratégia: um roteiro pela selva do planejamento estratégico*. Trad. Nivaldo Montigelli Jr. Porto Alegre: Bookman, 2000.

MOLINA, Sérgio. *Modernización de empresas turísticas: un enfoque para el logro de la calidad total.* Cidade do México: Diana, 1994.

MONTEJANO, Jordi Montanei. *Estructura del mercado turístico.* Madri: Síntesis, 1991.

MORRIS, Tom. *A nova alma do negócio: como a filosofia pode melhorar a produtividade de sua empresa.* Trad. Ana Beatriz Rodrigues & Priscilla Martins Celeste. Rio de Janeiro: Campus, 1998.

NAISBITT, John. *Paradoxo global: quanto maior a economia mundial, mais poderosos são os seus protagonistas menores: nações, empresas e indivíduos.* Trad. Ivo Koytovski. Rio de Janeiro: Campus, 1994.

PADULA, Antonio Domingos. *Empresa familiar.* Porto Alegre: Sebrae, 1998.

PALOMO, Manuel Figueirola. *Elementos para el estudio de la economía de la empresa turística.* Madri: Síntesis, 1991.

PARENTEAU, Alain. *Marketing práctico del turismo en hostelería, restauración, turismo comercial e institucional.* Madri: Síntesis, 1995.

PEREIRA, Heitor José. *Criando seu próprio negócio: como desenvolver o potencial empreendedor.* Brasília: Sebrae, 1995.

SCHMENNER, Roger W. *Administração de operações em serviços.* Trad. Lenke Peres. São Paulo: Futura, 1999.

SLYWOTZKY, Adrian J. & MORRISON, David J. *A estratégia focada no lucro: Profit Zone: desvendando os segredos da lucratividade.* Trad. Ana Beatriz Rodrigues & Priscilla Martins Celeste. Rio de Janeiro: Campus, 1998.

SVEIBY, Karl Erik. *A nova riqueza das organizações.* Trad. Luiz Euclides Trindade Frazão Filho. Rio de Janeiro: Campus, 1998.

TOVAR, J. Ramón Iglesias. *Comercialización de produtos y servicios turísticos.* Madri: Síntesis, 1998.

TRIGO, Luiz Gonzaga Godoi. *Turismo e qualidade: tendências contemporâneas.* Campinas: Papirus, 1993.

_____. *A sociedade pós-industrial e o profissional de turismo.* Campinas: Papirus, 1998.

URRY, John. *O olhar do turista: lazer e viagens nas sociedades contemporâneas.* Trad. Carlos Eugênio Marcondes de Moura. São Paulo: Studio Nobel/Sesc, 1996.

VALLS, Josep Francesc. *Las claves del mercado turístico: como competir en el nuevo entorno.* Bilbao: Deusto, 1996.

YOSHINO, Michael Y. *Alianças estratégicas.* Trad. José Eduardo Ribeiro Moretzsohn. São Paulo: Makron, 1996.

Fundamentos multidisciplinares do turismo: economia do turismo

BEATRIZ HELENA G. LAGE E PAULO CESAR MILONE

INTRODUÇÃO

A disciplina economia do turismo, muitas vezes enfocada por uma dupla visão com temáticas e nomenclaturas distintas, tais como análise microeconômica do turismo e análise macroeconômica do turismo, será a matéria principal a ser tratada neste capítulo. Como disciplina básica em cursos de graduação em turismo e em cursos de pós-graduação em turismo (*stricto* e *lato sensu*), necessita de um entendimento claro de sua conceituação e razão de estudo por profissionais, professores e alunos da área direcionada para o mercado turístico.

Dessa forma, objetiva-se apresentar uma visão geral da disciplina, seu conteúdo programático básico e como deve ser aplicada nas principais instituições de ensino do país. Pretende-se, ainda, propor sugestões de alguns métodos de estudo da ciência econômica aplicada ao turismo, com a inclusão da bibliografia indispensável para uma compreensão inteligível.

No final, o texto apresenta algumas reflexões críticas sobre a importância da organização dos aspectos micro e macroeconômicos no setor turístico, mundial e brasileiro, tendo como alvo possibilitar melhor análise do conhecimento científico sobre o tema em questão, e de como essa visão pode contribuir para que o ensino e a prática sejam adequadamente aplicados em benefício de todos os agentes que atuam no campo do lazer e turismo, com especial destaque para a área educacional.

Descrição e importância basilar da disciplina

A economia adquiriu o *status* de ciência no século XVIII, quando Adam Smith publicou sua clássica obra *A riqueza das nações: uma indagação sobre sua natureza e causa*, escrita em 1776, em Londres, na Inglaterra. Esse momento, representado como um marco do desenvolvimento histórico do capitalismo, pode ser considerado o início dos estudos que se preocupam em investigar como a humanidade decide empregar recursos escassos para satisfazer necessidades ilimitadas dos indivíduos ou, ainda, como são realizadas as tarefas de organização de consumo e de produção em uma sociedade.[1]

Sendo matéria de significativa importância, a economia é definida de maneira mais completa como

> [...] o estudo de como os homens e a sociedade decidem, com ou sem a utilização de dinheiro, empregar recursos produtivos escassos, que poderiam ter aplicações alternativas, para produzir diversas mercadorias ao longo do tempo e distribuí-las para consumo, agora e no futuro, entre diversas pessoas e grupos de sociedade.[2]

Adaptando esse conceito à prática, podemos dizer que economia é o estudo da maneira pela qual os homens decidem utilizar recursos produtivos escassos ou abundantes (terra, mão de obra, bens de capital — incluindo maquinaria, equipamentos, informação, conhecimento técnico, *know-how* e outros fatores de produção) para produzir ou criar várias mercadorias, também chamadas de bens e/ou serviços (como alimentos, vestuário, casas, barcos, carros, aviões, estradas, aeroportos, viagens, jornais e entretenimentos), e distribuí-las aos diversos membros da sociedade para consumo.

Observem que esse exemplo demonstra o relacionamento evidente da economia com todos os setores de produção, distribuição e consumo de uma sociedade, entre eles o setor que chamamos de turismo e que inclui uma multiplicidade de atividades econômicas, tais como: administração pública, setor financeiro, seguros;

---

[1] Beatriz H. G. Lage & Paulo C. Milone, *Turismo: teoria e prática* (São Paulo: Atlas, 1999).
[2] Paul A. Samuelson & William D. Nordhaus, *Economia* (16ª ed. Nova York: McGraw-Hill, 1999), p. 4.

transporte aéreo, ferroviário, hidroviário, rodoviário; alimentos, bebidas, produtos agropecuários, serviços de alimentação; aluguel de imóveis; construção civil, material de construção; educação, saúde, recreação, cultura; fabricação de plásticos, indústria de borracha, máquinas em geral, equipamentos de transporte, produtos eletrodomésticos, produtos metálicos, vidro; indústria de móveis, perfumes, sabão, velas, indústria eleitoral e gráfica, indústria farmacêutica; produtos têxteis e outros manufaturados; comunicação, informação, computadores, energia, saneamento, abastecimento de água; e muitos outros setores da economia que são direta e indiretamente impactados pelo turismo.

A relação é enorme e o estudo de cada uma dessas atividades tem uma relação com a atividade do turismo que, genericamente, pode ser assumida como a manifestação voluntária do deslocamento humano por motivos diversos e que necessariamente envolve a produção de componentes ou recursos fundamentais limitados (transporte, hospedagem, alimentação, lazer e outros) para consumo e satisfação dos indivíduos de sociedades e culturas distintas.

Por uma questão absolutamente teórica, sem qualquer cisão justificável na prática, a ciência econômica é distinguida sob dois enfoques: o micro e o macroeconômico. E, dentro desse panorama, também é aplicado e justificado o estudo da economia do turismo.

- Em se tratando de um estudo do setor econômico particular ou individual, do comportamento isolado dos agentes econômicos: produtores (ou empresas) e consumidores (ou indivíduos) que, respectivamente, produzem e consomem produtos turísticos, podemos assumir o enfoque *microeconômico*, que, de forma particular, objetiva uma análise independente das variáveis econômicas que atuam no mercado, em que se inclui o mercado turístico e que reflete o comportamento dos consumidores (no caso, a demanda turística) e dos produtores (a oferta turística) que objetivam maximizar suas satisfações e seus lucros, respectivamente. A demanda e a oferta são estudadas pela teoria econômica para quaisquer produtos, incluindo o produto turístico, que é também analisado em outros âmbitos de estudo.

- Por outro lado, estudando os aspectos globais da economia, temos a ótica *macroeconômica*, que investiga o comportamento dos agentes econômicos agregados e, em se tratando do setor turístico, aborda sua influência junto à totalidade de fatores produtivos determinantes da renda nacional, do produto nacional, do nível de emprego, de investimentos, do comércio exterior, das exportações e importações, das contas nacionais, da balança de pagamentos, da taxa de câmbio e muitos outros elementos de grandeza integral para o país ou região.

Isso não significa que essas duas abordagens se contraponham. Pelo contrário, existem para serem analisadas em conjunto. Se na teoria micro estudamos o comportamento individual de cada mercado e especificamente o do mercado de produtos turísticos, na teoria macroeconômica essa indução tratará do mercado de bens e serviços como um todo (agregando produtos agrícolas, industriais, serviços de transporte, de hotelaria, de agenciamento, etc.). A abordagem global permite que se estabeleçam relações entre os agregados, possibilitando maior entendimento entre as diferentes interações econômicas, por exemplo, entre os mercados de produtos (bens e serviços), o mercado de trabalho, o mercado monetário, etc. Não há choque algum entre a micro e a macroeconomia, dado que o conjunto da economia é a soma dos mercados individuais. A diferença é primordialmente uma questão de enfoque no estudo da economia do turismo.

Assim é que essa disciplina proposta para os cursos de turismo, em níveis distintos para graduação e pós-graduação, é subdividida e tem sua importância no estudo econômico do turismo. Ela deve explicitar um enfoque claro e simples da ciência pura, e ser aplicada na análise do comportamento particular do mercado do turismo. O estudante ou profissional interessado no enfoque deve receber uma base necessária, sem ser excessiva, nem por demais específica, mas suficiente para um entendimento compreensível da economia e de como saber relacioná-la com o estudo do turismo, sob a ótica micro e macroeconômica.

Por analogia, os termos clássicos microeconomia do turismo, macroeconomia do turismo, demanda turística, oferta turística, produto turístico, etc. foram sendo adotados como aplicações específicas do estudo do mercado de bens e serviços relativos ao turismo, com as respectivas formulações econômicas existentes.

Assim, normalmente em se tratando de um período de estudo de um ano no curso de graduação (ou dois semestres letivos), a disciplina passa a ter melhor aproveitamento se apresentada em duas partes equilibradas: uma relativa à microeconomia do turismo e outra sobre a macroeconomia do turismo, considerando a distinção dos aspectos acima abordados.

Costuma-se, ao iniciar o curso, por ser de entendimento mais simples, oferecer uma visão dos conceitos gerais da economia e da microeconomia do turismo, deixando a análise macroeconômica do turismo para o segundo momento. Ambas são igualmente importantes e necessárias, mas, em termos didáticos, os estudantes demonstram entender melhor o funcionamento da economia quando apresentados primeiramente os conceitos das variáveis: demanda, oferta e mercado turístico, que direcionam para o planejamento que deve visar o desenvolvimento econômico. Regularmente, observa-se que há maior resistência e dificuldade — seja pela complexidade da matéria, seja pela maior abstração exigida na teorização — quando se aborda o aspecto macroeconômico do turismo.

Visão geral da matéria e intercâmbio com outros ramos de estudo em lazer e turismo

Para o estudo da economia do turismo pressupõe-se a apresentação anterior de disciplinas obrigatórias, em uma sequência gradativa de conhecimentos teóricos. Recomenda-se que sua apresentação seja posterior a uma análise estrutural do turismo quando conceitos e formulações de sua organização, sistematização e dinâmica já tenham sido tratados. Em cursos de graduação de quatro anos, o período ideal para o estudo é no segundo ano. Em se tratando do relacionamento da matéria economia do turismo com outros ramos de estudo, considera-se fundamental posicioná-la de acordo com o oferecimento de outras áreas de conhecimento, citadas a seguir.

História e cultura

A história da cultura, da comunicação e do turismo relacionam-se com a história do pensamento econômico. No caso, ao se considerar marco central das correntes econômicas existentes, em especial, as teorias de Adam Smith e o relacionamento delas com as de outros economistas clássicos *a posteriori*, como Thomas Malthus, David Ricardo, Karl Marx e John Maynard Keynes, do século XVIII ao século XX, observamos que o turismo deriva do *grand tour*, costume dos nobres aristocratas ingleses mandarem seus filhos jovens e ricos estudarem no exterior, acompanhados de tutores, revelando até certo ponto uma demonstração social do novo *status* e poderio econômico da classe dominante da sociedade da época renascentista, na Inglaterra, em fins do século XVII e início do século XVIII. Por outro lado, no decorrer dos períodos subsequentes, com as invenções e o surgimento da mídia até então desenvolvidas (jornais e revistas, bem como fotografia, cinema, telégrafo, telefone, rádio, televisão, computador, etc.), o mundo parece que passou a girar mais rapidamente e as sociedades, a assimilar cada vez mais rapidamente comportamentos e modos de pensar e de agir sob a influência da comunicação de massa, que tende a motivar ainda mais hábitos e necessidades de consumo — entre eles o desejo de viajar por vários lugares de distintas formas, maneiras e situações. Aliada aos avanços tecnológicos, à melhoria do sistema de transportes, ao aumento da renda da população e à ampliação do tempo livre para o lazer e as viagens, a comunicação surge como fator socioeconômico fundamental no desenvolvimento do turismo, que, caracterizado por um tipo de serviço à disposição dos homens da sociedade industrial moderna, passa a ser integrado de maneira significante em todos os setores, tornando-se imprescindível para as atividades econômicas e negócios da sociedade capitalista moderna.

Sociologia

A sociologia do turismo e lazer tem um elo com a economia pela possibilidade de discussão das transformações sociais do mundo moderno, incluindo as viagens. Visa propiciar o entendimento dos efeitos que o turismo tem sobre o comportamento dos agentes econômicos, em especial sobre os indivíduos, a família, outros grupos e a sociedade em geral. Procura analisar as repercussões que o lazer, o tempo livre e as viagens exercem sobre as populações de polos emissores e receptores de turismo, bem como a aparição de novos estilos de vida, de consumo, de produção e de motivações de deslocamento humano organizado.

Geografia

Os fundamentos geográficos, demográficos (população, urbanização, migração, taxa de mortalidade, natalidade, estimativa de vida, etc.) relacionam-se com a economia, possibilitando diversas reflexões sobre a dimensão espacial do turismo e suas múltiplas interações, entre elas as principais implicações de desenvolvimento econômico da atividade turística. O comportamento do turismo pode ser, ainda, relacionado com dados populacionais, do nível de emprego e outros indicadores econômicos aplicados a países desenvolvidos e em via de desenvolvimento.

ECOLOGIA

O meio ambiente é composto de riquezas econômicas que, quando utilizadas para promover satisfação pela atividade do turismo, podem gerar impactos ambientais, sociais, culturais e econômicos. A visão da ecologia aliada à economia objetiva uma tentativa de minimizar os efeitos negativos que o turismo possa ocasionar, de forma a promover um desenvolvimento equilibrado e sustentável.

COMUNICAÇÃO E LINGUAGEM

A língua portuguesa, em especial a redação e a expressão verbal (que contribuirão também para monografias, dissertações e teses), e o idioma (inglês e/ou espanhol, preferencialmente) são fundamentais para a disciplina economia do turismo, quer seja pela elaboração de trabalhos, seminários e provas, quer seja na preparação de projetos e apresentações práticas escritas e orais. O idioma é indiscutivelmente necessário, com uma evidente importância de aprender outra língua — e aprendê-la bem. Pela proximidade e potencialidade da América Latina, o espanhol passa a ser uma escolha atraente, muito embora o inglês seja básico. Nesse aspecto, aliás, Naisbitt comenta que "para ter realmente êxito profissional, é preciso ser trilíngue: ser fluente em inglês, espanhol e computador".[3]

MÉTODOS

A metodologia da pesquisa científica, algumas noções de estatística e o uso de técnicas básicas de informática (computador, internet, etc.) são ramos de estudo integrados com a economia do turismo. Com base em dados empíricos, visam propiciar uma iniciação metodológica em pesquisas, estudos e trabalhos profissionais, com objetivo de dar suporte às propostas formuladas. Por se tratar de um problema científico, envolvem métodos estatísticos e econométricos na avaliação dos resultados, bem como o uso de práticas modernas como a computação para o uso de textos, gráficos, tabelas, funções explicativas do comportamento das variáveis econômicas e outras alternativas.

---

[3]   John Naisbitt, *Megatrends* (São Paulo: Nova Cultural, 1984), p. 76.

Direito

A noção básica do regime jurídico do turismo, entre outros objetivos, deve apresentar os instrumentos legais e normativos que disciplinam o papel do agente governamental estatal no processo de planejamento e desenvolvimento econômico do turismo, bem como dos que regulam as relações contratuais de seus agentes econômicos. Com referência à economia do turismo, procura identificar a cadeia produtiva turística e as relações legais entre as empresas atuantes na atividade com outras empresas turísticas, por exemplo, as companhias aéreas, hoteleiras, operadoras de viagens, etc.

Administração

A administração com enfoque para as empresas de turismo (aplicada em especial na hotelaria, agenciamento de viagens e sistema de transportes) está diretamente relacionada com o turismo. Igualmente a conceituação de marketing turístico e, principalmente, o planejamento que deve coordenar o processo de decisão econômica ao longo do tempo, influenciando e controlando o crescimento das principais variáveis econômicas, envolvem a investigação da demanda turística e o levantamento da oferta turística de forma a alcançar um conjunto de objetivos e estratégias predeterminadas. Em acordo com Lage e Milone,

> por ser uma vasta e complexa indústria, o turismo deve ter as suas diretrizes de crescimento programadas por meio de um plano econômico definido como um conjunto específico de metas econômicas quantitativas e qualitativas a serem atingidas em dado período de tempo.[4]

Educação

Acrescenta-se a essa listagem o relacionamento da economia do turismo com a área de educação, pelo significativo número de pessoas interessadas profissionalmente em práticas direcionadas para as atividades do setor turístico. Além dos alu-

---

[4]   Beatriz Helena G. Lage & Paulo Cesar Milone, *Economia do turismo* (4ª ed. Campinas: Papirus, 1999), p. 107.

nos de turismo, é hoje notória a procura de empregos no campo da atividade turística por bacharéis em economia, administração, comunicação, engenharia, arquitetura, direito, etc., tanto em cursos de especialização[5] como de pós-graduação (mestrado e doutorado).

METODOLOGIA DE ENSINO E PLANO DE ESTUDO (SUGESTÕES PRELIMINARES)

Tendo em vista um modelo básico do que importa ser oferecido em termos de conteúdo programático, objetivando uma descrição das subdisciplinas derivadas da disciplina-mãe, economia do turismo, sugerimos a apresentação de uma estrutura de ensino na qual sejam gradativamente introduzidas noções sobre:

- a evolução do pensamento econômico, por meio de uma breve retrospectiva histórica;
- os principais conceitos econômicos que também são utilizados no setor do turismo;
- a análise microeconômica do turismo;
- a análise macroeconômica do turismo.

EVOLUÇÃO DO PENSAMENTO ECONÔMICO

Aparentemente o termo *oikosnomos*, ou economia, surgiu com Aristóteles (384-322 a.C.), que, na Grécia Antiga, o menciona em seus estudos sobre finanças públicas, administração privada e conceitos de troca. No entanto, é notório que nos períodos antigos a atividade econômica era assumida como parte integrante da filosofia, moral e ética. A partir do século XVI, com o mercantilismo, o entesouramento de riquezas de uma nação e o acúmulo de metais dão surgimento às primeiras manifesta-

---

[5] Em se tratando da linha de cursos de especialização em economia do turismo, a Fundação Instituto de Pesquisas Econômicas (Fipe) desenvolve o curso de pós-graduação em economia do turismo, coordenado e ministrado por docentes doutores da Faculdade de Economia, Administração e Contabilidade (FEA) e da Escola de Comunicações e Artes da Universidade de São Paulo (ECA) da USP, objetivando propiciar uma visão global e atualizada da atividade com enfoque nas diversas áreas econômicas de atuação do mercado brasileiro e internacional. Propõe, ainda, colaborar na formação profissional de recursos humanos, especialmente direcionada para o aprimoramento técnico e científico de estudos multidisciplinares do setor turístico.

ções do Estado em assuntos econômicos. Segue a fisiocracia no século XVII, de pouca expressividade na área econômica, como reação ao mercantilismo, com a fundamentação de que a terra era a única fonte de riqueza. A partir do século XVIII, entretanto, na era clássica, surgem os precursores da moderna teoria econômica, como Adam Smith, David Ricardo, Jean Baptiste Say, Thomas Malthus, John Stuart Mill e outros. Segue a teoria neoclássica com Alfred Marshall e, finalmente, a era keynesiana com John Maynard Keynes, no século XX, dando seguimento, no período recente, a formulações teóricas de outros economistas, entre eles, Paul A. Samuelson.

Essa colocação histórica pode parecer supérflua, mas, para a compreensão da ciência econômica, explica muito. Se puder ser abordada de forma breve no curso, em seus tópicos principais e em especial analogicamente atrelada à história do turismo,[6] vai facilitar muito o entendimento global da matéria. Em particular, cada fase, cada expoente do período clássico, com suas respectivas obras, ajuda a sintetizar a teoria econômica. Por exemplo, Alfred Marshall tem um trabalho mais voltado para a formalização da análise microeconômica com estudos do comportamento do consumidor e da maximização de sua utilidade, enquanto John Maynard Keynes, em função do momento crítico de sua época, de grande desemprego na Inglaterra e da quebra da Bolsa de Nova York, discutindo primordialmente seu relacionamento com o nível de produção nacional, faz uma abordagem mais direcionada para a macroeconomia.

CONCEITOS ECONÔMICOS E TURISMO

Metodologicamente, de início, é conveniente ter bem entendidas as ideias principais da economia de forma a saber corretamente aplicá-las ao turismo. Para tanto, recomenda-se investir um tempo de estudo reforçando o raciocínio sobre as noções gerais de economia e de turismo por meio de uma relação de palavras-chave, tais como: riqueza, necessidade, escassez, escolha, utilidade, bens e serviços, recursos, produto, setores de produção, fatores de produção, produção, distribuição, consumo, agentes econômicos e problemas econômicos.

Por exemplo, riqueza, em termos econômicos, é o acúmulo do produto derivado do trabalho de transformação do ser humano. Pela impossibilidade de não ter todos os bens e serviços à sua disposição, o homem gera um conjunto de novas riquezas

---

[6] Como sugestão na abordagem histórica do turismo, recomenda-se a leitura de Maxime Feifer, *Tourism in History: from Rome to the Present* (s/l.: Stein and Day, 1985).

que visam proporcionar satisfação (utilidade) e que venham suprir a escassez de recursos. Observe que, definindo um conceito econômico, outros mais também precisam ser interpretados, valendo a analogia para a economia aplicada ao turismo. No caso, a construção de uma estrada ou de um aeroporto, ou mesmo de um hotel — derivado do trabalho de transformação do ser humano que venha a satisfazer as necessidades dos homens (inclusive turistas, viajantes) — são exemplos de produtos econômicos relativos ao setor turístico representativo de riqueza para uma nação.

Análise microeconômica do turismo

Com o objetivo de apresentar o comportamento dos agentes econômicos de forma particular, a análise microeconômica do turismo deve evidenciar as variáveis econômicas mais relevantes no processo de tomada de decisão dos consumidores e produtores que atuam no mercado de viagens, turismo e lazer sob a ótica teórica, incluindo representações gráficas.

Deve analisar fundamentalmente os fatores referentes ao preço dos produtos e a renda dos consumidores que influenciam a demanda, e os fatores relativos aos custos que alteram a oferta das empresas turísticas. Procura estimular o raciocínio prático sobre os diferentes tipos de mercado, elasticidade dos produtos turísticos, sazonalidade, estratégias e outras características do mercado turístico.

De maneira geral, sua abordagem deve ser subdividida em três análises, a saber:

Demanda turística

Comentada em muitas obras, citada por diversos autores, o estudo da demanda é originado da economia. Conceitualmente, ao mencionar demanda turística estamos nos referindo ao comportamento do agente econômico consumidor de produtos turísticos (ou turista, viajante), o que, no caso, deve expressar a quantidade do bem e/ou serviço turístico que esses consumidores desejam adquirir por dado preço, em determinado período de tempo.

Dessa maneira a demanda turística, em sendo quantificada em termos de fluxos turísticos, quartos de hotel, assentos ocupados de avião, carros alugados para passeios, receita proveniente de entradas de visitantes, etc., é uma variável econômica, embora seja abordada por vários autores, em distintas áreas de especificidade.

Por exemplo, Boniface e Cooper,[7] estudando a geografia dos recursos turísticos, fazem menção em vários capítulos de seu livro à demanda (e também a oferta) turística nas ilhas Britânicas. Igualmente Boullón,[8] ao descrever o sistema turístico, cita com propriedade a demanda (e a oferta) turística.

O conhecimento real da demanda deve, entretanto, ser prévia e basicamente compreendido pela teoria econômica, para depois aplicar-se a todas as áreas do conhecimento científico. De fato, o estudo da demanda turística objetiva levar a uma análise mais profunda que fundamente a discussão sob muitos outros enfoques, como planejamento, marketing, negócios, estratégias, crescimento, desenvolvimento, etc., como observamos em tantas obras e, em especial, na de Witt, Brooke e Buckley.[9]

O estudo da demanda, porém, envolve a matemática e métodos e, dessa maneira, sob o prisma econômico, a demanda (ou equação da demanda) pode ser expressa como uma função de variáveis chamadas independentes, apresentadas como fatores que influenciam a demanda turística, dos quais devem ser citados: o preço dos produtos turísticos procurados, a renda dos consumidores, os preços dos outros bens e serviços e, ainda, os hábitos, gostos, preferências dos indivíduos. Cada uma dessas variáveis influencia a quantidade consumida de produtos do setor turístico.

Recomenda-se, pois, que as variáveis sejam bem estudadas, dando particular destaque para o preço dos produtos turísticos e para a renda dos consumidores, sem esquecer que variam em função do momento de análise — logo, o período tempo deve ser constantemente enfatizado.

Além de um enfoque teórico (conceitual, matemático, com aplicações práticas) é preciso que sejam apresentadas suas conotações de forma gráfica. A análise microeconômica da demanda turística, sob o enfoque puramente teórico, necessita de representações gráficas para sua total compreensão, e no estudo da disciplina de economia aplicada ao turismo, não podem deixar de ser expressas graficamente as principais curvas explicativas da quantidade demandada em função das variáveis independentes (preço e renda). Essa é uma diferença básica de livros de economia — quando estudam a demanda — de outros ramos do turismo e lazer que não abordam especificamente o estudo econômico, mas que presumem o conhecimento da demanda; geralmente, não apresentam o comportamento das variáveis no sentido gráfico.

---

[7] Brian G. Boniface & Christopher P. Cooper, *The Geography of Travel and Tourism* (Londres: Heinemann Professional, 1988).

[8] Roberto C. Boullón, *Planificación del espacio turístico* (2ª ed. Cidade do México: Trillas, 1991).

[9] Stephen F. Witt *et al., The Management of International Tourism* (2ª ed. Londres: Prentice Hall, 1995).

No que tange à demanda (e também à oferta) turística, o estudo da economia do turismo requer que seja enfatizada uma característica fundamental descrita pelo conceito de elasticidade do produto. Em se tratando do grau de sensibilidade da demanda em relação a mudanças nos preços de determinado produto turístico — chamada de elasticidade preço da demanda — deve ser expressa como o quociente entre a variação percentual na quantidade demandada do produto e a variação percentual em seu preço. Geralmente, o aluno não consegue entender imediatamente a elasticidade da demanda, que, se explicada por um exemplo com aplicações de matemática e formulações gráficas, logo vai facilitar a sua compreensão, inclusive para o caso da oferta. Os exemplos de turismo de diversão e lazer (demanda elástica) comparados ao turismo de negócios (demanda inelástica) são sempre muito compreendidos pelos interessados na matéria.

A elasticidade leva a novas discussões de abrangência geral, como a influência da sazonalidade na indústria turística. Por envolver período temporal, relaciona-se com a análise econômica e precisa ser discutida em conjunto com a análise da demanda e da oferta. A oferta turística é prejudicada pela existência de flutuações da demanda de curto prazo por temporada e por se tratar de um grave problema para o desenvolvimento da atividade turística, causando elevados custos econômicos; as empresas devem tentar minimizá-la para que a distribuição da demanda turística ocorra de forma homogênea e regular durante o ano. A ideia de sazonalidade ameniza a teorização econômica necessária da disciplina e, ao mesmo tempo que possibilita o entendimento do funcionamento da atividade, permite o enriquecimento do assunto com muitas aplicações práticas e sugestões de estratégias mercadológicas no turismo, entre as quais aproveitam-se as políticas de preços.

A demanda turística, no entanto, não deve ser interpretada sem a noção de oferta turística, que, como as duas faces de uma moeda — onde a cara e a coroa estão juntas —, complementam a noção teórica básica da microeconomia.

OFERTA TURÍSTICA

De forma análoga à demanda, a oferta turística representa o comportamento individual dos produtores (empresas e agentes que produzem o produto que se vende no setor turístico). Objetivando a maximização do lucro, a oferta turística é também expressa por uma função matemática que deve mostrar a quantidade de um bem ou serviço turístico oferecido no mercado, a cada nível de preço, durante determinado período de tempo considerado. Ressalta uma necessidade didática em enfatizar e explicitar sua importância com relação ao preço do bem e/ou serviço oferecido e o tempo analisado.

Os fatores que influenciam a oferta de um produto turístico que devem ser apresentados são o preço dos produtos turísticos oferecidos; o preço dos outros bens da economia que pode reduzir ou aumentar o nível da atividade turística; o nível do avanço tecnológico; e o papel do governo, que, com suas respectivas tributações ou subsídios na economia, pode alterar o comportamento das atividades no setor turístico.

A oferta turística deve ser vista, na verdade, como o estudo do comportamento das empresas que atuam no mercado produzindo um tipo de produto que se relaciona direta e indiretamente com o turismo, e sua análise requer, ainda, ilustrações com representações gráficas (comparativas com as apresentadas no estudo da demanda). As condições da oferta, por estarem relacionadas com os custos de produção, devem refletir os custos fixos, variáveis, totais, médios, marginais e outros estudados pela chamada teoria dos custos de produção. Na análise da teoria da produção objetiva-se saber identificar o melhor nível de produção que maximiza a produção de um produto turístico por determinado preço. Assim, conhecendo-se o preço e a quantidade de produção, obtém-se a receita total, que, por sua vez, comparada ao custo, apresenta o lucro para cada nível de produção.

Notadamente, o entendimento mais detalhado dessa análise importa em uma preocupação da relação tecnológica entre a quantidade física de produtos e de fatores de produção (terra, capital e trabalho), bem como o estudo dos preços dos insumos nessa produção. Por ser uma análise mais complexa, que requer tempo e profundidade na economia, geralmente não é apresentada em cursos de economia do turismo, muito embora a leitura específica deva ser de grande utilidade prática para aplicação pelas empresas turísticas.

Mercado turístico

O mercado turístico pode ser considerado uma vasta rede de informações sobre o produto turístico (e todos os outros que com ele se relacionam), de modo que os agentes econômicos envolvidos — no caso os consumidores (por meio da demanda) e os produtores (por meio da oferta) — tomem as decisões necessárias independentemente, para que a sociedade possa resolver os problemas fundamentais de toda economia a respeito de: o que produzir? Para quem produzir? Como e quanto produzir?

Por meio da apresentação prévia da demanda e da oferta turística torna-se importante ressaltar que as trocas de informações entre os compradores e vendedores serão efetuadas pelos preços dos bens e serviços turísticos, que constituem o mecanismo fundamental em todos os sistemas de mercado.

É bom recordar que, geralmente, na demanda e na oferta, os agentes econômicos não têm a mesma intenção de compra e venda quanto ao preço do produto turístico de demanda e de oferta e, no caso, a visualização do mercado turístico deve objetivar apresentar o equilíbrio teórico de mercado, facilitado pela representação de curvas gráficas da demanda e oferta (anteriormente discutidas) que relacionam a quantidade procurada e ofertada com relação ao preço. Por meio de exemplos numéricos, pode-se constatar que o ponto de equilíbrio de mercado é o ponto de interseção das curvas de demanda e de oferta turística, em que teoricamente considera-se não haver escassez nem excesso de produto. O estudo deve ser detalhado, com apresentação gráfica e exemplos hipotéticos, considerando algumas aplicações da teoria de mercado turístico.

No estudo de mercado, por existirem muitas empresas produzindo bens e serviços turísticos — especialmente aquelas que se destacam pelo conjunto de instalações, edificações, infraestrutura e serviços indispensáveis ao desenvolvimento da atividade turística, tais como meios de hospedagem (hotéis, pousadas, motéis, acampamentos, etc.), serviços de alimentação (restaurantes, lanchonetes, bares, etc.), entretenimento (parques, clubes, marinas, estádios, etc.), equipamentos diversos (operadoras, agências de viagens, transportadoras, locadoras, casas de câmbio, bancos, museus, etc.), sistemas de transportes (aeroportos, rodoviárias, etc.), sistema de comunicações (agências postais, postos telefônicos), equipamentos vários (postos hospitalares, delegacias de polícia, corpo de bombeiros, etc.) e outros sistemas (saneamento, água, eletricidade, gás, etc.) —, é preciso caracterizar a estrutura de mercado em que atuam por meio de uma classificação dos principais tipos de mercado existentes. Para tanto, importa descrever o entendimento dos principais mercados de competição perfeita, competição imperfeita, monopólio e oligopólio, bem como relacioná-los com a estrutura do mercado turístico analisado. Por exemplo, ao se falar em mercado de oligopólio, em se tratando de um mercado com poucos vendedores, detentores de grande poder pelo conhecimento dos preços que podem ser praticados, temos de lembrar os serviços das empresas que compõem a indústria do transporte aéreo brasileiro e, inclusive, a indústria automobilística nacional.

Na maioria dos casos práticos, é bom lembrar que ocorre uma situação intermediária entre os vários tipos de mercados estudados, nos quais muitas firmas oferecem tipos diferenciados de produtos que se destacam por atributos distintos, seja pela marca, apresentação física, qualidade, embalagem, etc.; esse mercado é mais conhecido como mercado de competição imperfeita. A introdução desse tipo de discussão permite o enriquecimento do estudo para o conhecimento de muitos tipos de empresas que atuam no setor turístico e tal análise pode vir a ressaltar novas áreas de interesse sobre o assunto, como investimentos em propaganda, qualidade e eficiência dos serviços turísticos, políticas e estratégias de marketing, planejamento, etc.

De forma muito especial, essa análise microeconômica é justificável para o conhecimento de novas outras matérias no estudo do turismo, em especial o planejamento econômico que, em âmbito global, necessita ser feito com base em um minucioso estudo de mercado turístico, em que há de se efetuar uma investigação da demanda turística e avaliação da oferta turística com seus atrativos, equipamentos e serviços de empresas na área turística, conforme os critérios anteriormente descritos.

Análise Macroeconômica do Turismo

Com o objetivo de apresentar o comportamento dos principais fluxos agregados macroeconômicos, de forma global, a macroeconomia do turismo estuda o funcionamento da economia como um todo, destacando a participação do turismo nesse contexto-mor. Ela procura discutir os principais conceitos macroeconômicos, de forma a compreender o impacto de alterações várias, inclusive políticas econômicas, sobre o setor turístico. Para seu entendimento básico devem ser explicitados o significado e o funcionamento dos seguintes termos econômicos com exemplos aplicados ao turismo: fluxo circular da renda, produto nacional, renda nacional, efeito multiplicador, balanço de pagamentos, taxa de câmbio e outras noções macroeconômicas.

A soma de todos os mercados, na qual se inclui o mercado turístico e os vários inter-relacionamentos entre os grandes agregados, permite uma compreensão maior de algumas das interações mais relevantes da economia do turismo.

Entre os principais aspectos que devem ser lembrados na análise macroeconômica, temos de considerar principalmente os seguintes tópicos:

FLUXO CIRCULAR DA RENDA, PRODUTO NACIONAL E RENDA NACIONAL

Como uma continuação complementar da microeconomia recomenda-se que seja feita uma exposição do fluxo circular da renda, em seu sentido de economia fechada e, posteriormente, de economia aberta, que inclui a introdução de uma análise com a interferência do governo, o comércio exterior (importação e exportação) e o mercado monetário com investimentos (incluindo a poupança).

Sob o enfoque simplificado de economia fechada, o modelo deve ser baseado por um entendimento da relação dos fluxos físicos e monetários que se processam entre os indivíduos e as empresas. Os indivíduos oferecem fatores de produção (terra, capital e trabalho) em troca de pagamento (salários, juros e lucros). No caso, os empregados de empresas que funcionam no mercado turístico trabalham e são remunerados nessa fase. Por outro lado, essas empresas, por exemplo, uma empresa hoteleira, produzem bens e serviços finais colocados à disposição dos indivíduos, que podem vir a consumir esse serviço de hospedagem, revertendo um novo fluxo de gastos de consumo para os produtores de bens e serviços, no caso especial, para o hotel. O ideal é delinear a relação exposta por meio de uma figura gráfica que visualize a relação entre os fluxos monetários e reais, com ilustração direcionada para o turismo, em especial.

Dessa dedução é, consequentemente, apresentada a origem da renda nacional e do produto nacional. Este último, também conceituado pela soma dos valores monetários de todos os bens e serviços produzidos em um país ao longo de determinado período de tempo, merece uma análise explicativa de sua distinção do Produto Interno Bruto (PIB), com discussões práticas sobre a participação do volume de receita do setor turístico no contexto mundial e também entre vários países, com uma análise para o caso brasileiro.

Além disso, esse estudo permite avaliações econômicas sobre a renda nacional — como a soma de todas as rendas monetárias recebidas pelos indivíduos de um país ao longo de determinado período de tempo —, bem como sobre o nível de emprego, em particular aquele gerado pelo setor turístico analisado pela macroeconomia.

Eis que o nível de emprego e da renda nacional são assuntos abordados nessa análise de agregados e, em se tratando do turismo, os impactos gerados pela atividade sobre eles. Igualmente importam os efeitos que o turismo representa como meio de distribuição de riquezas entre países e entre regiões, revelando uma transferência monetária, sob o enfoque econômico (além do aspecto social, cultural, natural, etc.), que pode vir a beneficiar o crescimento e o desenvolvimento da região, pois estimula os investimentos na indústria turística.

Nessa análise macroeconômica há de se lembrar dos efeitos inflacionários advindos de aumentos de custos, bem como da elevação de preços ocasionados pelo crescimento de fluxos de demanda. Para entendimento global da matéria recomenda-se a abordagem de interessantes situações práticas, por exemplo, um possível declínio de emprego na agricultura em virtude de altos atrativos na indústria turística, fazendo que o empregado prefira mudar de ocupação, fascinado pelo trabalho urbano e seus salários, criando um desequilíbrio econômico para o local onde esse fato ocorre. Idem para o caso da sazonalidade — assunto já abordado na microeconomia – que pode provocar uma instabilidade na captação de recursos humanos e, consequentemente, problemas econômicos e sociais.

Efeito multiplicador no turismo

Uma importante observação deve ser lembrada nos cursos de economia do turismo, em se tratando do efeito multiplicador gerado pelo turismo: seu impacto pode vir a ser significativo se forem reduzidas ou inexistentes as importações, sendo preciso que essa afirmação seja comprovada pela formulação matemática do conceito de multiplicador na economia, assumido como um coeficiente numérico representativo do fenômeno por meio do qual algum acréscimo ou decréscimo inicial dos gastos totais em produtos turísticos irá ocasionar uma elevação ou diminuição mais do que proporcional do nível de equilíbrio da renda nacional. Na determinação do efeito multiplicador do turismo é preciso considerar a propensão marginal a consumir, a propensão marginal a poupar e, ainda, a propensão marginal a importar. Normalmente, para o entendimento do multiplicador no turismo, importa explicar seu funcionamento sob uma base hipotética, com exemplos de diferentes valores de propensão, incluindo o caso de se assumir uma situação na qual não haja importação de produtos turísticos para atender a demanda dos turistas de uma região.

Relembrando Keynes, o multiplicador no turismo (sob enfoque de renda, emprego, produto, receita, etc.) é importante para o planejamento eficiente do setor turístico, uma vez que permite aos responsáveis quantificar a magnitude dos diferentes impactos que são determinados derivados do consumo dos produtos turísticos, e dependerá em grande parte da intensidade das relações entre os setores, sendo influenciadas pelo tamanho e grau de desenvolvimento econômico da economia de cada região ou país. Witt e Moutinho[10] citam coeficientes numéricos para várias regiões, demonstrando sua aplicabilidade prática, que deve sempre ser assumida com restrição pela necessidade de importação de produtos necessários para atender a demanda turística. Em lugares em que essa importação é grande, lembrando o caso de Bahamas, Ilhas Cayman, Ilhas Virgens Britânicas, o efeito multiplicador é menor que a unidade, dando margem a deduções de que uma indução de gastos na atividade turística pode vir a representar um aumento menos do que proporcional do nível da renda nacional nessas regiões, não sendo, portanto, aconselhável estimular o turismo como única fonte de riqueza da região.

Crescimento e desenvolvimento econômico também merecem uma análise especial, não devendo ser confundidos nas suas interpretações. Para o turismo, aspectos físicos, como aumento do fluxo de turistas para uma região, envolvem crescimento econômico, enquanto só pode haver desenvolvimento se envolverem variáveis qualitativas que melhorem o nível da atividade turística e da população local, por exemplo, a construção de novos aeroportos, estradas, serviços de abastecimento de água, energia, esgoto, etc. Em se tratando de economia do turismo, esses dois diferentes conceitos devem ser sempre lembrados, especialmente pelo fato de o turismo vir a gerar efeitos distintos em países desenvolvidos e em países em desenvolvimento pela grande disparidade na distribuição de renda de cada um. Existem países considerados receptores de fluxos turísticos — notadamente os países em desenvolvimento –, em que as rendas *per capita* são baixas e as necessidades de recursos econômicos, muito grandes, incluindo aqueles que são exigidos para atender as atividades turísticas. No caso de países desenvolvidos, geralmente de forte fluxo emissor de turismo, com rendas altas, os impactos do turismo são mais controlados e os ganhos da atividade notadamente melhor distribuídos em termos de criação de empregos, diminuição de desigualdades regionais e geração de divisas.

Balanço de pagamentos, taxa de câmbio e outras medidas agregadas

Apresentado sob a estrutura do FMI, o balanço de pagamentos deve destacar na disciplina economia do turismo — na análise macroeconômica — a composição da balança de serviços e, em especial, o item viagens internacionais. Essa categoria

---

[10] Stephen Witt & Luiz Moutinho, *Tourism*: *Marketing and Management Handbook* (Londres: Prentice-Hall, 1989), pp. 529-531.

inclui, no lado da receita, os ganhos obtidos pelos turistas e homens de negócios procedentes do exterior e temporariamente em viagem pelo país; e no lado da despesa, registra os gastos dos residentes no país em suas viagens para o exterior.

Em se tratando de um registro contábil de todas as transações realizadas entre os residentes de um país e os de outros países do mundo, deve envolver o entendimento de receita turística e de despesa turística, devidamente explicitadas em termos numéricos para diferentes países, especialmente para o Brasil.

Importa ressaltar, no entanto, que há divergências de dados estatísticos da balança de pagamentos fornecidos pelo Banco Central e pelo Instituto Brasileiro de Turismo (Embratur), deixando clara a necessidade de se adotar uma padronização confiável sobre os valores de receita do turismo receptivo e da despesa do turismo emissivo no Brasil, conforme analisado por Lage.[11]

Nesse tópico, ainda, hão de se esclarecer os critérios adotados pela metodologia específica da Embratur para a estimação do saldo líquido entre a receita e a despesa turísticas, entre eles os dados estatísticos referentes ao movimento físico do turismo receptivo e emissivo, os de permanência média dos turistas e, também, os gastos médios *per capita* (que não incluem as passagens aéreas internacionais).

Com base nessas informações, é possível uma comparação da participação do turismo brasileiro com relação a outros países do mundo, objetivando demonstrar a real *performance* do setor turístico no contexto das economias nacional e internacional.

Além do mais, é preciso o esclarecimento de que, em termos de polos turísticos emissores e receptores, nem sempre os países emissores, notadamente os desenvolvidos, têm necessariamente um superávit na conta turismo da balança de pagamentos. É só observar casos de países mencionados por Witt e Moutinho,[12] como a Alemanha, Japão, Austrália, etc., que têm saldos deficitários derivados de maior saída de turistas do país, e veremos que o fato não necessariamente representa um aspecto econômico negativo para o país.

Por fim, em se tratando da taxa de câmbio devemos ressaltar que no estudo das relações econômicas internacionais, pelo envolvimento que o turismo acarreta entre o comércio de bens e serviços entre os países, havendo a existência de duas moedas diferentes, é necessário que seja fixada uma relação de troca entre elas, que é a chamada taxa de câmbio. Para um estudo completo da economia do turismo é importante o conhecimento da taxa de câmbio, que deve ser analisada como a re-

---

[11] Beatriz Helena Gelas Lage, "Contradições: conta turismo brasileira", em *Revista Comunicações e Artes*, ano 14, nº 20, abril 1989, pp. 45-50.
[12] Stephen Witt & Luiz Moutinho, cit., p. 475.

lação entre o valor de duas ou mais unidades monetárias, indicando o preço, em termos monetários nacionais, da divisa estrangeira equivalente. Envolve intervenção governamental e representa um fator extremamente significativo no movimento dos fluxos turísticos dos países.

Outras medidas podem e devem ser analisadas em se tratando de macroeconomia do turismo. Estudos mais profundos sugerem envolvimento de uma análise da atividade econômica do turismo com comércio internacional, exportação e importação, oportunidade de investimentos, outras contas nacionais, demanda e oferta agregadas, taxas inflacionárias, políticas governamentais, setor público, teoria monetária, gastos do governo, regulamentação dos mercados, economia regional e urbana, organização industrial, papel da agricultura, economia do meio ambiente, bem-estar da sociedade, população e crescimento, emprego, educação, distribuição de renda, desenvolvimento econômico, etc.

Lentamente o estudo vem ganhando espaço e a tendência leva a crer que a matéria venha a ser futuramente aplicada nessas áreas e em muitas outras, pelo interesse e reais benefícios que a informação precisa e ativa da economia do turismo propicia aos envolvidos, notadamente por todos os agentes econômicos que participam da cadeia produtiva de atividades do setor turístico mundial e, particularmente, no Brasil.

COMPREENSÃO DO ESTUDO DA DISCIPLINA ECONOMIA DO TURISMO NO CENÁRIO ECONÔMICO GLOBAL

O crescimento e o desenvolvimento do turismo têm sido bastante rápidos a partir dos anos 1950 até o presente. De acordo com a Organização Mundial do Turismo (OMT),[13] na metade dos anos 1990 o turismo passou a representar um setor muito amplo e dinâmico da economia mundial, sendo que o número de deslocamentos de turistas internacionais previsto para o ano 2000 era de 661 milhões, e a uma taxa de crescimento de 3,5% ao ano na primeira década do século XXI resultará em 937 milhões de deslocamentos no ano 2010.

Esse resultado está associado ao fato de que as populações dos países ocidentais desenvolvidos, na segunda metade de século XX, tiveram maior possibilidade de acesso ao lazer e às viagens do que qualquer sociedade anterior, e que parcelas con-

---

[13] Organização Mundial do Turismo, *Global Tourisme Forecasts for the Year 2000 and Beyond* (Madri: OMT, 1993).

sideráveis dos países em desenvolvimento também tiveram condições de alcance do turismo devido às taxas de câmbio favoráveis, políticas de preços e renda.

Do exposto, podemos concluir que o grande desafio do turismo nacional e internacional será o de atingir as metas de previsão física (com a preservação do meio ambiente) estabelecidas no contexto de uma sociedade pós-industrial globalizada, com desenvolvimento tecnológico que permitirá um ingresso crescente ao lazer e às viagens por parte da população mundial.

A disciplina economia do turismo é de crucial importância para que a sociedade moderna possa compreender, equacionar e solucionar as diversas situações que se apresentarem num futuro próximo ao processo de crescimento e desenvolvimento nacional e mundial.

Será por meio da utilização de um instrumental de análise microeconômica que os estudiosos e profissionais da área poderão avaliar, de forma mais precisa, os impactos quantitativos das políticas de preços fiscais e monetárias sobre as ofertas e demandas dos bens e serviços turísticos.

O conhecimento das elasticidades de preço e de renda e dos multiplicadores de investimento irá propiciar melhor desempenho e efetividade nas diferentes políticas econômicas e, assim, possibilitar a minimização dos problemas de desemprego e de concentrações regionais no setor.

E, por fim, o entendimento mais preciso do mercado turístico, ou seja, das empresas atuantes no setor e do comportamento dos consumidores que demandam os seus produtos, considerados os efeitos da sazonalidade, permitirá maior eficiência em termos da racionalização dos impactos econômicos no contexto de seu inter-relacionamento com os fatores sociais, políticos, culturais e ambientais.

Por outra parte, o instrumental de análise macroeconômica apresentado na disciplina possibilitará maior domínio sobre o comportamento das taxas de câmbio e suas influências sobre as viagens internacionais e nacionais, e como o item viagens internacionais da conta de serviços afeta uma situação superavitária ou deficitária da balança de pagamentos de um país.

A macroeconomia do turismo permitirá, também, maior consciência das relações entre os investimentos e sua capacidade no setor turístico através dos multiplicadores, conhecidas as estimativas das propensões marginais a consumir, a poupar e a importar, de atuar sobre o crescimento do produto nacional, da renda nacional e do nível de emprego de um país.

Por fim, o chamado planejamento econômico do turismo poderá possibilitar, através da utilização dos instrumentos da análise de micro e macroeconômica, a definição de metas quantitativas precisas que permitam à indústria turística aproximar-se de seu grande desafio previsto para a primeira década do século XXI.

Com uma eficiente atuação dos governos nacionais e internacionais, que o turismo possa continuar a sua caminhada de crescimento e desenvolvimento, respeitando a individualidade de seus agentes, os valores sociais e culturais dos diversos polos turísticos, a preservação do meio ambiente e a melhoria da qualidade de vida da humanidade.

BIBLIOGRAFIA GERAL E ESPECÍFICA

Noções abrangentes da economia do turismo iniciam-se a partir dos anos 1960 e 1970, com autores clássicos italianos como Alberto Sessa (1968), Franco Paloscia (1968) e os espanhóis Luis Fernandez Fuster (1975) e Manoel Figuerola Palomo (1975). Notadamente, o interesse pelo comportamento de viagens e turismo provinha quase completamente de um fluxo de chegadas e saídas do continente europeu, o que explica a origem dos primeiros escritos sobre a matéria.

Mundialmente, as fontes de referência abordando noções gerais de economia do turismo aliadas com outros ramos de estudo começaram a crescer a partir dos anos 1980, especialmente com publicações espanholas e mexicanas, como as de Miguel Ángel Acerenza (1984) e algumas americanas, nas quais se incluem com destaque as obras de Robert McIntosh (1983), além da coletânea inglesa de Luiz Moutinho e Stephen Witt (1989), que desencadeou uma série de publicações na Grã-Bretanha. A procura de viagens e o fluxo crescente pelo destino turístico da América do Norte e América Latina fez que diversas universidades, especialmente nos Estados Unidos, dessem início à evolução de estudos e pesquisas na então área emergente da economia do mercado de viagens e turismo.

No Brasil, até os anos 1990, os livros existentes mencionavam uma análise geral com base nas obras traduzidas, sem muita especificidade, aproveitadas de estudos de casos de países da Europa e de modelos do mercado turístico dos Estados Unidos, quando começaram a despontar livros, periódicos e revistas sobre a matéria de economia do turismo no país.

A criação do Conselho Mundial de Viagens e Turismo (WTTC), além da antiga OMT, ajudam na divulgação dos dados estatísticos e relatórios com projeções do mercado turístico no mundo e no Brasil. Particularmente, no mercado brasileiro podemos contar com a Embratur, que também contribui com divulgações literárias nacionais importantes, entre elas: *Anuário estatístico Embratur, Estudo da demanda turística internacional, Demanda por meios de hospedagem, Estudo do mercado interno* e o *Estudo econômico-financeiro dos meios de hospedagem* e *Parques temáticos no Brasil,* utilizadas na análise econômica do mercado turístico.

Na década de 1990, podemos evidenciar algumas obras tradicionais de consulta geral, adaptadas à realidade do mercado turístico brasileiro, úteis para o entendimento da disciplina relacionada com outras áreas de estudo, como o livro organizado por Lage e Milone,[14] que destaca em diversos capítulos aspectos fundamentais da análise econômica do turismo. E também outras publicações específicas, ainda em pequeno número — como o livro *Economia do turismo* —,[15] idealizadas para o desenvolvimento do estudo na área de economia aplicada ao turismo.

Tal como ocorre internacionalmente, a previsão é de que em virtude da magnitude que os efeitos econômicos vêm assumindo na prática do turismo brasileiro, bem como o crescente interesse de pesquisadores nesse campo de estudo, cada vez mais novas obras serão publicadas como forma de contribuição para que a economia do turismo seja exercida e aplicada em benefício do bem-estar e da satisfação das necessidades humanas.

---

[14] Beatriz Helena G. Lage & Paulo C. Milone, *Turismo: teoria e prática*, cit.
[15] Beatriz Helena G. Lage & Paulo C. Milone, *Economia do turismo*, cit.

BIBLIOGRAFIA GERAL

Refere-se a obras, nacionais e internacionais, que abordam e relacionam temas econômicos do turismo em conjunto com outras áreas de estudo do turismo e lazer.

ACERENZA, Miguel Ángel. *Administración del turismo: conceptualización y organización*. 2 v. Cidade do México: Trillas, 1984.

_____. *Administración del turismo*: *planificación y dirección*, v. 1. Cidade do México: Trillas, 1985.

BENI, Mário Carlos. *Análise estrutural do turismo*. 3ª ed. rev. ampl. São Paulo: Editora Senac São Paulo, 2000.

BONIFACE, Brian G. & COOPER, Christopher P. *The Geography of Travel and Tourism*. Londres: Heinemann Professional, 1998.

BOULLÓN, Roberto C. *Planificación del espacio turístico*. 2ª ed. Cidade do México: Trillas, 1991.

FUSTER, Luis Fernandez. *Teoría y técnica del turismo*. Madri: Nacional, 1975.

HARSSEL, Jan Van. *Tourism: an Exploration*. 3ª ed. Nova York: Prentice-Hall International, 1994.

INSTITUTO BRASILEIRO DE TURISMO. *Estudos do turismo brasileiro*. Brasília: Embratur, 1999.

LAGE, Beatriz Helena G. & MILONE, Paulo Cesar (orgs.). *Turismo: teoria e prática*. São Paulo: Atlas, 1999.

MATHIESON, Alister & WALL, Geoffrey. *Tourism: Economic, Phisical and Social Impacts*. Nova York: John Wiley & Sons, 1990.

MCINTOSH, Robert & GUPTA, Shashikant. *Turismo*: *planeación, administración y perspectivas*. Cidade do México: Limusa, 1983.

_____ *et al*. *Tourism*: *Principles, Practices, Philosophies*. 7ª ed. Nova York: John Wiley & Sons, 1998.

MILL, Robert Christie. *The Tourism System: an Introductory Text*. 2ª ed. Londres: Prentice Hall, 1992.

NAISBITT, John. *Megatrends.*São Paulo: Nova Cultural, 1984.

_____ *et al*. *Management of International Tourism*. 2ª ed. Londres: s/ed., 1995.

ORGANIZAÇÃO MUNDIAL DA SAÚDE. *Global Tourisme Forecasts for the Year 2000 and Beyond*. Madri: OMT, 1993

SESSA, Alberto. *Il turismo nei repporti internazionali*. Cagliari: Sarda Fossataro, 1968.

WAHAB, A. Salah. *Tourism Management*. Londres: Tourism International Press, 1975.

WITT, Stephen & MOUTINHO, Luiz. *Tourism*: *Marketing and Management Handbook*. Londres: Prentice Hall, 1989.

WITT, Stephen F. *et al*. *The Management of International Tourism*. 2ª ed. Londres: Prentice Hall, 1995.

BIBLIOGRAFIA ESPECÍFICA

Refere-se a obras, nacionais e internacionais, que abordam temas específicos sobre a economia e a economia do turismo.

BULL, Adrian. *The Economics of Travel and Tourism*. Melbourne: Pitman, Wiley Halsted, 1991.

EQUIPE DE PROFESSORES DA USP (org.). *Manual de economia*. 3ª ed. São Paulo: Saraiva, 1999.

FEIFER, Máxime. *Tourisme in History: from Rome to the Present*. s/l.: Stein and Day, 1985.

LAGE, Beatriz Helena G. *Economia do turismo: uma análise de suas influências sobre o comportamento do consumidor*. São Paulo, ECA/USP, 1988. Tese de doutorado.

_____."Contradições: conta turismo brasileira". Em *Revista Comunicações e Artes*, ano 14, nº 20, abril 1989.

_____."Segmentação do mercado turístico". Em *Revista Turismo em Análise*, São Paulo, ECA/USP, v. 3, nº 2, novembro de 1992.

LAGE, Beatriz Helena G. & MILONE, Paulo Cesar. "Receita do turismo receptivo nos países latino-americanos e no Caribe". Em *Revista Turismo em Análise*, v. 4, nº 2. São Paulo, ECA/USP, maio 1993.

_____."Impactos socioeconômicos do turismo". Em *Revista de Administração da Universidade de São Paulo-Rausp*, v. 33, nº 4, out./dez. 1998.

_____."Movimentos turísticos no Brasil: estimação dos fluxos receptivos e emissivos". Em *Anais do XIII Encontro Brasileiro de Econometria*, Curitiba, dezembro de 1991.

_____."O turismo no Mercosul". Em CORRÊA, Tupã Gomes (org.). *Turismo & lazer: prospecções da fantasia do ir e vir*. São Paulo: Edicom, 1996.

_____."Fundamentos econômicos do turismo". Em *Turismo: teoria e prática*. São Paulo: Atlas, 1999.

_____. *Economia do turismo*. 4ª ed. Campinas: Papirus, 1999.

LANZANA, Antonio Evaristo Teixeira. "Impactos do Plano Real sobre as agências de viagens". Em *Turismo: teoria e prática*. São Paulo: Atlas, 1999.

MILONE, Mario Cesar M. "Perspectivas do turismo no terceiro milênio". Em *Turismo: teoria e prática*. São Paulo, Atlas, 1999.

_____ & VASCONCELLOS, Marco Antonio S. "Agregados macroeconômicos do turismo". Em *Turismo: teoria e prática*. São Paulo: Atlas, 1999.

PALOMO, Manuel Figuerola. *Economía turística*: elementos de una teoría económica del turismo y métodos para su análisis quantitativo. Madri: Imnasa, 1979. Tese de doutorado.

PALOSCIA, Franco. *Economia del turismo*. Città di Castello: Arti Grafiche, 1968.

PEARCE, Douglas. *Tourist Development*. 2ª ed. Londres: Longman Scientific & Technical, 1991.

SAMUELSON, Paul A. & NORDHAUS, William D. *Economia*. 16ª ed. Nova York: McGraw-Hill, 1999.

SILBER, Simão Davi. "Cenário mundial e perspectivas da economia brasileira". Em *Turismo: teoria e prática*. São Paulo: Atlas, 1999.

TINARD, Yves. *Turismo: economía y gestión*. Barcelona: Bosch, 1996.

Política e desenvolvimento do turismo

Mário Carlos Beni

A política de turismo é a espinha dorsal do "formular" (planejamento), do "pensar" (plano), do "fazer" (projetos, programas), do "executar" (preservação, conservação, utilização e ressignificação dos patrimônios natural e cultural e sua sustentabilidade), do "reprogramar" (estratégia) e do "fomentar" (investimentos e vendas) o desenvolvimento turístico de um país ou de uma região e seus produtos finais.

O estudo da política de turismo é sempre feito dentro da realidade comum de quase todos os países, a de um sistema econômico misto de mercado em que, ao lado dos poderes públicos, existem outros centros de decisão constituídos de organizações privadas e associações de classe nacionais e internacionais, que interferem decisivamente no Sistema de Turismo (Sistur).

Assim, a noção científica de política de turismo deve construir uma "ponte" entre a análise econômico-turística abstrata e a ação concreta. Em sentido científico tem, dessa forma, como característica peculiar, a de ser motivada pelo estudo racional da problemática do crescimento turístico, da qual depende o prolongamento dos objetivos para a pesquisa aplicada e, em seguida, para a ação concreta. A análise descritiva será utilizada para a explicação dos fenômenos, e transformada em atos para guiar a ação. A política de turismo em sentido científico determina uma série de objetivos que decorrem da investigação cognoscitiva econômica, principalmente. Entretanto, ela não pode restringir-se ao campo, já por si extenso, da defesa e preservação do patrimônio cultural, condição básica para a projeção externa da personalidade de uma nação. O projeto deverá incluir, também, a defesa do patrimônio natural do país, sobretudo ao considerar-se que a observação pessoal e direta é uma das melhores formas de aquisição de conhecimento.

Para fins de uma política de turismo, o combate aos vários tipos de poluição, a defesa da paisagem, do ar, das águas, dos espaços livres, da vegetação são tão indispensáveis quanto a conservação da memória histórica e cultural do país. Sua formulação deverá, por conseguinte, estar fortemente ancorada nos valores nacionais: nos traços culturais, que cumpre manter; e no aspecto físico, que é imperativo conservar. Ambos constituem partes iguais do patrimônio nacional que as gerações futuras têm direito de reclamar. Do ponto de vista organizacional, ela evoluirá dos grandes condicionamentos para as diretrizes práticas. As diretrizes constituem as políticas básicas que inspiram e dão escopo ao pensamento programático. Este, por sua vez, condiciona e determina a ação executiva.

Documento de doutrina e diretiva para a ação, a política de turismo deverá ser permanente em seus grandes condicionamentos e nas diretrizes que deles decorrem. No plano dos programas deve ser suficientemente flexível para permitir a inclusão de novos objetivos e de instrumentos adequados para atingi-los, bem como promover a atualização dos que estiverem em vigor. Não deve cuidar de projetos e atividades específicos. Mas, em qualquer hipótese concreta, deverá propiciar a aferição da prioridade que se deve atribuir às diversas iniciativas, pelo maior ou menor ajustamento destas aos condicionamentos das diretrizes e programas adotados.

Deve-se entender por política de turismo o conjunto de fatores condicionantes e de diretrizes básicas que expressam os caminhos para atingir os objetivos globais para o turismo do país; determinam as prioridades da ação executiva, supletiva ou assistencial do Estado; e facilitam o planejamento das empresas do setor quanto aos empreendimentos e atividades mais suscetíveis de receberem apoio estatal. Ela deverá nortear-se por três grandes condicionamentos — o cultural, o social e o econômico —, por mais simples ou ambiciosos que sejam os programas, projetos e atividades a desenvolver; por menores ou maiores que sejam as áreas geográficas em que devam ocorrer; e quaisquer que sejam suas motivações principais ou os setores econômicos aos quais possam interessar.

Todos os seus programas deverão condicionar-se, primeiramente, à política de preservação do patrimônio cultural, artístico, histórico, documental e paisagístico natural do país. Os órgãos e entidades ligados ao turismo articular-se-ão perfeitamente, para esse fim, com as organizações públicas e privadas na conservação dos recursos naturais renováveis e dos valores culturais nacionais.

Da mesma forma, os projetos de aproveitamento e desenvolvimento das áreas vocacionadas para o turismo deverão sofrer as limitações decorrentes da adoção de níveis e densidade de ocupação compatíveis com a extensão da área a utilizar, sua vocação, sua configuração e seu revestimento natural; de medidas destinadas a reduzir ao mínimo a interferência da atividade turística com as atividades sociais e manifestações culturais preexistentes. Áreas ou regiões em que essas condições não possam ser alcançadas deverão permanecer "em reserva" para utilização futura.

Profundamente vinculada à primeira, a segunda condicionante da política de turismo é a forte presença da dimensão social em todas as suas manifestações. Os resultados atingidos serão tanto mais profundos e duradouros quanto mais significativo for o conteúdo social dos programas, em termos de abrangência dos valores a difundir e da democratização de seu acesso.

Assim, a condicionante social deverá fazer que o turismo constitua incentivo à criatividade, às artes e às manifestações sociais, artesanais ou folclóricas, e que sejam crescentes o número de pessoas atingidas por essa política e as áreas por ela interessadas ou beneficiadas.

A terceira condicionante é a econômica, pela qual os programas e projetos deverão ativar e dinamizar os empreendimentos que atuam no setor, com amplo apoio ao comércio, à hotelaria, à produção especializada e artesanal, aos transportadores, às agências de viagens e a quaisquer outras iniciativas válidas no setor, privadas ou públicas. Serão procurados de todas as formas os recursos necessários à promoção interna e externa, e aos investimentos de infraestrutura nos níveis municipal, estadual e federal. O benefício econômico terá de se fazer sentir nos resultados, interna e externamente, com a ativação do produto nacional e com o aumento da entrada de divisas.

A função específica dos órgãos institucionais públicos de turismo deverá ser a determinação de prioridades, a criação de normas e a administração de recursos e estímulos. O governo dará as diretrizes e proverá as facilidades.

A exploração de empreendimentos turísticos deverá permanecer inteiramente na mão da iniciativa privada. Portanto, a ação estatal somente será necessária quando se tratar de serviços ou equipamentos de apoio à atividade turística, como um todo, e que revistam caráter de serviço público (sistematização e difusão de informações turísticas; centros de convenções, de exposições e feiras; centros de artes; terminais e outras instalações de embarque, desembarque e trânsito de passageiros; centros de comercialização de produtos da arte popular e outros serviços ou equipamentos comparáveis); ainda nos casos pioneiros, em que a iniciativa esteja claramente desinteressada; nas associações entre o setor público e o privado, agindo este como executor e aquele como estimulador.

Aos órgãos públicos de turismo no nível federal cabem a formulação das diretrizes e a coordenação dos planos de âmbito nacional e dos que se projetem para o exterior; e aos órgãos estaduais e locais cabem, com o apoio federal, a concepção dos programas e a execução dos projetos regionais e locais. Da mesma forma, e com igual apoio, compete a eles a iniciativa dos melhoramentos e equipamentos necessários ao uso público das áreas de interesse turístico.

Avaliada a importância dos programas, projetos e atividades de âmbito internacional, nacional e regional, serão eles consubstanciados num Plano Nacional de Turismo, de duração plurianual — embora permitindo revisões parciais periódicas. O Plano Nacional de Turismo orienta a alocação de recursos e quantifica as metas a alcançar.

Ao governo federal compete, portanto, orientar a Política Nacional de Turismo, coordenando as iniciativas e adaptando-as às reais necessidades de desenvolvimento econômico e cultural da sociedade. Cabe, assim, ao governo, através de seus órgãos e entidades com atuação específica no setor, coordenar todos os planos e programas oficiais com os da iniciativa privada, garantindo um desenvolvimento uniforme e orgânico à atividade turística nacional.

A Política Nacional de Turismo enfatiza, ainda, a atuação do poder público através da concessão de incentivos fiscais e financeiros a empreendimentos, obras e serviços considerados de interesse turístico.

O TURISMO NA ESTRUTURA ADMINISTRATIVA PÚBLICA

Para compreender as diferentes posições e, portanto, as diferentes hierarquias que o turismo pode ocupar na estrutura administrativa, fazem-se necessárias algumas considerações sobre sua problemática no setor público.

A posição do turismo na estrutura administrativa pública pode ser encontrada, por exemplo, no compêndio sobre turismo, da Organização Mundial de Turismo (OMT), correspondente ao ano de 1975, onde se pode também observar não só a hierarquia outorgada ao turismo nos diferentes países membros da OMT, como também a disparidade dos critérios que predominam no que se refere à sua subordinação administrativa.

Este último aspecto é talvez o mais interessante, porquanto a hierarquia, de uma maneira ou de outra, é dada pela importância que, num dado momento, o turismo pode ter em relação aos outros setores da economia nacional. Quanto à subordinação administrativa, a disparidade de critérios demonstra que, do ponto de vista da administração pública, não existe uma ideia muito clara a respeito do lugar dessa atividade na organização administrativa do setor público.

Ao se estudar o citado documento, verifica-se que o turismo pode ter, de acordo com a importância que reveste no país, a hierarquia de: Ministério de Estado; secretaria de Estado; departamento; diretoria; escritório público; comissão; e serviço de viagens (caso dos Estados Unidos da América).

Seu lugar na organização administrativa do Estado pode situar-se em diferentes ministérios ou secretarias de Estado, como: Ministério da Indústria e Comércio; Ministério da Indústria e Energia; Ministério da Economia; Ministério de Urbanismo, Habitação, Turismo e Meio Ambiente; Ministério das Comunicações, Transportes e Turismo; Ministério de Aviação Civil e Turismo; Ministério da Comunicação Social; Ministério de Informação e Turismo; Secretaria do Bem-Estar Social; Secretaria de Cultura e Turismo; Departamento de Comércio; e *setor* independente, como ocorre em vários países do continente europeu.

O fato de o turismo constituir meio eficaz para o alcance de objetivos de diferentes campos de atividade possivelmente contribui para essa situação. Com efeito, não se deve esquecer que o turismo pode ser empregado para fins tão diversos como:

- alcance de objetivos no campo econômico (desenvolvimento nacional e regional);
- no campo social (geração de empregos, redistribuição de renda e descanso e lazer dos assalariados);
- no campo cultural (ampliar o conhecimento da população sobre fatos históricos e culturais);
- no campo político (integração nacional, salvaguarda da segurança nacional, projeção da imagem do país no exterior, etc.).

A própria postura da OMT com relação ao ano de 1975, quando preconizava a posição do turismo na estrutura administrativa pública, mudou em 1985. Efetivaram-se nesses dez anos apenas a coordenação e a regulamentação, pelo Estado, de estruturas formais, destituídas de políticas, programas e estratégias de ação vitais para o desenvolvimento turístico integrado. A OMT passou então a recomendar maior flexibilização do Estado no sentido de admitir a participação da iniciativa privada na condução e execução de atividades — desde seu planejamento — de importantes segmentos inteiros do setor, e, em alguns casos, como na Suécia, de todo o Sistema Nacional de Turismo. As entidades privadas surgidas em decorrência desses postulados internacionais se organizaram mediante o processo de autorregulamentação, possibilitando assim o funcionamento quase pleno do setor e preenchendo a lacuna de atuação deixada pelo próprio Estado aos empresários.

Em 1995, ao realizar outra avaliação do Sistema de Turismo em seus países membros, a OMT verificou a ocorrência de um excesso de liberalismo da iniciativa privada, que se concentrou muito no desenvolvimento e desempenho daquelas atividades mais lucrativas a curto prazo, descuidando de outras que beneficiariam o componente social e até cultural de suas decisões.

Em agosto do mesmo ano, enquanto dialogávamos com o diretor de marketing institucional da OMT, a orientação foi direcionada para o alcance de uma integração articulada entre Estado e empresariado, o que permitiu uma conjunção de esforços, de capital e de eficiência no desenvolvimento do turismo, sempre mais reclamado mas quase nunca encarado com objetividade. Essa fonte também nos adiantou a realização de estudos pela Universidade de Paris em convênio com a OMT para fundamentar e apresentar as novas recomendações.

O certo é que o lugar do turismo na estrutura administrativa pública dependerá, em definitivo, da orientação que o governo de cada país der a essa atividade. Logicamente, e como a experiência indica, quando muda o governo de um país a orientação do turismo pode mudar e, por conseguinte, pode mudar também tanto sua posição hierárquica como sua subordinação administrativa. Isso provoca alterações na chamada organização institucional do setor, entendida como tal em sentido amplo toda a estrutura organizacional, que compreende: a estrutura orgânico-funcional do órgão nacional de turismo com competência sobre a atividade e os aspectos normativos, através dos quais essa entidade orienta os esforços, tanto públicos quanto privados, para o desenvolvimento harmônico da atividade turística no nível nacional.

Entende-se por órgão nacional de turismo a organização estruturada pelo Estado, com responsabilidades em matéria de turismo em nível nacional, e cujo propósito principal é otimizar o crescimento do turismo para maximizar desse modo sua contribuição ao desenvolvimento econômico e social do país.

Quando um órgão nacional de turismo adota a forma de entidade oficial, pode ser de dois tipos:

CENTRALIZADO

Criado pelo Estado dentro de sua própria estrutura administrativa, pode ocupar, como já visto, diferentes posições e hierarquias na estrutura organizacional.

Logicamente, tem a vantagem de permitir melhor adaptação das políticas de condução do setor às políticas gerais de desenvolvimento econômico e social do país. Mas, em contrapartida, deve-se dizer que a própria centralização traz implícito o risco da influência burocrática a que estão expostos todos os órgãos públicos e pode tender a diminuir sua eficiência, em consequência da lentidão que caracteriza o processo de tomada de decisões dentro do aspecto administrativo do setor público.

Descentralizado

Constituído pelo próprio Estado através de lei, tem personalidade jurídica e goza de autonomia técnica e administrativa, embora mantenha vínculo de subordinação a um ministério ou secretaria de Estado. Esse tipo de órgão pode adotar qualquer uma das seguintes formas: comissão de turismo; instituto de turismo; empresa de turismo; e corporação de turismo.

Independentemente da forma que adotem, esses tipos de órgão são nitidamente operacionais, quer dizer, executam as políticas que, em matéria de turismo, o Estado dita através do órgão competente que, como já indicado, pode ser um ministério ou uma secretaria de Estado.

A autonomia de que gozam, entendida como a liberdade que têm para atuar dentro de certos limites estabelecidos em sua lei orgânica, confere-lhes maior flexibilidade operacional e maior eficiência no exercício de suas atividades.

A diferença entre as distintas formas que esses órgãos podem adotar está relacionada com a finalidade para a qual foram criados e com seu âmbito de atuação. Assim, por exemplo, uma comissão de turismo tem normalmente como fim a promoção turística e seu âmbito de atuação circunscreve-se unicamente a essa atividade; por outro lado, esse órgão é de caráter temporário.

Um instituto de turismo já tem um campo de ação mais amplo e, consequentemente, um âmbito maior de atuação. Não só tem as funções promocionais como também as de fomento e apoio para o desenvolvimento da atividade. Igual ao que ocorre com a comissão de turismo, trata-se de uma entidade sem fins lucrativos, mas, diferentemente desta última, tem uma vigência que poderia ser catalogada como permanente.

A empresa de turismo tem âmbito de atuação similar ao do instituto, mas deste se diferencia pois tem fim lucrativo.

A corporação de turismo é a que tem o maior âmbito de atuação, pois agrega todas as formas de instituições anteriormente descritas. Ela detém a coordenação nacional do setor, define políticas, traça diretrizes, concede créditos diretos, realiza investimentos, emite e coloca no mercado financeiro bônus de desenvolvimento turístico e aplica incentivos para fomentar investimentos.

Às vezes, essas funções são atribuídas às empresas de turismo, existindo alguns casos desses no continente europeu, mas normalmente quando ao órgão nacional de turismo são incorporadas essas funções, ele adota a forma de corporação.

Todos esses órgãos são dirigidos por um diretor executivo, um presidente ou um gerente geral e, comumente, contam com um comitê ou junta diretora que tem, em suma, a finalidade de controlar o interesse social da entidade e a observância de suas atividades à política do governo.

Os órgãos nacionais de turismo de economia mista contam com participação oficial e privada na constituição de seu capital social, e têm personalidade e capacidade jurídicas próprias. Também exercem uma função claramente operacional, eis que o aspecto normativo do setor é da competência exclusiva do Estado. Não mantêm vínculo de subordinação a qualquer entidade oficial. São dirigidos por um presidente e contam com um conselho de administração escolhido pela assembleia de acionistas. O Estado acha-se representado no conselho de administração por um delegado, cuja missão, como nos casos anteriores, é controlar o interesse social e a obediência das atividades à política nacional. Quando a participação oficial é minoritária na constituição do capital social, o Estado se reserva o direito de veto.

Os órgãos nacionais de turismo de caráter privado podem ser reconhecidos pelo Estado, e estão encarregados de conduzir as atividades de promoção turística no nível operacional, como ocorre nos países escandinavos, exemplificado pelo Bureau de Turismo da Suécia.

Vejamos agora as formas jurídicas adotadas pelos órgãos nacionais de turismo.

No que diz respeito à competência dos órgãos nacionais de turismo, há que se observar que ela apresenta dois aspectos distintos: a competência administrativa e a competência jurisdicional, sendo a primeira a faculdade que o órgão nacional de turismo tem de conhecer em matéria turística, em relação aos outros órgãos administrativos do Estado e, por competência jurisdicional, o âmbito espacial em que aplica seus atos de autoridade.

A competência administrativa do órgão nacional de turismo, quando se trata de entidade pública, tem seu fundamento na lei orgânica que lhe dá origem. Eventualmente, caso se tratasse de um órgão de caráter misto ou privado, e neste último caso, com reconhecimento oficial, sua competência estaria estabelecida na pertinente ata constitutiva.

Para que ele, misto ou privado, exerça seus atos de autoridade é necessário regulamentar os distintos aspectos da lei que o cria. Esse procedimento faz-se necessário para delimitar o campo de ação do novo órgão e para que assuma, de fato e de direito, o papel de Instituição Nacional de Turismo. Por norma geral e de acordo com a definição que se der ao órgão nacional de turismo, a ele compete fundamentalmente a realização dos esforços mais efetivos no campo da promoção turística e também no campo do preceituado pelas políticas destinadas ao estímulo da atividade.

É justamente por essa razão que, na análise do campo da competência específica dos órgãos nacionais de turismo, pode-se observar que normalmente seu principal âmbito de ação é a promoção, a fim de dar cumprimento assim ao propósito que justifica sua existência: *o crescimento da atividade de turismo.*

Sem dúvida e como já antes indicado, compete também aos órgãos nacionais de turismo ditar políticas destinadas ao desenvolvimento do setor. Nesse caso e em função de que, num dado momento, o desenvolvimento do turismo pode demandar ações em outros campos em que o órgão não tem competência administrativa, torna-se necessário encetar um intenso trabalho de coordenação com outros setores, especialmente com aqueles intimamente ligados à atividade do turismo e cujas decisões podem ter repercussões diretas sobre o seu desenvolvimento.

Para compreender melhor esse aspecto, valemo-nos do quadro, mais adiante, do professor Miguel Acerenza,[1] que adaptamos ao caso brasileiro, onde estão detalhadas as atividades que mantêm estrita relação com o turismo e sobre as quais o órgão nacional de turismo não tem competência administrativa. Indicam-se também os órgãos ou entidades públicos e privados sobre os quais recai a responsabilidade direta pela execução daquelas atividades.

Como se pode notar, não resta dúvida que as atividades relacionadas no referido quadro estão diretamente vinculadas à atividade de turismo, e que a responsabilidade quanto ao aspecto normativo delas não recai sobre o órgão nacional de turismo, mas sobre uma série de entidades a que o próprio Estado conferiu essa faculdade, inclusive naquelas que têm grande conteúdo turístico, como é o caso concreto das prestadoras de serviços aos visitantes. Talvez esse último aspecto chame a atenção, mas não se deve esquecer que as empresas prestadoras de serviços turísticos — que quanto à prestação de seus serviços ao turista são normalmente supervisionadas pelo órgão nacional de turismo, no que tange a seu funcionamento como pessoa jurídica, estão regidas pelo Código de Direito Comercial e, por isso, sujeitas às suas disposições, bem como de outros instrumentos legais nacionais, estaduais ou municipais. Isso tudo não impede porém que, num determinado momento, o Estado confira ao órgão nacional de turismo faculdades para atuar em alguns dos cam-

---

[1]   Miguel Ángel Acerenza, *Administración del turismo: planificación y dirección* (Cidade do México: Trillas, 1985).

pos assinalados (isso ocorre com frequência no que concerne ao desenvolvimento da infraestrutura básica para fins turísticos). Nesse caso, tais faculdades lhe são outorgadas por meio de uma disposição governamental de caráter especial.

Com relação à competência jurisdicional, há que se frisar que, embora o órgão nacional de turismo possa ter competência para *conhecer* em matéria turística, poderá não ter atribuição para aplicar seus atos de autoridade em determinada região.

O desenvolvimento do turismo está bastante relacionado com os problemas urbanos, já que normalmente a atividade turística se processa num espaço físico determinado e, para que ela possa se realizar, é necessário proceder à ordenação do território para fins turísticos. Eventualmente, esse fato pode gerar problemas de ordem política e administrativa, porquanto essas questões são da exclusiva competência das autoridades municipais. Com efeito, os municípios constituem unidades autônomas dentro da estrutura administrativa do Estado, e sua competência em questionamento. Nos casos de conflito entre o município e o órgão nacional, em relação à ocupação de áreas declaradas de interesse turístico, pode ser delegada a este último, em caráter transitório, a competência pela ordenação do território exclusivamente para esse fim.

A coordenação deve ser considerada função básica do órgão nacional de turismo; ela é exercida nos níveis nacional, regional, estadual e municipal, com vistas à execução das políticas e outras medidas destinadas a impulsionar o desenvolvimento do turismo em todo o território nacional.

ATIVIDADES, ÓRGÃOS PÚBLICOS E ENTIDADES PRIVADAS ENVOLVIDAS COM POLÍTICAS DE AÇÃO E EXECUÇÃO NO SISTUR

ATIVIDADES RELACIONADAS DIRETAMENTE COM O TURISMO	ÓRGÃOS E ENTIDADES RESPONSÁVEIS
FACILITAÇÃO (ingresso, permanência, deslocamentos internos e saída dos visitantes).	*esfera federal:* Agência Nacional de Aviação Civil Ministério das Relações Exteriores Ministério da Justiça – Polícia Federal (Departamento de Migração) Ministério da Fazenda – Secretaria da Receita Federal Ministério da Saúde – Vigilância Sanitária Infraestrutura Aeroportuária (Infraero) Ministério da Agricultura; do Abastecimento Ministério do Meio Ambiente; Ibama

DESENVOLVIMENTO DA INFRAESTRUTURA (rodovias, portos, aeroportos, obras viárias, serviços públicos, saneamento, energia, água, esgoto, equipamentos sociais e outros).	*esfera federal:* Ministério da Fazenda Ministério do Planejamento, Orçamento e Gestão Ministério de Minas e Energia Ministério dos Transportes Ministério da Saúde Ministério do Meio Ambiente; e outros *esfera estadual:* Secretarias de Estado: dos Transportes; de Energia; de Recursos Hídricos, Saneamento e Obras; do Meio Ambiente; da Saúde; da Educação; e outras
TRANSPORTES E COMUNICAÇÕES (transportes terrestre, aéreo, marítimo, fluvial e lacustre, serviços e telecomunicações).	*esfera federal:* Ministério da Ciência e Tecnologia Ministério dos Transportes Ministério das Comunicações Ministério da Defesa *esfera estadual:* Secretarias de Estado e órgãos de transportes e comunicações
EDUCAÇÃO E CAPACITAÇÃO (formação de recursos humanos para o setor em distintos níveis).	*esfera federal:* Ministério da Educação Ministério de Ciência e Tecnologia Órgãos relacionados com a formação técnico-profissional Universidades públicas e privadas Sesc, Senac
PRESTAÇÃO DE SERVIÇOS (ao turista).	Empresas prestadoras de serviços turísticos: alojamentos hoteleiros e extra-hoteleiros transportadores restaurantes e similares diversão e entretenimento agências de viagens locadoras e *leasing*

Fonte: Adaptado de Miguel Ángel Acerenza (1985).

O ESTADO NO PROCESSO DE PLANEJAMENTO DO TURISMO

O Estado tem no turismo uma de suas atividades e para ele dirige sua atenção setorial, traduzida na política traçada para atender os requisitos de seu crescimento, através de planejamento particularizado que se acaba mesclando, pelas próprias características da atividade, no processo global de planejamento nacional. Sua ação é exercida em primeiro lugar pela política e, numa etapa seguinte, sequencial e concomitante, pelos programas constantes do planejamento.

É preciso agora firmar alguns conceitos-chave.

A política pode ser definida como um curso de ação calculado para alcançar objetivos. Os objetivos são direções gerais para o planejamento e gestão do turismo, e estão baseados em necessidades identificadas dentro de restrições de mercado e de recursos. Políticas são orientações específicas para a gestão diária do turismo, abrangendo os muitos aspectos operacionais da atividade. Numa visão bem simplista, elas procuram maximizar os benefícios e minimizar possíveis efeitos adversos do turismo e, como tais, são parte do desenvolvimento planejado de uma região ou país em que é necessário criar, desenvolver, conservar e proteger recursos de turismo. Edgell, por exemplo, ao tratar da formulação da política de turismo como guia do planejamento e da gestão de turismo, chega até a afirmar que "o êxito futuro da atividade de turismo dependerá enormemente das políticas formuladas pelo Estado para administrar seu desenvolvimento, crescimento e maturidade".[2]

As políticas governamentais preocupam-se muito com os benefícios do turismo para a população e, por isso, reforçam a necessidade de desempenhar um papel bem mais estratégico, coordenador e orientador no desenvolvimento do setor.

O Estado atua na atividade do turismo sempre para garantir a melhoria do balanço de pagamentos, a criação de empregos, a redução da sazonalidade e o incentivo à proteção ambiental e, modernamente, esquecendo-se talvez de seus próprios fins, relega o setor de turismo a posição tão inferior, principalmente quando se trata dos benefícios sociais, chegando a imprimir e divulgar nas políticas de turismo a essencialidade do investimento privado na estratégia que é de sua própria responsabilidade.

Os órgãos governamentais incumbidos de planejar o turismo e de controlar sua gestão poucas vezes põem-se de acordo devido principalmente a dois fatores. O primeiro é a discrepância verificada no entendimento do que seja planejamento e daí os insucessos serem imputados a diferenciais semânticos; o segundo é a aceitação e classificação da atividade de turismo como econômica apenas, talvez pelo fato firmado pelo costume de mencioná-lo como "fenômeno econômico" baseado na constatação de que os seus efeitos econômicos são os mais evidentes e consequentemente os mais estudados. Entretanto, só a observação do impacto do turismo na economia não basta para explicar e conter toda sua complexa e múltipla expressão na sociedade sob o rótulo econômico. Pelo contrário, o turismo é eminentemente

2   D. L. Edgell, "The Formulation of Tourism Policy: a Managerial Framework", em J. R. B. Ritchie & C. R. Goeldner, *Travel, Tourism and Hospitality Research* (Nova York: John Wiley & Sons, 1987).

um "fenômeno social" que, ao originar toda uma série de atividades como transporte, alojamento, recreação e outras, faz estas darem nascimento a toda uma outra série de efeitos sobre o meio ambiente em que se desenvolvem e que podem ser de caráter econômico, social, cultural e ecológico.

O planejamento do ponto de vista governamental consiste, no seu sentido mais lato, num processo que estabelece objetivos, define linhas de ação e planos detalhados para atingi-los e determina os recursos necessários à sua consecução. Essa definição, pela sua amplitude, resume as principais noções e conceitos sobre planejamento, na área da administração pública. Além de organizar um esforço sistemático no sentido de se comparar a realidade presente às expectativas do futuro, é estimulador do processo decisório. Força, por outro lado, uma permanente autoanálise, bem como o exame da posição do setor de turismo, atual e futuramente estimada, de seus métodos de atuação, de sua linha de conduta operacional, de sua estrutura funcional, de seu equilíbrio financeiro, de seu controle, de sua eficiência, de sua direção. O planejamento, uma vez definido como processo, leva o administrador público a perquirir, a indagar sempre a velocidade e o acerto das decisões tomadas, a aferir com a possível segurança os riscos e os imponderáveis da atividade de turismo.

Planejar é raciocinar em termos definidos sobre o setor, como ele deverá chegar à posição que os administradores públicos almejam, como combater os riscos e como tirar partido das vantagens previsíveis. Assim, em termos amplos, podem-se distinguir os seguintes pontos básicos no conceito de planejamento: estabelecer objetivos; definir cursos de ação; e determinar as necessidades de recursos.

E mais, o planejamento é um processo contínuo, permanente e dinâmico; é ele que mantém o Sistur ativo continuamente, pois sofre uma perene realimentação, visto a atividade revelar enorme interdependência e interação dos elementos que a compõem.

O planejamento em nível nacional constitui uma clara competência do órgão nacional de turismo que, por meio da formulação e execução de planos nacionais de desenvolvimento turístico, promove e realiza o incremento da atividade para atingir os objetivos nacionais.

O "planejamento formal do turismo" por parte do Estado é recente, iniciando-se em fins da década de 1940 com a elaboração do Primeiro Plano Quinquenal do Equipamento Turístico francês para o período de 1948 a 1952. Isso não se tratou de mera casualidade, pois foi na França que se iniciou o planejamento central aplicável a países com economias de mercado. Portanto, ainda que não fosse um plano integral, o primeiro plano francês constitui, de fato, o princípio do planejamento formal do turismo por parte do Estado.

Outro país pioneiro em apresentar o planejamento do turismo em nível nacional é a Espanha, que, em 1952, apenas um ano após a criação do Ministério de Informação e Turismo, realizou as primeiras experiências nesse sentido e elaborou o Anteprojeto do Plano Nacional de Turismo.

Não obstante essas primeiras manifestações sobre o planejamento do turismo por parte do Estado, foi somente na década de 1960 que essa atividade começou a generalizar-se. Nessa época, a maioria dos países europeus com vocação e interesses turísticos elaborou seus primeiros planos nacionais de desenvolvimento do turismo e começou a formular também os primeiros planos destinados ao desenvolvimento do turismo regional.

Convém deixar claro o que se entende por planejamento regional do turismo: um conjunto de polos hierarquizados de desenvolvimento turístico, unidos por uma infraestrutura comum que, em sua totalidade, contribuem para dinamizar o desenvolvimento econômico e social de extensa parte do território nacional. Ele geralmente antecede o planejamento nacional e está na base de seu sucesso.

A realização de inúmeros planos de desenvolvimento regional na Europa, no Oriente Médio e norte da África em meados da década de 1960 e princípios da de 1970 pode ser considerada ponto de referência que marca o início do processo de planejamento formal do turismo por parte do Estado nessas partes do mundo em âmbito nacional.

Com relação ao continente americano, a intenção de planejar o turismo nacional começou no México, em 1961, quando o Poder Executivo encarregou o então Departamento de Turismo de elaborar o plano nacional de desenvolvimento turístico, promulgado somente em 1968. Nesse mesmo ano começaram na Argentina os preparativos para a elaboração do plano de desenvolvimento turístico, com a celebração de convênio entre a então Secretaria de Difusão e Turismo, as Nações Unidas e o Centro de Investigação da Faculdade de Arquitetura e Urbanismo. Os trabalhos foram concluídos também em 1968, mediante a publicação do Primeiro Documento de Trabalho para a Planificação Turística da Argentina, que serviu de base para elaborar, em coordenação com os governos das províncias, o primeiro plano de desenvolvimento turístico.

Finalmente, é preciso mencionar que a orientação do processo de planejamento do turismo obedeceu, em sua curta história, a exigências distintas, conforme o tempo e/ou país. Assim, já respondeu a necessidades de ordem física para fins de orientação do espaço turístico, e a necessidades de caráter econômico, na expectativa de obter os benefícios que nesse campo o turismo proporciona. O primeiro período do planejamento turístico atravessou uma etapa filosófica antes de alcançar sua concepção atual.

O setor de turismo, quando expressado e representado em sua complexa totalidade, demanda um tipo de planejamento a que se agrega a palavra "integrado", indicando com isso que todos os seus componentes devem estar devidamente sincronizados e sequencialmente ajustados, a fim de atingir as metas e diretrizes da área de atuação de cada um dos componentes a um só tempo, para que o sistema global possa ser implementado e imediatamente passar a ofertar oportunidades de pronto acompanhamento, avaliação e revisão.

Muitos estudos voltados mais para a administração empresarial do que para a administração pública tendem a denominar o planejamento de longo prazo de "planejamento integrado". Reconhece-se que ele representa tarefa difícil em todas as organizações porque está envolvido com as incertezas do futuro. É particularmente difícil na atividade de turismo por duas razões. A primeira refere-se ao envolvimento inevitável do Estado na definição dos objetivos da política de turismo. A segunda relaciona-se com a diversidade das ações que, intersetorialmente, constituem a atividade.

Como estamos tratando de planejamento do turismo do ponto de vista da administração pública, há necessidade de diferenciar entre planejamento estratégico e planejamento tático ou operacional. O estratégico ocupa-se das decisões que, em matéria de desenvolvimento turístico, são tomadas pelas mais altas autoridades do setor como ministros e secretários de Estado ou os diretores dos órgãos nacionais de turismo. Estabelecendo os grandes eixos ou bases do desenvolvimento turístico, pode ser definido como o processo destinado a determinar os objetivos gerais do desenvolvimento, as políticas e as estratégias que nortearão os aspectos referentes aos investimentos, ao uso e ao ordenamento dos recursos utilizáveis para esse fim.

O planejamento tático ou operacional, por estar relacionado com os aspectos operacionais e ligado, consequentemente, em nível de execução, utiliza os recursos disponíveis e os emprega na realização dos aspectos imediatos resultantes das decisões estratégicas. Portanto, constitui a concretização do planejamento estratégico em programas de ação, com especificações de prazos, meios e responsabilidades de execução.

Cumpre sempre ter em mente que a fase mais determinante do desenvolvimento do processo de planejamento estratégico é a formulação da política de turismo, definida como conjunto de decisões que, integradas harmonicamente no contexto da política nacional de desenvolvimento, orientam a condução do setor e regulam as ações a serem executadas, as quais se traduzem em planos e programas de desenvolvimento setorial. Assim, a política de turismo é o amplo guia que orientará o desenvolvimento do setor, ao passo que a estratégia constitui o meio para empregar os recursos disponíveis para o alcance dos objetivos.

É importante relatar aqui a situação de discussão que vem preocupando muitos governos e especialistas estrangeiros quanto ao planejamento estratégico do turismo a longo prazo. Há uma gama muito ampla de objetivos estratégicos para o turismo aberta ao Estado e, com bastante frequência, os governos elegem objetivos mutuamente contraditórios. Existe cada vez mais uma imprecisão entre a definição dos propósitos da política e os objetivos mais específicos, ou medidas de ação, que são necessários para alcançar as finalidades básicas da política de turismo.

No relatório intitulado *Política de turismo e turismo internacional dos países membros da OCDE* [Organização para Cooperação e Desenvolvimento Econômico], de 1987, cada um dos 24 países teve alguma coisa a dizer sobre as políticas que estavam adotando. Muitas das afirmações sobre política deram o primeiro lugar aos seguintes três objetivos estratégicos: estímulo ao crescimento econômico nacional; maximização dos ingressos em divisas estrangeiras; e criação de empregos.

Entre outros objetivos estratégicos, os seguintes foram frequentemente citados: promoção de uma imagem nacional favorável; proteção do meio ambiente natural; proteção da herança cultural; melhoria da qualidade de vida; proteção dos interesses do consumidor; e promoção de desenvolvimento econômico equilibrado em diferentes regiões do país. Obviamente, conflitos podem surgir entre esses objetivos. Por exemplo, a estimulação máxima ao crescimento econômico pode estar em conflito com a proteção do meio ambiente natural e/ou com a preservação da estrutura social do país. Muitos países em desenvolvimento têm experimentado graves tensões sociais e políticas por causa dos contrastes entre os estilos de vida de visitantes estrangeiros e os da população local. E, em alguns dos países mais ricos, turistas estrangeiros são às vezes vistos como inimigos do modo de vida daqueles que não se beneficiam diretamente de seus gastos.

O governo japonês, reconhecendo que o turismo internacional no passado deu só uma pequena contribuição à economia nacional, definiu os principais objetivos da política de turismo como: contribuir para a promoção da amizade internacional; desenvolver a economia nacional; e elevar o padrão de vida do povo japonês.

Para atingir esses objetivos estratégicos, o Japão adotou políticas específicas de estímulo à afluência de turistas estrangeiros e melhoria dos serviços receptivos; estabeleceu complexos e roteiros turísticos para turistas estrangeiros em base completa e integrada; garantiu a segurança dos turistas enquanto viajam, tornando-a mais conveniente para eles; atenuou concentração excessiva de turistas em complexos específicos; facilitou viagens de famílias e outras ao público em geral; desenvolveu o turismo em regiões subdesenvolvidas; protegeu, conservou e desenvolveu recursos turísticos; e preservou a beleza e atração da oferta de turismo. Esse tipo de definição precisa do propósito e dos objetivos variará enormemente de país a país, dependendo das diferenças nas conjunturas econômicas, sociais e políticas. Ademais, para cada país em particular, a definição do propósito e dos objetivos deverá ser atualizada a fim de refletir essas mudanças conjunturais. No Reino Unido, por exemplo, hoje se confere menos importância ao objetivo de ingressos de divisas do que há alguns anos. As considerações do balanço de pagamentos foram substituídas por crescimentos na geração de empregos, escolhidos como a prioridade número um da política nacional de turismo.

O ponto crucial do planejamento estratégico é estabelecer um propósito unificante aceito e consentido pelo governo, a fim de assegurar que os diversos elementos da atividade de turismo fluam para a mesma direção. O Banco Mundial avaliou claramente essa questão: "O setor do turismo só poderá desenvolver-se adequadamente quando lhe for dada uma estrutura institucional apropriada, governamental ou semigovernamental".[3] Esse é o requisito básico para o planejamento estratégico bem-sucedido em tão diversificada atividade. De igual importância é o fato de essa diversidade conduzir ao requisito de um sistema de planejamento indicativo.

O processo de planejamento estratégico tem dois estágios essenciais. O primeiro é a identificação e acordo do propósito de políticas. O segundo é a definição de objetivos mais específicos e, a partir deles, a formulação dos programas de ação que deverão ser adotados para atingir os propósitos estratégicos da política.

O desenvolvimento do turismo no Brasil tem sofrido, desde o advento da Nova República, todos os reflexos dos planos econômicos para sustar a aceleração da inflação, os efeitos das delinquências e violências geradas pela ausência de políticas sociais e de cidadania e o abandono oficial da cultura; enfim, é a atividade que mais se ressente da desarticulação entre população e poder público, muito embora se verifiquem *polos de turismo* no litoral nordestino e no ecoturismo do Pantanal e Amazônia. Dá-se bem mais recentemente com a vigência do Plano Real um aumento no fluxo doméstico e a retomada do crescimento no internacional.

Na análise desses deslocamentos, observa-se uma constante, que assume precisamente caráter de estruturação institucional para o funcionamento contínuo, harmônico e dinâmico do Sistur, denominada Sistema Institucional Integrado de Turismo e Ação Administrativa Intersetorial (ver esquema 1).

---

3 Mário Carlos Beni, *Análise estrutural do turismo* (3ª ed. rev. ampl. São Paulo: Editora Senac São Paulo, 2000).

Esquema 1 - Sistema Institucional Integrado de Turismo e Ação Administrativa Intersetorial

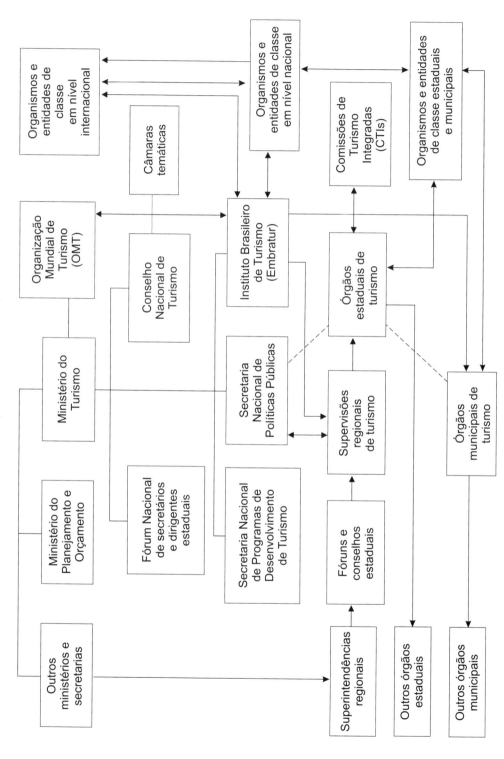

Fonte: Adaptado e atualizado de Mário Carlos Beni, *Análise do desempenho do Sistema Nacional de Turismo instituído na administração pública*. São Paulo, ECA/USP, 1990, tese de livre-docência.

Como já visto, os órgãos nacionais de turismo são centralizados ou descentralizados e subordinados ao Estado. Essa estrutura vem se revelando envelhecida, ineficaz e inoperante diante das novas questões colocadas pelo crescente mercado altamente competitivo do turismo.

A situação retratada no esquema 1 mostra o desenho atual dessa estrutura, sua hierarquização, articulação e níveis intersetoriais de dependência do sistema institucional público com o *trade* turístico.

Como corrigir e modernizar então a estrutura vigente para que ela possa substituir a ação governamental? A resposta, no entender do autor, está na administração compartilhada de uma Agência Nacional de Desenvolvimento de Turismo — a ser criada — com a participação conjunta de governo e iniciativa privada, conforme esquema 2, representado mais adiante.

Só assim poderão ser definidas políticas coerentes e realistas considerando as condicionantes geoeconômicas e geoestratégicas do país e de suas regiões, bem como investigando e contemplando os múltiplos aspectos que compõem o fenômeno turístico.

É justamente nessa intersetorialidade de ação conjunta e integrada que reside, até hoje, o obstáculo maior que vem inviabilizando uma atuação eficaz dos órgãos públicos de turismo no Brasil. Somam-se a isso as próprias tentativas de aplicação da política nacional de turismo, estabelecida pela Embratur, e que não está produzindo os efeitos esperados, porque não é implementada e coadjuvada pelos órgãos públicos estaduais, municipais ou regionais de turismo. E, nos raros casos em que logra algum êxito, nota-se que muitas das iniciativas acabam se dissociando das diretrizes e metas fixadas.

Observa-se, ainda, que grandes investimentos em complexos turísticos construídos pela iniciativa privada, a maioria dos quais estimulados e incentivados por governos estaduais, não obedecem aos preceitos da política estratégica de desenvolvimento regional e de planejamento sustentável do turismo.

Tais empreendimentos não contribuem para a correção dos desníveis econômicos e sociais da região onde se implantam, não geram emprego e trabalho para a população residente no entorno, permanecem fechados ou insensíveis a uma adaptação de preços e, portanto, de competitividade em relação à demanda da maioria da população real e potencial do turismo nacional e até do internacional a que a maior parte se destina em seus equipamentos e objetiva conquistar.

Pelo que vimos expondo, chegou a hora de declarar que nenhuma instituição pública de turismo no país poderá prescindir, na atual conjuntura socioeconômica nacional e mundial, da cooperação direta e eficaz da iniciativa privada.

O momento presente não é mais uma sequência temporal linear. Houve no mundo todo um corte institucional e social para a adaptação a um novo tempo de mudança desafiante: o da globalização e o da totalidade também.

Acredito que o sistema de parceria com a iniciativa privada é o único meio, a curto e médio prazo, para enfrentar: a escassez pública de recursos financeiros disponíveis; a quase ausência de recursos humanos realmente especializados, mas centrados na concepção, é ágil atuação holística, com conhecimento de fato de seus setores de intervenção; o recuo do espírito de risco e inovação do empresariado em face de alterações súbitas no mercado financeiro internacional e nacional; uma política inidentificável que está a marcar os países emergentes em comparação com a rápida reação positiva dos assim chamados desenvolvidos.

No cenário nacional, surgiu recentemente um avanço no sistema de parceria em virtude da falência do Estado na solução dos problemas sociais com responsabilidade e justiça. O próprio governo federal vem conferindo ênfase à formação de organizações sociais.

Parte-se, agora, para o denominado terceiro setor, formado pelas diversas organizações da sociedade civil que, em conjunto com o setor privado e o Estado, deverá pactuar um novo contrato social, com a redefinição de suas próprias responsabilidades. Esse é um esforço tremendo que busca construir um modelo de desenvolvimento integral, integrado e sustentável, possibilitando superar a reprodução da pobreza e da exclusão social causada pelo aumento das desigualdades provocado pela globalização e esgotamento das verbas públicas. O terceiro setor não pode ter como objetivo substituir o Estado. Nem deve ser visto como mero amortecedor dos efeitos do desemprego ou do agente da administração pública que busca parceiros para terceirizar seus serviços. Deve ter como missão impulsionar a corresponsabilização social solidária.

A participação social é fator fundamental de reordenamento das relações de poder e de uma nova articulação entre os diferentes atores sociais para possibilitar maior acesso aos serviços de forma geral, maior integração nos processos coletivos e o aumento da autoestima e da constituição de cada um como sujeito de sua própria história.

Considerando que a atual situação econômica e social fará sentir seus drásticos efeitos até a primeira década do século XXI, mantendo-se inalteráveis todas as condições vigentes, proponho a adoção de uma gestão mista para os órgãos públicos de turismo.

Para tanto, hão que se criar consórcios regionais de desenvolvimento sustentável do turismo. O consórcio regional requer uma cidade sede, a mais desenvolvida

Esquema 2 - Sistema Institucional de Desenvolvimento Integrado de Turismo e Gestão Estratégica Intersetorial

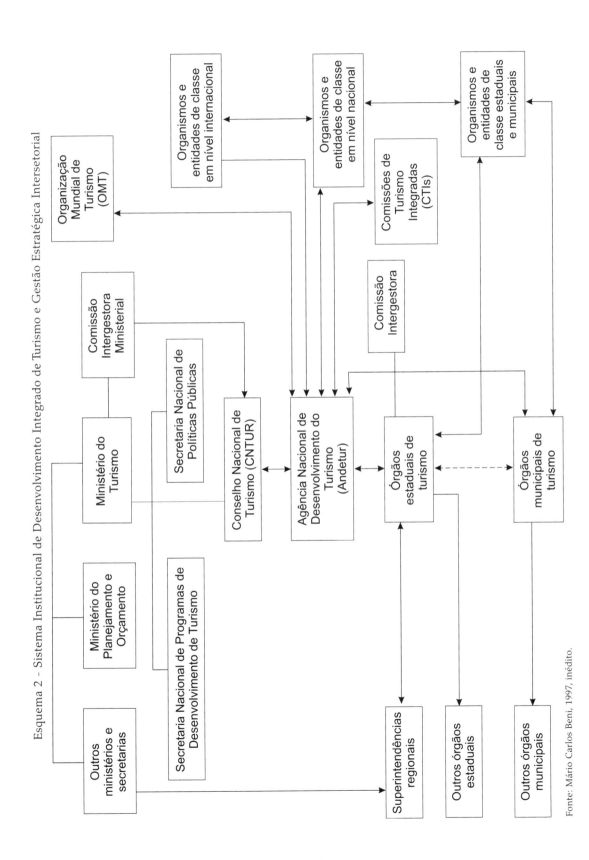

Fonte: Mário Carlos Beni, 1997, inédito.

da região. Mas o que é um consórcio regional de desenvolvimento sustentável do turismo? É a forma de maior sucesso, na atualidade de articulação (integração e interação) de um *modelo de gestão de um destino turístico,* suas modalidades de promoção, comercialização, desenvolvimento e cooperação entre os agentes econômicos, culturais, políticos e sociais de um local ou região.

Por isso, precisa de um plano estratégico de turismo que crie uma estrutura de gestão em que a participação de segmentos empresariais supere o simples fato da presença física de representantes em reuniões nas quais desfia-se uma série de reivindicações ao poder público. Tal estrutura permite atingir compromissos entre a iniciativa privada e o setor público, por meio de instrumentos que conduzem para:

- a gestão compartilhada;
- a participação mútua em custos;
- a definição de programas e produtos de promoção turística que superem modos tradicionais de fazê-la;
- a elaboração e promoção de produtos que conjuguem sua oferta com sua própria rentabilização.

Convém lembrar que não é só o Poder Executivo que tem a responsabilidade da aplicação e controle dos instrumentos da política de turismo. Razão pela qual, ao se fazer o diagnóstico de uma região vocacionada para o turismo, é muito importante, para a correta utilização do espaço turístico e instalação de equipamentos e serviços que serão agregados à oferta original, a indispensável e mais ampla identificação dos atores sociais e agentes institucionais que nela atuam.

A começar pelo uso e ocupação do solo, com normas disciplinadoras estabelecidas na lei orgânica dos municípios, sendo que qualquer alteração deverá ter a aprovação das respectivas câmaras municipais. As áreas de preservação ambiental, de mananciais, de mata ciliar, de faixas lindeiras a rodovias, de rios, de cursos d'água nos limites e fora dos limites estaduais têm legislação e regulação específicas no âmbito dos governos estaduais e da União.

Permeando essas esferas jurisdicionais no que diz respeito à proteção do meio ambiente, da herança cultural, da cidadania e do consumidor, está o ministério público dos estados e da Federação que, por meio de suas promotorias e curadorias, está cada vez mais assumindo seu papel de defensor da sociedade civil e suas organizações.

Portanto, o processo de planejamento local, regional e nacional para o desenvolvimento sustentável do turismo deve contemplar a inclusão também de todos esses agentes.

Política nacional de turismo no Brasil

Após muitos anos de infrutíferas tentativas que fizemos junto às autoridades públicas nacionais (e alguns desses esforços acham-se registrados em nossos trabalhos acadêmicos na forma de artigos, ensaios e participações em congressos e seminários nacionais e internacionais) para a formulação de uma política nacional de turismo brasileira, eis que, para nossa surpresa, em 1996 ela surge afinal, sob a responsabilidade, é claro, do Ministério da Indústria, do Comércio e do Turismo, através do Instituto Brasileiro de Turismo (Embratur), em que "consolida e explicita as propostas constantes do documento *Mãos à obra, Brasil*, expressando em estratégias, diretrizes, objetivos e metas o programa do governo Fernando Henrique Cardoso, complementando, assim, as estratégias gerais estabelecidas no Plano Plurianual de Investimentos 1996–1999" (p. 5 do documento).

Durante muito tempo, os objetivos oficiais do turismo brasileiro foram a fixação de espaços regionais turísticos e a implantação de equipamentos receptivos voltados para a conquista do fluxo turístico internacional. Somente há treze anos passaram a ser prioridade o desenvolvimento do tráfego turístico interno e regional. Para tanto, o governo estabeleceu como meta o Plano Nacional de Municipalização do Turismo (PNMT), tal qual célula irradiadora do planejamento integrado do turismo. E também a consolidação de política comum de turismo regional entre os países da América do Sul, notadamente os integrantes do Mercosul.

Plano Nacional de Municipalização do Turismo

1. Plano Diretor de Turismo;
2. Conselho Municipal de Turismo;
3. Qualificação de mão de obra no setor (monitorias);
4. Criação do Fundo Municipal de Turismo. Recebimento da Caixa Econômica Federal e Banco do Brasil da ordem de US$ 270 milhões. Resolução nº 2.018 do Banco Central, que impede o poder público de tomar recursos de órgãos oficiais de crédito.

Em que pese o grande benefício desse programa para a interiorização e conscientização do turismo, chegando, em alguns casos, a produzir excelentes resultados de empreendedorismo e planejamento regional integrado, o modelo prescritivo da OMT, recomendado para seus países-membros, e que acabou por ser normativo no caso brasileiro, apresentou logo no início um equívoco estratégico de implantação. Esse modelo presumia o conhecimento prévio, pelo país, de seu espaço turístico nacional ou sua imediata identificação, o que levaria o Programa do Relatório do Inventário Turístico Nacional (Rintur) a ser a primeira providência tomada. Isso não foi feito, queimou-se essa primeira etapa, e muitos municípios autoapresentaram-se como turísticos.

Agora, passados dez anos, a OMT, supondo que os países tivessem adotado corretamente o modelo, já recomenda um outro – o Planejamento Estratégico Regional Integrado.

Um exemplo de conflito entre objetivos estaria talvez no próprio PNMT, em relação ao imenso espaço geográfico diferenciado do país. Como lançar, então, um programa como esse em todo o território nacional sem atentar para as características diferenciais e vocacionais do turismo?

Essas características, como é evidente, deveriam ser previamente inventariadas e analisadas para a posterior identificação e localização de polos e regiões turísticas, segundo a moderna metodologia de agrupamento de atrativos, infraestrutura, equipamentos e parâmetros mercadológicos que caracteriza o estudo de *clusters* turísticos.

Outro exemplo de conflito é a atual tendência do tráfego turístico mundial de buscar áreas tropicais com grandes diferenciais naturais, como a Amazônia e o Pantanal, e não encontrar uma eficaz proteção e preservação ambiental. Também é exemplo o rápido e estimulado processo de ocupação turística em áreas carentes de desenvolvimento, com população de baixa renda e ínfimo padrão de qualidade de vida.

Essa orientação global para os municípios brasileiros, que pretensa e aprioristicamente possa revelar méritos turísticos sem uma análise científica, poderá induzir administradores e empresários locais a verem no turismo a solução decisiva para o rápido desenvolvimento socioeconômico. Ora, na realidade, isso vai produzir uma visão empresarial distorcida, fazendo que diminua o interesse pelas outras atividades econômicas que podem ser realizadas pelo município, por consórcios municipais ou, em alguns casos, com ênfase maior na atividade turística, o que provoca uma superaceleração desta em detrimento das demais, prejudicando a própria sustentabilidade do desenvolvimento turístico.

O impacto ambiental, resultante diretamente de empreendimentos turísticos que não obedecem aos preceitos da política estratégica de desenvolvimento regional e do planejamento sustentável do turismo, pode manifestar-se de maneira bastante desfavorável quando:

- a política de uso e ocupação do solo é descentralizada, delegando-se aos municípios a incumbência de normatizar a utilização do espaço territorial, feita quase sempre em desacordo com sua vocação e capacidade geográfica;

- existe exploração desordenada dos recursos do espaço físico territorial pela especulação imobiliária, que leva à saturação e ao esgotamento do uso e da atração turística desse mesmo espaço.
- há conflito e inadequação da malha viária existente com as vias de acesso a serem implantadas nos corredores cênico-paisagísticos dos novos núcleos turísticos, sem a devida preocupação com a preservação ecológica.
- há destruição ou alteração do entorno físico do atrativo turístico. O impacto social ocorre sempre que:
  - a propriedade do solo, adquirida ou desapropriada da população autóctone e destinada à implantação de equipamentos turísticos, gerar migração e marginalidade entre seus componentes se não forem engajados no processo participativo da ocupação turística;
  - a mão de obra local não for conscientizada, preparada e formada para operar em todos os setores da atividade econômica, principalmente na área dos serviços turísticos;
  - a cultura local entrar em choque declarado com a nova subcultura predominante no início do processo de aculturação.

Esse esforço inédito do governo brasileiro, entretanto, antes vem reforçar em parte o que sempre advogamos para o turismo, embora não se complete como deveria, talvez no aguardo de outras medidas complementares ou na expectativa da retomada de um expressivo crescimento econômico que permita principalmente aos empresários brasileiros investir no setor, e à população em geral superar a crise salarial e de desemprego para ter uma digna e justa capacidade de compra que lhe possibilite a aquisição de bens e serviços turísticos.

Comentemos brevemente o que o tão debatido tema da privatização tem que ver com o governo e o turismo, para deixar bem evidenciado o que cumpre ao Estado e à política.

GOVERNO, TURISMO E PRIVATIZAÇÃO

Fala-se muito em privatização. Da leitura dos escritos de Jenkins[4] e de muitos outros estudiosos e pesquisadores pode-se verificar que a privatização em turismo,

---

[4] C. L. Jenkins, "Tourism in Developing Countries: the Privatisation Issue", em A. V. Seaton (org.), *Tourism: the State of the Art* (Londres: University of Strathclyde, John Wiley & Sons, 1994).

embora sempre recomendável, apresenta situações de risco conforme a conjuntura político-econômica de cada país e o modelo de desenvolvimento adotado. Vejamos mais de perto a questão. Na verdade, privatização refere-se, de maneira geral, a uma situação econômica em que os principais desenvolvimentos da economia são estimulados por investidores do setor privado. Essa é a situação clássica na maioria dos países desenvolvidos do mundo. O argumento que a rege é o da sensibilidade (sintonia) ao mercado, essencial para o desenvolvimento sustentado, e que só pode ser conquistada pelas pessoas diretamente e mais envolvidas no próprio mercado. Esse engajamento constitui o cerne das empresas privadas que fornecem serviços aos turistas. Como organizações dirigidas para o lucro, precisam ofertar tais serviços com alto grau de qualidade e a preços razoáveis para que elas mesmas possam sobreviver. Como sabemos, na maioria dos países subdesenvolvidos ou em desenvolvimento são os serviços de propriedade do governo que apresentam quase sempre prejuízos, e os exemplos mais óbvios são as atividades hoteleiras e de transporte aéreo.

Essa sensibilidade e a necessidade de um engajamento sempre crescente do setor privado ao mercado diminui o papel do governo no sentido operacional, mas não no de *controle*. O governo ainda detém a responsabilidade pela aceitação completa do tipo de turismo desenvolvido, assim como a responsabilidade total, coletiva, de assegurar que os benefícios auferidos com o turismo, inclusive os financeiros, não sejam obtidos em detrimento das necessidades sociais, culturais e ambientais.

A mudança de um sistema de planejamento e operacional centralizado para outro de privatização integral tem os seus riscos. O caos surgido nos Estados da antiga União Soviética indica os perigos de uma rápida transformação estrutural; nesse sentido, muitos países em desenvolvimento não estão em condições de mudar para o turismo totalmente privatizado; apresentam porém aquelas condições para uma mudança em direção a uma descentralização maior e a uma operação mais próxima do moderno modelo comercial em relação aos serviços explorados pelo governo. Na China, por exemplo, as novas políticas econômicas praticadas pelo governo resultaram na escolha de determinadas áreas em que a iniciativa privada é a força econômica dominante. Em turismo, as autoridades chinesas também têm realizado grandes investimentos, mas a operação de quase todos os equipamentos e instalações é feita pelo setor privado.

A privatização não pode ser encarada como uma questão de dogma político, mas como uma mudança pragmática na política, que deverá ser executada por etapas. O que hoje se constata é que os governos estão sob maior pressão por parte de instituições financeiras internacionais a fim de que mudem para economias sensíveis ao mercado. Se essa mudança for muito rápida, como se verificou em países asiáticos e africanos, então podem ocorrer distúrbios econômicos e políticos.

O turismo talvez seja a única área diferente na medida em que é, na maioria dos países em desenvolvimento, um setor de exportação em que os níveis de competitividade e os preços são determinados pelo mercado internacional e a maioria dos fornecedores de serviços é mais de tomadores do que de formadores de preços. Em decorrência dessas pressões internacionais e dos diferentes estágios de desenvolvimento econômico desses países é que as medidas privatizadoras precisam ser tomadas com cuidado e de maneira seletiva.

No caso do Brasil, a tendência sempre foi a de incentivar a participação intensa da iniciativa privada em investimentos de equipamentos e serviços turísticos, desde a intervenção inicial do governo no setor, conforme pode-se verificar na implantação pioneira da indústria hoteleira.

Tal participação, contudo, ultrapassou há quase uma década os limites de sua atuação, passando a operar sob um regime de autorregulamentação, reivindicado pelo *trade* e aceito pelo órgão nacional de turismo, que acabou por transferir e delegar às associações representativas dos hoteleiros e agentes de viagens brasileiros a aplicação e fiscalização dos parâmetros legais e o controle de suas próprias atividades, restringindo-se à normatização e ao acompanhamento estatístico. Como disse, a presença descentralizada do órgão oficial de turismo desativou-se, deixando de lado a competente fiscalização do controle de qualidade e da observância das normas. É bom registrar que essa postura da Embratur seguiu, na época, as recomendações da OMT para países desenvolvidos, que foram, aliás, recentemente reformuladas em vista do aumento das situações de risco que se apresentavam continuamente em quase todos os países, inclusive no Brasil.

Enfim, é ficção pensar que o governo não tem papel algum a desempenhar em turismo. Pelo contrário, ele é e continuará sendo a "mão oculta" que dirige a política, ao mesmo tempo que assegura que os serviços turísticos que mais satisfazem os visitantes estrangeiros sejam ofertados pelos mais capacitados a fornecê-los.

Ideias-força para debater: Política e Planejamento Estratégico de Turismo no Brasil

Os três grandes vetores da economia contemporânea:
- no plano econômico, a globalização e a consequente competição internacional;

- no plano social, a regionalização, até como resposta aos efeitos da globalização econômica que obrigam os países a reduzir seus custos e sair do assistencialismo; e por fim
- no plano político, a descentralização, pois cada região necessita de flexibilidade para arranjar seus fatores de produção e tornar-se competitiva.

Globalização:

- contínua integração da economia mundial;
- aumento das desigualdades entre países e regiões;
- disparidades internacionais e inter-regionais;
- liberdade de atuação;
- ampla abertura da economia.

O que se destaca:

- regiões com sistema produtivo articulado;
- regiões com elevados níveis de competitividade nos mercados globais.

Arranjos Produtivos Locais (APLs)

Esse ambiente tem criado uma nova ética de enfrentamento dos efeitos da globalização, representada pelos arranjos produtivos locais – um sistema econômico local ou microrregional competitivo que se relaciona de forma aberta com o mundo e com forte concentração dos interesses sociais.

Os sistemas produtivos hoje reconhecidos pelo conceito de arranjo produtivo parecem reunir características interessantes para a geração de sinergias, tão essenciais ao sucesso de uma iniciativa de desenvolvimento econômico e social.

Talvez o primeiro a merecer atenção seja o fato de a origem da quase totalidade desses arranjos ser completamente autônoma, baseada em iniciativas locais, por meio do aproveitamento de vantagens territoriais que permitiram o surgimento de estruturas produtivas razoavelmente especializadas e com um número significativo de empresas.

Quase nenhum desses processos foi baseado em políticas de incentivo público. A especialização regional verificada na grande maioria dos territórios foi consolidada antes de ter se tornado objeto de atenção por parte dos agentes públicos, por exemplo: "Caminhos de pedra" e "Rota dos vinhedos na serra gaúcha".

As exceções surgem quando um conjunto produtivo recebe forte impulso estatal desde sua origem. Exemplo: *cluster* aeronáutico de São José dos Campos, em São Paulo.

Os APLs nasceram, em geral, à margem do Estado, e o grande "benefício" que receberam foi, provavelmente, o esquecimento por parte das estruturas de fiscalização tributária e trabalhista.

Assim, o processo de adensamento empresarial surgiu sem a influência de distorções alocativas motivadas por políticas públicas, o que lhes conferiu a sempre desejada característica de resiliência, que é a capacidade de adaptação autônoma de uma estrutura, sistema ou mesmo pessoa às dificuldades da dinâmica do mundo exterior.

Redes de Cooperação Produtiva

As redes de empresas são formadas inicialmente com o objetivo de reduzir incertezas e riscos, organizando atividades econômicas a partir da coordenação e cooperação entre empresas. Na formação de redes entre empresas existe a possibilidade de estas configurarem-se como malhas flexíveis de pequenas e médias empresas, compondo um dos cenários mais importantes e decisivos para a constituição de *clusters*.

O nascimento, desenvolvimento e consolidação da rede de empresas depende da discussão e equacionamento de três aspectos fundamentais:

- Cultura da confiança – cooperação entre as empresas
- Cultura da competência – capacitação de cada parceiro
- Cultura da tecnologia – agilização do fluxo de informação – inovação

É importante ressaltar que a crescente reestruturação produtiva e os movimentos de "cooperação", as pressões por redução de custos e aumento de produtividade, estão gerando a formação de novos arranjos entre as empresas. Esses agrupamentos estão voltados para maior cooperação entre elas, oferecendo novos elementos para uma possível formulação de políticas de gestão e produção.

É impostergável, portanto, identificar, organizar e articular a cadeia produtiva do turismo, identificando corretamente suas unidades de produção e de negócios e estabelecendo uma rede de empresas para atuar de forma integrada, proativa e interativa em *clusters*.

Segundo Albagli e Brito:

[...] um arranjo produtivo local pode conter uma cadeia produtiva estruturada localmente ou fazer parte de uma cadeia produtiva de maior abrangência espacial, de âmbito nacional ou mundial, desde que, com a globalização, identifica-se uma maior dispersão espacial das cadeias produtivas.[5]

Por sua vez, sistemas produtivos e inovativos locais são aqueles arranjos produtivos cuja interdependência, articulação e vínculos consistentes resultam em interação, cooperação e aprendizagem, possibilitando inovações de produtos, processos e formatos organizacionais, gerando maior competitividade empresarial e capacitação e empoderamento social.

Na abordagem dos APLs, segundo esses mesmos autores:

[...] constitui recorte específico de análise e de ação política, definindo o espaço onde processos produtivos, inovativos e cooperativos têm lugar, tais como: município e seu entorno; conjunto de municípios; microrregião; conjunto de microrregiões, entre outros. A proximidade ou concentração geográfica, levando ao compartilhamento de visões e valores econômicos, sociais e culturais, constitui fonte de dinamismo local, bem como de diversidade e de vantagens competitivas em relação a outras regiões.[6]

Será sempre necessário observar a teia de reações sociais, a organização administrativa local, a migração, as consequências da sazonalidade regional na dinâmica e nas potencialidades do destino turístico para elaboração de políticas de produção e geração de emprego e renda.

O projeto deve se apoiar na participação social, equidade, intersetorialidade e permanente busca da sustentabilidade.

Como formatar um modelo de desenvolvimento regional, gestão estratégica de turismo?

O caráter global de competição não elimina a importância da base a partir da qual os produtos são lançados no mercado.

O processo concorrencial vem abrindo espaço para as políticas de formação de *clusters*.

- *Agriclusters*
- *Clusters* industriais – norte da Itália, Franca, São Leopoldo, São José dos Campos
- *Clusters* de serviços – Infosys, Bangalore, Índia
- *Clusters* de turismo – serra gaúcha

---

[5] Sarita Albagli & Jorge Britto (orgs.), *Glossário de arranjos e sistemas produtivos e inovativos locais*. Projetos políticos de promoção de arranjos produtivos locais de MPMEs (Rio de Janeiro: UFRJ/RedeSist, 2003).
[6] *Ibidem.*

Produtividade e competitividade:

- Binômio divisor de sucesso
- Uma das mais altas e especializadas tarefas da atualidade

Globalização crescente:

- Intensidade de conhecimento e tecnologia
- Impacto sobre o papel dos polos e aglomerados produtivos na competição

Inovação tecnológica reflete:

- determinado estágio de conhecimento;
- ambientes institucional e produtivo específicos;
- certa disponibilidade de talentos para definir problemas técnicos e resolvê-los,
- papel destacado da universidade e dos centros de excelência em pesquisa;
- empreendedorismo;
- mentalidade econômica para uma aplicação do custo/benefício;
- rede de produtores e usuários capazes de comunicar suas experiências de modo cumulativo e aprender usando e fazendo. Ex.: Terza Itália — que já responde por 65% do PIB italiano.

O desenvolvimento sustentável envolve:

- compreensão exata dos impactos econômicos;
- distribuição justa de custo e benefícios;
- geração de empregos locais, diretos e indiretos;
- estimulação de negócios lucrativos;
- injeção de capital e dinheiro na economia local;
- diversificação da economia local;
- a transferência de benefícios de uma região mais rica a outra mais pobre, contribuindo para um maior equilíbrio intrarregional;
- elevação das condições de vida das comunidades envolvidas;
- estímulo e favorecimento do crescimento de outras atividades;
- interação com todos os segmentos da sociedade;
- incorporação de planejamento e zoneamento;
- desenvolvimento estratégico e logístico de transporte intermodal;
- facilitação de recreação e entretenimento;
- encorajamento do uso produtivo de terras consideradas marginais;
- auxílio da cobertura de gastos com preservação ambiental;
- intensificação da autoestima da comunidade local, incentivando seu engajamento no processo de desenvolvimento;
- monitoramento, assessoria e administração dos impactos dos aglomerados produtivos, desenvolvendo métodos confiáveis de gestão estratégica.

GESTÃO E DESENVOLVIMENTO DO TURISMO SUSTENTÁVEL

Conceitua-se gestão pública como os processos, ferramentas e sistemas, principalmente de planejamento/formulação, de monitoramento e avaliação, e os respectivos instrumentos de intervenção: políticas, planos, programas e projetos que contribuem à racionalização do uso de recursos e da tomada de decisões de responsabilidade governamental e da iniciativa privada, para alcançar, com maior eficiência e eficácia, objetivos previamente definidos.

CAPACITAÇÃO INSTITUCIONAL PARA A GESTÃO

O Brasil, a exemplo de outros países, tem cometido grandes erros que impedem obter do turismo maior aproveitamento social e lucratividade privada. Podem-se citar:
- o tratamento do turismo como um setor específico, o que tem isolado as atividades a ele associadas de outros setores produtivos e sociais;
- a definição de políticas não conta com suficiente consenso entre os diversos atores do setor, e em relação com atores de outros setores;
- políticas definidas não são apoiadas por instrumentos efetivos, o que as relega a um mero discurso ou manifestação de boas intenções, que a "mão invisível" do mercado se encarregará de materializar;
- a existência de uma política "setorial" instável, sem visão nem compromisso de longo prazo, pelo que está sujeita às flutuações de mudanças administrativas;
- o desconhecimento das realidades regionais, o que é notoriamente inadequado para países de grandes extensões territoriais como o Brasil;
- políticas que acabam por apoiar grandes empresas, fato que finalmente contribui para desconsiderar a dimensão social. Ademais, são elas as que mais se beneficiam das políticas públicas de promoção, as que têm acesso ao financiamento e encontram condições favoráveis para incorporar novas tecnologias.

A análise crítica da gestão das políticas públicas de turismo no Brasil revela:
- que o governo federal, por meio do Ministério do Turismo, apresenta hoje uma estrutura institucional apta a planejar as diretrizes norteadoras e estruturantes do processo de regionalização do turismo. Por outro lado, os estados e os municípios ainda enfrentam dificuldades e obstáculos para aplicar e dar continuidade, em seus limites político-territoriais, às diretivas prescritas e aplicáveis em suas respectivas conjunturas;

- que esses empecilhos, em grande parte, refletem a ausência de recursos humanos qualificados para absorver, entender e compreender os novos paradigmas, trabalhando-os no sentido de harmonizá-los e compatibilizá-los às especificidades locais, bem como aos instrumentos operacionais disponíveis;

- que há gargalos para se chegar à ponta, ou seja, aos municípios com reais méritos diferenciais em turismo, portanto capazes de formatar sua potencialidade em produtos turísticos ao mercado, entre eles a falta permanente de suficiência orçamentária e de pessoal habilitado.

Apesar de o turismo ser uma atividade de caráter predominantemente privado, devem ser implementadas políticas públicas de apoio à formação de arranjos produtivos locais pautados nos princípios da economia solidária. Os órgãos públicos, seus parceiros e as comunidades locais – as maiores beneficiárias do processo de regionalização do turismo – deverão trabalhar de forma integrada, contribuindo para o desenvolvimento social e econômico e, consequentemente, para a inclusão social e a melhoria da qualidade de vida das populações.

O Programa de Regionalização cria assim o espaço ideal para a construção e estruturação de *clusters* de turismo, em que se deve atentar para a sinergia necessária por meio de mecanismos de efetiva integração como os consórcios de municípios e empresas, associativismo, cooperativismo, cadeias de fornecedores, consórcios de marcas e outras formas de cooperação entre iniciativa privada e poder público, isso num primeiro nível.

A fragilidade ainda está presente e é revelada pela incapacidade institucional para a gestão do turismo na grande maioria das regiões do país, apesar das sucessivas tentativas de planejamento do desenvolvimento integrado e sustentável do turismo. Observam-se, com reiterada frequência, as dificuldades de estados e municípios em avaliar o alcance do objetivo principal, bem como compreender e operacionalizar as proposições das diretrizes nacionais. Tais dificuldades decorrem até mesmo no nível federal, em decorrência, entre outros aspectos, da falta de compreensão do turismo como atividade multissetorial, a depender de uma atuação inter e multidisciplinar.

Todo projeto de desenvolvimento local/regional desencadeia um processo de reconstrução/reapropriação de determinado território, entendido como o espaço apropriado. Esse processo implica uma nova ordenação territorial. O que se propõe é que essa reordenação territorial seja sustentável e alavancada a partir dos interesses coletivos da comunidade local e da região.

Pretende-se que esse processo de nova ordenação sustentável venha a traduzir-se num novo padrão de desenvolvimento, obedecendo não mais à racionalidade da acumulação e do consumismo, mas principalmente da qualidade de vida a curto, médio e longo prazos. Além disso, deverá contemplar as necessidades e expectativas coletivas da base local, com a participação ativa da sociedade civil, organizada de forma multiescalar, buscando adotar a alternativa que melhor viabilize sua inserção no processo regional de desenvolvimento, estimulando sempre o protagonismo comunitário nos projetos de arranjos socioprodutivos.

Características dos clusters:

- ampliação da capacidade de gerar resultados;
- concentração geográfica e setorial, de empresas e instituições;
- transmissão clara, por parte dos aglomerados, da coexistência entre competição e cooperação.

Cluster *é, portanto:*

- esforço;
- mobilização;
- comunicação;
- engajamento;
- interação;
- sinergia no arranjo produtivo para a consolidação de seu desenvolvimento sustentável.

Clusters
competitividade

COMPETITIVIDADE

MERCADOS SEGMENTADOS | PRODUTOS DIFERENCIADOS | DIVERSIDADE TECNOLÓGICA | ECONOMIA DE ESCALA

AS BASES DA VANTAGEM COMPETITIVA, SEGUNDO MICHAEL PORTER

O cluster *turístico é:*

Conjunto de atrativos com destacado diferencial turístico, concentrado num espaço geográfico contínuo ou descontínuo, dotado de equipamentos e serviços de qualidade, eficiência coletiva, coesão social e política, articulação da cadeia produtiva e cultura associativa, com excelência gerencial em redes de empresas que geram vantagens estratégicas comparativas e competitivas, com cenários consolidados de sustentabilidade.

Ações de política estratégica na implantação de custers:

- Enfoque sistêmico.
- Ação em cima das vantagens competitivas dinâmicas (capital social, conhecimento, informação, capacitação e tecnologia).
- A população deixa de ser demandante para atuar no processo.
- Trata a comunidade como sujeito e não como objeto.
- A ação integrada entre o setor público, setor privado e sociedade local.

Em 2003, com a criação do Ministério do Turismo, foi atendida uma das maiores reivindicações do *trade* turístico. O ministério, como órgão da administração direta, terá as condições necessárias para articular com os demais ministérios, com os governos estaduais e municipais, com o Poder Legislativo, com o setor empresarial e a sociedade organizada, integrando as políticas públicas e o setor privado. Dessa forma o ministério cumprirá com determinação um papel aglutinador, maximizando resultados e racionalizando gastos.

A estrutura do ministério é composta por órgãos de assistência direta e imediata ao ministro, além dos seguintes órgãos finalísticos:

- *Secretaria de Políticas de Turismo*: a ela compete precipuamente "a formulação, elaboração, avaliação e monitoramento da Política Nacional do Turismo, de acordo com as diretrizes propostas pelo Conselho Nacional do Turismo", bem como articular as relações institucionais e internacionais necessárias para a condução dessa política.
- *Secretaria de Programas de Desenvolvimento do Turismo*: a ela compete realizar ações de estímulos às iniciativas públicas e privadas de incentivos, de fomento, de promoção de investimentos em articulação com os Programas Regionais de Desenvolvimento, bem como apoiar e promover a produção e comercialização de produtos associados ao turismo e à qualificação dos serviços.
- *Instituto Brasileiro de Turismo (Embratur)*: autarquia que tem como área de competência a promoção, divulgação e o apoio à comercialização dos produtos, serviços e destinos turísticos do país no exterior.
- *Conselho Nacional do Turismo*: órgão colegiado de assessoramento, diretamente vinculado ao ministro do turismo, que tem como atribuições "propor diretrizes

e oferecer subsídios técnicos para a formulação e acompanhamento da Política Nacional do Turismo". Esse conselho é formado por representantes de outros ministérios e instituições públicas que se relacionam com o turismo e por representantes das entidades de caráter nacional, representativas dos segmentos turísticos.

O ministério tem como desafio conceber um novo modelo de gestão pública, descentralizada e participativa, atingindo em última instância o município onde efetivamente o turismo acontece.

Dessa forma, propõe um sistema de gestão composto no seu nível estratégico (União), ministério, Conselho Nacional de Turismo e o Fórum Nacional de Secretários e Dirigentes Estaduais de Turismo.

O Fórum Nacional de Secretários é um órgão informal, consultivo, constituído pelos secretários e dirigentes estaduais de turismo, que auxiliará no apontamento de problemas e soluções, concentrando as demandas oriundas dos estados e municípios.

Assim, o núcleo estratégico estabelecerá canais de interlocução com os estados da Federação, que por sua vez estarão conectados às necessidades advindas dos municípios e regiões turísticas, tendo como atribuições:

- Contribuir para a construção das políticas e do Plano Nacional do Turismo, atuando como fórum facilitador e articulador para a formulação das parcerias necessárias.
- Redução das desigualdades regionais e sociais, geração e distribuição de renda, geração de emprego e ocupação, equilíbrio do balanço de pagamentos.

Visão

O turismo no Brasil contemplará as diversidades regionais, configurando-se pela brasilidade, proporcionando a expansão do mercado interno e a inserção efetiva do país no cenário turístico mundial. A geração do emprego, ocupação e renda, a redução das desigualdades sociais e regionais e o equilíbrio do balanço de pagamentos sinalizam o horizonte a ser alcançado pelas ações estratégicas indicadas.

Objetivos gerais e específicos:

O Plano Nacional do Turismo está estruturado a partir dos seus objetivos, dos quais derivam os macroprogramas, programas e ações.

Cada um desses objetivos perseguidos representa uma área específica que sugere, na sua essência, os resultados que devem ser atingidos, a saber:

Objetivos gerais:

- Desenvolver o produto turístico brasileiro com qualidade, contemplando nossas diversidades regionais, culturais e naturais.
- Estimular e facilitar o consumo do produto turístico brasileiro nos mercados nacional e internacional.

Objetivos específicos:

- Dar qualidade ao produto turístico.
- Diversificar a oferta turística.
- Estruturar os destinos turísticos.
- Ampliar e qualificar o mercado de trabalho.
- Aumentar a inserção competitiva do produto turístico no mercado internacional.
- Ampliar o consumo do produto turístico no mercado nacional.
- Aumentar a taxa de permanência e gasto médio do turista.

CONCEITOS E PRINCÍPIOS FUNDAMENTAIS

De acordo com o Programa de Regionalização do Turismo – Roteiros do Brasil, regionalização deve ser entendida como "a organização de um espaço geográfico em regiões para fins de planejamento, gestão, promoção e comercialização integrada e compartilhada da atividade turística". O programa é um modelo de gestão de política pública descentralizada, coordenada e integrada. Seus princípios são a flexibilidade, articulação, mobilização, cooperação intersetorial e interinstitucional e sinergia de decisões.

A regionalização do turismo representa uma nova concepção de relacionamento entre as diversas esferas do poder público e da sociedade civil, pois exige um esforço no sentido de construir coletivamente esse novo modelo de gestão. O trabalho envolve negociações permanentes entre as instâncias envolvidas, articulação de acordos diversos e planejamento das ações de forma participativa, visando à integração entre municípios, estados e países.

O Programa de Regionalização do Turismo assume a noção de território como espaço e lugar de integração do homem com o ambiente, dando origem a diversas formas de se organizar e se relacionar com a natureza, com a cultura e com os recursos disponíveis. Essa noção de território propõe uma coordenação entre organizações sociais, agentes econômicos e representantes políticos, superando a visão estritamente setorial do desenvolvimento.

O ordenamento dos arranjos produtivos locais e regionais torna-se estratégico, pois os veículos de parceria, integração e cooperação dos setores geram produtos e serviços capazes de inserir as unidades produtivas de base familiar, formais e informais, micro e pequenas empresas. Esse processo tem como consequência direta o bem-estar das populações.

Implementar o Programa de Regionalização do Turismo, portanto, é promover a cooperação e a parceria dos segmentos envolvidos, como os poderes público e privado, organizações da sociedade civil, terceiro setor, instituições de ensino e turistas. Todos devem trabalhar juntos para atingir objetivos comuns.

Os princípios básicos da flexibilidade, articulação, mobilização, cooperação intersetorial e interinstitucional e sinergia de decisões – já priorizados nas Diretrizes Políticas do Programa – continuam essenciais. Mas também devem ser considerados outros princípios para que a atividade turística cumpra seu papel participativo e de inclusão social, transformando-se em instrumento de desenvolvimento sustentável regional e mesmo nacional. Entre esses princípios, destacam-se a participação, a sustentabilidade, a integração e a descentralização.

Participação

A participação é um elemento-chave, tanto na concepção e no planejamento como na implementação do Programa de Regionalização do Turismo. Além de fortalecer a cidadania, favorece o crescimento social, político, administrativo e tecnológico de um grupo, na medida em que amplia suas responsabilidades e resgata valores sociais, históricos, étnicos e culturais.

A participação ativa de todos os segmentos sociais, empresariais e governamentais, comprometidos com os objetivos do programa, é fundamental para a integração efetiva dos envolvidos na construção conjunta.

Seja qual for o nível e o tipo de planejamento, qualquer programa ou projeto participativo deve propiciar os meios e as condições para que os envolvidos possam atuar em todas as etapas do processo, discutindo, apresentando ideias, tomando parte na construção do consenso e na tomada de decisões.

O processo de regionalização do turismo, para ser realmente participativo, deve:

- envolver representantes de todas as instâncias – públicas, privadas, da sociedade civil e terceiro setor – e abrir espaço para que todos contribuam com as ações do programa na região;
- respeitar a diversidade de opiniões na construção do consenso, promovendo discussões conjuntas e negociações entre os participantes;

- levantar as diferentes visões de um mesmo problema em função dos interesses, necessidades, expectativas e temas dos grupos envolvidos;
- levar em consideração o conhecimento local, as habilidades, as vocações, a cultura local e as experiências para o aproveitamento e inclusão desses elementos no processo de regionalização;
- considerar e respeitar as desigualdades e diferenças étnicas, sociais, culturais, históricas, econômicas e ambientais, entre outras, minimizando a interferência negativa ou preconceituosa no processo.

Sustentabilidade

A sustentabilidade é um dos pilares do Programa de Regionalização do Turismo – Roteiros do Brasil. A sustentabilidade ambiental, sociocultural e econômica é fator imprescindível para o sucesso de qualquer atividade turística no contexto do mundo atual.

A sustentabilidade pode ser entendida como o princípio estruturador de um processo de desenvolvimento centrado na equidade social, eficiência econômica, diversidade cultural, proteção e conservação do meio ambiente. Portanto, tem possibilidade de tornar-se um fator motivador e mobilizador das instituições, regulando padrões de comportamento e valores dominantes.

Qualquer planejamento focado no desenvolvimento deve levar em conta os cenários da sustentabilidade. Entre eles destacam-se:

1. *Sustentabilidade ecológica* – incrementa o aumento da capacidade de recursos naturais, intensificando a pesquisa de tecnologias limpas e definindo regras para uma adequada proteção ambiental.
2. *Sustentabilidade social* – a criação de um processo de desenvolvimento civilizatório baseado no ser e que seja sustentado por maior equidade na distribuição do ter.
3. *Sustentabilidade econômica* – possibilita melhor alocação e gestão mais eficiente dos recursos por um fluxo regular do investimento público e privado.
4. *Sustentabilidade espacial* – é aquela voltada a uma configuração rural-urbana mais equilibrada. Atentando sempre para: capacidade de carga e sustentação; plano de manejo e monitoramento.
5. *Sustentabilidade cultural* – engloba as raízes endógenas dos modelos de modernização e dos sistemas rurais integrados de produção, respeitando a preservação do patrimônio histórico e a continuidade das tradições culturais.

6. *Sustentabilidade política* – privilegia a negociação da diversidade de interesses envolvidos em questões fundamentais, do âmbito local ao global.
7. *Sustentabilidade institucional* – assegura o modelo de governança para o desenvolvimento local.

Sob os aspectos da competitividade dos produtos e/ou destinos turísticos, existem diversas vantagens relacionadas à sustentabilidade, entre elas:

- diferenciação dos produtos e criação de base sólida na competição em termos de valor e de rentabilidade a longo prazo;
- aumento dos ciclos de vida dos produtos e destinos;
- criação de cadeias produtivas locais com produtos de valor agregado que proporcionem um crescente aumento na geração de renda para as economias locais;
- fortalecimento da participação dos atores;
- desenvolvimento de estratégias de incremento agrícola local;
- fortalecimento da cidadania e da sensibilização da população local sobre o desenvolvimento de produtos com base sustentável;
- criação de redes solidárias de turismo inclusivo;
- manutenção e melhoria da qualidade dos recursos naturais e, consequentemente, das condições de vida da sociedade.

Integração

A participação tem a finalidade de integrar – de forma organizada, porém diferenciada – os interesses das pessoas e segmentos envolvidos, tornando-os agentes da transformação e protagonistas do processo decisório. No Programa de Regionalização do Turismo, a integração funciona como um movimento de aproximação do governo – em suas diversas instâncias –, da sociedade e do terceiro setor. O efeito dessa sinergia potencializa o resultado das ações e facilita o alcance de objetivos comuns.

A integração não diz respeito apenas aos indivíduos envolvidos diretamente na implementação do programa, mas também à ação interinstitucional de todos os agentes públicos e privados. Isso se deve ao fato de que a atividade turística depende da qualidade de vários serviços e equipamentos: de infraestrutura, saneamento básico, transporte, coleta e destinação de lixo, abastecimento de água e energia elétrica, entre outros.

Apesar de o turismo ser uma atividade de caráter predominantemente privado, devem ser implementadas políticas públicas de apoio à formação de arranjos produtivos locais pautados nos princípios da economia solidária. Os órgãos públicos, seus parceiros e as comunidades locais – as maiores beneficiárias do processo de regionalização do turismo – deverão trabalhar de forma integrada, contribuindo para o desenvolvimento social e econômico e, consequentemente, para a inclusão social e a melhoria da qualidade de vida das populações.

DESCENTRALIZAÇÃO

A descentralização do processo decisório é condição básica para a efetivação das políticas públicas e sociais.

O processo de descentralização no âmbito do Programa de Regionalização do Turismo está relacionado com políticas públicas de parceria entre o Estado e a sociedade. Nesse caso, a descentralização é representada por ações de estímulo à ampliação das possibilidades de organização da sociedade; criação e fortalecimento de espaços de participação; desconcentração das responsabilidades na gestão do desenvolvimento do turismo; de conquista e exercício da autonomia, assim como do poder decisório entre as instâncias municipais, regionais, estaduais e federais.

O desenvolvimento local propicia a transferência dos processos de tomada de decisão. A unidade central é substituída por escalas menores, aqui representadas pelas regiões turísticas.

REGIONALIZAÇÃO E ROTEIRIZAÇÃO

Consolidar o Programa de Regionalização do Turismo, com informações e dados sobre as demandas e carências regionais para a qualificação dos produtos como referência para as ações das diversas esferas de gestão pública e privada.

Promover a requalificação de produtos, roteiros e destinos turísticos, com base em parâmetros e critérios ambientais, a fim de garantir a sustentabilidade, a qualidade e a competitividade.

Priorizar, para estruturação, os roteiros com potencial para comercialização nos mercados nacional e internacional identificados por estudos de demanda.

Definir, no âmbito dos roteiros, produtos e serviços turísticos complementares, respeitando as vocações e os diferenciais locais característicos de cada um.

Promover a competitividade e sustentabilidade do turismo por meio da ação planejadora efetiva, buscando a inclusão dos diferentes atores sociais no processo de planejamento.

IDENTIFICAÇÃO

Identificar os segmentos e as atividades envolvidas com a cadeia produtiva do turismo nas regiões turísticas mapeadas.

Elaborar metodologia para desenvolver os segmentos do turismo equestre, observação de aves, pesca, entre outros.

Identificar destinos referenciais nas diversas atividades, como cavalgada histórico/cultural e pedagógica, caminhada, agroturismo, turismo rural, realizando a qualificação específica de guias, condutores, multiplicadores e empreendedores, entre outros.

Inserir o conceito e o entendimento das atividades de entretenimento e animação turística como um dos principais eixos de intervenção de crescente importância no turismo doméstico e internacional.

Criar um programa integrado de desenvolvimento do segmento do turismo de negócios, eventos e incentivos.

Apoiar e fomentar a requalificação da produção associada ao turismo, especialmente o artesanato, criando mecanismos para promover o manejo ambiental adequado dos recursos naturais utilizados.

Apoiar a implementação do uso público nas Unidades de Conservação Ambiental, ampliando a oferta do segmento do ecoturismo, por meio de parcerias público-privadas.

Promover o desenvolvimento de parques temáticos e atrações turísticas como âncora para o crescimento do turismo familiar.

INFRAESTRUTURA BÁSICA

Identificar e quantificar as necessidades de infraestrutura nos principais roteiros turísticos, de acordo com o Plano Nacional de Turismo.

Articular ações interministeriais para implantação de infraestrutura básica nas regiões prioritárias para o turismo, de acordo com a demanda identificada.

Apoiar os investimentos institucionais em segurança pública, voltados para o atendimento ao turista, com mecanismos de inteligência que associem formas de consulta em banco de dados integrado entre os gestores do turismo e da segurança pública, nos níveis federal, estadual e municipal.

Priorizar os investimentos públicos em projetos que garantam, nos destinos turísticos prioritários, a implementação de infraestrutura para o saneamento básico – captação e tratamento de água, coleta de lixo e tratamento e disposição final do esgoto.

Preparar a infraestrutura básica para atender pessoas portadoras de deficiência.

INFRAESTRUTURA TURÍSTICA

Desenvolver ações de conservação dos atrativos turísticos, criando condições para implantação e manutenção dos equipamentos turísticos.

Apoiar a recuperação do patrimônio natural e as intervenções em sítios históricos, ambientais, arqueológicos, geológicos, etc., visando a ampliação e a qualificação da oferta turística.

Fomentar investimentos em infraestrutura turística por meio de parcerias público--privadas, para empreendimentos turísticos relevantes.

Fiscalizar a aplicação e o cumprimento da legislação que dispõe sobre a acessibilidade para os portadores de necessidades especiais nos empreendimentos turísticos.

Adequar a infraestrutura turística para atender pessoas portadoras de deficiências.

Implantar, por meio de parcerias público-privadas, equipamentos e serviços turísticos para usos públicos nos parques, como forma de garantir a sustentabilidade.

EIXO TEMÁTICO – PROMOÇÃO, MARKETING E APOIO À COMERCIALIZAÇÃO – EMBRATUR

A promoção do turismo brasileiro deve ter como conceito estratégico a diversificação da imagem do país, tanto para o mercado interno como para o mercado externo. As ações de promoção e marketing, com base na Marca Brasil, devem consolidar a imagem de um país moderno, com credibilidade, alegre, jovem, hospitaleiro, capaz de proporcionar lazer de qualidade, novas experiências aos visitantes, realização de negócios, eventos e incentivos, tornando-o competitivo internacionalmente. Devem ter como essência a qualidade e a diversidade da produção cultural brasileira, além da diversidade étnica, social e natural, para a difusão e promoção de um turismo seguro, qualificado e sustentável.

No mercado interno a promoção do turismo deve buscar fundamentalmente o aumento de viagens, com a inserção de novos grupos de consumidores até então excluídos desse tipo de consumo, seja por meio de propostas de programas sociais, seja derrubando o mito de que o turismo é uma categoria de consumo exclusiva das elites nacionais e estrangeiras. Deve se concentrar na possibilidade de realização de experiências positivas de conhecimento, integração e valorização das riquezas culturais e naturais do país.

O Plano de Marketing Turístico Nacional – Plano Cores do Brasil – e o Plano de Marketing Internacional – Plano Aquarela – constituem as referências para a realização de campanhas de promoção do turismo no mercado nacional e internacional, respectivamente.

É necessário manter a política de priorização de recursos do Ministério do Turismo para a promoção do turismo no mercado nacional e internacional, que aumentou significativamente nos últimos anos, quando foram aplicados recursos da ordem de R$ 321,9 milhões.

Além disso, devem ser viabilizados mecanismos de parceria público-privada, em consonância com uma tendência mundial no desenvolvimento do turismo, principalmente no tangente à promoção.

É importante que as ações de promoção internacional em curso sejam continuadas, particularmente no que se refere: à ampliação de Escritórios Brasileiros de Turismo (EBT) na Europa para mercados com grande potencial de emissão de turistas ao Brasil; ao projeto Caravana Brasil; aos *bureaux* de comercialização; ao programa excelência em turismo, ao treinamento de agentes de viagens *on-line*; aos eventos e feiras promocionais; ao turismo de negócios e ao turismo de eventos, que têm apresentado bons resultados.

Por sua vez, as ações de promoção no mercado nacional devem trabalhar no foco da identificação dos principais centros emissores internos e dos públicos-alvo respectivos, e também buscando incluir o turismo na pauta de consumo dos brasileiros, expandindo esse mercado a parcelas da população até então excluídas.

O conjunto de ações de promoção deve buscar a realização das propostas apresentadas a seguir.

Marketing Institucional

Fortalecer a Marca Brasil.

Priorizar, para promoção, os destinos turísticos com infraestrutura adequada para o receptivo turístico e com capacidade de planejamento e gestão ambiental, evitando a degradação dos locais.

Contemplar, no Orçamento Geral da União (OGU), as recomendações da Organização Mundial do Turismo (OMT) quanto à destinação de 2% do PIB do setor turismo para investimentos em marketing e promoção.

Instituir mecanismos para prover a qualidade e a comercialização dos produtos turísticos das regiões brasileiras nos mercados nacional e internacional.

Considerar as principais tendências do mercado mundial de turismo, incentivando os segmentos de turismo familiar, entretenimento e animação turística, com os agentes operadores e empresários.

Promover e divulgar os produtos turísticos, salientando os atributos de singularidade.

Expandir o calendário de participações em feiras e eventos para possibilitar a ampliação dos canais de distribuição e fomento aos negócios.

Instruir, padronizar e orientar a produção do material promocional produzido pelos destinos turísticos, criando uma central de distribuição e controle desse material.

Ampliar, diversificar e disponibilizar banco de imagens e conteúdo, abrangendo os roteiros, destinos e produtos turísticos prioritários e a produção associada.

Implementar o Portal Brasileiro de Turismo como vetor prioritário de promoção turística do Brasil no mercado internacional e consolidá-lo com mecanismos de apoio ao processo de comercialização.

Criar o *kit* completo de material promocional do Brasil para o mercado nacional e internacional (filmes, *folders*, cartazes, etc.).

Promover os diferentes roteiros turísticos brasileiros, considerando a sustentabilidade ambiental, econômica e sociocultural e valorizando a diversidade cultural e regional.

Incentivar o marketing responsável na promoção e comercialização a fim de agregar valor aos produtos e roteiros turísticos, estimulando a sustentabilidade ambiental nos destinos turísticos e promovendo a consciência ambiental por meio da atividade turística.

Considerar o turismo de negócios atividade indutora de desenvolvimento nacional, por meio da participação em feiras comerciais no exterior, incrementando os investimentos produtivos no país e as exportações brasileiras.

Intensificar o programa de captação de eventos internacionais, melhorando ainda mais a posição do Brasil no cenário internacional.

Estruturar e consolidar o calendário de eventos turísticos de interesse nacional, regional e estadual.

Dar continuidade e fortalecer a participação do Brasil no Fórum Mundial de Turismo para Paz e Desenvolvimento Sustentável e no Movimento Brasil de Turismo e Cultura.

Intensificar a promoção e apoio à comercialização dos segmentos em parceria com os *conventions bureaux* no mercado externo.

Divulgar a cultura e a arte brasileira, por intermédio da música e do artesanato nas vitrines dos estandes, por ocasião dos eventos com participação do Ministério do Turismo.

DEMANDA INTERNA – FLUXO RECEPTIVO INTERNACIONAL

Implantar o Plano de Marketing Turístico Nacional – Plano Cores do Brasil.

Institucionalizar e fortalecer o Salão do Turismo – Roteiros do Brasil como vitrine do turismo brasileiro, como canal de informação e conhecimento, e instrumento de aproximação da oferta e demanda.

Apoiar a realização de Salão de Turismo nos estados.

Implementar o Programa Vai Brasil e outros projetos que levem a redução de preços para o público final, aumentando o número de viajantes e a ocupação hoteleira.

Criar um programa de fomento ao turismo de eventos.

Utilizar os roteiros e segmentos propostos no Programa de Regionalização como prioritários na estratégia de promoção e comercialização do produto turístico brasileiro.

Fortalecer o turismo social no Brasil como forma de beneficiar o trabalhador brasileiro e diminuir a ociosidade da rede hoteleira nacional, por meio da utilização dos equipamentos e serviços turísticos, na alta e baixa temporada.

Realizar campanha para incentivo do turismo jovem e do turismo familiar.

Incentivar o turismo de curta distância com viagens de pequena duração, principalmente rodoviário, na baixa temporada.

Elaborar o calendário para divulgação do turismo interno e estabelecer critérios de participação do Ministério do Turismo em eventos, com ênfase nas regiões priorizadas pelo Programa de Regionalização e segmentos turísticos envolvidos.

Inserir a produção associada ao turismo no desenvolvimento de campanhas, materiais de promoção, *folders*, vídeos, etc., como forma de agregar atributos de valor aos cenários turísticos.

Estimular a valorização da produção local como atributo de diferenciação e de reconhecimento em campanhas, materiais impressos e audiovisuais.

Promover os parques temáticos e atrações turísticas como estímulo ao turismo familiar.

Estabelecer programa de promoção conjunta com as Agências de Desenvolvimento das Microrregiões.

DEMANDA EXTERNA

Dar continuidade às ações propostas pelo Plano de Marketing Turístico Internacional – Plano Aquarela, criando mecanismos que garantam a permanência das campanhas publicitárias e ações promocionais nos mercados prioritários definidos no plano.

Aumentar a articulação das ações do Ministério do Turismo, por intermédio da Embratur, com ações de promoção desenvolvidas pelos estados brasileiros e empresas do setor.

Intensificar a promoção e comercialização dos *resorts* no mercado externo.

Intensificar as campanhas de divulgação do turismo na mídia, produzindo material promocional de apoio e disponibilizando-o na internet, nas embaixadas do Brasil no exterior, nas companhias aéreas, nas agências de viagens e nos escritórios de representação, entre outros.

Consolidar o novo modelo de funcionamento dos escritórios no exterior, aumentando sua atuação para novos mercados prioritários e inseri-los no processo de implantação do modelo de inteligência comercial.

Consolidar o *mailing* de operadores e agentes de viagens que comercializam o Brasil, mantendo contato *on-line* e envio de informações que facilitem o processo de comercialização, por meio do Brasiltour e Brasil Network.

Promover os parques temáticos brasileiros como grande fator de diferenciação do turismo familiar no Mercosul.

É evidente que muito teríamos ainda a dizer sobre a política de turismo, mas o apresentado neste capítulo é suficiente para revelar não só a extrema importância do tema — pedra fundamental da edificação do turismo como ciência, arte e técnica —, mas também e principalmente como englobadora das expressões e dimensões do fenômeno turístico, pois que os contém, disciplina e organiza para a manifestação concreta do fato turístico. Demonstra também que é a resultante de um tremendo esforço compartilhado de todos os setores da sociedade numa atuação democrática participativa e não meramente representativa. Aqui está justamente o diferencial que deve caracterizar doravante a escolha e a definição a ser dada para a política de turismo.

REFERÊNCIAS BIBLIOGRÁFICAS

ACERENZA, Miguel Ángel. *Administración del turismo. Planificación y direción.* Cidade do México: Trillas, 1985.

ALBAGLI, Sarita & BRITTO, Jorge (orgs.). *Glossário de arranjos e sistemas produtivos e inovativos sociais.* Projetos políticos de promoção de arranjos produtivos de MPMEs. Rio de Janeiro: UFRJ/Rede Sist, 2003.

BENI, Mário Carlos. *Análise de desempenho do Sistema Nacional de Turismo instituído na administração pública.* São Paulo: ECA/USP, 1990. Tese de livre-docência.

_____. *Análise estrutural do turismo.* 3ª ed. rev. ampl. São Paulo: Editora Senac São Paulo, 2000.

_____. *Globalização do turismo, megatendências do setor e a realidade brasileira.* São Paulo: Aleph, 2003.

_____. *Política e planejamento de turismo no Brasil.* São Paulo: Aleph, 2006.

EDGELL, D. L."The Formulation of Tourism Policy: a Managerial Framework". Em RITCHIE, J. R. B. & GOELNER, C. R. *Travel, Tourism and Hospitality Research.* Nova York: John Wiley & Sons, 1987.

EMBRATUR. Todas as publicações referentes à política e Plano Nacional de Turismo.

JENKINS, C. L."Tourism in Developing Countries: the Privatisation Issue". Em SEATON, A.V. (org.) *Tourism: the State of the Art.* Londres: University of Strathclyde, John Wiley & Sons, 1994.

Marketing: conteúdo, didática e perspectivas

GINO GIACOMINI FILHO

MARKETING EM TURISMO: DISCIPLINA, ESTUDO E CARACTERIZAÇÃO

Marketing, numa visão sintética, é o processo incrementador de atividades junto ao mercado. Tal processo é crucial em mercados caracterizados pela competição, em que o consumidor efetivará suas opções diante de vantagens obtidas junto a diferentes entidades turísticas. Elementos como concorrência, tecnologia, comportamento social, demandam da instituição turística constante adequação às necessidades e desejos dos clientes, algo que as ações integradas de marketing podem proporcionar.

O setor de turismo, atualmente, está marcado por essa competitividade, sendo necessário à organização proceder à ação incrementadora, por exemplo, na esfera da qualidade dos serviços, política de preços e ações promocionais.

Seu desenvolvimento como disciplina de turismo, pode ser efetuado em dois grandes blocos: bloco teórico/técnico, em que se apresentam os conceitos, visão histórica, estrutura do marketing e seus componentes/elementos; bloco de planejamento, em que se apresentam os elementos para a construção de planos, ações e programas de marketing.

O desenvolvimento da disciplina deve considerar a inter-relação com as demais do curso, bem como objetivos traçados na proposta pedagógica da habilitação. É desejável um conteúdo mercadológico voltado à realidade do turismo nacional/regional e que casos reais solidifiquem conceitos, técnicas e elementos assinalados. Nesse sentido, trata-se de uma disciplina que requer estreita ligação da universidade com o mercado, na medida em que a construção sistematizada dos conhecimentos tem como ponto de partida e referência agentes como: transportadores, operadores, hotéis, agências, núcleos receptivos, entidades corporativas, serviços de lazer, etc. No plano da disciplina, é desejável que haja uma base de administração e desdobramentos setoriais, como promoção, propaganda, marketing de serviços, marketing de relacionamento, marketing digital.

Podem ser acionadas como fontes de estudo desde as de natureza bibliográfica até planos mercadológicos e relatórios de pesquisas institucionais.

Em termos de livros, não existe grande quantidade de obras nacionais ou traduzidas, cabendo destaque para as seguintes:

Marketing turístico: um enfoque promocional, de Doris Ruschmann.[1]

A obra primeiramente enfoca conceitualmente o marketing turístico, trazendo uma breve análise de seus componentes. Analisa a política de comunicação, com ênfase em relações públicas, promoção de vendas e propaganda na área de turismo. Conclui com uma abordagem sistematizada os aspectos da comunicação publicitária e promocional no marketing turístico em São Paulo, trazendo uma proposta para elaboração de planos de divulgação para o setor.

Marketing turístico e de hospitalidade, de Edmir Kuazaqui.[2]

Aborda estruturalmente o marketing no turismo apegando-se a questões como globalização, organismos e fontes de informação para o turismo, análise do ambiente turístico e de hospitalidade, marketing-mix, o profissional do turismo na atualidade e aspectos do planejamento estratégico em turismo e hotelaria.

Marketing turístico: receptivo e emissivo: um roteiro estratégico para projetos mercadológicos públicos e privados, de Gil Nuno Vaz.[3]

---

[1] Doris Ruschmann, *Marketing turístico: um enfoque promocional* (Campinas: Papirus, 1991).
[2] Edmir Kuazaqui, *Marketing turístico e de hospitalidade* (São Paulo: Makron, 2000).
[3] Gil Nuno Vaz, *Marketing turístico: receptivo e emissivo*: *um roteiro estratégico para projetos mercadológicos públicos e privados* (São Paulo: Pioneira, 1999).

Traz a conceituação de marketing turístico, o instrumental mercadológico, análise do comportamento do turista, características mercadológicas do turismo emissivo e receptivo, além de estratégias e projetos de marketing.

Promoção turística: um enfoque metodológico, de Miguel Ángel Acerenza. [4]

Traz uma abordagem conceitual e estrutural do marketing turístico, enfocando os instrumentos promocionais: publicidade, promoção de vendas e relações públicas no turismo. Boa parte do conteúdo volta-se para a elaboração de programas e planos de promoção para o turismo.

Assassinatos na hotelaria, de Ricardo Coimbra. [5]

É uma obra que se dedica ao relacionamento, enfoque mercadológico situado na prestação de serviços e atendimento ao cliente. Desenvolve oito situações que espelham a postura e a forma do atendimento na área do turismo, enfocando o setor de hotelaria.

Já o número de livros internacionais é bem mais expressivo, existindo tanto os que enfocam o marketing turístico, como também o marketing de entretenimento e lazer (ver referências bibliográficas no final deste capítulo).

O estudo teórico do turismo, além dos livros, deve se estender aos periódicos acadêmicos, notadamente editados em faculdades que abrigam curso de turismo, e periódicos segmentados, bem como os que são vendidos em bancas, ou segmentados para os setores profissionais. Tais obras contêm estudos sistematizados, estudos de caso, relatos de experiências de marketing em turismo, além de informações recentes sobre a área, proporcionando dinamicidade e atualidade.

Outras fontes importantes são: trabalhos acadêmicos (graduação e pós-graduação), trabalhos profissionais (planos de marketing, pesquisas, catálogos informativos, etc.), internet, empresas de turismo, entidades do setor e publicações governamentais.

---

[4] Miguel Ángel Acerenza, *Promoção turística: um enfoque metodológico* (São Paulo: Pioneira, 1991).
[5] Ricardo Coimbra, *Assassinatos na hotelaria* (Salvador: Casa da Qualidade, 1998).

Visão geral da disciplina

As áreas de lazer e turismo disponibilizam uma série de serviços e produtos. Cabe ao marketing, em mercados competitivos, incrementar uma série de atividades administrativas com a finalidade de atender às expectativas dos turistas ou clientes. O alcance destas atividades é bem maior que a simples venda de algo: buscam-se também posicionar marcas, fidelizar turistas, promover institucionalmente a organização.

Conceito

Embora o propósito do marketing seja claro, não há consenso sobre sua extensão e competência, havendo diferentes manifestações conceituais. Expressando uma espécie de "média" de conceitos apresentados, tem-se que o termo designa ações administrativas incrementadoras, que, no caso deste artigo, direcionam-se às atividades de turismo. Seriam atividades sociais e administrativas em que as pessoas obtêm aquilo que desejam por meio de troca.

Nesse ponto, é possível discutir não só o conceito de marketing, mas o de produto, serviços, venda, pois são expressões inter-relacionadas.

No setor turístico, observam-se empresas voltadas para vendas e para o marketing. No primeiro caso, a organização dispende grande esforço de venda e promoção, pois está focada no serviço/produto. Há casos em que as falhas do produto são ocultadas, pois o objetivo final é realizar a venda.

No segundo caso, o foco são as necessidades e desejos do cliente, em que a empresa pratica o marketing coordenado para satisfazer o consumidor. Portanto, o lucro continua sendo um fim, mas com mais sustentabilidade, já que ao gerar satisfação proporciona um relacionamento mais duradouro com a clientela. Tal configuração para o turismo é fundamental, já que a indicação de terceiros ou imagem institucional podem ser aspectos decisivos na opção de aquisição.

Galbraith denomina o atual estágio do marketing como o da sociedade afluente. Assim, nossa sociedade estaria constituída por um número substancial de pessoas com necessidades básicas satisfeitas que canalizam tempo, dinheiro e esforços para satisfazer outras necessidades e desejos. O turismo e o lazer são duas áreas que se atinam perfeitamente a esse estágio do marketing, pois estão ligados à disponibilidade de tempo, recursos e à mentalidade de qualidade de vida.

ABORDAGEM SOCIAL

Não resta dúvida de que muitas práticas empresariais, além dos resultados de lucro, têm registrado prejuízos sociais e ambientais. São estágios onde o capitalismo selvagem imperou, em nome do "tudo pelo desenvolvimento do país ou tudo pelo lucro", ficando os elementos que não tivessem interesse direto e imediato para a produção jogados a segundo plano. Elementos como o meio ambiente, qualidade de vida nas cidades, questões consumistas, trabalhistas, educacionais ficaram comprometidos por políticas de incentivo à produção e exportação.

O fato é que a sociedade despertou para a questão e procurou estabelecer um maior equilíbrio entre desenvolvimento e qualidade de vida, alegando que o sucesso individual de uma empresa não pode estar acima dos interesses sociais. Muitas empresas, portanto, passaram a executar sua política de marketing em sintonia com tais interesses, até para não incorrer em penalizações legais e execração pública.

Muitas instituições reconheceram essa dependência social e, antes de executar os programas de marketing convencional, avaliam os impactos sociais que tais programas registrarão junto aos públicos e sociedade, passando à ação quando possíveis repercussões negativas estiverem neutralizadas.

A questão consumista pode ser examinada com destaque, uma vez que os direitos dos consumidores estão cada vez mais fortes no Brasil, fazendo que essa força social mude comportamentos de empresas ou determine mudança de imagem de instituições, muitas vezes de forma negativa e irrecuperável. Exemplos não faltam ao setor de turismo, como turistas lesados por agências, passageiros não embarcados por *overbooking*, propaganda enganosa de hotéis, ações essas que também trouxeram processos judiciais e ações indenizatórias. Foi-se o tempo em que o consumidor sofria calado, ou não tinha a quem recorrer. Respaldado no Código de Defesa do Consumidor e em normas do setor, na imprensa, entre outros, o turista se torna cada vez mais consciente de seus direitos, motivando que os setores considerem esse impacto social antes de empreender as tarefas de vendas.

MARKETING SOCIAL

Está ligado ao desenvolvimento de ações mercadológicas junto a entidades normalmente sem fins lucrativos, buscando, por exemplo, maior participação ou engajamento de pessoas, doações de material, incentivo a esportes, trabalho voluntário em associações, apoio em entidades culturais, ambientais, religiosas e assistenciais. Existem modalidades em turismo que se encaixam nesse conceito, caso do turismo social ou dos atrativos públicos para o turismo.

Pode-se afirmar que os programas governamentais de lazer, turismo e entretenimento entram nessa categoria. Empresas que possuem trabalhos filantrópicos ou de interesse social também podem trabalhar com o marketing social, que pode assumir outras designações, como marketing cultural, esportivo, etc.

Atualmente considera-se esse o terceiro setor, que tende a ocupar espaço privilegiado no terceiro milênio, isso porque a busca pela qualidade de vida deverá nortear as políticas em todas as esferas.

MARKETING SETORIAL DO TURISMO

Denominam-se marketing setorial as práticas de marketing dirigidas a determinados segmentos ou ramos empresariais. São exemplos o marketing farmacêutico, industrial, cultural, editorial, em turismo, etc.

O marketing turístico (ou marketing setorial do turismo) é tido como atividade recente e emergente, uma vez que o turismo não alcançou nem de perto os limites de seu potencial econômico e organizacional. Algumas características gerais podem ser atribuídas a esse setor, o que consequentemente pode interferir particularmente em empresas ou organizações turísticas.

É o caso da infraestrutura do país que, em parte, é responsável pela limitação de acesso a determinadas regiões. Inclui-se, em algumas áreas, a violência urbana, falta de sinalizações e falta de orientação para o funcionalismo público quanto à receptividade ao turista.

Para viabilizar uma exposição mais palpável do marketing setorial do turismo, faz-se aqui uma abordagem do marketing hoteleiro (marketing setorial de hotéis). Talvez a característica mais presente nesse setor seja a perspectiva de lucro a longo prazo e capital imobilizado. O *status* decorrente da classificação corporativa e oficial ("categoria") ditará seu posicionamento mercadológico, enquanto a localização deverá ser tratada quase como uma "variável" constante. Uma vez delineados tais itens, dificilmente mudanças superficiais de marketing poderão interferir no índice de ocupação ou rentabilidade.

Os custos fixos impedem que o empresário do setor congele iniciativas de marketing, ainda porque a conservação de práticas "defensivas" em relação ao mercado cristalizará certo afastamento desse mesmo mercado, ensejando esforços adicionais de marketing para recuperar movimento e frequência de hóspedes/ consumidores.

A imagem de um hotel estabelecida junto a públicos consumidores e fornecedores (agências, estabelecimentos, etc.) aliada a aspectos racionais e irracionais redundam na aquisição, ocupação e indicação a terceiros. Nesse ponto duas ações são fundamentais:

1. Que a imagem pretendida tenha manifestação a partir de fatos ou equipamentos reais; ou seja, de nada adianta o hoteleiro buscar um conceito "X" se a fachada, a limpeza, funcionamento, atendimento não corresponderem à realidade apregoada.
2. Que se administre o hotel como produto ampliado; ou seja, dada à grande concorrência e às motivações subjetivas, equipamentos acessórios muitas vezes decidem na hora "H", como um restaurante que funcione até tarde, a não cobrança por ligações via telefonista ou o uso do cofre.

A sazonalidade é, talvez, o grande desafio do marketing hoteleiro, já que a ocupação, além ou aquém do adequado, pode inviabilizar a empresa. A demanda plena é o objetivo de muitos estabelecimentos, pretensão esta dificultada pela vocação turística do local, calendário, missão corporativa ou por elementos do macrossistema de marketing, como crise econômica e comportamento social.

O futuro aponta para a informatização de serviços e atendimento eficaz, em que o telemarketing e o atendimento pessoal serão fundamentais. Mais do que "possuir" itens ou equipamentos, será fundamental que os equipamentos existentes sejam compatíveis com os níveis de expectativas do público-alvo. Também será fundamental manter boas relações com empresas/instituições para o uso frequente das instalações.

Ambiente de marketing

Ao reconhecer que a organização turística está à mercê de variáveis ambientais (política, legislação, comportamento social, etc.) tem-se a referência para aquilatar a forma pela qual uma empresa é afetada em termos de oportunidades e ameaças, condicionando sua *performance* no mercado. Existem inúmeras instituições turísticas que tiveram redução de atividades em função de desastres naturais, leis mais rigorosas, mudanças monetárias e, de outro lado, muitas outras em que tais eventos propiciaram ganhos expressivos (oportunidades).

Ação de alguns dos elementos macroambientais de marketing no turismo:

Economia: alterações cambiais, pacotes econômicos, efeitos da globalização de mercados, poder aquisitivo.

Legislação: regulamentação de setores turísticos, leis de proteção ao consumidor, constituições regionais.

Política: diretrizes para o desenvolvimento turístico, prioridades governamentais.

Infraestrutura: condições de vias de transporte, comunicação, crescimento urbano, ocupação rural.

Comportamento social: movimento de defesa do consumidor, modismos, consumismo.

Cultura: religiosidade, idiomas, valores hereditários.

Públicos: são os grupos de interesse: sindicatos, imprensa, entidades.

Agentes naturais: enchentes, neve, calor.

Tecnologia: avanços tecnológicos condicionando serviços e produtos no mercado: internet, informatização de serviços, trabalho a distância.

Demografia: perfil do mercado ou população, caso do incremento do turismo para terceira idade, intensificação das mulheres no mercado de trabalho.

Em síntese, qualquer esforço organizacional estará condicionado às ameaças e oportunidades do ambiente de marketing, demandando basicamente dois tipos de ações:

Defensivas: justificam-se diante das ameaças. Caso da contratação de seguros, diversificação de produtos/serviços, implementação de programas de qualidade.

Ofensivas: justificam-se diante das oportunidades, em que a instituição procurará concretizá-las em lucro, vendas, imagem positiva ou outros ganhos no mercado.

Tal ambiente de mercado comporta um relacionamento equilibrado da organização turística com fornecedores, intermediários e concorrentes, todos focados no mercado. Nesse ponto, visualiza-se que a instituição, mesmo fazendo um trabalho competente, está atrelada a uma ação ética, equilibrada e adequada desses outros elementos.

Um turista, descontente com os serviços prestados pelo guia (contratado por uma agência local), poderá deixar a operadora pela qual viajou, pois para o turista todo o processo é também de responsabilidade da operadora. A instituição turística tem o seu conceito atrelado aos demais agentes, surgindo daí a necessidade de saber administrá-los. Nesse sentido, por exemplo, a escolha de intermediários deve ser cuidadosa, pesando não somente os requisitos comerciais.

Nesse quadro, a concorrência tem papel fundamental, podendo ser direta (hotel A e hotel B), indireta (trem e avião), ou ainda no nível institucional (entre empresas) ou de marcas. A concorrência é a alternativa de consumo, ou seja, em mercados competitivos o turista se vê diante de muitas opções, escolhendo a que mais se amolda a seu estilo de vida, padrão econômico e disponibilidade de tempo.

Um dos grandes desafios do marketing é diferenciar as organizações/marcas no setor de turismo, já que muitas ocupam o mesmo nicho de mercado e oferecem sistematicamente um *mix* de serviços e produtos similares. Talvez essa sobreposição de competências seja a causa de práticas de concorrência predatória, em que se reduz preços a níveis incompatíveis com a rentabilidade financeira.

OPORTUNIDADES DE MARKETING

Embora o ambiente de mercado ofereça oportunidades sistematicamente, a própria organização pode gerar, para seu próprio proveito, ações nesse sentido. São estratégias promocionais, parcerias, lançamento de produtos, modificações de serviços, que podem propiciar alavancagem de vendas, realinhamento nos lucros, sustentação financeira e outros propósitos mercadológicos.

A conquista de mais espaço no *share of market* pode ser conseguida com diferentes táticas:

— esforço nos atuais clientes: nesse caso, vislumbra-se que a clientela pode comprar mais, quer em quantidade, quer outros serviços/marcas da organização. A vantagem dessa opção está no fato de que o cliente já está acostumado com a empresa, podendo, mediante apelos promocionais, tornar-se um consumidor mais frequente ou mais intensivo;

— esforço em clientes da concorrência: é possível detectar no mercado da concorrência oportunidades para a organização, notadamente na conversão de clientes. Apostando na insatisfação do cliente, a organização pode posicionar-se vantajosamente. Assim, o turista estaria desfrutando do mesmo "produto", mas de marca diferente;

— esforço em consumidores potenciais: significa converter não consumidores de um produto turístico a clientes. Tal esforço, normalmente, depende de uma atuação conjunta, já que tal conversão propicia que o agora comprador opte entre diferentes marcas/empresas;

— lançamentos: seria a oferta de novos produtos ou novos atributos. Tais vantagens podem atrair públicos ansiosos por inovações, modismos ou aperfeiçoamentos;

— atuação em outros mercados: a possível saturação de uma clientela local, ou seu fraco potencial de crescimento, pode justificar uma organização operar em outros mercados, quer fisicamente, quer como franquia ou outros sistemas, como o virtual;

— parceria/fusão: trata-se do reconhecimento de que a expansão ou competitividade somente terá êxito com a sinergia de estruturas empresariais. As parcerias, acordos operacionais, sistemas compartilhados de administração, fusões corporativas são expressões dessa estratégia, que por sua vez pode ser a forma mais imediata para alcançar determinados mercados.

SEGMENTAÇÃO E POSICIONAMENTO

O mercado apresenta uma infinidade de estruturas homogêneas entre si, que sintetizam padrões de compra/consumo. São segmentos de mercado que, adequadamente processados, representam oportunidades, na medida em que a empresa chega mais próximo das necessidades e desejos de seus membros.

Existem muitos critérios de segmentação, como o geográfico e o demográfico. Mas o que vem ganhando terreno na área de marketing é o psicográfico, em que os atributos psicossociais e comportamentais denotam propensão de compra e consumo. Denominações como *houser*, ecólogo, modista sintetizam características que mais se aproximam do perfil das pessoas do que informações como sexo e faixa etária, isto porque em mercados competitivos há uma grande influência do estilo de vida no padrão de consumo.

Assim, o estudo de segmentos pela tipologia dos indivíduos permite conhecer também as razões emocionais que permeiam a aquisição de serviços e produtos turísticos. Ou seja, para muitas empresas do setor, é mais significativo saber que a maioria dos seus clientes é ecologista do que homens ou mulheres.

Segmentação e posicionamento são termos interdependentes, já que o último visa estabelecer uma imagem para o serviço ou produto, sempre se reportando a segmentos de interesse.

Na medida em que uma organização quer ser percebida pelo mercado de determinada forma, na verdade, está estabelecendo seu posicionamento. A mesma lógica se aplica a seus serviços e marcas. Pode-se verificar companhias aéreas posicionando-se pela pontualidade, pela qualidade do serviço de bordo, pelo programa de milhagem, etc. Ao fazer sua opção, busca com tal posicionamento promover uma lógica entre sua vocação corporativa e aptidão organizacional com as necessidades e desejos do mercado em que atua.

Pode-se dizer que posicionar é sedimentar uma imagem do serviço/produto ou empresa junto ao mercado. Imagem seria o conjunto de símbolos, ideias, valores e crenças que uma pessoa possui sobre um objeto, organização, produtos, outras pessoas, etc.

A imagem que alguém ou um grupo tem de uma empresa mostra uma propensão para se portar de determinada maneira, mesmo até antes de experimentar algum produto, serviço ou ainda ouvir a opinião de alguém.

Se essa imagem é construída com uma série de experiências de vida (experimentação dos produtos, publicidade, opiniões de outras pessoas, etc.), a atitude sempre será em determinada direção, precisando que haja um fato relevante para alterá-la.

Portanto, desfrutar de uma boa imagem já é meio caminho andado para convencer o consumidor e conquistar sua preferência. E desfrutar de determinada imagem significa ter de conviver com ela durante certo tempo, demandando esforços de marketing para modificá-la.

A imagem, no entanto, possui atribuições limitadas se conduzida de forma isolada. Por exemplo, mesmo tendo ótima imagem, um hotel ou companhia aérea pode deixar de vender produtos em função de preços elevados, o que faz supor que a eficácia em marketing da imagem depende de ação ratificada no composto de marketing. Pode-se classificar a área do turismo, em termos de conceito, em dois grandes grupos: a) setorial — o conceito é genérico e engloba os setores a ele pertencentes; b) institucional — o conceito é específico para determinada instituição.

Alguns fatores que interferem no conceito ou imagem de uma instituição turística (neste caso, o enfoque será no sentido negativo): preços e taxas abusivos; má remuneração de pessoal; pouco investimento na reciclagem de funcionários; atendimento que dá pouca importância aos problemas dos clientes, estando mais interessado em vender; estrutura precária: linhas telefônicas ocupadas, falta de estacionamento, falta de computadores, local inapropriado; atendimento ruim: filas, burocracia, informações erradas; heterogeneidade de serviços ou polivalência exagerada; impontualidade na prestação de serviços; falta de comunicação com o público interno e externo (fofocas, mal-entendidos, desinformação, realizações não divulgadas); propaganda ou promoção abusiva e enganosa.

A mudança de imagem é possível a "curto" ou "longo" prazo, e de "positiva para negativa" ou vice-versa. O marketing procura sustentar uma imagem ou mudá-la nesse sentido, algo que raramente pode ser feito a curto prazo. Assim, há a necessidade de se empreender uma rotina mercadológica contínua e de qualidade, já que a imagem é componente importante do sucesso organizacional.

COMPORTAMENTO MERCADOLÓGICO DO TURISTA

As razões que levam o turista a adquirir um serviço ou produto turístico são muitas, intervindo variáveis como significado da aquisição, traços da personalidade, situação financeira e valores culturais.

De qualquer forma, a organização turística precisa conhecer seus consumidores reais e potenciais, para assim disponibilizar melhores serviços. É desejável o conhecimento do perfil do comprador/consumidor, foco da viagem, local da aquisição, finalidade do deslocamento, estimativa de gasto, importância a equipamentos adicionais, etc.

Na área de turismo, algumas fontes de informação são significativas, como as recomendações familiares, de amigos. Apresentam-se também como fontes os dados públicos (jornal, revista, entidades de turismo) e comerciais (propaganda, vendedores).

PESQUISA DE MARKETING

A pesquisa de marketing é insumo básico para as ações mercadológicas, dada a necessidade tanto de se conhecer o mercado como de aferir o desempenho organizacional e conhecer o movimento do ambiente mercadológico. Assim, sua esfera de ação é ampla: além de estudar o comportamento do consumidor, pode alimentar banco de dados com informações sobre concorrência, testes de produtos/serviços, eficácia de propaganda, etc.

Eis alguns procedimentos de abordagem e amplitude:

Pesquisa de opinião

Registra a média de opiniões sobre algo (marca, serviço, entidade), podendo determinar reposicionamentos de mercado; geralmente envolve contingente expressivo de respondentes, recebendo portanto tratamento qualitativo e quantitativo.

Pesquisa de grupo

É a aferição qualitativa de impressões, opiniões ou reações de um grupo pequeno de pessoas sobre algo.

Pesquisa de autoridade

Trata-se de enquete pessoal que visa obter informações ou opinião de autoridade (líder, vendedor, etc.) sobre algo.

Eis algumas técnicas sistematizadas:

Unique Selling Proposition (USP)

Parte da ideia que um produto ou serviço pode oferecer uma vantagem ou ponto positivo em relação à concorrência, seja no âmbito da qualidade, preço, atendimento ou até mesmo no aspecto promocional.

Pré-teste

Consiste em elaborar experimentações prévias do produto/serviço antes de ele ser colocado efetivamente no mercado.

Checking

É a aferição de qualquer atividade mercadológica desencadeada a partir de objetivos ou metas.

Outras formas e tipos de pesquisa

Volume de vendas, lucratividade, concorrência, eficácia de propaganda, preço, participação de mercado, etc.

A ESTRATÉGIA DO COMPOSTO DE MARKETING (*MIX* DE MARKETING)

A ação de marketing envolve componentes estratégicos, comumente designados composto de marketing, cuja implementação conta com o incremento de elementos como o próprio serviço/produto, o atendimento, logística, custos, promoção. Ou seja, a organização, ao disponibilizar algo ao mercado, precisa dimensionar cada elemento estratégico e calibrar adequadamente tal interação. A precificação errada ou uma promoção desalinhada com a capacidade de atendimento aos clientes podem inviabilizar o trabalho como um todo.

O desafio à gerência de marketing está em achar o composto ideal e a articulação perfeita dos diferentes elementos a ser integrados num lançamento ou sustentação de serviço ou produto turístico.

Podem-se resumir em quatro tais elementos: produto/serviço, preço/custo, praça/conveniência e comunicação/promoção.

Produto/serviço

Nesse item inclui-se a oferta de objetos, serviços, atendimento, bens, personalidades, localidades, organizações e ideias, sempre no sentido de satisfazer agentes do mercado. Portanto, o produto ou serviço turístico é a "materialização" de uma solução mercadológica para atender necessidades e desejos de turistas ou integrantes do mercado turístico.

Tal produto pode ser definido como somatório de recursos naturais, socioculturais e infraestrutura para atender o turista. Pode ser uma cidade, país, ou um atrativo natural; pode também se encaixar na qualidade de serviço, como um pacote turístico oferecido por uma operadora ou até mesmo um traslado realizado por uma embarcação.

Diferentemente dos produtos comuns, a maioria dos produtos turísticos não apresenta *design* ou embalagens, bem como assistência técnica ou composição. Normalmente, compõem-se de serviços ou equipamentos que envolvem estruturas físicas e serviços, ensejando maior complexidade quando elaborados para atender ao consumidor. A presença da marca ou nome é algo constante, sendo o sinal individualizador, inclusive para a organização. Tratando-se de um nome, deve procurar ser evocador, mnemônico e agradável.

A área de turismo possui certos padrões denominativos: o sufixo "tur" nos nomes que denominam organizações; "Palace", "Plaza" para hotéis; "Rápido", "Trans" para transportadores. Nas marcas desenhadas, também é comum a presença de asas, sol, mar e flechas. A marca atinge seu ápice quando se torna sinônimo do produto; nesse ponto ela não deve sofrer alterações profundas, pois seu principal atrativo é a fidelidade adquirida junto ao consumidor.

Existem muitas classificações para um produto, mas talvez a que melhor se enquadre para o produto turístico seja: produto tangível (o serviço ou o produto em si), produto genérico (o serviço/produto mais seus atributos) e produto ampliado (o serviço/produto mais seus atributos e estruturas complementares que o façam ser adequadamente consumido).

Serviços

A prestação de serviços, atividade central em turismo, apresenta certas características:

1. intangibilidade: o serviço é resultado de um esforço ou *performance*. Os serviços podem ser consumidos, mas não possuídos;

2. simultaneidade de produção e consumo: embora possam ser vendidos com antecedência, muitos serviços são utilizados simultaneamente com a própria produção;

3. padronização: por serem executados por seres humanos, estão sujeitos às emoções e imprevisibilidade das pessoas;

4. impossibilidade de estocagem: devido à simultaneidade de produção e consumo e pelo aspecto de intangibilidade;

5. dificuldade de patenteamento: geralmente, os serviços podem ser facilmente copiados, não permitindo reserva legal para sua comercialização ou utilização.

Existe uma outra aplicação do termo "serviço", nesse caso como atributo de um produto e como oferta independente:

1. serviço prestado por um produto: utilidade de um produto;

2. serviço anexado a um produto: serviços que compõem a oferta do produto;

3. serviço como um produto: características assinaladas nos cinco pontos anteriores.

ATENDIMENTO (OU MARKETING DE RELACIONAMENTO)

Os procedimentos de marketing, até há pouco tempo, colocavam os "produtos" (*commodities* e industrializados) numa primeira instância, vindo a seguir os serviços. Talvez por serem tangíveis ou mais factíveis, os "produtos" foram o ponto de apoio para traçar a logística, para compor a precificação e desenvolvimento de projetos de *designs* e embalagens. Com o crescimento do setor terciário em todo o mundo, o setor de serviços começou a se evidenciar nos anos 1980, englobando técnicas de atendimento, visto quase como um meio para disponibilizar "produtos".

Os anos 1990, porém, mostraram que o setor de serviços não só se consolidaria, como também balizaria a economia e o marketing organizacional. Por fim, a complexidade dos processos de produção, mostrando também limites para a oferta de novos artigos diferenciados ao mercado, apontou para o atendimento no sentido de oferecer diferenciais a um consumidor mais exigente e informado. Ao constatar que o artigo procurado pode ser encontrado em vários pontos de venda, o cliente faz sua opção, muitas vezes, recaindo sobre empresas que agregam outros serviços e que propiciam atendimento diferenciado, mostrando qualidade ao item adquirido.

Esse quadro encontrou ampla identidade no setor do turismo. Isso porque a oferta de novos produtos, invariavelmente, representa custos consideráveis, algo só possível para grandes organizações. Mesmo os gigantes do ramo relutam em disponibilizar ampla variedade de produtos, pois em alguns casos a demanda não propicia o devido retorno de investimento.

A oferta quase que pasteurizada de produtos turísticos no Brasil impõe um padrão qualitativo que funciona, na verdade, apenas como atendimento a expectativas "esperadas" pelo cliente, segundo o modelo *customer value* de Karl Albrecht. Nesse modelo, o autor hierarquiza as expectativas do consumidor em quatro valores: básicos, esperados, desejados e inesperados. Embora o propósito denotado pelo turista, em certos momentos, reporte-se aos valores básicos e esperados, a organização sempre reúne pontos positivos quando trabalha com valores desejados ou inesperados, uma vez que tal trabalho se constitui em fator sinergético na construção positiva da imagem percebida pelo cliente. A prática mostra que o turista pode optar por um serviço mais caro em função dos benefícios agregados.

Entende-se por atendimento a intervenção de recursos humanos no incremento de vendas e consumo. Nesse contexto, alguns procedimentos tornam-se estratégicos, como boa apresentação física do atendente, boa educação, treinamento, conhecimento da legislação de proteção ao consumidor e turista, prestatividade independentemente da condição socioeconômica do cliente, atividades de pré e pós-venda e uso profissional do telemarketing.

O cliente aprecia quando o atendimento está sintonizado e preocupado com sua situação, ou seja, quando presta-lhe serviço, e não somente quando o faz interessado em concretizar a venda. Também se sente seguro quando o atendente revela realmente conhecer o que está vendendo; é importante sustentar as informações, elucidar os limites do produto, seus pontos fortes e fracos, pois desconfia quando o vendedor oferece um serviço ou produto "perfeito".

A manutenção e conquista de clientes, nesta ordem, talvez seja a maior contribuição que o modelo voltado ao atendimento pode propiciar a uma empresa turística. Isso porque visa tornar fiel e satisfazer clientes, aproveitando-se do contato direto com consumidores reais e potenciais, momento em que esse contato mais direto viabiliza um trabalho emocional e envolvente com o produto/serviço, sintonizando-o com carências emocionais e necessidades subjetivas.

O cliente quer ser notado, quer sentir-se importante, gosta de ser chamado pelo nome e verificar que o atendente realmente lhe atribui importância, interessando-se em resolver seu problema. Tais procedimentos, a cada dia, estão mais presentes em vários setores: desde supermercados até postos de combustível. No próprio negócio do turismo se faz presente, mas ainda como atividade desconectada do planejamento organizacional.

O setor de turismo, por se tratar de uma típica prestação de serviços, está bastante afeito aos recursos humanos que operam e comercializam seus produtos. O bom relacionamento com o cliente é também estratégico em função do produto turístico depender de indicações e propaganda positiva, ensejando um contínuo trabalho de fidelização. Pode-se afirmar que a qualidade do turismo é também a qualidade dos seus recursos humanos, notadamente nos aspectos educacionais presentes nas pessoas que lidam com os diferentes públicos.

Está se tornando cada vez mais clássica a frase "Um bom produto, muitas vezes, não vende se o atendimento for ruim; um atendimento bom, muitas vezes, diferencia produtos apenas razoáveis". Ou seja, o atendimento tem se tornado diferencial mercadológico fundamental, tanto em barbearias, padarias e postos de gasolina como em shoppings, bancos, lojas, turismo, forçando empresas a trabalhar, inclusive, com serviços de atendimento ao consumidor. Um consumidor mal atendido, por vezes, não volta à empresa e não recomenda a outros, aspecto fundamental para o turismo.

Ciclo de vida de produto (CVP)

Tal como os seres vivos, marcas e organizações possuem diferentes fases durante sua existência. No caso do CVP, as vendas são o atributo mais visível, ensejando para cada fase um trabalho de marketing específico. Compreende, geralmente, as seguintes fases:

Introdução

Em que há poucos concorrentes, lucros pequenos (devido a altos custos iniciais e promoção), vendas pela promoção, controle de marketing intensivo (muitos problemas técnicos e de consumo), elevação lenta das vendas, compra feita pelos inovadores/experimentadores, distribuição e estocagem problemática.

Crescimento

Nessa fase, o produto encontrou receptividade no mercado; por conseguinte há um aumento da concorrência, lucros crescentes, venda pela qualidade, fluxo de distribuição intenso e regular, elevação das vendas.

Maturidade

Os lucros começam a declinar pelo acirramento da concorrência, vendas pela preferência, distribuição e estocagem regularizadas, estabilidade das vendas. Se a empresa quiser rejuvenescê-lo, terá de providenciar mudança na estratégia ou composto de marketing.

Declínio

As vendas são decrescentes e dependentes dos consumidores fiéis; se houver a retirada, esta poderá ser rápida ou lenta, dependendo das particularidades do produto/serviço ou mercado.

Preço/custos

A política de preço é um dos componentes do composto de marketing e pode seguir alguns fatores:

1. sobre os produtos e serviços turísticos incidem custos que devem ser repassados aos preços, notadamente os custos fixos e variáveis, margem de lucro, projeção inflacionária, custos de financiamentos, residuais de inadimplência. Alguns métodos podem ser adotados para estipular o valor de um serviço turístico, como a equação do *break even point*, em que o preço deriva de um ponto de equilíbrio de lucro máximo em função de certa quantidade vendida e a receita que acarreta;

2. conforme o produto turístico, o preço deve ser definido dentro de determinações legais ou tabelamentos, caso de tarifas de ônibus;

3. a concorrência nos tempos atuais é um fator decisivo na precificação: muitos preços são definidos tomando-se como base os praticados pelos concorrentes, caso de agências de turismo atuando numa mesma faixa de mercado;

4. motivos psicológicos podem interferir no valor a ser cobrado, por exemplo:

- preço promocional: fixado para aumentar a venda do produto, às vezes abaixo do valor inicial. Também pode-se usar como tática a atribuição de algarismos apropriados, como 399,99. No Brasil é considerado ilegal expressar a oferta comercial ao consumidor somente em moeda estrangeira;

- por vezes, o valor fixado pretende exercer a função de posicionamento; nesse caso, um valor alto, por exemplo, pode ser usado para mostrar qualidade (grife, classe internacional), enquanto um valor baixo denotaria característica popular.

O *down trade* é a mecânica pela qual o consumidor substitui produtos de preços mais altos pelos mais baratos (ocorre, por exemplo, em períodos de valorização do dólar no Brasil). *Up trade* é o oposto.

Praça/conveniência

Corresponde à disponibilização, distribuição do produto ou serviço ao turista, ou seu acesso às estruturas ofertadas.

Embora no turismo quase sempre a oferta seja estática, cabe ao marketing tornar conveniente tal acesso, caso de traslados confortáveis, deslocamentos em tempo mais reduzido. Já no caso de novos empreendimentos, como um novo hotel, é fundamental o estudo do local, inclusive para determinar público e posicionamento. Portanto, passo decisivo na estratégia de praça é avaliar a localização do empreendimento, até porque existem pontos em que a atividade comercial dificilmente prospera.

Uma instituição pode relacionar-se diretamente com o mercado ou valer-se de intermediários. Tal ação necessita ampla avaliação, desde os aspectos que podem encarecer o preço final até como podem afetar a imagem da própria instituição ou do produto ofertado.

Uma atividade essencial no turismo é a de motivação dos recursos humanos do canal, às vezes por meio de comissionamentos, brindes ou promoção (*broad-sides*).

O termo "praça", aqui, deve ser também entendido como tornar o produto/serviço disponível ou conveniente ao mercado. Devem ser avaliadas questões como custos, rapidez, qualidade e responsabilidade.

Uma das alternativas para a organização comercializar produtos e serviços sem ter de arcar com custos de aluguel, mão de obra ou transporte é utilizar o sistema de franquia, que é a cessão contratual de uma marca no nível de produção ou comercialização. O *franchise* tornou-se opção interessante para empresas que querem expandir-se, mas não querem administrar estruturas complexas. Preferem ceder a marca e, em alguns casos, matéria-prima e *know-how* para os contratados, faturando em termos de *royalties*.

A globalização dos mercados é um elemento-chave na oferta turística. Embora coexistam estruturas regionais, as culturas economicamente mais desenvolvidas, os processos padronizados internacionalmente, muitas vezes servem de parâmetro para o turista. É o caso de um hóspede em hotel de categoria elevada: seu nível de exigência levará em conta comodidades, serviços, atendimento, equipamentos vivenciados em outras localidades.

A internet também é uma variável que está mudando formas de conveniência de produtos turísticos, permitindo, por exemplo, que um turista, antes de frequentar um hotel, possa apreciá-lo e verificar estrutura, preços, localização, etc.

COMUNICAÇÃO/PROMOÇÃO

Outro elemento do composto de marketing é a promoção e comunicação. Nesse caso, a organização turística vale-se de instrumentos diferenciados para comunicar-se com clientes internos e externos, informar sobre marcas, serviços e produtos, difundir atributos ao mercado consumidor ou públicos de interesse. Tal enfoque pode ser diferenciado, já que a atividade turística trabalha tanto no nível institucional como no de vendas imediatas. Cada instrumento possui vantagens e desvantagens, mas, acima de tudo, possui aplicabilidade para situações específicas, pois os problemas de comunicação são diversos e complexos. Alguns instrumentos promocionais:

MARKETING DIRETO

Venda de artigo ou serviço feita diretamente através da propaganda de resposta direta, ou seja, sem a intervenção física de vendedores/intermediários. Trata-se de uma comunicação dirigida, segmentada e passível de alto nível de controle de sua eficiência. A eficácia se dá em função de cadastro adequado. O custo para atingir cada pessoa é maior (instrumento dirigido) e a sofisticação gráfica de peças pode elevar os custos se o número de pessoas a ser atingido for também pequeno. Os suportes mais utilizados são carta (mala direta), telefone (telemarketing), meios digitais (internet), cupons e comerciais (propaganda de resposta direta). Justificativa para uso: quando a empresa quer personificar mais a comunicação (comunicação dirigida), quer promover relacionamento e interatividade com clientes, aliar promoção e venda num único esforço.

MARKETING DIGITAL

Consiste na comunicação ou venda persuasiva por meio da internet, *e-mail* ou redes sociais. De baixo custo, mas ainda de impacto pequeno, oferece boa segmentação (bom poder aquisitivo e bom nível de instrução). Permite aferir com precisão o comportamento de compra ou visitação ao *site*. Justificativa para uso: quando a empresa quer agregar *status* à marca, ou promover comercialização/conveniência diferenciada, ou ainda manter um canal permanente de acesso com clientes ou consumidores potenciais.

PROMOÇÃO DE VENDAS

Esforço de promoção com claros objetivos de incentivo a vendas, como oferecimento de vantagens, descontos, sorteios, venda conjunta de produtos, amostras grátis, etc. A comunicação pode ser feita na embalagem do produto, material de ponto de venda (cartazes, folhetos, *displays*, bandeirolas, etc.). Justificativa para uso:

quando o produto está na fase de lançamento ou está com dificuldades para ser vendido na quantidade/ritmo planejado.

Marketing de incentivo

Promoção dirigida ao público interno da empresa (vendedores, funcionários, gerentes, diretores) com o objetivo de motivar as pessoas a cumprir determinadas metas, como vender mais e aumentar a produtividade. Ao alcançar a meta ou conseguir os melhores resultados da equipe, o funcionário recebe premiação, como viagem personalizada. Justificativa para uso: quando a empresa quer incrementar as vendas ou produtividade exercendo pressão sobre o público interno.

Venda pessoal

Retrata o uso de vendedor em contato direto com o comprador, recebendo para isso material de apoio (cartão, amostras, folhetos, roteiros, papel de pedidos) e comissões proporcionais às vendas realizadas. Engloba treinamento de pessoal e reciclagem profissional. Justificativa para uso: quando a empresa quer manter esquema especial de distribuição/venda de seus produtos, ou quando trabalha com artigos que necessitem de argumentação pessoal para exercer pressão persuasiva/informativa maior.

Relações públicas

Atividade na qual a instituição busca administrar o relacionamento com o público interno e externo, geralmente com a intenção de preservar a boa imagem da empresa perante tais públicos. Qualquer esforço nesse sentido pode ser considerado ação de RP, até propaganda de caráter institucional ou empresarial. Mas entre os instrumentos mais comuns destacam-se publicações internas, campanhas junto a funcionários, eventos e assessorias diversas, como no lançamento de produtos. Destacam-se como outra atividade os Serviços de Atendimento ao Consumidor (SACs), que funcionam como setores de informação e atendimento aos clientes. Justificativa para uso: quando a empresa quer criar ambiente favorável junto ao público interno e externo; quando quer antecipar ações na solução de conflitos, principalmente estabelecendo um canal de comunicação aberto da diretoria com esses públicos.

Assessoria de imprensa

Tarefa desencadeada pela empresa no sentido de ver divulgados, gratuitamente, fatos e informações do seu interesse, ou então realizar prestação de serviço sobre a área em que atua, visando preservar conceito e missão pública junto aos órgãos de imprensa. Justificativa para uso: quando a empresa quer fazer-se presente na mídia ou quando pretende criar oportunidades em que seus produtos/serviços sejam reconhecidos como de utilidade pública.

MERCHANDISING DE PONTO DE VENDA

Promoção no ponto de venda ou em local de uso de serviços, dirigido diretamente ao consumidor/comprador. São exemplos de peças: rótulos, gôndolas, material gráfico, maquetes, suportes em vitrinas, painéis, *spots* luminosos, vídeos e placas. Pode englobar: vitrinas com motivos de viagens e miniaturas, facilidade de acesso público, instalações confortáveis, tabelas de preços adequadas, produtos adequados à temporada, atendimento rápido e eficaz. Justificativa para uso: quando a empresa quer persuadir o comprador no ponto de venda, ou fazer do ambiente um fator de envolvimento para aquisição.

MERCHANDISING PUBLICITÁRIO

Consiste em mensagens pagas de marcas, produtos, serviços, empresas que aparecem em programas nos meios de comunicação de massa. Justificativa para uso: quando se pretende agregar modismo à marca, ou criar oportunidade para inseri-la socialmente.

PUBLICIDADE/PROPAGANDA

Forma de comunicação persuasiva e identificada, empreendida de forma paga, através dos meios de comunicação de massa.

O termo propaganda vem do latim *propagare*, ou seja, difundir, enquanto publicidade significa tornar público. Nos Estados Unidos, há três termos correlatos: *advertising* (que se identifica com a propaganda comercial), *publicity* (publicação gratuita em espaços editoriais) e propaganda (comunicação de caráter ideológico, religioso ou político). Já no Brasil, esses termos se fundem em propaganda e publicidade; são, portanto, usados quase que indistintamente, a não ser quando adjetivados, caso da propaganda política (comunicação política, partidária ou eleitoral), publicidade editorial (matéria paga em forma de notícia), propaganda comunitária (campanha ou anúncio sobre causas de interesse social elaborada em sistema de trabalho voluntário) e propaganda institucional (refere-se às campanhas de propaganda que enfocam a imagem ou trabalho da empresa/instituição).

Justificativa para uso: quando a empresa quer fazer comunicação em grande escala ou no sentido massivo, dispondo-se até a pagar preços altos em função da amplitude pretendida com a campanha. Quando quer conquistar conhecimento geral de suas marcas, mesmo que seus produtos/serviços sejam segmentados. Quando a instituição quer colocar na opinião pública suas vantagens ou quer impacto público para o lançamento ou modificação de produtos, serviços e ideias. Quando, conjuntamente com outros instrumentos mercadológicos, quer incrementar hábitos, sustentar imagem, promover consumo, vender produtos e informar o consumidor em mercados amplos.

A função básica da propaganda é disseminar informações sobre os produtos/serviços, possibilitando aumentar os negócios da empresa por meio de três formas principais: fazer a atual clientela consumir mais, captar consumidores dos concorrentes, conquistar novos usuários.

Embora a propaganda possa ser, em certas ocasiões e com determinados produtos, a única fonte de que o comprador se vale para adquirir o produto/serviço, normalmente não o é. Até pelo caráter parcial das mensagens, o comprador busca outras fontes, como parentes, amigos, vendedores para confirmar a disposição de compra.

Para conseguir cumprir essas funções, a propaganda precisa ser eficaz junto ao público-alvo. Existem muitos modelos para avaliar a *performance* publicitária, sendo um deles o princípio *Aida*:

— *A*tenção: o anúncio tem de atrair a atenção, caso contrário passará despercebido.

— *I*nteresse: a propaganda tem de se mostrar motivadora, útil e interessar o público-alvo. É o ponto em que o comprador potencial reconhecerá a relevância do que está sendo anunciado.

— *D*esejo: a mensagem tem de ser persuasiva, ressaltando os pontos positivos ou vantagens. É o estágio em que a aquisição do artigo anunciado se mostra necessária para atenuar certa pressão psicológica.

— *A*ção: a propaganda deve elencar fatores sociais, psicológicos e mercadológicos que redundem na ação de compra. É o nível final em que o comprador convencido sai da esfera da mídia (local em que o anúncio foi veiculado) e parte para a ação de compra.

Ao pretender usar a propaganda, o anunciante deverá conduzir várias questões, tais como critério de verbas, enfoque mercadológico que o conteúdo das peças devem assumir, organização durante o ano, públicos de interesse e integração com outros instrumentos promocionais.

Para o turismo, geralmente, utiliza-se mídia que dê possibilidades para o emprego de cores e apelos visuais: é o caso da tevê e mídia impressa com boa qualidade de impressão. Anúncios pequenos, sem cores, sem atrativos visuais são mais empregados quando o diferencial está em elementos como preço e proximidade geográfica.

PLANO DE MARKETING

Existem muitas formas para articular um plano de marketing, inclusive para a área de turismo. A sugestão seguinte espelha-se em modelos utilizados no mercado brasileiro:

1. Informações. A organização turística deve promover um sistema de informação de marketing confiável, atual, intenso e pertinente sobre os setores e produtos que pretende explorar. Pode inteirar-se sobre os objetivos organizacionais, histórico de marketing, dados concorrenciais, informações sobre vendas, etc.

2. Análise. A análise de fatores internos (âmbito da organização) e externos (ambiente de marketing, concorrência, públicos, etc.) permitirá avaliar, no primeiro caso, os pontos fortes e fracos e, no segundo caso, as situações favoráveis e desfavoráveis. Tal análise possibilitará o reconhecimento de ameaças e oportunidades de marketing que, em última instância, fornecerão parâmetros para duas formulações fundamentais: fixação de objetivos da ação de marketing e elaboração da própria estratégia de ação mercadológica.

3. Estratégia. É a sequência criativa e prática de marketing. Elementos como preço, atendimento, posicionamento, promoção, produto serão dimensionados e articulados cronologicamente, a fim de otimizar os resultados apontados nos objetivos.

4. Controle. Trata-se de um conjunto de procedimentos que visam aferir a execução do plano e sua adequação aos objetivos propostos, incluindo testes de lançamento, checagem na logística estabelecida, *performance* de vendas e índices de recompra. Cabe, no final do plano, formalizar a conta de receita e despesa com o intuito de verificar a viabilidade do mesmo ou a demonstração do alcance dos objetivos e metas propostos.

DESAFIOS DO MARKETING

O turismo brasileiro representa algo próximo de 1% do movimento mundial do setor. Estima-se que apenas 5% das pessoas se valem de agências para planejar ou organizar suas viagens. Esses são apenas dois indicadores que evidenciam o potencial do setor no Brasil, ao tempo que transforma o marketing em aliado privilegiado para incrementar esta demanda latente, além de maximizar o uso de equipamentos e estruturas disponíveis.

Até porque o turismo convive com outras áreas em crescimento, como lazer e entretenimento, tendo na sociedade da informação valores compatíveis para um incremento sustentado.

Tal sociedade, amparada no aumento relativo do poder aquisitivo e nos padrões de qualidade de vida, busca em atividades de turismo, lazer e entretenimento extensões para um estilo de vida, muitas vezes demandando práticas de marketing individualizadas e de relacionamento.

Será estratégico para a organização conhecer o perfil psicográfico e tipologia de seus clientes reais e potenciais, inclusive verificando a influência de valores globalizados e padrões de exigência mais elevados.

Esse quadro convive com uma nova ordem social no que se refere tanto ao conceito de trabalho quanto de família, ócio e conhecimento. É contínuo o interesse das pessoas em conviver com novas pessoas, novos ambientes, diferentes culturas, retomar origens, buscar referenciais. Procedimentos e estratégias adequadas de marketing podem não somente gerar negócios para hotéis, transportadores, escolas, agências e localidades, mas também renda e emprego.

A segmentação e a correta formulação do posicionamento mercadológico serão dois dos mais importantes procedimentos de marketing para o próximo milênio, ensejando também técnicas promocionais dirigidas e linguagem afinada com o perfil do cliente ou turista, sintonizado à sociedade da informação.

Algumas estruturas do turismo, notadamente nacional, tendem a obter aperfeiçoamentos: pesquisas mais completas e confiáveis, nível educacional mais elevado da população, políticas públicas orientadas para o turista (segurança, sinalização, treinamento de funcionalismo público, etc.). A própria cultura empresarial do setor tem registrado aprimoramentos, caso da harmonização de interesses comerciais com o pleno atendimento ao consumidor e respeito aos valores ambientais.

Nesse caso, tal postura não visaria apenas a obtenção de sustentabilidade financeira a curto prazo, mas um relacionamento com públicos de interesse, caso da imprensa, governo, comunidade local.

Por fim, cabe também às escolas de turismo promover adequações valorativas, tecnológicas e especialização para fazer frente à crescente complexidade das estruturas do setor.

Referências Bibliográficas

ACERENZA, Miguel Ángel. *Promoção turística: um enfoque metodológico*. São Paulo: Pioneira, 1991.

COIMBRA, Ricardo. *Assassinatos na hotelaria*. Salvador: Casa da Qualidade, 1998.

COLTMAN, Michael. *Tourism Marketing*. Nova York: Reinhold, 1989.

HEATH, Ernie & WALL, Geoffrey. *Marketing Tourism Destinations: a Strategic Planning Approach*. Londres: John Wiley & Sons, 1992.

KOTLER, P. *et al*. *Marketing for Hospitality and Tourism*. 2ª ed. Nova Jersey: Prentice Hall, 1999.

KUAZAQUI, Edmir. *Marketing turístico e de hospitalidade*. São Paulo: Makron, 2000.

LES LUMSDON. *Tourism Marketing*. Nova York: Thomson Business, 1997.

LEWIS, Robert C. *Cases in Hospitality Marketing and Management*. Londres: John Wiley & Sons, 1997.

MIDDLETON, V. *Marketing in Travel & Tourism*. Oxford: Butterworth, 1992.

MORRISON, Alastair M. *Tourism Destination Marketing: Organizations, Strategies, and Programs*. Nova York: Sagamore, 1999.

PENDER, Lesley. *Marketing Management for Travel and Tourism*. Londres: Stanley Thornes Pub., 1998.

REID, Robert D. *Hospitality Marketing Management*. Londres: John Wiley & Sons, 1997.

REILY, Robert. *Travel and Tourism Marketing Techniques*. 2ª ed. Nova York: Delmar, 1988.

RUSCHMANN, Doris. *Marketing turístico: um enfoque promocional*. Campinas: Papirus, 1991.

SEATON, A. V. & BENNETH, M. M. *The Marketing of Tourism Products: Concepts, Issues and Cases*. Nova York: Thomson Business, 1998.

UYSAL, Muzaffer & FESENMAIER, Daniel R. *Communication and Channel Systems in Tourism Marketing*. Nova York: Haworth, 1993.

VAZ, Gil Nuno. *Marketing turístico: receptivo e emissivo: um roteiro estratégico para projetos mercadológicos públicos e privados*. São Paulo: Pioneira, 1999.

WARD, Stephen V. *Selling Places: the Marketing and Promotion of Towns and Cities*. Londres: Routledge, 1998.

WEARNE, Neil & MORRISON, Alison J. *Hospitality Marketing*. Oxford: Butterworth-Heinemann, 1996.

Interfaces ambientais do turismo

Paulo dos Santos Pires

Introdução

Sob a inspiração deste título penetra-se no vasto campo delimitado pela confluência entre essas duas vertentes de grande interesse da atualidade, o *turismo* e o *meio ambiente*, cujas dimensões contemplam inúmeras possibilidades de abordagem e pesquisa, estimulando a investir no estudo das inter-relações e no entendimento das mútuas influências que se estabelecem nesse campo.

Faz-se oportuno resgatar logo de início o entendimento conceitual sobre "meio ambiente", palavra-chave e referência central desta abordagem. O termo "meio" (do latim *médium*) se refere ao *lugar* onde pode ser encontrado qualquer ser vivo, enquanto o termo "ambiente" (do latim *ambire*) se refere a tudo que *envolve esse lugar*. Dessa forma o termo ambiente completa o conceito de meio, reforçando a ideia de entorno ou de realidade física que envolve todos os seres vivos do planeta.

Portanto, ao utilizar de forma conjunta os dois termos pela expressão meio ambiente — ainda que linguisticamente se pratique certa redundância —, estamos emitindo uma ideia reforçada daquilo que poderíamos também chamar simplesmente de meio ou de ambiente, em ambos os casos sem perda relevante de significado.

Até por volta dos anos 1970 a expressão meio ambiente era difundida e utilizada genericamente referindo-se ao meio natural, ou seja, à natureza ou aos ecossistemas naturais, acepção essa que ainda predomina na maioria leiga da população. No entanto, entre aqueles segmentos que se dedicam e se envolvem com essa área temática já se estabeleceu um amplo entendimento do conceito de meio ambiente, o qual inclui não só o meio natural mas também o meio artificial pleno de realizações materiais humanas, assim como os meios sociocultural e político-institucional em toda a sua dimensão. A essa abrangência conceitual há de se acrescentar que o meio ambiente é um sistema em si no qual interagem os elementos naturais e a sociedade humana em toda a sua plenitude de complexidade.

Em decorrência desse entendimento, sempre que se fizer referência apenas à natureza ou aos seus elementos e ecossistemas ainda íntegros ou pouco alterados pelo homem, adotar-se-á a terminologia *meio ambiente natural, ambiente natural* ou *meio natural*.

A presente abordagem estrutura-se em três tópicos distintos, a saber: "Os recursos do turismo"; "Os impactos ambientais do turismo" e "Capacidade de carga turística". A acepção abrangente do conceito de meio ambiente está presente em todos eles, optando-se, porém, pela supressão tática do tema recursos culturais quando da abordagem sobre os recursos turísticos, assim como da não apresentação dos impactos culturais e socioeconômicos, quando da abordagem sobre os impactos ambientais do turismo. Tal decisão justifica-se pelo fato de os aspectos cultural e socioeconômico e sua relação com turismo merecerem abordagens específicas e apropriadas em outros espaços da presente obra.

OS RECURSOS DO TURISMO

APORTES CONCEITUAIS

Como se sabe, a base do desenvolvimento do turismo repousa sobre a existência de certos elementos e manifestações de origem natural e cultural que despertam o interesse nato do ser humano pelo seu conhecimento e desfrute. Tais elementos são os recursos turísticos.

A noção de utilização humana está na base da caracterização dos recursos, sejam eles úteis ao turismo ou a qualquer outra atividade humana. Essa concepção está presente em definições sobre recursos naturais tais como:

Recursos naturais são aquelas riquezas que se encontram em estado natural para ser utilizadas racionalmente em benefício da humanidade (Carlos F. Solórzano).

Recursos naturais é tudo quanto existe na natureza atual ou potencialmente utilizável pelo homem (Enrique Beltrán).[1]

O turismo como atividade econômica utiliza recursos — que são a sua "matéria-prima" — de forma diferenciada dos demais processos produtivos, pois os "consome" no seu próprio lugar de origem e de forma normalmente intangível, não havendo, em princípio, o esgotamento, mas sim a permanência dos recursos como bem de mercado.

Reconhecida essa característica própria e diferenciada da atividade turística, podemos lançar mão do aporte conceitual sobre "patrimônio" e "recurso turístico" oferecido pela Organização Mundial de Turismo (OMT):

Patrimônio turístico é o conjunto potencial (conhecido ou ainda desconhecido) de bens materiais ou imateriais à disposição do homem, e que podem ser utilizados mediante um processo de transformação para satisfazer as suas necessidades turísticas.

Recurso turístico são todos os bens e serviços que, por intermédio da atividade humana e dos meios a sua disposição, tornam possível a atividade turística e satisfazem as necessidades da demanda.

Dessa forma, um recurso não se define apenas pela sua própria existência, mas sim pela sua capacidade para satisfazer as necessidades humanas. Assim, a atividade turística poderá ser desencadeada se existirem certas "atrações" que provoquem a motivação turística nas pessoas, fazendo-as abandonar o seu domicílio habitual, viajar e permanecer certo tempo em contato e no desfrute delas. Tais "atrações" adquirem então o *status* de recurso turístico, o que para Cerro é o mesmo que atrativo turístico.[2]

OS RECURSOS TURÍSTICOS

O conjunto de bens, ou seja, o patrimônio ao qual o turismo irá recorrer buscando as qualidades e os atributos requeridos pela demanda turística, origina-se de três vertentes básicas que são a natureza, a cultura e a paisagem. Embora claramente identificadas no plano conceitual devido ao seu caráter próprio, todas as três ver-

---

[1] J. G. Roa *et al.*, *Recursos naturales y turismo* (Cidade do México: Limusa, 1987).
[2] F. L. Cerro, *Técnicas de evaluación del potencial turístico* (Madri: MCYT, 1993) (Serie Libros Turísticos).

253

tentes mantêm interfaces e se complementam diante da percepção turística. Dado o enfoque e a orientação estabelecidos para o presente capítulo, serão abordados como recursos turísticos apenas a natureza e a paisagem.

A NATUREZA

Boullón apresenta uma acepção ampla de espaço natural, que admite duas grandes divisões: a *natureza virgem* e a *natureza adaptada*. A natureza virgem se refere ao ambiente natural e a natureza adaptada, ao meio rural ou ao meio urbano. O autor classifica os elementos básicos do meio ambiente natural da seguinte forma:[3]

Crosta terrestre	Terra (montanhas, planaltos, planícies, desertos, etc.)
	Água (oceanos, mares, rios, lagos, etc.)
Clima	Insolação, chuva, temperatura, umidade, ventos, etc.
Organismos vivos	O homem
	Animais (selvagens, domésticos)
	Vegetais (árvores, arbustos, ervas)

TIPOLOGIA BÁSICA DOS RECURSOS NATURAIS DE INTERESSE TURÍSTICO

Apresenta-se a seguir uma amostra representativa, porém não exaustiva, daquelas ocorrências e/ou manifestações que na condição nata de patrimônio natural apresentam-se também como recursos turísticos devido à presença de características e atributos motivadores da demanda turística. Essa amostra não expressa a verdadeira integração e dinâmica entre muitos dos elementos nela constantes, servindo apenas de referencial teórico:

- morros, montanhas, serras, encostas
- cavidades subterrâneas (cavernas, grutas, furnas)
- quedas d'água (cachoeiras, saltos, cascatas, corredeiras)
- lagos, lagoas, lagunas
- zona costeira (mar costeiro, praias, restingas, dunas, costões, planícies, deltas, baías, enseadas)

---

[3]   R. C. Boullón, *Planificación del espacio turístico* (Cidade do México: Trillas, 1985).

- ilhas (oceânicas, costeiras, fluviais)
- cursos d'água (rios, ribeirões, arroios)
- formas notáveis de relevo (vales, depressões, *canyons*, chapadas, falésias, dunas, escarpas)
- relevos esculpidos (rochas erodidas)
- formas vegetais (árvores, arbustos, ervas, gramas, plantas epífitas, rupestres e pioneiras)
- formações vegetais (florestas, savanas, estepes)
- ambientes subaquáticos (marinhos, fluviais, lagunares e subterrâneos)
- ecossistemas (floresta, campo, cerrado, caatinga, manguezal, restinga)
- fauna selvagem (espécies terrestres, costeiras e marinhas)
- singularidades biogeográficas (limites geográficos, pontos extremos, barreiras e corredores naturais, refúgios ecológicos, elementos naturais notáveis).[4]

PROPOSTAS PARA A CLASSIFICAÇÃO E QUALIFICAÇÃO DOS RECURSOS NATURAIS

De acordo com Cerro, os métodos de classificação e inventário dos recursos turísticos constituem-se no primeiro passo no processo de análise do potencial turístico de dada região, facilitando a identificação daqueles elementos ou atividades que possuem certo poder atual ou potencial para atrair a demanda turística.

A multiplicidade de métodos empregados na classificação dos recursos turísticos abarca desde inventários mais simples, que agrupam os recursos de forma mais ou menos ordenada ou detalhada e consideram apenas a sua natureza ou funcionalidade, passa pelos métodos que estabelecem de forma descritiva a importância relativa dos recursos identificados visando a sua priorização futura nos programas e projetos, e chega até aqueles que logram avaliar a qualidade dos recursos identificados adotando medidas de valor, ou seja, grandezas numéricas padronizadas e comparáveis, sobre as quais é possível tomar decisões de planejamento mais objetivas. Tal universo classificatório é apresentado por Cerro da seguinte forma:

a) Classificações baseadas na tipologia de recursos.[5]

---

[4] P. S. Pires, Monografia apresentada no curso de pós-graduação em turismo e hotelaria, Camboriú, Centro de Educação Superior II-Univali, 1995.

[5] Marion Clawson & Jack L. Knetsch, *Economics of Outdoor Recreation* (Baltimore: Johns Hopkins Press, 1966); Pierre Defert *et al., Aspects économiques du tourisme* (Paris: Berger-Levrault, 1972); Giacomo Corna Pellegeini (org.), *Geografia sociale et economica della Cina* (Milão: Vita e Pensiero, 1973); A. Burkart & Medlik, *Tourism Past, Present and Future* (Londres: Heinemann, 1986); e C. Gunn, *Vacationscape: Designing Tourist Regions* (2ª ed., Nova York: Van Nostrand Reinhold, 1988).

b) Classificação baseada na tipologia e importância dos recursos (método da OEA);

c) Classificação dos recursos naturais segundo a intensidade de uso;[6]

d) Classificação dos recursos naturais segundo suas características principais e secundárias;[7]

e) Sistema de classificação dos recursos naturais para inventário nacional.[8]

A AVALIAÇÃO DOS RECURSOS NATURAIS

O valor turístico real ou potencial de uma área não se mede unicamente pelo número de atrativos que reúne, mas também pela sua qualidade. Esse é precisamente o objetivo da avaliação dos recursos naturais que, como em qualquer outra atividade a planejar, tem por finalidade básica estabelecer uma medida de valor sobre a qual fundamentar a tomada de decisões no processo de planejamento.

As técnicas de avaliação dos recursos turísticos tomaram como modelo de referência básico as técnicas de avaliação paisagística, que já vinham sendo desenvolvidas por arquitetos paisagistas, geógrafos e engenheiros florestais no final da década de 1960, orientadas para o setor turístico da Europa e para os recursos recreativos em geral na América do Norte.

Em que pese a carga de subjetividade que implica toda valoração estética e a dificuldade de estabelecer uma metodologia universalmente aceita, existe certo consenso entre os especialistas em relação aos fatores sobre os quais fundamentar a avaliação. Nesse sentido, a União Internacional de Organismos Oficiais de Turismo (Uioot), num estudo relativo à oferta potencial de recursos turísticos, apresentou três critérios básicos de valoração:

- grau de interesse que desperta o recurso sobre a demanda;
- a raridade ou a originalidade do recurso;
- e a sua disponibilidade no tempo.[9]

---

[6] R. C. Boullón, cit.
[7] Proposta por Hector G. Rolles *et al.*, cit.
[8] Proposta por J. G. Roa *et al.*, cit.
[9] F. L. Cerro, cit.

Esses critérios estão presentes, seja explícita ou implicitamente, na grande maioria dos métodos de avaliação dos recursos, ainda que, dependendo do enfoque adotado pelo planejador, haja uma variação notável quanto à forma com que são utilizados e quanto à sua importância relativa.

PAISAGEM

A paisagem, como expressão espacial e visual do ambiente, sintetiza todas as dimensões implicadas na sua formação e transformação, seja por força da própria natureza, seja pelas interferências humanas.

A PAISAGEM COMO RECURSO TURÍSTICO

A inerência da relação turismo e paisagem é demonstrada de forma cabal por Font, citando Pearce, para quem a motivação fundamental de viajar é a necessidade de romper com a rotina, anseio esse quase sempre materializado pelo deslocamento físico para lugares (destinos) diferentes do local de residência. Se essa atitude é a verdadeira essência do turismo, a paisagem é o fator que melhor indica ao turista essa tão desejada mudança de lugar.

Dessa forma, segundo Font, a paisagem torna-se um indicador privilegiado de como o turista está realmente mudando de lugar, pois é ela "[...] um produto da sociedade e da cultura que se desenvolve em toda parte" ou, ainda, " [...] a projeção cultural da sociedade num determinado espaço". [10]

Nesse sentido, as atuais paisagens humanizadas representam a acumulação de informações que se deram ao longo dos tempos. Uma fonte riquíssima de dados sobre as pessoas e as sociedades que as foram modelando. Se as paisagens humanizadas se apresentam com tal riqueza à expectativa e motivação turística, o que dizer das paisagens naturais, expressão visual dos ecossistemas, do relevo, das formações vegetais, da fauna, da hidrografia e das singularidades e manifestações que a natureza proporciona nas distintas latitudes, longitudes e altitudes do planeta? Na verdade, antes mesmo de o "olhar turístico" lançar-se sobre a diversidade

---

[10] J. N. Font, "Paisaje y turismo", em *Estudios Turísticos*, nº 103, Madri, 1989.

cultural que os roteiros de viagem buscam proporcionar, estará tomado pela indelével diferenciação dos ambientes naturais que servem de entorno e de suporte à presença humana e às suas realizações. A experiência ambiental do turista resulta do seu envolvimento sensitivo e cognitivo com a dimensão natural das paisagens que envolvem as atividades humanas em toda parte.

Por isso, paisagem e turismo são duas realidades intimamente relacionadas. A paisagem é um elemento substancial do fenômeno turístico e, portanto, um recurso de grande valor no desenvolvimento e na consolidação da oferta turística.

O CAMPO DE ABORDAGEM DA PAISAGEM

A ideia de paisagem pode assumir significados diversos mediante a sua apreensão por distintos interesses de abordagem e de enfoque. Nesse sentido, podem ser consideradas três dimensões conceituais para o termo paisagem:[11]

- *a dimensão estética ou visual* — que é a mais primitiva e a mais intuitiva e está relacionada com a reação sensitiva e a resposta perceptiva do ser humano diante da expressão visual de uma paisagem;
- *a dimensão cultural* — que considera a paisagem um recurso no sentido humano de sua modificação, onde o homem atua como o seu agente modelador. Determinadas paisagens culturais são testemunhos da história e, por isso, estão carregadas de valores emocionais que transcendem qualquer conceito de beleza estética ou de equilíbrio ecológico;
- *a dimensão ecológica (ou ecológico-geográfica)* — que considera a paisagem como resultado do conjunto de inter-relações entre os componentes da mesma, ou seja, entre rochas, água, vegetação, relevo, uso do solo, clima, etc., representando, dessa forma, a resposta visual da evolução conjunta dos elementos físicos e biológicos que a constituem.

Considerando que as imagens do turista diante da percepção de uma paisagem são sobretudo estéticas ou visuais,[12] eis as seguintes definições:

---

[11] J. C. C. Jordana, *Curso de introducción al paisaje: metodologías de valoración* (Madri: Universidade de Cantabria, 1992), apostila.
[12] Petroni & Kenigsberg, *apud* R. C. Boullón, cit.

- paisagem é a porção da superfície terrestre que pode ser apreendida visualmente;[13]
- paisagem é o domínio do visível ou de tudo aquilo que a visão abarca;[14]
- paisagem é a expressão espacial e visual do ambiente. Porção do espaço observado pela visão humana;[15]
- paisagem é o aspecto visível e perceptível do espaço.[16]

O interesse turístico sobre a paisagem recai, portanto, sobre os valores perceptivos e culturais subjetivos derivados da sua percepção, tais como sensação de mistério, de aventura, interesse cultural e histórico e atração visual. Este último atributo dá ensejo ao conceito de qualidade visual (cênica) da paisagem, que vem a ser "o grau de excelência de suas características visuais, constituindo no mérito para não ser alterada ou destruída",[17] conceito este de especial significância para o turismo.

Diante da relatividade da ideia de qualidade visual, Fernández pondera que a sua avaliação se dá através de critérios baseados em *juízo de valor pessoal ou profissional* com resultados evidentemente *subjetivos.*[18]

A abordagem da paisagem como recurso turístico comporta outros conceitos derivados, destacando-se o de fragilidade visual, que se relaciona ao grau de suscetibilidade à deterioração mediante a incidência de determinadas atuações humanas; e o de detração da qualidade visual, provocada por intrusões visuais negativas sobre a natureza e a integridade dos componentes biofísicos da paisagem (forma da terra, água, vegetação e estruturas artificiais), e sobre a sua composição estética na cena proporcionada pelas formas, linhas, cores e texturas, além da noção de escala e espaço estabelecidos. Enfim, tais intrusões caracterizam o impacto visual que acarreta na alteração do nível de qualidade preexistente, podendo dessa forma afetar o interesse turístico sobre essa paisagem.

ATRIBUTOS QUE CONFEREM QUALIDADE VISUAL À PAISAGEM

Como forma de trazer para o plano real o significado de qualidade visual da paisagem, seguem alguns exemplos de ocorrências e manifestações que por sua na-

---

[13] C. F. Ignacio *et al.*, *Guia para elaboración de estudios del medio físico: contenido y metodología* (2ª ed. Madri: Ceotma, 1984) (Serie Manuales 3).
[14] M. Santos, *Metamorfoses do espaço habitado* (São Paulo: Hucitec, 1988).
[15] E. M. M. Bombin, *El paisaje* (Madri: Mopu, 1987).
[16] Nogué *apud* J. N. Font, "Turismo, percepción del paisaje y planificación del territorio", em *Estudios Turísticos*, nº 115, Madri, 1992.
[17] C. F. Ignacio *et al.*, cit.
[18] A. R. Fernández, *Planificación física y ecología: modelos y métodos* (Madri: Emesa, 1979).

tureza, características e propriedades intrínsecas ou adquiridas, constituem-se em atributos que o juízo de valor profissional, e mesmo o senso comum, elevam à condição de indicadores de qualidade visual da paisagem:

a) Atributos de origem natural
   - Florestas e outras formações vegetais autóctones em estado natural ou pouco alterado.
   - Flores campestres, vegetação rupestre.
   - Montanhas, serras e demais expressões naturais da transformação do relevo.
   - Penhascos, picos, afloramentos rochosos e outras saliências topográficas naturais.
   - Superfícies d'água como rios, lagos e lagunas e seu entorno natural.
   - Movimentos naturais da água na forma de cachoeiras, corredeiras, rebentação do mar, etc.
   - Praias, linhas de contorno da costa, ilhas e outros elementos litorâneos íntegros.
   - Presença de fauna nativa quando em liberdade, etc.

b) Atributos de origem antrópica
   - Terras cultivadas, mosaicos verdes.
   - Aldeias, povoados, paragens e lugares com características remotas ou primitivas.
   - Movimento de embarcações, atracadouros, faróis.
   - Travessias, pontes, caminhos antigos.
   - Edificações, monumentos, fortificações, igrejas e templos históricos.
   - Benfeitorias e usos tradicionais no meio rural como rodas d'água, fornos, estábulos, ferrarias, cultivo da terra, afazeres artesanais, etc.
   - Espaços verdes no meio urbano como parques, praças, arborização de ruas e jardins, etc.

DETRATORES VISUAIS DA QUALIDADE DA PAISAGEM

A exemplo dos atributos de qualidade visual, a acepção de detração visual da paisagem é ilustrada a seguir através de alguns exemplos reais de atividades e ocorrências que se caracterizam como "intrusores" negativos da paisagem.

a) Da paisagem urbana
- Edificações e construções abandonadas.
- Depósitos de lixo, de entulhos e sucatas.
- Presença indiscriminada de *outdoors*.
- Valas, sarjetas, esgoto a céu aberto.
- Disposição caótica de postes e fiação aérea.
- Adensamento excessivo de elementos de urbanização e ausência de elementos naturais.
- Escavações e movimentos de terra descontrolados, etc.

b) Da paisagem rural/natural
- Mineração de superfície.
- Desmontes de encostas, áreas de empréstimo.
- Traçado de estradas e caminhos nas encostas em desarmonia topográfica.
- Desmatamentos, queimadas.
- Cursos e superfícies d'água poluídos e assoreados.
- Margens de rios, lagos, lagunas erodidas e desprovidas de vegetação natural.
- Terrenos com erosão.
- Avanço de edificações e elementos de urbanização sobre a linha natural da costa, etc.

MÉTODOS DE AVALIAÇÃO DA QUALIDADE VISUAL DA PAISAGEM

Se para o turista basta a gratificante experiência da percepção da paisagem, seja pela observação visual, seja através dos demais sentidos natos de que é dotado como ser humano, o mesmo não basta para aqueles que investem no seu estudo e na avaliação dos aspectos que conferem à paisagem maior ou menor atratividade diante da expectativa turística, e de sua importância diante do planejamento de destinações turísticas.

Dessa forma, existe um amplo campo de trabalho para a análise da paisagem, ocupado por métodos de avaliação de sua qualidade, assim como de outros conceitos análogos como fragilidade visual, aptidão (capacidade de suporte) e intervisibilidade. Destacando apenas a avaliação da qualidade visual da paisagem, constata-se que a diversidade de abordagens e de enfoques originou variados métodos de avaliação, que podem ser classificados em função dos critérios utilizados, dos sistemas de medidas, da participação ou não do público, entre outras possibilidades.

Os métodos mais antigos e elementares se baseiam na observação direta da paisagem, obtendo-se por consenso entre os envolvidos a sua valoração final. Outros métodos adotam a descrição da paisagem como procedimento de avaliação, oferecendo no final uma tipologia paisagística com categorias predefinidas, podendo ou não estar associadas a valores numéricos também predefinidos.

Já nos estudos de preferências os usuários da paisagem (entre eles os turistas) manifestam as suas preferências paisagísticas atribuindo pontuações que resultam em uma classificação final. Por sua vez, os métodos indiretos realizados por especialistas fazem a avaliação desagregando a paisagem nos seus componentes constituintes (água, vegetação, relevo, atividades humanas) ou nos seus elementos visuais (cor, forma, textura, linhas, escala, espaço), para então atribuir as respectivas pontuações e a valoração total.

É oportuno mencionar que, seja qual for o método utilizado, sempre existe uma carga de subjetividade advinda inevitavelmente do juízo de valor pessoal ou profissional dos agentes da avaliação. Tal influência, porém, poderá ser relativizada através da aplicação de técnicas estatísticas (análise fatorial, agrupamento), capazes de evidenciar os fatores subjacentes ao juízo de valor emitido, conferindo maior credibilidade científica aos resultados.

Os impactos ambientais do turismo

O âmbito da abordagem

Cabe, antes de mais nada, retomar em breves considerações o entendimento de meio ambiente na sua acepção mais ampla, estendida não só ao meio natural mas também à sua dimensão sociocultural e econômica. Portanto, qualquer abordagem relativa ao meio ambiente a partir do interesse turístico deverá estabelecer sobre qual dessas dimensões estará se lançando ou, então, assumir a sua totalidade dimensional, compreendida pela interação entre os elementos naturais (bióticos e abióticos) e a sociedade humana.

O caráter dinâmico e multifacetado das relações de interdependência que se estabelecem entre o ambiente físico, juntamente com seus suportes ecológicos, e as atividades humanas no seu sentido mais amplo (realizações materiais, relações sociais, poder econômico e valores culturais), levam a admitir que o desencadear do processo turístico produzirá, inevitavelmente, impactos de desdobramentos positivos e negativos com seus efeitos sinérgicos no tempo e no espaço, todos recaindo sobre o homem, a sociedade e o entorno natural. Portanto, qualquer abordagem sobre os impactos do turismo deverá ser sustentada por tal premissa, ainda que venha a se deter numa determinada dimensão (ecológica, socioeconômica, cultural) ou em aspectos específicos.

Budowski foi um dos precursores na análise da dimensão ecológica e social dos impactos do turismo. O autor vislumbrou três alternativas no relacionamento entre o turismo e o meio ambiente natural: a relação de *conflito*, a relação de *coexistência* e a relação *simbiótica*, numa ordem crescente desde a mais negativa relação entre o turismo e os interesses de conservação ambiental, até a mais positiva.[19]

Subsequentemente os impactos do turismo em todas as suas dimensões passaram a ser objeto de foco entre vários estudiosos e analistas, podendo ser apontados J. Krippendorf, *Sociologia do turismo: para uma nova compreensão do lazer e das viagens;* P. Mason, *Tourism: Environment and Development Perspectives;* F. R. Kuss, A. R. Graeffe, J. J. Vaske, *Visitor Impact Management: a Review of Research;* D. G. Pearce, "Alternatives Tourism: Concepts, Classifications and Questions"; J. J. Pigram, "Alternative Tourism: Tourism and Sustainable Resource Management"; E. Kadt, "Making the Alternative Sustainable: Lessons from Development for Tourism"; V. Smith e W. Eadington, "Preface"; D. v.d. M. Ruschmann, "Turismo sustentado para a preservação do patrimônio ambiental"; H. Ceballos-Lascurain, *Tourism, Ecotourism and Protected Areas: the State of Nature-Based Tourism Around the World and Guidelines for its Development;* A. I. G. Lemos (org.), *Turismo: impactos socioambientais;* e A. B. Rodrigues (org.), *Turismo e ambiente: reflexões e propostas,* estas duas últimas referências reunindo trabalhos de vários autores.

A consulta a essas e outras fontes resulta numa grande quantidade de informações e abordagens sobre o tema. Porém, neste espaço, caberá apenas a apresentação sucinta dos impactos do turismo sobre uma das dimensões em consideração, ou seja, sobre o ambiente físico com ênfase para o meio natural.

---

[19] G. Budowski, "Tourism, and Environmental Conservation: Conflict, Coexistence or Symbiosis?", em *Environmental Conservation.* v. 3, nº 1, 1976, pp. 27-31.

Os impactos físicos do turismo

A face positiva dos impactos físicos do turismo, especialmente sobre o ambiente natural, revela-se na constatação de que por força do interesse turístico podem ser gerados (e de fato são) recursos e apoio efetivos para a proteção de recursos naturais de grande importância ecológica que existem em muitas áreas de interesse turístico. Esse mesmo interesse pode estimular ações valiosas para a conservação da natureza, fato constatado, por exemplo, através de projetos e empreendimentos ecoturísticos em várias regiões do mundo. Porém, aqui dar-se-á ênfase para os aspectos negativos dos impactos físicos do turismo, cuja constatação dá ensejo à introdução do conceito de capacidade de carga turística e abordagem de alguns de seus métodos aplicáveis.

Mathieson e Wall reconhecem duas categorias de impactos físicos do turismo: os impactos sobre o ambiente natural (ecológicos) e os impactos sobre o ambiente construído pelo homem.[20]

a) Impactos sobre o ambiente natural

Na geologia (minerais, formações rochosas e fósseis); na vegetação natural (integrante dos mais diversos ecossistemas); na água (oceano, zona costeira e continente); no ar; e na vida selvagem (fauna nativa). Os autores sugerem ainda a análise dos impactos sob um enfoque integrado, considerando os próprios ecossistemas em si, onde aqueles potencialmente mais impactáveis pela atividade turística seriam a zona costeira, as áreas insulares (ilhas) e as áreas montanhosas.

b) Impactos sobre o ambiente construído pelo homem

Sítios arqueológicos, lugares, monumentos e construções históricas que representam marcas da passagem humana sobre a terra ao longo dos tempos podem ser afetados fisicamente, ou seja, descaracterizados em sua autenticidade e originalidade locacionais, espaciais e arquitetônicas, a partir da implantação de facilidades e de infraestrutura turística, entre os quais destacam-se: os *resorts* turísticos — efeitos sobre a paisagem preexistente; os hotéis nas cidades — desestruturação e perda da identidade urbana, conflitos imobiliários; e a segunda residência no meio rural — descaracterização da paisagem típica e autóctone.

Mason, por sua vez, analisa os impactos do turismo no ambiente natural destacando os componentes físicos da paisagem natural, particularmente sua topogra-

---

[20] A. Mathieson & G. Wall, *Tourism: Economic, Physical and Social Impacts* (2ª ed. Nova York: Longman, 1993).

fia, solos e vegetação como os mais importantes indicadores dos impactos ecológicos.[21] Entre os aspectos negativos que o turismo pode acarretar sobre o meio ambiente físico, destacam-se os seguintes:

a) congestionamentos em povoados remotos e sítios históricos;

b) poluição de cursos d'água e de praias;

c) destruição de trilhas e da vegetação frágil;

d) distúrbios e danos à vida selvagem;

e) desenvolvimento turístico esteticamente degradante;

f) disseminação da desordem (espacial).

IMPACTOS SOBRE O AMBIENTE NATURAL

O ambiente natural, diante da perspectiva dos impactos do turismo, é reconhecido por Kuss, Graefe e Vaske através de seus componentes biofísicos que são agrupados em três categorias, a saber: *a vegetação e os solos* (estes dois componentes intimamente associados na sua mútua dependência), *os recursos hídricos* e *a vida selvagem* (fauna).[22]

Em relação a cada um desses grupos de componentes do ambiente natural, a atividade turística pode desencadear impactos com efeitos diretos e indiretos, e sua magnitude dependerá não só da escala física intrinsecamente associada a cada tipo de atuação turística sobre esses componentes, mas também ao respectivo grau de tolerância ecológica que cada qual possui para suportar tais impactos.

Ainda na mesma linha de apresentação das principais propostas classificatórias dos impactos do turismo sobre o ambiente natural, encontraremos em Ceballos-Lascurain uma categorização em essência semelhante às anteriores, porém, acrescida de mais alguns aspectos integrantes de uma noção mais ampla de meio ambiente natural.[23] Dessa forma, reconhecem-se os seguintes tipos de impactos:

a) impactos sobre as propriedades geológicas, bem como sobre as formações rochosas, minerais e fósseis;

b) impactos nos solos;

---

[21] P. Mason, *Tourism: Environment and Development Perspectives* (Londres: WWF, 1990).

[22] F. R. Kuss; A. R. Graefe; J. J. Vaske, *Visitor Impact Management: a Review of Research*, v. 1, IX (Washington: National Parks and Conservation Association, 1990).

[23] H. Ceballos-Lascurain, *Tourism, Ecotourism and Protected Areas: the State of Nature-Based Tourism Around the World and Guidelines for its Development* (Gland/Cambridge: IUCN, 1996).

c) impactos nos recursos hídricos;

d) impactos na vegetação;

e) impactos na vida selvagem e nos ecossistemas;

f) impactos nos sistemas de saneamento;

g) impactos estéticos sobre a paisagem.

Os efeitos práticos e concretos desse conjunto de potencialidades impactantes do turismo sobre o ambiente natural, comum a qualquer uma das classificações apresentadas, podem ser exemplificados, ainda que de forma passageira, da seguinte forma:

a) Efeitos dos impactos do turismo sobre o ar

Como o turismo acarreta deslocamentos, geralmente realizados através de veículos automotores, a combustão e a liberação dos gases resultantes (tóxicos) ocorrem diretamente sobre a atmosfera, afetando a qualidade química do ar e até mesmo o aspecto visível da atmosfera.

b) Efeitos sobre as formações rochosas, os recursos minerais e os fósseis

Esses elementos naturais geralmente sofrem o assédio do turismo devido à sua condição de matéria-prima para produtos artesanais ou não destinados aos turistas. Sinais de vandalismo se fazem notar em ambientes extremamente frágeis como cavernas e seus espeleotemas, assim como nos sítios paleontológicos com a retirada inadvertida ou consciente de amostras de fósseis para uso próprio ou para comercialização.

c) Efeitos sobre os solos e a vegetação

Solos e vegetação ecologicamente possuem uma interdependência total e dessa forma convém caracterizar a ação conjunta dos impactos do turismo sobre esses dois elementos naturais. A retirada da vegetação, seja pela abertura de trilhas para caminhadas (pisoteio) ou de estradas para a passagem de veículos (pressão dos rodados, escape de resíduos, fumaça de combustão) ou, ainda, para a implantação de equipamentos turísticos, abre caminho para o início do processo de compactação, erosão e perda de fertilidade dos solos, acarretando sua desestruturação, inclusive como suporte natural e insubstituível da vegetação e consequentemente da própria fauna presente. Dependendo da localização e do nível de fragilidade ecológica desses recursos naturais, os efeitos das atividades turísticas sobre eles poderão resultar em consequências negativas irreversíveis em termos de perda desses recursos, inclusive para o próprio usufruto turístico.

d) Efeitos sobre a água e recursos hídricos

Nos rios, lagos, lagunas, reservatórios, quedas d'água, mar costeiro e oceânico e nos mananciais de superfície ou subterrâneos, os impactos do turismo podem se dar de muitas maneiras e de forma direta e indireta. Diretamente por meio do uso recreativo desses recursos em atividades náuticas e esportivas com contaminação, poluição, destruição e distúrbios ecológicos ao meio aquático e aos elementos biológicos (fitoplâncton, vegetação das margens, fauna), por imprudência nas atitudes e no uso inadequado de equipamentos. Indiretamente poderão ser considerados os efeitos sinérgicos da poluição e das alterações físicas tanto do solo como da vegetação, que ocorrem no entorno desses mesmos recursos hídricos, que receberão assoreamento, poluição e contaminação com toda a sorte de efeitos a comprometer a sua qualidade, para não dizer até mesmo a sua existência para o próprio turismo.

e) Efeitos sobre a vida selvagem (fauna nativa)

O acesso turístico e o assédio de turistas a áreas naturais onde espécies e populações de fauna nativa ainda estão presentes podem provocar impactos já a partir da própria presença humana (perturbação), podendo ser agravados em função das atividades e atitudes predatórias, sejam premeditadas ou não. A caça, a pesca e o consumo descontrolado de iguarias exóticas podem ser impulsionados por um turismo não planejado e irresponsável, contribuindo assim para a redução ou extinção da vida selvagem com riscos à biodiversidade local, regional e planetária.

f) Efeitos sobre a paisagem

A paisagem, por ser a expressão espacial e visual do meio ambiente, assume, inevitavelmente, todo e qualquer tipo de impacto provocado sobre qualquer um dos elementos naturais anteriormente considerados e ainda sobre os demais elementos construídos pelo homem. As características da paisagem que fazem a qualidade visual tão requerida pelo turismo são proporcionadas pelos componentes biofísicos que se combinam entre si para compor as suas formas topográficas e os seus elementos da superfície. Portanto, na medida em que qualquer um desses componentes é alterado negativamente ou eliminado da forma como procurou-se evidenciar anteriormente, a paisagem terá detraída sua qualidade visual e, com ela, parte do interesse turístico que desperta.

Capacidade de carga turística

Aportes conceituais

Como forma de estabelecer o necessário nexo entre os temas em apreço, impactos ambientais do turismo e capacidade de carga turística, pode-se recorrer a P. Mason, para quem os impactos do turismo no meio ambiente, particularmente no ambiente natural, dependem muito de sua capacidade para absorvê-los.[24] Tais impactos podem, então, ser mensurados em relação à "capacidade de carga" da destinação, ou seja, a capacidade ou aptidão dos destinos turísticos para absorver visitantes e todas as consequências de sua presença.

Antes de tudo, a expressão "capacidade de carga turística" representa um princípio em si como marco conceitual de referência, permeando o conjunto dos métodos e procedimentos criados para enfrentar a inevitável dicotomia entre a demanda turístico-recreativa sobre os recursos naturais, e o imperativo ecológico de sua proteção.

Por outro lado, o método *Carrying Capacity* (capacidade de carga turística) constitui-se numa das alternativas no campo da avaliação, monitoramento e manejo de visitante em destinos turísticos, onde também se destacam os seguintes métodos: *Environmental Impact Assessment* (Avaliação de Impactos Ambientais — AIA); *Visitor Impact Management* (Manejo do Impacto de Visitantes — MIV); *Limits of Acceptable Change* (Limites Aceitáveis de Alteração — LAA); e, mais recentemente, o *Visitor Experience and Resource Protection* (Experiência do Visitante e Proteção de Recursos — EVPR).

Indo ao encontro das origens do conceito de capacidade de carga turística, de acordo com Takahashi, foi a partir dos anos 1950, quando nos Estados Unidos a visitação em áreas naturais protegidas passou a ter um aumento sem precedentes, que se deram as tentativas pioneiras em controlar os impactos dos visitantes e do turismo nessas áreas.[25] A experiência que havia era a do manejo da vida selvagem e de pastagens com o escopo de determinar limites máximos de carga física sobre esses ambientes, experiência essa que passou então a ser aproveitada para o manejo de visitantes e controle de turismo em áreas igualmente naturais e selvagens.

---

[24] P. Mason, cit.

[25] L. Y. Takahashi, "Limite aceitável de câmbio (LAC): manejando e monitorando visitantes", em *Anais do Congresso Brasileiro de Unidades de Conservação*, v. 1, Curitiba, 1997, pp. 445-464.

A preocupação com limites máximos em termos de número de visitantes/turistas nos destinos (capacidade de carga física) constituiu-se a essência dos procedimentos de determinação da capacidade de carga turística durante um período inicial que chegou até os anos 1980. Foi quando, então, começou-se a considerar que o controle de quantos visitantes/turistas poderiam ou não ter acesso e usufruir de um ambiente natural, não resolvia os problemas e nem impedia os impactos, pois as variáveis "expectativa da experiência" e "comportamento" do público não estavam sendo levadas em consideração.

Feitas essas considerações iniciais, pode-se lançar mão de algumas definições e conceitos correntes de capacidade de carga:

- o termo capacidade de carga no contexto turístico-recreativo é definido por Boo como "a quantidade máxima de visitantes que uma área pode acomodar mantendo poucos impactos negativos sobre os recursos e, ao mesmo tempo, altos níveis de satisfação para os visitantes"; [26]

- o conceito de capacidade de carga e sua aplicação no turismo segundo Cerro reside na necessidade de determinar limites para as atividades turísticas ou recreativas. A extrapolação de tais limites faz aumentar os riscos de saturação do equipamento turístico, degradação do meio ambiente e redução da qualidade de experiência turística; [27]

- a capacidade de carga turística — segundo McIntyre e Hetherington, citados por Ceballos-Lascurain — está representada pelo nível máximo de uso turístico-recreativo, associado a sua infraestrutura, que uma área pode acomodar. Se esse nível é ultrapassado podem ocorrer a deterioração dos recursos, a diminuição da satisfação do visitante e impactos adversos sobre a sociedade, economia e cultura locais; [28]

- para o National Park Service, citado por Takahashi, a capacidade de carga turística em áreas naturais protegidas relaciona-se ao tipo e ao nível de uso dos recursos naturais que é capaz não só de mantê-los como também de sustentar as condições sociais que integram os objetivos de manejo da unidade de conservação. [29]

Como se observa, as definições mais recentes reconhecem a complexidade envolvida na questão e, corretamente, incorporam pelo menos quatro variáveis bási-

---

[26] E. Boo, *Ecoturismo: potenciales y escollos* (Londres: WWF/Conservation Foundation, 1990).
[27] F. L. Cerro, cit.
[28] H. Ceballos-Lascurain, cit.
[29] L.Y. Takahashi, cit.

cas na "equação" da capacidade de carga: os componentes biofísicos do ambiente, os fatores socioculturais da população residente, os aspectos psicológicos dos visitantes e o advento do manejo como instrumento de controle e gestão.

Na visão de Sowaman, todas as definições de capacidade de carga relacionadas à recreação incorporam dois aspectos principais: a *manutenção da integridade da base de recursos* e a oferta de uma *experiência recreativa de qualidade* para os usuários.[30]

Considere-se, ainda, que a capacidade de carga varia de um lugar para outro em função dos períodos climáticos e em função do tempo, além de depender do espectro comportamental dos usuários, do projeto das instalações turísticas, das modalidades e níveis de manejo e do caráter dinâmico do meio ambiente.[31]

Portanto, há um consenso entre os estudiosos de que ainda não existe uma metodologia e respectivos parâmetros de aferição da capacidade de carga (CC) plena e universalmente aceita, até pelo fato de a carga de subjetividade implícita nesse campo de interesse dificultar a fixação de padrões de aplicação válidos para qualquer situação ambiental e realidade sociocultural. Todavia, e de maneira geral, os estudos sobre capacidade de carga nos espaços turísticos e recreativos são realizados com a perspectiva de fixação de padrões de uso, da análise dos efeitos físicos da atividade turística sobre o meio, da reação psicológica dos usuários,[32] aos quais deve se incorporar a consideração pelos efeitos socioculturais nos destinos turísticos.

O ESPECTRO METODOLÓGICO

Todos os enfoques anteriormente apresentados encontram-se, de alguma forma, contemplados em propostas e estudos realizados pelo mundo. O espectro é amplo e será ilustrado apenas através da simples menção às classificações dos principais tipos de capacidade de carga turístico-recreativa que se determinam:

a) capacidade ecológica/capacidade paisagística/capacidade perceptiva; [33]

b) capacidade material/capacidade psicológica/capacidade ecológica; [34]

[30] M. R. Sowaman, "A Procedure for Assessing Recreacional Carrying Capacity of Coastal Resort Areas", em *Landscape and Urban Planning*, nº 14, Amsterdã: Elsevier Science. B.V. 1987, pp. 331-334.

[31] A. L. Baéz & A. Acuña, *Guia para las mejores prácticas de ecoturismo en las áreas protegidas de Centro América* (San José: Turismo & Conservación Consultores, 1998).

[32] F. L. Cerro, cit.

[33] F. L. Cerro, cit.

[34] R. C. Boullón, cit.

c) capacidade física/capacidade econômica/capacidade ecológica/capacidade social; [35]

d) capacidade ambiental/capacidade ecológica.[36]

Os métodos mais difundidos

Método da Fundação Neotrópica – Costa Rica

A Fundação Neotrópica da Costa Rica, com base em levantamentos realizados no Parque Nacional Galápagos, no Equador, desenvolveu um procedimento que leva a resultados quantitativos em termos de número de visitantes/período numa determinada área.[37] Determina-se, assim, a capacidade de carga em três etapas, a saber: a CC física, a CC real e a CC efetiva, para cada sítio específico dentro de uma área natural protegida.

Limite aceitável de alteração (LAA)

Enquanto através do método clássico da capacidade de carga anteriormente apresentado se determina quantas pessoas podem utilizar turisticamente uma área natural sem causar danos, o método dos Limites Aceitáveis de Alteração (LAA), desenvolvido pela primeira vez pelo Serviço Florestal dos Estados Unidos, preocupa-se com a percepção turística e recreativa dos visitantes e com o limite de tolerância que os distintos ecossistemas possuem diante dos possíveis impactos que receberão.

O LAA é, na verdade, um sistema de planejamento estipulado em nove etapas sucessivas, começando com a identificação dos problemas e questões de interesse para a área em que se deseja intervir, passando pela definição das classes de oportunidade de uso turístico e recreativo e terminando na implementação de ações e monitoramento das condições.

O método LAA utiliza dados pessoais dos visitantes e leva em conta as suas expectativas diante da natureza, bem como as atividades que desejam realizar. Esse é o ponto de partida para a definição de "classes de oportunidade de uso" que buscarão garantir a satisfação dos visitantes. As decisões de manejo nesse

---

[35] M. R. Sowaman, cit.

[36] P. Mason, cit.

[37] Centro de Estudios Ambientales y Políticas (Ceap). *Análisis de capacidad de carga para visitación en las áreas silvestres de Costa Rica* (San José: Fundación Neotrópica, 1992).

método consistem em estabelecer até onde as alterações sobre o ambiente são aceitáveis, além de não permitir que aconteçam as deteriorações dentro das classes de oportunidade de uso.

Essas classes foram geradas dentro do conceito do espectro de oportunidades recreativas (EOR). Trata-se de definir as diferentes zonas que poderão absorver uma ampla gama de oportunidades, desde a proteção absoluta (áreas primitivas) até as mais variadas experiências, uma vez compatíveis com os objetivos de manejo da área natural em questão.

O método LAA consiste numa ferramenta importante de planejamento turístico, pois permite o conhecimento do perfil dos visitantes em potencial, ajudando a evitar sobrecargas em áreas mais críticas ou vulneráveis. Dessa forma, um turista, de acordo com o perfil que o caracteriza, pode ter acesso a diferentes níveis de natureza, ao isolamento, ao contato humano, à diversidade e abundância de vida selvagem, etc., correspondentes à sua classe de oportunidade de uso.

ESPECTRO DE OPORTUNIDADES RECREATIVAS (EOR)

O EOR foi desenvolvido inicialmente como um conceito de zoneamento para aplicação no manejo de áreas silvestres protegidas nos Estados Unidos, para ser integrado aos objetivos de manejo estabelecidos para a área natural em questão. O método para ser desenvolvido leva em conta os seguintes critérios:

- espaços naturais disponíveis;
- níveis de segurança;
- interação social dos visitantes;
- interesses particulares dos visitantes;
- condições ambientais.

O Serviço Florestal dos Estados Unidos, através da adoção desse método, estabeleceu as seguintes classes de oportunidades recreativas: áreas primitivas, áreas semiprimitivas não motorizadas, áreas semiprimitivas motorizadas, áreas naturais com penetração rodoviária, áreas rurais e urbanas.

As áreas primitivas são aquelas de maior extensão localizadas nas partes mais remotas de uma área natural, ao passo que as demais categorias menos restritivas ao uso turístico correspondem aos locais progressivamente mais acessíveis, podendo acolher densidades de uso mais altas (alta capacidade de carga), por exemplo, as áreas para acampamento e piquenique com acesso rodoviário, inclusive pavimentado.

O EOR estabelece coeficientes que estimam o número de pessoas aceitáveis num período e numa determinada extensão de superfície. Esse procedimento estabelece graus de restrição de uso, indicando a quantidade de encontros aceitáveis entre grupos de visitantes, como forma de diferenciar as áreas primitivas das áreas semiprimitivas, motorizadas ou não, e assim por diante.

MÉTODO DO MANEJO DO IMPACTO DE VISITANTES (MIV)

O método MIV reconhece de saída que a determinação da qualidade do ambiente e da experiência do visitante é complexa, estando inter-relacionada com diversos fatores, tais como as condições naturais da área, as expectativas do visitante e a imagem que se tem da área, fatores socioculturais, condições climáticas, etc.

A exemplo do LAA, esse método também implica na observação de uma sequência de oito etapas sucessivas que começam com o reconhecimento das condições ambientais e históricas da área, passa pela seleção de indicadores de impactos e termina no lançamento prático das estratégias de manejo indicadas.

Estabelecem-se níveis de impacto e critérios de manejo para condições flexíveis e flutuantes de visitação.[38] A ênfase desse método está na definição dos objetivos de manejo para cada lugar ou para cada zona no interior das áreas naturais. A partir daí, são determinados uma série de impactos mensuráveis (compactação do solo, erosão, alteração da vegetação, desaparecimento da fauna), com os quais se verifica se a área está cumprindo com os objetivos de manejo para ela determinados, ou se está havendo deterioração significativa. Com base na situação verificada são definidas medidas de manejo apropriadas como:

- limitação temporária do acesso a determinados sítios em função da tolerância de espécies da fauna a ruídos e outras perturbações de origem humana;
- monitoramento dos possíveis impactos decorrentes da concentração e aumento de visitantes sobre os sítios com fragilidade ecológica;
- programação de meios para a interpretação da natureza alternativos à presença dos visitantes nas áreas críticas (centro de exposições, quiosques de informação, material escrito, palestras);
- alternância de sítios para a visitação, dentro da mesma área natural, com características ecológicas semelhantes.

---

[38] F. R. Kuss; A. R. Graefe, J. J. Vaske, cit.

Como se percebe, existe certa similaridade entre os métodos LAA e MIV em vários aspectos, dado que ambos compartilham o mesmo fundamento conceitual de capacidade de carga e utilizam a mesma base de conhecimentos e métodos de manejo. De acordo com o Ceap-Fundação Neotrópica, a principal diferença reside no fato de o LAA estar voltado para um processo mais amplo de planejamento aplicado a grandes áreas onde incidem múltiplas demandas de uso (recreativo ou não), ao passo que o MIV volta-se mais para a análise das causas subjacentes aos impactos dos visitantes e para o controle técnico sobre eles, em distintas condições ecológicas dos ambientes afetados pelas igualmente distintas condições de uso recreativo desses ambientes.

ELABORAÇÃO E DIVULGAÇÃO DE GUIAS

São exatamente os guias e manuais de orientação e informação que podem ser elaborados e disponibilizados ao público com muito menos custos e tempo se comparados aos métodos anteriores.[39] São documentos relativamente pequenos e funcionais, tais como os códigos de conduta e as regras de uso público e os manuais de orientação. São flexíveis, podendo ser utilizados por um público diverso, como visitantes, agências e operadoras de turismo, pessoal das unidades de conservação, comunidade local, etc.

EXPERIÊNCIA DE VISITANTES E PROTEÇÃO DE RECURSOS (EVPR)

De acordo com Baéz e Acuña,[40] trata-se de técnicas bastante recentes dentro do espectro considerado. Baseiam-se nos métodos anteriores combinando esses elementos com novas propostas. A mesma fonte limita-se a informar, ainda, que o método da EVPR propõe todo um procedimento de trabalho multidisciplinar centrado principalmente nos objetivos de manejo que orientam a criação de uma unidade de conservação.

Levando em conta o conjunto dos métodos apresentados que se fundamentam no conceito de capacidade de carga, verifica-se que requerem recursos humanos, econômicos e logísticos que vão além das possibilidades reais da grande maioria das áreas naturais protegidas no contexto da realidade latino-americana.

---

[39] A. L. Baéz & A. Acuña, cit.
[40] *Ibidem.*

Nesse sentido, parece sensata a sugestão dos autores citados de que as necessidades urgentes de enfrentamento dos problemas de proteção e de utilização pública dessas áreas pedem soluções administrativas e de manejo dos recursos mais intuitivas, com base em juízo de valor dos atores envolvidos e que permitam tomar decisões a curto prazo. Por sua vez, os métodos que requerem informações científicas e quantitativas podem ser desenvolvidos numa estratégia de ação a médio e longo prazo.

REFERÊNCIAS BIBLIOGRÁFICAS

BAÉZ, A. L. & ACUÑA, A. *Guia para las mejores práctivas de ecoturismo en las áreas protegidas de Centro América*. San José: Turismo & Conservación Consultores, 1998.

BOMBIN, E. M. M. *El paisaje*. Madri: Mopu, 1987.

BOO, E. *Ecoturismo: potenciales y escollos*. Londres: WWF/Conservation Foundation, 1990.

BOULLÓN, R. C. *Planificación del espacio turístico*. Cidade do México: Trillas, 1985.

BUDOWSKI, G. "Tourism, and Environmental Conservation: Conflict, Coexistence or Symbiosis?". Em *Environmental Conservation*, v. 3, nº 1, 1976.

BURKART, A. & MEDLIK, S. *Tourism Past, Present and Future*. Londres: Heinemann, 1986.

CENTRO DE ESTUDIOS AMBIENTALES Y POLÍTICAS (CEAP). *Análisis de capacidad de carga para visitación en las áreas silvestres de Costa Rica*. San José: Fundación Neotrópica, 1992.

CEBALLOS-LASCURAIN, H. *Tourism, Ecotourism and Protected Areas: the State of Nature-Based Tourism Around the World and Guidelines for its Development*. Gland/Cambridge: IUCN, 1996.

CERRO, F. L. *Técnicas de evaluación del potencial turístico*. Madri: MCYT, 1993. (Serie Libros Turísticos.)

CLAWSON, Marion & KNETSCH, Jack L. *Economics of Outdoor Recreation*. Baltimore: Johns Hopkins Press, 1966.

CORNA-PELLEGRINI, Giacomo (org.). *Geografia sociale ed economica della Cina*. Milão: Vita e Pensiero, 1973.

DEFERT, Pierre *et al*. *Aspects économiques du tourisme*. Paris: Berger-Levrault, 1972.

FERNÁNDEZ, A. R. *Planificación física y ecología: modelos y métodos*. Madri: Emesa, 1979.

FONT, J. N. "Turismo, percepción del paisaje y planificación del territorio". Em *Estudios Turísticos*, nº 115. Madri, 1992.

_____."Paisage y turismo". Em *Estudios Turísticos*, nº 103, Madri, 1989.

GUNN, C. *Vacationscape: Designing Tourist Regions*. 2ª ed. Nova York: Van Nostrand Reinhold, 1988.

IGNACIO, C. F. *et al*. *Guia para elaboración de estudios del medio físico: contenido y metodología*. 2ª ed. Madri: Ceotma, s/d. (Serie Manuales 3.)

JORDANA, J. C. C. *Curso de introducción al paisaje: metodologias de valoración*. Madri: Universidad de Cantabria, 1992. Apostila.

KADT, E. "Making the Alternative Sustainable: Lessons from Development for Tourism". Em *Tourism Alternatives*. Londres: John Wiley & Sons, 1994.

KRIPPENDORF, J. *Sociologia do turismo: para uma nova compreensão do lazer e das viagens*. Rio de Janeiro: Civilização Brasileira, 1989.

KUSS, F. R.; GRAEFE, A. R.; VASKE, J. J. *Visitor Impact Management: a Review of Research*, v. 1, IX. Washington: National Parks and Conservation Association, 1990.

LAFANT, M. & GRABURN, N. H. H. "International Tourism Reconsidered: the Principle of the Alternative". Em *Tourism Alternatives*. Londres: John Wiley & Sons, 1994.

LEMOS, A. I. G. (org.) *Turismo: impactos socioambientais*. São Paulo: Hucitec, 1996.

LITTON JR., R. B. "Aesthetic Dimensions of the Landscape". Em KRUTILLA, J. V. (org.) *Natural Environments: Studies in Theoretical and Applied Analysis*. Baltimore: Johns Hopkins, 1972.

MASON, P. *Tourism*: *Environment and Development Perspectives*. Londres: WWF, 1990.

MATHIESON, A. & WALL, G. *Tourism*: *Economic, Physical and Social Impacts*. 2ª ed. NovaYork: Longman, 1993.

PEARCE, D. G. "AlternativesTourism: Concepts, Classifications and Questions". Em *Tourism Alternatives*. Londres: John Wiley & Sons, 1994.

PIGRAM, J. J. "Alternative Tourism: Tourism and Sustainable Resource Management". Em *Tourism Alternatives*. Londres: John Wiley & Sons, 1994.

PIRES, P. S. Monografia apresentada no curso de pós-graduação em turismo e hotelaria. Camboriú: Centro de Educação Superior II-Univali, 1995.

ROA, J. G. *et al*. *Recursos naturales y turismo*. Cidade do México: Limusa, 1987.

RODRIGUES, A. B. (org.) *Turismo e ambiente: reflexões e propostas*. São Paulo: Hucitec, 1997.

RUSCHANN, D. v.d. M. "Turismo sustentado para a preservação do patrimônio ambiental". Em *Turismo em Análise*. São Paulo, v. 3, nº 1, 1993.

SANTOS, M. *Metamorfoses do espaço habitado*. São Paulo: Hucitec, 1988.

SMITH, V. & EADINGTON, W. "Preface". Em *Tourism Alternatives*. Londres: John Wiley & Sons, 1994.

SOWAMAN, M. R. "A Procedure for Assessing Recreacional Carrying Capacity of Coastal Resort Areas". Em *Landscape and Urban Planning*. Amsterdã: Elsevier Science, nº 14, 1987.

TAKAHASHI, L.Y. "Limite aceitável de câmbio (LAC): manejando e monitorando visitantes". Em *Anais do Congresso Brasileiro de Unidades de Conservação*, v. 1, Curitiba, 1997.

Metodologia científica

ADA DE FREITAS MANETI DENCKER

INTRODUÇÃO

O estudo do turismo é de fundamental importância em função do papel econômico e social que as atividades ligadas ao lazer e ao turismo vêm assumindo no mundo contemporâneo. Segundo dados da Organização Mundial do Turismo (OMT), a taxa média de crescimento do setor é de 7,5%, tendo aumentado 3,2% de 1998 para 1999.

Os estados e municípios brasileiros estão visualizando os benefícios que a atividade turística pode representar no equilíbrio das contas públicas. Isto faz que sejam canalizados investimentos para as áreas de infraestrutura como aeroportos, recuperação do patrimônio histórico, saneamento básico e outros, com o objetivo de atrair os empresários interessados em investir no turismo em nosso país nos mais diversos segmentos da atividade. A criação de novos empregos é um dos objetivos principais do direcionamento para a atividade turística. Segundo o presidente mundial da Marriott, Bill Marriott, apenas os empreendimentos da rede na Costa do Sauípe resultarão na criação de quinhentos postos de trabalho diretos.[1]

Os investimentos em parques temáticos, instalação de *resorts*, ampliação e recuperação da rede hoteleira, entre outros, indicam que o Brasil está se preparando para ingressar de forma significativa no campo do turismo com o apoio de grandes empresas internacionais.

---

[1] Segundo reportagem de *O Estado de S. Paulo*, São Paulo, 14-3-2000.

Considerado o setor da economia com maior potencial de crescimento para os próximos anos em todo o mundo, o turismo passou a ser uma profissão bastante procurada pelos estudantes que ingressam atualmente nas universidades brasileiras. Essa demanda acarretou a ampliação do número de cursos de graduação em turismo e áreas afins como hotelaria, exigindo que se reflita sobre o conteúdo e o padrão de qualidade do ensino oferecido nesses cursos. A qualidade do ensino não pode frustrar as expectativas dos estudantes nem comprometer o sucesso das atividades na área de turismo pela falta de uma qualificação eficiente de pessoal, tanto em nível técnico quanto universitário.

O campo de trabalho aberto pelo turismo, tanto nacional quanto internacional, é um fenômeno importante na estrutura das sociedades atuais, em que o crescimento das atividades voltadas para o lazer e ocupação do tempo livre oferecem novos postos de trabalho em substituição aos anteriormente oferecidos pelas indústrias. Isso faz que alguns autores considerem o século XXI o século do lazer, enfatizando a importância das viagens e do turismo no conjunto das atividades produtivas.

Cabe, portanto, aos cursos de turismo, tanto em nível técnico quanto universitário, formar os futuros profissionais que deverão atuar na vanguarda desse processo assumindo funções tanto administrativas quanto operacionais. Para que esses profissionais venham a atuar de forma eficiente, tomando decisões acertadas quanto aos rumos que deverão dar ao turismo em nosso país, o ensino deverá aliar conteúdos teóricos à constante prática da pesquisa. O conhecimento em profundidade da realidade do seu universo de atuação, obtido mediante a observação, é que permitirá ao futuro graduando a tomada de decisões que resultem adequadas e eficientes no contexto em que é realizada a intervenção. As ações empreendidas deverão atender, ao mesmo tempo, as expectativas dos investidores e contribuir de forma efetiva para o desenvolvimento das comunidades. Nesse cenário, o domínio da capacidade de observação e o desenvolvimento de práticas sistemáticas que levem ao conhecimento, aliados a um aguçado espírito crítico, são ferramentas essenciais para que os futuros profissionais possam desempenhar, de forma adequada, as funções que vierem a assumir.

Analisando as tendências em nível mundial observamos que as mudanças ocorridas no final do século XX, aliadas às novas tecnologias, exigiram dos profissionais em geral, independentemente da área de atuação, características como flexibilidade, interesse pela atualização constante nos conteúdos referentes a sua área, domínio de novos conhecimentos muitas vezes pertencentes a outras áreas, capacidade de gerar soluções criativas e inovadoras, enfatizando a necessidade de busca de novas soluções. Essas tendências tornam a pesquisa, em todas as suas modalidades, um elemento estratégico indispensável para subsidiar as ações.

No turismo a situação não é diferente. As flutuações do mercado exigem que decisões sejam tomadas em períodos de tempo a cada dia mais reduzidos. Torna-se fundamental a manutenção de um processo de acompanhamento constante das tendências, com base nos procedimentos do método científico, visando a orientação das ações no momento em que a intervenção é necessária. A pesquisa deverá estar sempre presente, seja na correção de rotas anteriormente estabelecidas, na formatação de produtos para atendimento da demanda existente ou na criação de produtos inovadores, em consonância com as evoluções das tendências da sociedade em geral.

Embora seja ferramenta fundamental para a atuação do profissional no mercado essa não é a única dimensão em que a pesquisa deverá ser trabalhada. A construção da teoria se faz pela sistematização dos conceitos evidenciados pela realidade empírica e ordenados pelo uso da capacidade de reflexão. Reunir, sistematizar e interpretar as pesquisas, construindo a teoria, é um elemento fundamental para o desenvolvimento do conhecimento científico. Sem o desenvolvimento de um conhecimento teórico, construído a partir de métodos e técnicas de pesquisa científica, não é possível a realização de pesquisas com a qualidade e a profundidade que o turismo requer. É preciso ter em mente que não se faz pesquisa sem teoria. Toda pesquisa parte de uma suposição, uma ideia ou modelo de interpretação que orienta o processo de investigação. O profissional deverá estar suficientemente embasado por conhecimentos teóricos para que possa planejar uma pesquisa com qualidade, o que remete à questão fundamental da necessidade de sistematizar e organizar os dados obtidos com as pesquisas empíricas de modo a construir modelos de interpretação adequados a realidades específicas.

Nessa perspectiva, é imprescindível enfatizar, nos cursos de formação destinados aos bacharéis em turismo, o domínio de métodos e técnicas de pesquisas em todas as suas modalidades: bibliográficas, documentais e de campo. Isso irá permitir o aprimoramento da capacidade crítica no que se refere à leitura dos dados disponíveis, gerando as competências fundamentais para a elaboração das pesquisas necessárias à construção de um conhecimento do turismo adequado a nossa realidade.

Considerando que a construção do conhecimento é historicamente determinada e está condicionada pelo referencial teórico interpretativo do pesquisador no momento em que ele realiza a pesquisa, torna-se fundamental a construção de modelos próprios, impedindo o desenvolvimento de um colonialismo metodológico que venha a repetir, pela via da metodologia, modelos produzidos em outros contextos sem a adequação necessária. Essa constatação evidencia a necessidade de utilização de metodologias e parâmetros próprios, ou criteriosamente adaptados, para análise da nossa realidade específica.

Este capítulo visa refletir sobre as condições em que o conhecimento científico é construído, sua importância na formação do bacharel em turismo, as formas de adequação possíveis dos conteúdos aos desenhos curriculares dos cursos, visando otimizar as possibilidades de contribuição da disciplina de metodologia científica, em muitos casos subdividida em metodologia do trabalho científico e metodologia da pesquisa científica, para a construção de um conhecimento científico de natureza interdisciplinar para a área de turismo. Inicia-se por uma reflexão sobre o método científico e sua evolução rumo à especialização e à formação de disciplinas específicas, destacando a questão da fragmentação e suas implicações para o estudo do turismo, avaliando as consequências na formação de uma visão interdisciplinar.

Em um momento seguinte discutem-se os referenciais necessários e a melhor forma de introduzi-los no currículo, apresentando sugestões de conteúdo, programas e bibliografias a serem trabalhados nos cursos em diferentes modelos de grade.

O MÉTODO CIENTÍFICO: REFLEXÕES

O método científico é a base para a construção do conhecimento científico que permitiu o desenvolvimento tecnológico e o progresso da sociedade industrializada mediante a compreensão, controle e manipulação das forças da natureza. Os benefícios obtidos com o emprego do método científico, no sentido de promover o avanço de áreas especializadas de conhecimento, acarretaram, de modo bastante frequente, uma perda de visão dos efeitos, positivos e negativos, que esses mesmos conhecimentos causavam em seu processo de interação com a sociedade em geral. Edgard Morin observa que

> [...] essa ciência elucidativa, enriquecedora, conquistadora, triunfante, apresenta-nos, cada vez mais, problemas graves no que se refere ao conhecimento que produz, à ação que determina, à sociedade que transforma [...] Esse conhecimento vivo é o mesmo que produziu a ameaça de aniquilamento da humanidade.[2]

---

[2] Edgard Morin, *Ciência com consciência* (2ª ed. Rio de Janeiro: Bertrand Brasil, 1998), p. 16.

O desenvolvimento científico, fruto da segmentação e especialização, resultou na divisão do saber em diferentes disciplinas, com métodos, linguagens, pressupostos e teorias específicas, dificultando, muitas vezes, a compreensão da complexidade dos fenômenos envolvidos, principalmente quando o objeto de estudo pertence a diversas áreas de conhecimento como é o caso do turismo.

O turismo ainda não possui metodologia específica. Os estudos desenvolvidos sobre o turismo acompanham a linha de fragmentação utilizando métodos e técnicas de pesquisa pertencentes a diversos campos de conhecimento, requerendo do profissional uma ampla gama de informações. Segundo a OMT, a metodologia turística compreende "o conjunto de métodos empíricos experimentais, seus procedimentos, técnicas e táticas para ter um conhecimento científico, técnico ou prático dos fatos turísticos.[3]

Enfocado como objeto de estudo por várias ciências sociais, o conhecimento sobre turismo encontra-se disperso em diferentes áreas de estudo, visto a partir de teorias muitas vezes conflitantes em função do campo de estudo no qual se originam. As técnicas e metodologias empregadas variam em função da ótica específica de cada disciplina, constituindo uma gama altamente diversificada e rica, ainda não submetida à necessária sistematização de modo a permitir uma abordagem integrada.

O conhecimento sobre turismo, assim disperso, evoluiu influenciado pelos mesmos fatores condicionantes que definiram os rumos da investigação nas ciências sociais de modo geral. Assim podemos observar que a Revolução Científica, o Iluminismo e a Revolução Industrial produziram, a partir do século XVI, uma visão mecanicista do mundo que se manteve até o início do século XX, causando efeitos perceptíveis nas estruturas sociais que até hoje perduram.

Os críticos analisam que essa visão mecanicista causou um estreitamento dos valores humanos decorrentes do "empobrecimento ideológico associado com a visão de homem enquanto uma pequena engrenagem de uma máquina". Esse empobrecimento identificado por D'Ambrósio se refletiu em toda a estrutura social, influenciando, consequentemente, o sistema de ensino.[4]

---

[3]   OMT, *Educando educadores en turismo* (Valência: Instituto de Turismo Empresa y Sociedad/Universidad Politécnica de Valencia, 1995), p. 245.
[4]   Ubiratan D'Ambrósio, *Transdisciplinaridade* (São Paulo: Palas Athena,1997), p. 52.

Segundo Popkewitz:

Assim como o humanismo do século XVIII, a retórica pública do final do século XIX confirmava os nobres mitos do Iluminismo, mas interpretava o mundo e a individualidade através de discursos científicos específicos, formados dentro das comunidades profissionais. O conhecimento especializado, organizado em torno das racionalidades da ciência, visava libertar as pessoas dos limites da natureza e oferecer caminhos rumo a um mundo social mais progressista.[5]

As ideias de progresso, evolução e desenvolvimento industrial passaram a predominar criando raízes na ideologia dos sistemas sociais. As consequências mais evidentes dessa influência podem ser observadas nas estruturas sociais resultantes do predomínio do paradigma positivista que controlou a ciência e o pensamento ocidentais, tanto nas ciências físicas quanto nas ciências sociais. A análise desse período permite constatar a prevalência do reducionismo do subjetivo para o objetivo, uma vez que a visão positivista recusa explicações da realidade consideradas não racionais.

Paralelamente, a aceleração do processo de industrialização e o desenvolvimento do capitalismo fortaleceram as ideias de fragmentação do trabalho, inclusive do trabalho científico e intelectual. Essa tendência à fragmentação, característica do paradigma cartesiano-newtoniano, necessária para a especialização, permaneceu até o século XX, começando a ser questionada apenas quando as descobertas no campo da física quântica abalaram seus alicerces.

Atualmente, embora possamos ainda observar em alguns campos a predominância da visão mecanicista, essa vem sendo contestada na busca de um resgate do ser humano que, segundo D'Ambrósio,[6] deve ser entendido como a "manifestação de um impulso livre e criativo, ligado de maneira intrínseca ao Universo como um todo". As raízes dessa mudança podem ser atribuídas tanto à própria inadequação do paradigma mecanicista para fornecer resposta às demandas socioeconômicas da ordem social globalizada, quanto às descobertas que ocorreram nas ciências físicas. O fato é que, independentemente das causas, podemos constatar o aparecimento de um novo modo de pensar o real.

---

[5] Thomas Popkewitz, *Reforma educacional: uma política sociológica. Poder e conhecimento em educação*, trad. Beatriz Affonso Neves (Porto Alegre: Artes Médicas, 1997), p. 47.
[6] Ubiratan D'Ambrósio, cit.

Essa nova visão ou forma de pensar substitui a ideia de simplificação predominante na ciência clássica, dentro de um enfoque racionalista, que estudava os fenômenos mediante sua separação e redução. O cientista atual se depara com a noção de complexidade e trabalha com teorias de auto-organização, estruturas dissipativas, caos, transdisciplinaridade e outros conceitos. A visão contemporânea da ciência e do método procura uma abordagem que não se fragmente nas fronteiras entre as disciplinas, ao mesmo tempo que questiona a infalibilidade do conhecimento científico. O todo não é mais considerado resultado da soma das partes, mas sim um conjunto muito mais complexo no qual as diferentes partes se encontram em contínua interação.

Aprender a trabalhar com a diversidade é o grande desafio em todas as áreas. No turismo a situação é particularmente complexa, uma vez que mesmo os países inseridos em um contexto cultural comum, como a cultura ocidental, por exemplo, apresentam realidades que se baseiam em valores, ao mesmo tempo comparáveis e marcadamente diferentes, resultando frequentemente em comportamentos incompreensíveis de um país para outro. A incorporação de novos conhecimentos em contextos culturais específicos envolve a dificuldade de descobrir qual a forma e via apropriadas para sua implantação, tornando inviável a simples transferência de padrões e modelos gerados em contextos culturais diversos.

CONSEQUÊNCIAS NO ENSINO

As novas formas de compreender resultam em uma ampliação da visão a partir de diferentes experiências culturais. Os sistemas de ensino precisam responder a essas mudanças com práticas inovadoras que contribuam para a superação de conceitos que não dão conta da realidade atual, cuja natureza, multicultural e sob muitos aspectos contraditória, é aparentemente irracional.

A mudança de paradigma no campo científico requer a formação de uma nova visão do ensino, também de caráter multicultural, que sirva de sustentação para a diversidade que se coloca na base dos processos criativos. Para Morin é preciso "[...] que sejam ajudados ou estimulados os processos que permitiriam à revolução científica em curso realizar a transformação das estruturas de pensamento".[7]

---

[7] Edgard Morin, cit., p. 31.

O ensino necessita preparar o homem para pensar a complexidade e integrá-lo na nova realidade na qual os modelos e receitas milagrosas já não existem. O objetivo do ensino deve ser conseguir que o aluno aprenda a aprender, efetuando uma revisão permanente dos conhecimentos e valores adquiridos, entendendo que esse é um processo contínuo que se renova por meio da pesquisa. O aluno preparado para essa nova realidade deverá estar apto para exercitar a liberdade desenvolvendo a coragem de experimentar novas soluções e buscar alternativas. Essa atitude permitirá ao futuro bacharel em turismo reconhecer as oportunidades que se abrem nos momentos de crise. A pesquisa é a ferramenta que permitirá o diálogo, a comunicação com a realidade, a base necessária de conhecimento sobre a qual se fundamentarão as ações.

É importante que a pesquisa atue no sentido de gerar alternativas que permitam a criação de soluções adequadas a contextos específicos. A educação deverá focar a busca de soluções compatíveis com a realidade na qual atua. No campo do turismo observamos, muitas vezes, que o sistema educacional reflete influências de paradigmas que geram uma situação de dependência em relação ao conhecimento produzido em outros contextos. É preciso destacar a importância da construção de um conhecimento específico adequado à nossa realidade, uma vez que frequentemente a adoção de soluções importadas acarretam efeitos contrários aos esperados. A pesquisa surge aqui como elemento fundamental na busca de soluções adequadas ao nosso tempo e ao nosso espaço dentro do contexto da sociedade globalizada, permitindo, pela evidência, a contestação da hegemonia e possibilitando a introdução de ideias que podem levar à quebra dessa mesma hegemonia.

O ensino deve estar em sintonia com as mudanças que ocorrem no restante da sociedade. Essa relação pode ser observada de forma estreita principalmente em relação às alterações que se processam na esfera socioeconômica. Atualmente podemos identificar, de forma paralela ao processo de globalização por que passa a sociedade, transformações no campo do ensino que rumam para o desenvolvimento de uma abordagem interdisciplinar, fundamental para a compreensão do mundo globalizado.

CONTRIBUIÇÃO DA DISCIPLINA METODOLOGIA CIENTÍFICA

A disciplina metodologia científica, em particular no que se refere à realização de pesquisas científicas voltadas para o estudo do meio, tem muito a contribuir no cenário da sociedade pós-industrial, participando da elaboração de estruturas novas de pensamento. No momento em que a complexidade e incerteza marcam a sociedade atual, fazendo que a flexibilidade se torne uma dimensão essencial do ensino, a prática da pesquisa cria possibilidades reais para que docentes e alunos possam intervir em um espaço prático/crítico, melhorando a qualidade do ensino em geral e especialmente a do turismo.

As novas dinâmicas de participação levam à democratização das estruturas, revisão crítica dos conteúdos e reconstrução do saber nas salas de aula. Nesse cenário, o domínio dos métodos e técnicas de metodologia científica representam a possibilidade de ampliar os horizontes, aprimorar conhecimentos e avançar rumo a novas descobertas adequadas à nossa realidade e ao nosso país.

TURISMO E INTERDISCIPLINARIDADE

Estudar o turismo implica pensar de forma interdisciplinar, compreender em profundidade as causas e os efeitos das mudanças que se processam no desenvolvimento da atividade em todas as suas dimensões, mudanças essas que muitas vezes decorrem de ações promovidas pelos profissionais formados na área e, portanto, em última instância, do ensino. A qualidade do ensino, baseada na investigação científica e na transmissão de seus resultados, é base para o desenvolvimento equilibrado da própria atividade turística.

Segundo Touraine, na última década do século XX, observamos que a escola deixou de preceder à vida profissional para se mesclar a ela.[8] Nessa linha de pensamento observamos que os centros de treinamento e as universidades estão oferecendo, além dos cursos de técnicos e universitários em turismo, formas de reciclagem para os profissionais que atuam no mercado, cursos de educação continuada, treinamento profissional e programas de especialização dirigidos aos portadores de diplomas de graduação em diversas áreas. Podemos perceber que a escola perde seu papel exclusivo de transmissora de conhecimento e passa a compor uma oferta educacional diversificada e pluralista, com papel destacado ao lado de outras formas de aprendizado. Essa mudança contribui para a superação generalizada das fronteiras das disciplinas, ou das áreas de saber, o que requer uma transcendência, uma integração na qual a interdisciplinaridade é o início de um processo que deverá levar a uma compreensão mais abrangente e equilibrada da realidade.

---

8   Alain Touraine, *O pós-socialismo* (São Paulo: Brasiliense, 1988), p. 101.

INTERDISCIPLINARIDADE E ENSINO

A interdisciplinaridade surgiu nos anos 1970 como resposta às necessidades de uma abordagem mais integradora dos fatos sociais. Ela nasce da hipótese de que, por seu intermédio, é possível superar os problemas decorrentes da excessiva especialização, tornando ainda possível vincular o conhecimento científico à prática. De certa forma a interdisciplinaridade recupera o discurso científico, colocado em xeque pelos movimentos estudantis de 1968, como um avanço em direção à transposição das fronteiras.

Exercer a interdisciplinaridade na universidade implica abrir espaço para a iniciação científica, a pesquisa e a extensão, no qual a disciplina de metodologia científica e a prática contínua de pesquisa têm muito a contribuir. Não basta que o currículo seja formulado de forma integrada, é preciso vivenciar essa integração mediante o desenvolvimento de ações e práticas didáticas que não estejam restritas apenas ao campo de uma disciplina ou área de especialização.

Embora a interdisciplinaridade não seja a resposta para todos os problemas, nas ciências sociais aplicadas, como é o caso do turismo, a abordagem interdisciplinar oferece amplas possibilidades de avanço, contribuindo efetivamente para o aprimoramento do conhecimento e para o ensino de forma integral e integrada. A criação de um espaço ecológico que permita o envolvimento de todos — docentes de diferentes áreas de formação e discentes, em um trabalho de equipe, envolvendo atividades e experiências de ensino e aprendizagem — contribui, sem dúvida alguma, para a formação de alunos conscientes de sua responsabilidade como cidadãos e de profissionais dotados de uma visão crítica, reflexiva e criativa, capazes de atuar em consonância com as exigências do mundo globalizado e demandas da sociedade pós-industrial.

A PESQUISA EM TURISMO

A ideia de ciência, na sociedade pós-moderna, engloba a dimensão filosófica na medida em que reconhece que o conhecimento científico é influenciado pelos conceitos e valores dos paradigmas que orientam as investigações e constituem o que denominamos de matriz disciplinar dominante. Avançamos na compreensão de que a produção do conhecimento é processual, englobando, ao mesmo tempo, o histórico, o individual e o coletivo. Hoje se aceita que, partindo da atividade humana, o conhecimento não se desenvolve de maneira neutra e linear.

Quando analisamos, de uma perspectiva histórica, os estudos desenvolvidos na área de turismo percebemos que existe um confronto de paradigmas, muitas vezes conflitantes, que orienta as diferentes disciplinas que o abordam, dificultando a elaboração de um referencial teórico integrado de forma abrangente. Muitos são os estudos que apresentam apenas aspectos parciais analisados a partir de óticas determinadas sem contemplar a complexidade que é própria da realidade da atividade turística.

Atualmente já podemos observar um esforço crescente, principalmente dos bacharéis em turismo que optaram por se dedicar à pesquisa, no sentido de desenvolver uma visão sistêmica que permita uma aproximação maior com a realidade do turismo. Isso não significa que essas pesquisas pretendem prescindir dos conhecimentos especializados produzidos no campo das demais disciplinas. O que se busca é uma conciliação, o estabelecimento de linhas de comunicação que traduzam esses conhecimentos em linguagem compreensível de uma disciplina para outra, buscando somar e não dividir as diferentes visões.

Dessa forma, o enfoque interdisciplinar não visa substituir as disciplinas, mas conciliar as contribuições de cada uma delas, as quais são fundamentais para o entendimento do fenômeno do turismo como um todo, procurando eliminar os efeitos causados por abordagens apenas parciais.

METODOLOGIAS QUANTITATIVAS E QUALITATIVAS

Os métodos e técnicas de pesquisa também estão sujeitos às influências do paradigma dominante. Desse modo, podemos observar, nos estudos de turismo, que o paradigma de crescimento econômico, que caracteriza a ideologia da sociedade industrial, opera mediante a utilização de metodologias quantitativas, priorizando os indicadores econômicos em detrimento de outras variáveis. Assim, nessa linha de pesquisa, os efeitos e consequências do turismo são medidos em termos de impactos econômicos e resultados causados no balanço de pagamento.

O enfoque quantitativo também é utilizado nas pesquisas destinadas a quantificar os fluxos turísticos ou estimar o efeito multiplicador do turismo. Os dados coletados são quantificados elaborando-se tabelas que permitem acompanhar o desempenho econômico da atividade, assim como a sua evolução em termos numéricos. Essas estatísticas são muito úteis para que possamos efetuar análises e comparar resultados entre os diversos países ou mesmo entre regiões.

Atualmente, diante dos sinais de esgotamento do modelo de crescimento econômico, em função dos impactos ambientais causados pela industrialização, observa-se uma mudança de abordagem influenciada pela questão ecológica. A ecologia deixou o campo das disciplinas e passou a denominar um amplo movimento social em busca da melhoria da qualidade de vida com base em uma proposta de desenvolvimento autossustentável.

Essa mudança influencia as metodologias no sentido de uma busca de abordagens voltadas para análises qualitativas que, no turismo, enfocam de forma prioritária a questão dos impactos ambientais. Essas influências não se refletem apenas nas abordagens realizadas pelas pesquisas, mas imprimem uma nova orientação na própria atividade turística. Podemos observar, com base nas novas perspectivas colocadas pela ecologia social, que existe uma tendência entre os responsáveis pela organização do turismo no sentido de substituir o turismo de massa por um tipo mais brando, visando um turismo autossustentável, o desenvolvimento de uma atitude mais responsável em relação à natureza e ao meio ambiente, abrindo espaço para a visão qualitativa da realidade.[9]

Essa análise qualitativa, complementando as pesquisas quantitativas, considera aspectos relacionados à qualidade de vida das pessoas, contempla as necessidades humanas, enfatiza aspectos éticos e se preocupa com questões menos imediatas que dizem respeito à própria sobrevivência da espécie humana e ao futuro das próximas gerações. Como consequência, a ênfase dessas pesquisas não se dirige ao efeito multiplicador do turismo em relação à geração de renda, mas considera de forma prioritária os impactos naturais e sociais da atividade.

A qualidade de vida da população local e a preservação do meio ambiente surgem como elementos estratégicos fundamentais para a evolução da atividade turística. As pesquisas se voltam para a determinação do ponto de equilíbrio entre o desenvolvimento da atividade turística e o desenvolvimento da comunidade, criam-se métodos e técnicas de pesquisa visando determinar a capacidade de carga dos locais a ser visitados, os quais passam a integrar os estudos de viabilidade em igualdade de condições com as taxas de retorno dos investimentos.

---

[9] Ver sobre o conceito de desenvolvimento autossustentável em turismo o livro de Dóris Ruschmann, *Turismo e planejamento sustentável* (Campinas: Papirus, 1997) (Col. Turismo).

A DISCIPLINA METODOLOGIA CIENTÍFICA NO ENSINO SUPERIOR DE TURISMO

A disciplina metodologia científica se propõe a investigar os caminhos pelos quais se faz ciência. A finalidade é identificar quais os procedimentos utilizados na prática da pesquisa e no desenvolvimento de trabalhos científicos para que os estudantes possam se utilizar desses procedimentos na elaboração de trabalhos solicitados no decorrer do curso de graduação, adquirindo a disciplina necessária para prosseguir na busca do conhecimento após o término do curso. O objetivo básico é organizar o conhecimento de forma eficiente, possibilitando a ampliação do aprendizado e estabelecendo os fundamentos para a construção de um saber científico.

A ciência é um conhecimento racional, metódico e sistemático, capaz de ser submetido à verificação.[10] A ciência é uma forma especial de conhecimento da realidade empírica que utiliza métodos, processos e técnicas diversas.

Segundo Oracy Nogueira: "Método científico é a sucessão de passos pelos quais se descobrem novas relações entre fenômenos que interessam a determinado ramo científico ou aspectos ainda não revelados de determinado fenômeno."[11]

O método científico é a maneira concreta com que se realiza a busca do conhecimento, é o procedimento adotado para que o resultado almejado seja alcançado de forma racional e eficiente. Podemos utilizar vários métodos para adquirir conhecimento: observar a realidade, experimentar novas formas de agir ou interpretar os fatos de diferentes formas. A maneira como fazemos isso é a metodologia.

Embora adotando procedimentos sistemáticos, a ciência não é fruto de um processo meramente técnico, uma vez que envolve a reflexão. As relações que inferimos entre as variáveis empíricas observadas são produto do espírito humano, resultado do pensamento e da interpretação realizada pelo pesquisador. Essa reflexão exige do pesquisador um amplo conhecimento do fenômeno observado com base em elementos teóricos. É preciso ter conhecimento dos antecedentes dos fatos observados, assim como das várias formas possíveis de sua manifestação, para poder interpretar os resultados.

O método indica a forma de proceder, ordena as ações da pesquisa que basicamente consiste em formular questões ou propor problemas, efetuar e registrar cui-

---

[10] J. P. B. Barros & N. S. Lehfeld, *Fundamentos de metodologia: um guia para a iniciação científica* (São Paulo: McGraw-Hill, 1986), p. 2.

[11] Oracy Nogueira, *Pesquisa social: introdução às suas técnicas* (4ª ed. São Paulo: Nacional, 1977), p. 73.

dadosamente as observações feitas procurando responder às perguntas formuladas ou resolver problemas propostos, rever conclusões, ideias e opiniões anteriores que estejam em desacordo com as observações e as respostas resultantes. O método fornece, portanto, orientação geral para se chegar a um fim determinado. A maneira concreta com que realizamos essas ações constitui a técnica.

No turismo, como afirmamos anteriormente, a busca do conhecimento se encontra inserida na realidade histórica. Isso significa que ao mesmo tempo que o pesquisador busca adquirir o saber, está aperfeiçoando uma metodologia e elaborando a norma, uma vez que os dados históricos são específicos e únicos.

A investigação em turismo implica a formulação de perguntas, coleta de informações visando dar resposta a essas indagações, organização e análise dos dados, de forma a fundamentar a reflexão e estabelecer padrões de comportamento, tendências e relações que permitam entender o funcionamento do sistema e possibilitem a tomada de decisões. É preciso estabelecer um mecanismo de *feed back* entre o pesquisador e os responsáveis pelo poder decisório, o que implica a comunicação e divulgação dos resultados obtidos por meio da pesquisa.

Principais enfoques

O ensino da disciplina metodologia científica nos cursos de graduação em turismo tem dois enfoques a serem trabalhados:

- O primeiro enfoque diz respeito à própria dinâmica da percepção dos conteúdos, leitura e compreensão de textos, formas de estudo eficiente, resumos, resenhas, elaboração de monografias, normas de apresentação de trabalhos escritos, estando voltado mais para a pesquisa bibliográfica. Normalmente essas técnicas de pesquisa se referem a estudos de gabinete, estão vinculadas à busca de conhecimento por meio da consulta a fontes secundárias e exigem do aluno a compreensão das ideias de diferentes autores. De modo geral, o produto exigido é uma redação com a elaboração de uma conclusão ou crítica em que sejam contemplados os conceitos e conteúdos estudados. Normalmente, as técnicas referentes a essa linha de trabalho aparecem na literatura sob a denominação *metodologia do trabalho científico,* em que se destacam as normas de apresentação de trabalhos escritos.
- O segundo enfoque diz respeito à elaboração de pesquisa de campo para levantamento de dados envolvendo a formatação de projetos de pesquisa,

elaboração de instrumentos de coleta de dados, tabulação, análise e interpretação dos dados. O conteúdo referente a essa parte se encontra na literatura no que diz respeito aos *métodos e técnicas de pesquisa aplicada.*

Na prática, os dois enfoques estão estreitamente ligados, não havendo uma linha definida de separação entre eles. Para que se faça uma pesquisa é preciso que o aluno domine a teoria referente ao objeto a ser estudado, recorrendo, portanto, à pesquisa bibliográfica e documental antes de se dedicar à pesquisa de campo. Por sua vez, após a realização da pesquisa de campo, o aluno deverá elaborar um relatório apresentando os dados dentro das normas de apresentação de trabalhos escritos, retornando, assim, ao primeiro bloco. Essa sintonia ou continuidade só pode ser dividida a partir de um objetivo didático que defina, de forma clara, a separação dos conteúdos.

A DEFINIÇÃO DOS CONTEÚDOS

O elemento básico a ser considerado na separação dos conteúdos a serem ministrados nos diversos anos da grade curricular é o momento em que esses conhecimentos serão necessários para que o aluno possa desempenhar, de forma satisfatória, as ações de aprendizagem, interagindo ao mesmo tempo na construção do conhecimento.

O conteúdo referente à metodologia do trabalho científico tem relação com todas as disciplinas que integram a grade curricular na medida em que o conhecimento e o domínio de suas técnicas permitem otimizar o desempenho do aluno. Estando na base da própria *performance* do aluno, o instrumental básico referente ao domínio das técnicas de estudo e leitura deverá ser incluído no conteúdo a ser ministrado logo no início da grade curricular, no primeiro semestre para os cursos semestrais, e no primeiro ano para os cursos com grade anual.

Os professores de metodologia científica devem iniciar o primeiro semestre do curso dando noções básicas de como ler de forma eficiente, como grifar um texto, quais as técnicas de elaboração de esquemas, elaboração de resenhas, normas de citação e referência bibliográfica, além das técnicas necessárias para que o aluno seja capaz de localizar a informação de forma eficiente, seja em uma biblioteca, banco de dados ou via internet. Essas noções são fundamentais para que o aluno possa começar a atuar não apenas como ouvinte, recebendo as informações transmitidas pelos professores, mas também como pesquisador, adquirindo competências fundamentais que permitirão a continuidade do processo de aprendizagem no decorrer da vida acadêmica e de sua vida profissional futura.

As técnicas de pesquisa de campo devem integrar o currículo já a partir do segundo semestre do primeiro ano, com a introdução de elementos básicos que permitam ao aluno elaborar projetos simples de pesquisa. A elaboração de projetos de pesquisa é fundamental como exercício de lógica, forçando o aluno a organizar suas ideias olhando para o futuro e tentando programar a sua ação considerando questões tanto da metodologia em si quanto da disponibilidade de horário, recursos disponíveis e sua própria competência para a realização da pesquisa.

Pesquisar é uma competência fundamental em todas as áreas de conhecimento, sendo absolutamente essencial para a formação dos que pretendem atuar no campo do turismo. Analisar, avaliar e sugerir soluções adequadas a um contexto e ambiente específicos torna-se uma tarefa complexa quando os profissionais do turismo não dispõem de instrumentos de análise.

Gradativamente devem ser introduzidos os modelos normalmente usados nas pesquisas em turismo pelos organismos oficiais de turismo e outros desenvolvidos por pesquisadores com reconhecida atuação na área. O estudo de caso deve ser feito com o objetivo de propor a crítica e reflexão sobre as metodologias utilizadas, buscando verificar a adequação à nossa realidade e a elaboração de modelos alternativos.

Essa prática de reconstrução metodológica é essencial no campo do turismo para permitir ao futuro bacharel uma avaliação integral da atividade. É preciso ter em mente que, embora o aluno não possa prescindir da compreensão do significado do turismo em âmbito internacional, a percepção da heterogeneidade das diferentes regiões em seus aspectos socioeconômicos, ambientais, políticos e culturais, bem como os diferentes níveis de desenvolvimento que existem entre os países do ponto de vista do crescimento econômico e nível de influência no equilíbrio de forças internacionais, evidencia a necessidade do desenvolvimento de pesquisas direcionadas às especificidades de cada contexto e região, dentro de um cenário global.

Torna-se necessário conhecer os métodos e técnicas utilizados e seus procedimentos para que o futuro profissional de turismo faça uma leitura correta dos resultados, verificando a possibilidade de sua aplicação ao seu contexto específico. O pesquisador precisa ter em mente que os custos sociais e os riscos diferem de país para país e devem ser levados em conta quando da generalização dos conhecimentos obtidos por meio de pesquisa e aplicados nas ações de planejamento.

A interdisciplinaridade é outro elemento fundamental que deverá ser contemplado quando da definição dos conteúdos para permitir um estudo com qualidade. A interdisciplinaridade não pode ser esquecida no decorrer das análises, uma vez que a complexidade do turismo requer que se contemplem de forma efetiva todos os aspectos envolvidos na atividade. Como já assinalamos, para que a abordagem interdisciplinar se realize de forma efetiva, é preciso o estabelecimento de redes de relações e fluxos de comunicação entre os diferentes campos do saber que estudam o turismo, de modo a integrar métodos e técnicas de pesquisa e promover uma análise abrangente. Acreditamos que a mediação entre as diferentes disciplinas estudadas pelo profissional de turismo possa ser feita pela disciplina metodologia científica por meio do desenvolvimento de projetos integrados.

A interdisciplinaridade pode ser trabalhada na grade curricular por intermédio de pesquisas em torno de um tema comum às disciplinas da grade anual, coordenadas pela disciplina metodologia científica. Esses projetos podem ser desenvolvidos a partir do primeiro ano e possuem o mérito de promover a integração tanto dos conteúdos quanto de alunos e professores, incentivando o trabalho de equipe.

Dentro dessa perspectiva, a disciplina metodologia científica deverá se empenhar no desenvolvimento de uma atitude básica de busca e verificação do conhecimento, aliada a uma alta flexibilidade e consciência crítica que permitam a construção de uma abordagem do turismo capaz de considerar a complexidade do fenômeno, buscando soluções adequadas para os problemas que vierem a ser colocados.

OBJETIVOS DA DISCIPLINA METODOLOGIA CIENTÍFICA

Visando a formação integral do aluno, o desenvolvimento do espírito crítico e o gosto pela pesquisa, a disciplina metodologia científica deverá ter por objetivos nos cursos de turismo:[12]

- desenvolver o espírito científico, orientando os alunos na busca coerente do conhecimento dentro de procedimentos adequados, aprimorando os resultados obtidos e tornando-os mais eficientes;
- dar a conhecer o método científico, possibilitando a distinção entre a ciência e as demais formas de obtenção do conhecimento, destacando a questão do método em si e não dos resultados;

---

[12] Ada de Freitas Maneti Denker, *Métodos e técnicas de pesquisa em turismo* (São Paulo: Futura, 1998), pp. 21-22; com base em J. P. B. Barros & N. S. Lehfeld, cit., pp. 6-7.

- ensinar o aluno a agir cientificamente, adotando um comportamento científico, ampliando o espírito critico e a capacidade de reflexão;
- analisar as condições em que o conhecimento cientificamente construído possibilite ao aluno compreender a exata dimensão da ciência: possibilidades de generalização e limitação;
- dar oportunidade ao aluno de comportar-se cientificamente mediante a observação de uma conduta predeterminada que envolve revisão da literatura, estabelecimento de pontes entre os fenômenos estudados e o conhecimento existente, levantamento e formulação de problemas, coleta de dados para responder aos questionamentos, análise, interpretação e comunicação dos resultados;
- habilitar o aluno para a leitura crítica da realidade e produção do conhecimento a partir de métodos e técnicas de pesquisa adequados ao contexto histórico;
- fornecer referencial para a montagem de trabalhos científicos instruindo-se nas normas da Associação Brasileira de Normas Técnicas (ABNT);
- promover a integração do conhecimento por meio da utilização do conteúdo de todas as disciplinas no processo da pesquisa mediante o desenvolvimento de projetos interdisciplinares;
- desenvolver uma postura holística que permita ao aluno a superação da fragmentação do conhecimento imposta pela grade curricular, promovendo o estabelecimento de fluxos de comunicação entre as disciplinas;
- permitir que o universitário desenvolva seu próprio projeto de estudo sistematizando suas atividades, superando as limitações do processo didático e estruturas institucionais, evoluindo rumo a uma postura ética que supere as abordagens unilaterais.

SUGESTÃO DE PROGRAMAS

A elaboração dos programas de estudo deverá procurar atender aos objetivos propostos, estabelecendo uma sequência de informações coerentes, compatíveis com o nível de aprendizado do aluno e as necessidades da grade curricular em suas diferentes fases.

Primeiro bloco: metodologia do trabalho científico

Iniciando o programa o aluno deverá ser treinado em técnicas de pesquisa bibliográfica que permitam o entendimento das leituras e redação de textos. Basicamente o conteúdo poderá contemplar:

1. A documentação como método de estudo
   - A prática da documentação
   - Documentação temática
   - Documentação bibliográfica
   - Documentação geral.
2. Leitura, análise e interpretação de texto
   - Análise textual
   - Análise temática
   - Análise interpretativa
   - Problematização
   - Síntese
3. A pesquisa bibliográfica e documental
   - O tema problema
   - Levantamento da bibliografia
   - Leitura e documentação
   - Construção lógica dos trabalhos
   - Redação do texto
   - Conclusão
4. Resumos, resenhas e seminários
   - Objetivos
   - Procedimentos
   - Técnicas de apresentação
5. Elaboração de monografias (ABNT)
   - Estrutura da monografia
   - Elementos preliminares
   - Texto
   - Elementos pós-textuais
   - Disposição gráfica
   - Citação e sistemas de chamadas
   - Normas de referência bibliográfica
   - Elaboração e inclusão de tabelas

6. Apresentação de relatórios
   - Planejamento do relatório
   - Formato do relatório escrito de pesquisa
   - Apresentação gráfica dos resultados
   - Apresentação oral

O desenvolvimento dos conteúdos anteriormente elencados deverá abranger orientações de caráter teórico e atividades práticas. Os alunos devem ser treinados nas técnicas de leitura apresentando resumos de texto e elaborando resenhas. Como preparação para a apresentação oral dos relatórios finais é muito produtivo realizar seminários no decorrer das aulas, treinando os alunos em técnicas de expressão, exposição e elaboração de material ilustrativo. O relatório final das pesquisas bibliográficas deverá ser formatado dentro dos padrões estabelecidos pela ABNT. É importante que as normas de apresentação sejam seguidas nos trabalhos solicitados pelas diferentes disciplinas, de modo que o aluno se habitue a usar a forma correta de apresentação.

A pesquisa desenvolvida deverá, sempre que possível, contemplar várias ou todas as disciplinas do curso de modo a familiarizar o aluno com a abordagem interdisciplinar. É recomendável que os relatórios finais tenham apresentação oral pública e sejam avaliados por uma banca composta por alunos e professores.

SEGUNDO BLOCO: MÉTODOS E TÉCNICAS DE PESQUISA APLICADOS AO TURISMO

Nessa parte do programa deverão ser trabalhados os conceitos referentes aos métodos e técnicas de pesquisa científica, discutindo-se os paradigmas que orientam as investigações no campo do turismo.

O conteúdo deverá estar orientado para capacitar o aluno na montagem de projetos de pesquisa utilizando os recursos metodológicos empregados pelas disciplinas que tratam do turismo.

1. A pesquisa em turismo: a questão do método
   - Problemas da multidisciplinaridade
   - Paradigmas que orientam as investigações
   - A memória científica da área de turismo
     - Fontes primárias
     - Fontes secundárias
   - Bases para a formulação de projetos de pesquisa

2. Formulação de projetos de pesquisa
   - Etapas do projeto de pesquisa empírica
   - Etapas da pesquisa qualitativa
   - Projetos de pesquisas qualitativas e quantitativas
3. Métodos e técnicas de pesquisa
   - Pesquisas quanto aos objetivos: exploratórias, descritivas, explicativas
   - Pesquisas quanto aos procedimentos técnicos
   - Pesquisas em fontes de papel: bibliográfica e documental
   - Pesquisas de dados fornecidos por pessoas: pesquisa experimental, pesquisa ex-*post facto*, levantamento, estudo de caso, pesquisa participante, pesquisa-ação
4. Coleta de dados: entrevistas e questionários
   - Técnica, preparo e desenvolvimento da entrevista
   - Usos, tipos, vantagens e desvantagens da entrevista
   - Critérios para a elaboração de questionários
   - A construção do instrumento de coleta de dados
   - Outras técnicas de coleta de dados
5. Amostragem
   - Problemas básicos
   - Escolha do método de amostragem
   - Critérios para definição e estabelecimento da amostra
6. Análise e interpretação dos dados
   - Classificação
   - Codificação
   - Tabulação
   - Descrição dos dados
   - Tipos de análise
   - Orientações para a interpretação dos resultados
   - Elaboração de conclusões

Nesse bloco o aluno deverá elaborar projetos simples de pesquisa, procurando observar corretamente os procedimentos metodológicos. O professor deverá estar sempre atento aos aspectos teóricos que fundamentarão as propostas, verificando a adequação dos procedimentos relativos à operacionalização das variáveis, coerência entre os problemas levantados e as hipóteses correspondentes, adequação dos métodos e técnicas escolhidos ao tipo de problema proposto, coerência entre os problemas, hipóteses e cruzamento das variáveis e procedimentos previstos para classificação, tabulação e análise dos dados. O critério de avaliação deverá ser a lógica intrínseca entre os elementos do projeto.

Em um segundo momento, os alunos deverão analisar diferentes modelos de instrumentos de coleta de dados e desenvolver questionários e roteiros de entrevistas adequados aos projetos propostos.

Para que o aluno possa treinar os procedimentos de coleta, tabulação e análise deverá ser escolhido um dos projetos elaborados para que seja desenvolvido na prática. Esse procedimento poderá ser de um grupo ou envolver toda a classe em um projeto comum. É muito importante que as atividades deste bloco sejam desenvolvidas em sintonia com a disciplina estatística, de modo a permitir a realização de análises quantitativas.

TERCEIRO BLOCO: PESQUISAS UTILIZADAS EM TURISMO

Essa parte do programa deverá se dirigir para as pesquisas efetivamente empregadas para análise do turismo pelos organismos oficiais e pesquisadores da área. Basicamente os conteúdos deverão contemplar as técnicas de pesquisa de mercado, as pesquisas descritivas de levantamento da oferta turística, caracterização da demanda, métodos prospectivos ou outras metodologias selecionadas pelo professor em função do seu potencial de utilização.

1. Inventário da oferta turística da Embratur
   - Projeto do inventário
   - Instrumentos de coleta de dados
   - Critérios de avaliação
   - Metodologia adotada para avaliação e hierarquização dos atrativos
   - Pesquisas para determinar a capacidade do polo receptor
   - Apresentação dos resultados
2. Pesquisa da demanda turística
   - Variáveis da demanda
   - Segmentação do mercado
   - Estudos da demanda real
   - Estudos de demanda potencial
   - Estudos da demanda objetivo

3. Pesquisa de mercado em turismo
   - Planejamento do estudo de mercado
   - Tipos de pesquisa para estudo do mercado
4. Pesquisas prospectivas
   - Fundamentação das pesquisas prospectivas
   - Tipos de pesquisa prospectiva empregados em turismo

Nesse terceiro bloco o professor deverá trabalhar em estreita relação com as disciplinas planejamento turístico, marketing e fundamentos, e organização do turismo.

É importante que o professor de metodologia habilite o aluno no trato com a metodologia realizando exercícios didáticos, de modo a facilitar o trabalho das demais disciplinas. A função principal a ser desempenhada é dar suporte para o desenvolvimento das demais disciplinas, de modo a permitir um ganho de qualidade geral.

CONCLUSÃO

Como as questões sociais são específicas, provisórias e dinâmicas, o turismo deverá ser estudado conforme a realidade e o momento histórico no qual se manifesta. O pesquisador, ao mesmo tempo que vai adquirindo conhecimentos, vai incorporando novas variáveis ao modelo, desenvolvendo e aprimorando o método empregado.

Embora tenhamos ideia de que a pesquisa não é isenta nem mesmo neutra, o uso do método continua sendo indispensável como forma de reduzir a interferência do pesquisador nos resultados. O método obriga o pesquisador a seguir determinados procedimentos de forma disciplinada, exercendo um controle sobre a qualidade do conhecimento produzido. Basicamente, os métodos de pesquisa são empregados para testar as teorias e conferir sua aplicabilidade, não sendo em si mesmos instrumentos de descoberta. A prática da pesquisa, entretanto, permite visualizar aspectos que observações mais superficiais poderiam ignorar, contribuindo para o desenvolvimento da reflexão. É a reflexão que leva o pesquisador a concluir sobre o significado dos fatos, identificar tendências e interpretar resultados, habilitando para a leitura crítica da realidade.

Assim, como observa Haguette:

As *técnicas*, na verdade, são secundárias no sentido de que *sempre poderão ser justificadas dentro do método científico*. A grande questão que se coloca hoje para o cientista social, especialmente nos países periféricos, onde sua atuação o aproxima com maior violência das consequências do exacerbado poder de poucos sobre muitos, não é, a nosso ver, o domínio dos métodos e técnicas de pesquisa social, mas o escrutínio de sua própria *visão de mundo*, pré-requisito fundamental daquilo que dela decorre, a atividade de analista do real, de intérprete das experiências alheias e de protagonista ativo das transformações que lhe parecerão necessárias, mas que nem sempre serão as melhores.[13]

O profissional de turismo da pós-modernidade deverá ser capaz de avaliar de forma integrada todos os impactos gerados pela atividade, monitorando-os por meio de pesquisa. As respostas que orientarão a ação deverão estar fundamentadas no estudo permanente do espaço de interação onde a atividade turística se manifesta, o que faz que o domínio de métodos e técnicas de pesquisa seja parte fundamental e integrante da formação de todos os profissionais que pretendem se dedicar à atividade turística.

---

[13] Maria T. F. Haguette, *Metodologias qualitativas na sociologia* (3ª ed. Petrópolis: Vozes, 1992), p. 19.

REFERÊNCIAS BIBLIOGRÁFICAS

BIBLIOGRAFIA BÁSICA

ASCANIO, Alfredo. "Preguntas de investigación turística: importancia del diseño del cuestionario". Em *Turismo em análise*. São Paulo, ECA/USP, 10 (1), maio, 1999.

CAMPOMAR, Marcos Cortez. "Pesquisa de marketing para empresas do setor turístico". Em LAGE, Beatriz & MILONE, Paulo. *Turismo: teoria e prática*. São Paulo: Atlas, 2000.

CENTENO, Rogelio Rocha. *Metodología de la investigación aplicada al turismo. Casos prácticos*. Cidade do México: Trillas, 1992.

DENCKER, Ada de Freitas Maneti. *Métodos e técnicas de pesquisa em turismo*. São Paulo: Futura, 1998.

EMBRATUR. *Estudo da demanda turística internacional*. Brasília: Embratur, 1999.

_____ . *Inventário da oferta turística*, outubro de 1993, mimeo.

FERNANDES, Ana M. G. & MARTÍN, Ana M. Díaz. "Análisis del comportamiento del turista a partir de las variables de estilo de vida". Em PELAEZ & VEJA (orgs.), *Turismo y promoción de destinos turísticos: implicaciones empresariales*. Gijón: Universidad de Oviedo, 1996.

LAGE, Beatriz & MILONE, Paulo. "Bases para elaboração de um trabalho científico no turismo". Em *Turismo: teoria e prática*. São Paulo: Atlas, 2000.

MORIN, Edgard. *Ciência com consciência*. 2ª ed. Rio de Janeiro: Bertrand Brasil, 1998.

OMT. *Compendio de estadística de turismo 1993/1997*. 19ª ed. Madri: OMT, 1999.

_____ . *Conceptos, definiciones y clasificaciones de las estadísticas de turismo*. Manual técnico. Madri: OMT, 1995.

_____ . *Educando educadores en turismo*. Valência: Instituto de Turismo Empresa y Sociedad/ Universidad Politécnica de Valencia, 1995.

_____ . *Desenvolvimento de turismo sustentável: manual para organizadores locais*. Rio de Janeiro: Embratur, 1993.

OMT/ONU. *Recomendaciones sobre estadísticas del turismo, Naciones Unidas*. Nova York: OMT/ONU, 1999.

REJOWSKI, Miriam. *Turismo e pesquisa científica*. Campinas: Papirus, 1996. (Col. Turismo.)

_____ . *Realidade turística nas pesquisas científicas*. São Paulo: ECA/USP, 1997, tese de livre--docência.

TABARES, Fabio Cárdenas. *Producto turístico: aplicación de la estadística y del muestreo para su diseño*. 2ª ed. Cidade do México: Trillas, 1996.

TEIXEIRA, Gilberto J. W. *Classificação de variáveis nas pesquisas de recreação e turismo*. São Paulo: FEA/ USP, 1974.

VITALE , Sergio Ponterio. *Metodología en el turismo*. Cidade do México: Trillas, 1991.

BIBLIOGRAFIA COMPLEMENTAR

ACERENZA , Miguel. *Administración del turimo*. Cidade do México: Trillas, 1984.

_____ . *Promoción turística. Un enfoque metodológico*. Cidade do México: Trillas, 1983.

ALVES-MAZZOTTI, Alda & GEWANDSZNAJDER, Fernando. *O método nas ciências naturais e sociais. Pesquisa quantitativa e qualitativa*. São Paulo: Pioneira, 1998.

ANDRADE, Maria Margarida. *Introdução à metodologia do trabalho científico*. São Paulo: Atlas, 1993.

AZEVEDO, Israel Belo. *O prazer da produção científica*. 2ª ed. Piracicaba: Unimep, 1993.

BACAL, Sarah Strachman. *Pressupostos do comportamento turístico: influências psicológicas, socioculturais e econômicas*. São Paulo: ECA/USP, 1984, tese de doutorado.

BARROS, J. P. B. & LEHFELD, N. S. *Fundamentos de metodologia: um guia para a iniciação científica*. São Paulo: McGraw-Hill, 1986.

_____ . *Projetos de pesquisa; propostas metodológicas*. Petrópolis: Vozes, 1990.

BASTOS, Lilia da Rocha. *Manual para elaboração de projetos e relatórios de pesquisa, teses e dissertações*. 2ª ed. Rio de Janeiro: Zahar, 1981.

BENI, Mário Carlos. *Análise estrutural do turismo*. 3ª ed. rev. ampl. São Paulo: Editora Senac São Paulo, 2000.

BOULLÓN, Roberto. *Proyectos turísticos: identificación, localización y dimensionamiento*. Cidade do México: Diana, 1995.

BRAGA, Débora Cordeiro. *Demanda turística: teoria e prática. Universitários paulistanos como demanda segmentada*. São Paulo: ECA/USP, 1999, dissertação de mestrado.

CASTELLI, Geraldo. *Turismo e marketing: uma abordagem hoteleira*. Porto Alegre: Sulina, 1984.

D'AMBRÓSIO, Ubiratan. *Transdisciplinaridade*. São Paulo: Palas Athena, 1997.

ECO, Humberto. *Como se faz uma tese*. 2ª ed. São Paulo: Perspectiva, 1985.

FERREIRA, Lusimar & FERRO, Rubens. *Técnicas de pesquisa bibliográfica e de elaboração de monografia*. São Luís: Apbem, 1983.

GIL, Antonio Carlos. *Como elaborar projetos de pesquisa*. 3ª ed. São Paulo: Atlas, 1991.

HAGUETTE, Maria Teresa Frota. *Metodologias qualitativas na sociologia*. 3ª ed. Petrópolis: Vozes, 1992.

LAGE, Beatriz & MILONE, Paulo. *Economia do turismo*. Campinas: Papirus, 1991.

MARCONI, Marina de Andrade & LAKATOS, Eva Maria. *Técnicas de pesquisa*. São Paulo: Atlas, 1986.

MATTAR, Fauze. *Pesquisa de marketing*. São Paulo: Atlas, 1996.

MOLES, Abraham. *As ciências do impreciso*. Rio de Janeiro: Civilização Brasileira, 1995.

MOLINA, Sérgio. *Planificación integral del turismo: un enfoque para Latinoamérica*. 2ª ed. Cidade do México: Trillas, 1991.

MONTEJANO, Jordi Montaner. *Psicosociología del turismo*. Madri: Síntesis, 1996.

MORIN, Edgard. *Ciência com consciência*. 2ª ed. Rio de Janeiro: Bertrand Brasil, 1998.

MUCCHIELLI, Roger. *O questionário na pesquisa psicossocial*. São Paulo: Martins Fontes, 1978.

NOGUEIRA, Oracy. *Pesquisa social: introdução às suas técnicas*. 4ª ed. São Paulo: Nacional, 1977.

POPKEWITZ, Thomas. *Reforma educacional: uma política sociológica. Poder e conhecimento em educação.* Trad. Beatriz Affonso Neves. Porto Alegre: Artes Médicas, 1997.

RABAY, Wilson Rabahy. *Planejamento do turismo: estudos econômicos e fundamentos econométricos.* São Paulo: Loyola, 1990.

RICHARDISON, Roberto Jarry *et al. Pesquisa social: métodos e técnicas.* São Paulo: Atlas, 1989.

RUDIO, Frans Victor. *Introdução ao projeto de pesquisa científica.* Petrópolis: Vozes, 1992.

RUSCHMANN, Dóris. *Turismo e planejamento sustentável. A proteção do meio ambiente.* Campinas: Papirus, 1997. (Col. Turismo.)

_____. *Marketing turístico. Um enfoque promocional.* Campinas: Papirus, 1991. (Col. Turismo.)

SAMARA, Beatriz Santos & BARROS, José Carlos. *Pesquisa de marketing. Conceitos e metodologia.* 2ª ed. São Paulo: Makron, 1997.

SELLTIZ, Claire *et al. Métodos de pesquisa nas relações sociais.* São Paulo: EPU/USP, 1975. (Col. Ciências do Comportamento.)

SEVERINO, Antonio Joaquim. *Metodologia do trabalho científico.* 19ª ed. São Paulo: Cortez , 1993.

VOGELER, Carlos & HERNÁNDEZ, Henrique. *Estructura y organización del mercado turístico.* 2ª ed. Madri: Editorial Centro de Estudos Ramón Aceres, 1997.

TOURAINE, Alain. *O pós-socialismo.* São Paulo: Brasiliense, 1988.

Normas

ABNT. "Apresentação de citações em documentos". Rio de Janeiro, 1988 (NBR 10520).

_____. "Apresentação de dissertações e teses; 1º projeto de norma". Rio de Janeiro, 1984 (Projeto 14:02:02-002).

_____. "Apresentação de relatórios técnicos científicos". Rio de Janeiro, 1989 (NBR 10719).

_____. "Referências bibliográficas". Rio de Janeiro, 1989 (NBR 6023).

Estatística e pesquisa em turismo

Sérgio Francisco Costa

O que é estatística?

Antes de respondermos a essa pergunta, vamos estabelecer a diferença entre ciência e método. Comecemos dizendo que ciência é uma forma de conhecimento que resulta da aplicação do método científico. Método, por sua vez, é o caminho adotado pelo pesquisador na busca desse conhecimento.

O método científico, na verdade, constitui um grande guarda-chuva sob o qual se abrigam técnicas especiais de coleta e análise de informações sobre a realidade. Uma dessas técnicas é a estatística, objeto deste capítulo. Estatística é um recurso lógico-matemático que possibilita tirar significado prático (e mesmo teórico) de grandes massas de dados. Na busca desse significado, a estatística oferece regras de organização com as quais o pesquisador transforma uma massa de dados em tabelas e gráficos, visualizando, assim, mesmo nessa fase preliminar, tendências características do fenômeno estudado.

Já se discutiu muito (e ainda se discute) sobre se a estatística seria ciência ou método. Para não alongar uma discussão (estéril aos propósitos deste capítulo), vamos considerá-la método, uma vez que, não tendo objeto próprio de estudo, presta-se a auxiliar na análise de dados quantitativos extraídos das mais variadas situações.

Parece que a origem da palavra estatística está em *status,* vocábulo latino que deu origem a toda uma família: estado, estadista, estatuto, etc. Fácil é imaginar, em função dessa etimologia, que, nas origens, a estatística havia funcionado como recurso administrativo nas mãos de dirigentes. Hoje, apesar do alargamento de sua esfera de ação, continua cumprindo, como no passado, o seu histórico papel.

Qual a importância da pesquisa — e de uma de suas ferramentas, a estatística — no lazer e no turismo? Pergunta curta, resposta longa! Basta abrir os jornais e consultar a página econômica, onde são registradas informações a respeito do desempenho da economia nacional ou mundial. Pesquisas, nos últimos anos, têm sugerido que, na virada do século XX, algumas áreas terão prioridade e fundamental importância no tocante a mercado de trabalho e opção acadêmica. Tais áreas estão fortemente relacionadas com tecnologia de informações (informática), saúde (do ponto de vista curativo ou preventivo) e lazer, aí incluídas as atividades turísticas e outras de caráter recreacional.

São conhecidas as teses do sociólogo italiano Domenico De Masi a respeito da crescente importância que o lazer assume, nos dias atuais, sobre o trabalho. Consequentemente, havendo maior disponibilidade de tempo, as pessoas provavelmente se dedicarão a atividades prazerosas — genericamente rotuladas de lazer — que incluirão viagens turísticas com as mais variadas finalidades: passeio, conhecimento de novas paragens, tratamento de saúde, negócios, para citar apenas algumas. Mas qual agência de viagens escolher? Em que hotel buscar hospedagem? De que recursos recreacionais dispõem certas regiões? Quais os roteiros turísticos mais interessantes e ao mesmo tempo mais econômicos? Qual tem sido o comportamento da população relativamente às viagens turísticas? Qual a relação entre classe socioeconômica e lazer? Como está a oferta de pacotes turísticos a classes menos favorecidas? Educação e turismo crescem na mesma proporção? São essas, enfim, algumas das questões que a pesquisa pode tentar responder — e aí a Estatística, como ferramenta sistematizadora e analítica, desempenha importante papel. Em termos bem simples, ela ajuda o pesquisador a compor um quadro que evidencie as tendências, atuando, ao mesmo tempo, como recurso auxiliar na difícil tarefa de fazer previsões em ambiente de incerteza.

COLETA, TRATAMENTO E ANÁLISE DE INFORMAÇÕES: RECURSOS ELEMENTARES

Qualquer conjunto completo de itens constitui uma população (ou universo). Os itens que compõem uma população devem ter, entre si, pelo menos uma característica comum. Exemplos:

- O conjunto de todos os turistas cuja idade seja igual ou superior a 30 anos no estado de São Paulo.
- O conjunto de todas as agências de viagens de Porto Alegre.
- O conjunto de todas as aeronaves Boeing 747 de determinada empresa.

Quando, na definição de uma população, se considera mais de uma característica comum, originam-se subpopulações. Assim, se, no exemplo anterior, o sexo do turista fosse importante para o pesquisador (ou para o administrador), teríamos o seguinte:

População:
turistas com 30 anos ou mais

Subpopulação:	Subpopulação:
turistas do sexo masculino	turistas do sexo feminino
com 30 anos ou mais	com 30 anos ou mais

Raramente o pesquisador consegue estudar uma população em sua totalidade, a não ser que ela seja muito pequena. Fica difícil, por exemplo, estudar a totalidade dos turistas brasileiros, de menos de 30 anos, que viajaram ao exterior no ano 2000; bem mais fácil, entretanto, é estudar a totalidade de crianças que, no mesmo período, viajaram desacompanhadas com o fim específico de estudar uma língua estrangeira.

Não podendo ter acesso à totalidade dos itens (pessoas, objetos, etc.) que compõem uma população (ou uma subpopulação), o pesquisador utiliza-se de uma parte do todo, isto é, de uma amostra, tendo o cuidado de extraí-la de modo que represente bem o conjunto maior (também chamado população-mãe).

A parte da estatística que cuida da extração de amostras boas, isto é, que representem bem as populações de onde foram colhidas, denomina-se amostragem. Na verdade, amostragem é uma teoria que afirma o seguinte: existindo um arrolamento inicial e completo da população de interesse, é sempre possível extrair dele, por sorteio aplicado em algum momento do processo, um subconjunto de itens que, apresentando todas as características da população-mãe, represente-a bem. Esse subconjunto é chamado de amostra representativa.

Parâmetros e estatística

As características numéricas de uma população chamam-se parâmetros; as características numéricas de uma amostra, estatísticas.

O pesquisador está sempre interessado em parâmetros. Não podendo ter acesso direto a eles, vale-se de estatísticas fornecidas pelas amostras e transfere as informações assim obtidas às populações. É óbvio que, nessa operação de transferência, são cometidos alguns erros ora para mais ora para menos. O controle desse erros, chamados erros de estimação, fica por conta da Teoria das Probabilidades.

Suponhamos, por exemplo, que X represente o número de viagens que cada guia de turismo, de uma agência de porte médio, realizou durante o ano 2000 em território brasileiro.

$$X : 38 - 40 - 25 - 26 - 19 - 42 - 45 - 50 - 43 - 52$$

O número médio de viagens dessa pequena agência — subpopulação — é de 38 viagens, indicado pelo símbolo μ. Dizemos, então, que μ = 38 viagens constitui um parâmetro, porque se refere à totalidade daquela agência. Na verdade, o que para aquela agência é uma população (embora pequena), é apenas uma subpopulação se considerarmos todas as viagens que todos os guias de turismo realizaram no território brasileiro no ano 2000.

Suponhamos agora que, por alguma razão, não nos fosse possível calcular essa média usando todos os dados. Poderíamos decidir trabalhar, por exemplo, com uma amostra de tamanho 4 (isto é, n = 4 guias). Quais quatro? Um sorteio, em que todos os guias tivessem igual oportunidade de participar, resolveria razoavelmente a questão, desde que esse sorteio fosse conduzido segundo o que prescreve a Teoria da Amostragem.

Um aspecto importante que deve ser mencionado é que existem basicamente dois tipos de amostra: com reposição e sem reposição. Numa amostra com reposição, o mesmo item (elemento, pessoa, objeto, cobaia, etc.) pode ser sorteado mais de uma vez; numa amostra sem reposição, tal não ocorre, já que cada item sorteado não é reposto no arrolamento inicial.

Voltemos à questão da amostra de tamanho 4. Consideremo-la com reposição e procedamos a um sorteio. Suponhamos que tenham sido sorteados os seguintes valores: 40, 19, 45 e 52. Embora a definição inicial possibilitasse a repetição de algum valor, vemos que tal não ocorreu. As situações extremas, com reposição, no presente caso, seriam: (19, 19, 19 e 19); (52, 52, 52 e 52). Assim, o número médio de viagens dessa agência, com base nos valores sorteados, é 39. Embora possível, não é muito provável que os quatro valores sorteados fossem iguais entre si e extremos, como no exemplo. Portanto, as médias resultantes de amostras de tamanho 4 poderiam variar, em valor, desde 19 viagens até 52 viagens. Na verdade, a média verdadeira (da população) é 38; e amostrando apenas quatro guias obtivemos 39 viagens, que é um valor bastante próximo. Poderíamos dizer que quando o pesquisador decide trabalhar com uma amostra em lugar de uma população, o preço que ele paga é a diferença entre o valor real (parâmetro) e o valor estimado (estatística). Mas esse preço em geral é vantajoso: possibilita economizar recursos (mão-de-obra, verba e tecnologia).

Geralmente, dados muito espalhados, muito dispersos não mostram ao pesquisador a tendência que seguem. É preciso portanto agrupá-los segundo algum critério (de 10 em 10, por exemplo), de modo que, reduzidos os espaços vazios, a tendência do fenômeno fique mais evidente. É o que procuramos mostrar na tabela e no gráfico a seguir, de construções praticamente intuitivas.

Intervalos de 10 em 10	Frequências					
10 ├───19	1				X	
20 ├───29	2				X	
30 ├───39	1		X		X	X
40 ├───49	4	X	X	X	X	X
50 ├───59	2	Int. 1	Int. 2	Int. 3	Int. 4	Int. 5

Com essa visualização, fica razoavelmente fácil perceber que a média geral $\mu = 38$ viagens esteja situada mais ou menos no meio da tabela e no meio do gráfico. Por essa razão, a média aritmética é chamada de medida de tendência central.

Vamos agora estudar quatro medidas (parâmetros ou estatísticas) muito importantes em estatística para a avaliação de um grupo de dados. Essas medidas são:

a) média aritmética;
b) variância;
c) desvio-padrão;
d) coeficiente de variação.

Média aritmética

Trata-se de uma medida de posição, central, em cujo cálculo entram todos os dados da população ou da amostra (dependendo da opção do pesquisador). A fórmula para o cálculo da média aritmética é a seguinte:

$$X = \frac{\Sigma X_i}{n} \qquad \text{ou} \qquad \mu = \frac{\Sigma X_i}{N}$$

$\uparrow$ Média de uma amostra $\qquad$ $\uparrow$ Média de uma população

Então, com os mesmos dados já apresentados, temos:

$\mu = (38 + 40 + 25 + 26 + 19 + 42 + 45 + 50 + 43 + 52)/10 = 38$ viagens

$X = (40 + 19 + 45 + 52)/4 = 39$ viagens

Variância

A média aritmética — sozinha — é uma medida insuficiente para dar ao pesquisador uma boa ideia de como se distribuem os valores da variável de interesse. Isso porque a média aritmética, pela sua natureza centralizante, marca a sua posição perto do centro, mas nada esclarece quanto à maneira como os demais valores se distribuem à sua volta. Necessita assim o pesquisador de uma medida que avalie a dispersão dos seus dados com relação à média aritmética. Essa medida denomina-se variância.

A variância pode ser calculada por meio das seguintes fórmulas:

$$s^2 = (\Sigma x_i^2)/(n-1) \qquad \sigma^2 = (\Sigma x_i^2)/N$$

$\uparrow$ Variância de uma amostra $\qquad$ $\uparrow$ Variância de uma população

O símbolo x_i^2 representa o quadrado da diferença entre cada valor da variável e a média do conjunto de valores. Essas diferenças ao quadrado são a seguir somadas e divididas pelo tamanho da população (N) ou pelo tamanho da amostra (n) menos 1.

Com os dados iniciais, temos:

$$\sigma^2 = \Sigma[(38-38)^2 + (40-38)^2 + (25-38)^2 + ... + (50-38)^2 + (43-38)^2 + (52-38)^2] / 10$$

$$= [(0)^2 + (2)^2 + (-13)^2 + (-12)^2 + (-19)^2 + (4)^2 + (7)^2 + (12)^2 + (5)^2 + (14)^2] / 10$$

$$= [0 + 4 + 169 + 144 + 361 + 16 + 49 + 144 + 25 + 196] / 10 = 1.500 / 10 = 150$$

É importante não esquecer de acrescentar a unidade: 150 viagens^2. Isso mesmo: 150 viagens ao quadrado. Assim, se fossem passageiros, seriam passageiros ao quadrado; se fossem assentos, seriam assentos ao quadrado; se fossem ônibus, seriam ônibus ao quadrado.

No caso da amostra:

$$s^2 = [(40-39)^2 + (19-39)^2 + (45-39)^2 + (52-39)^2] / (4-1)$$

$$= [(1)^2 + (-20)^2 + (6)^2 + (13)^2] / 3 = [1 + 400 + 36 + 169] / 3 = 606 / 3 = 202$$

Aqui também, como no caso anterior, a unidade é importantíssima: 202 viagens^2.

A importância da variância pode ser avaliada se considerarmos, por exemplo, dois outros conjuntos de valores, com médias, respectivamente, de 38 e 39 viagens, porém variâncias iguais a 180 viagens^2 e 210 viagens^2. Assim, embora as médias sejam iguais nos dois conjuntos de valores, é possível dizer que o primeiro é menos variável do que o segundo, ou seja, no primeiro os dados apresentam menor dispersão em torno da média.

DESVIO-PADRÃO

Para fugir de medidas tão exóticas como viagens ao quadrado, ônibus ao quadrado ou assentos ao quadrado, os estatísticos criaram o desvio-padrão, que corresponde à raiz quadrada (positiva) da variância. Com esse procedimento, a unidade de medida volta a ser linear (sem o quadrado) e sua interpretação torna-se mais fácil.

Então: $\sqrt{150 \text{ viagens}^2} = 12,2$ viagens

e

$\sqrt{210 \text{ viagens}^2} = 14,5$ viagens

Observemos que o mesmo serviço prestado pela variância é também prestado pelo desvio-padrão. A diferença está na linearidade da medida e no tamanho do número. Assim, no exemplo anterior, em que se comparam dois conjuntos de dados, o primeiro conjunto continua sendo mais homogêneo do que o segundo porque os desvios-padrão são menores. Examinemos os resultados abaixo:

1º conjunto	2º conjunto
Média populacional = 38 viagens	Média populacional = 38 viagens
Média amostral = 39 viagens	Média amostral = 39 viagens
Variância populacional = 150 viagens^2	Variância populacional = 180 viagens^2
Variância amostral = 202 viagens^2	Variância amostral = 210 viagens^2
Desvio populacional = 12,2 viagens	Desvio populacional = 13,4 viagens
Desvio amostral = 14,2 viagens	Desvio amostral = 14,5 viagens

Em resumo, as variâncias e os desvios-padrão do segundo conjunto, por serem maiores do que as variâncias e os desvios-padrão do primeiro, informam o pesquisador de que os dados do primeiro conjunto são mais estáveis e menos dispersos do que os do segundo.

Uma pergunta oportuna agora: por que é tão importante para o pesquisador, para o administrador, para o empresário conhecer essas informações quantitativas (média, variância, desvio) e por que é tão desejada a homogeneidade dos dados? Porque o mundo dos negócios depende, para sobreviver, de planejamento. E planejar significa desvendar comportamentos futuros a partir de informações conhecidas — informações que fazem parte do passado. Por trás desse raciocínio está uma suposição básica: se o futuro reproduzir com razoável aproximação os comportamentos passados, será possível planejar ações lucrativas com pequena margem de erro.

COEFICIENTE DE VARIAÇÃO

O coeficiente de variação é uma medida que relaciona ao mesmo tempo a variação e a posição de um conjunto de dados. Esse coeficiente mede quanto varia o desvio-padrão de um conjunto de dados tendo a média aritmética desse conjunto como "régua". Em geral, para tornar mais "palatável" a medida resultante, costuma-

-se multiplicá-la por 100, tornando o resultado final uma simples porcentagem, de entendimento fácil porque extremamente comum. Assim:

$$CV = 100 \ s \ / \ X$$

Naturalmente, havendo interesse em conhecer o coeficiente de variação da população (e não da amostra), basta substituir na fórmula acima s por σ.

Calculando o CV relativo aos dois conjuntos de dados iniciais, obtemos:

Conjunto 1
CV (pop.) = 100 (12,2) / 38 = 100 (0,3211) = 32,11%
CV (amostral) = 100 (14,2) / 39 = 100 (0,3641) = 36,41%
Conjunto 2
CV (pop.) = 100 (13,4) / 38 = 100 (0,3526) = 35,26%
CV (amostral) = 100 (14,5) / 39 = 100 (0,3718) = 37,18%

Podemos observar, novamente, a confirmação do que já sabíamos: os dados do conjunto 2 são mais dispersos, de onde resulta que os coeficientes de variação (populacional e amostral) são maiores do que os coeficientes de variação do conjunto 1.

Duas observações importantes a respeito do coeficiente de variação:

a) ele é um número puro, isto é, desprovido de unidade de medida, uma vez que, no processo de cálculo, ela sofre cancelamento;

b) os coeficientes de dois conjuntos de dados são comparáveis, uma vez que são isentos de unidade de medida.

Em termos do que está dito no parágrafo anterior, resulta que o conjunto 2 é 35,26% / 32,11% = 1,10 mais variável do que o conjunto 1 (populacionalmente); por igual raciocínio, 37,18% / 36,41% = 1,02 mais variável do que o conjunto 1 (amostralmente).

ESTATÍSTICA DESCRITIVA X ESTATÍSTICA INFERENCIAL

A estatística, *grosso modo*, divide-se em estatística descritiva e estatística inferencial. A estatística descritiva, como está implícito no nome, ocupa-se da descrição de um conjunto de dados e do fornecimento de informações relativas a medidas de posição e de variabilidade. Isso, como vimos, é tarefa da média, da variância, do desvio-padrão e do coeficiente de variação. Ocupa-se também a estatística descritiva de organizar os dados em tabelas e gráficos com o objetivo de identificar a forma da distribuição, bem como localizar nas representações gráficas os pontos (estatísticas) de real importância para a análise das informações.

A estatística inferencial, por sua vez, funciona como uma espécie de "bola de cristal": baseada em informações obtidas a partir de amostras, busca conhecer as prováveis características das populações de onde as amostras foram colhidas. Por trás da estatística inferencial existe uma teoria que se materializa, na linguagem popular, pelo ditado que afirma que "pelo dedo conhece-se o gigante". De fato, o bom senso sugere que gigantes devem ter dedos grandes e anões, dedos pequenos. Daí, que, conhecido o dedo, a inferência (isto é, a adivinhação inteligente) seria uma natural decorrência.

Surgem dificuldades quando o pesquisador (e mesmo o homem comum) percebe que, embora não com frequência muito grande, existem anões de dedos grandes e gigantes de dedos pequenos! É como se a natureza "traísse" o pesquisador dando-lhe pistas falsas.

Dito de outra forma, o pesquisador, ao transferir conclusões tiradas de uma amostra para a população-mãe, comete certos erros de inferência. Para proteger-se das consequências desses erros, vale-se ele de uma poderosa teoria chamada Teoria das Probabilidades. "Essa teoria permite avaliar (e controlar) o tamanho do erro que ele estará cometendo ao fazer generalizações (= inferências)."[1]

> Foi no século XVII, com os chamados jogos de azar, que surgiram os primeiros estudos de probabilidade. Grandes nomes da história da matemática são responsáveis pelo corpo de conhecimentos que constitui hoje a Teoria das Probabilidades: Blaise Pascal, Pierre de Fermat, Huygens, Isaac Newton, Jacob Bernoulli, Laplace, Bayes, Kolmogoroff, entre outros.[2]

"Ao longo dos últimos três séculos, várias foram as teorias propostas (a respeito de probabilidades): experimentalista, clássica, frequencialista e axiomática."[3] Não vamos aqui tecer considerações acadêmicas sobre essas várias posições, bas-

---

[1] Sérgio Francisco Costa, *Introdução ilustrada à estatística*. 3ª ed. São Paulo: Harbra, 1998.
[2] *Ibidem.*
[3] *Ibidem.*

tando-nos, para os propósitos deste capítulo, definir probabilidade como "o número que resulta da divisão do número de casos favoráveis a um evento pelo número total de casos possíveis."[4]

Um exemplo simples para ilustrar esse assunto: suponhamos que uma moeda não viciada (uma moeda em que a probabilidade, numa jogada qualquer, de sair "cara" seja aproximadamente igual à probabilidade de sair "coroa") seja lançada duas vezes e que o evento "número de caras" (C) constitua a variável de interesse para o pesquisador. As possíveis combinações (duas a duas) figuram no seguinte gráfico:

```
            KC
     KK     CK     CC
      0      1      2
```

Nesse gráfico, a probabilidade de X = 0 cara é 1/4; a probabilidade de X = 1 cara é 2/4; a probabilidade de X = 2 caras é 1/4. Basta observar que onde aparece KK o número de caras é 0; onde aparecem CK e KC, o número de caras é 1; finalmente, onde aparece CC, o número de caras é 2. O denominador 4, em todas as frações, corresponde ao total de casos possíveis — resultante de simples contagem do número de combinações que figuram no gráfico.

Se, em lugar de duas, fossem lançadas quatro moedas, o gráfico e as probabilidades resultantes seriam:

```
                    KCCK
                    CCKK
            CKKK    CKCK    CCCK
            KCKK    CKKC    CCKC
            KKCK    KCKC    CKCC
    KKKK    KKKC    KKCC    KCCC    CCCC
      0       1       2       3       4
```

Probabilidade de 0 cara = P(X=0) = 1/16 = 0,0625
Probabilidade de 1 cara = P(X=1) = 4/16 = 0,2500
Probabilidade de 2 caras = P(X=2) = 6/16 = 0,3750
Probabilidade de 3 caras = P(X=3) = 4/16 = 0,2500
Probabilidade de 4 caras = P(X=4) = 1/16 = 0,0625

---

[4]   *Ibidem.*

O importante a observar é que, à medida que o número de moedas aumenta (ou seja, o número de repetições, de jogadas), as combinações, dispostas em gráfico, vão progressivamente assumindo a forma de um sino. Esse gráfico, com essa forma peculiar, constitui a Curva de Gauss ou curva normal. Na verdade, essa aproximação vai ficando evidente a partir de $n \geq 30$, embora com valores um pouco menores já seja possível perceber a tendência. Observar, no gráfico anterior, a sobreposição de figuras.

O experimento realizado com moedas, na verdade, constitui o modelo genérico de todas as situações dicotômicas em que, como no caso de cara-coroa, somente são possíveis dois resultados tais que um exclui o outro. Pertencem a esse modelo probabilístico as situações certo-errado, aceso-apagado, vivo-morto, curado-doente, etc. No caso específico do turismo (e do lazer), as variáveis viajou-não viajou, gostou do programa-não gostou do programa, usaria novamente a mesma agência-não usaria novamente a mesma agência, usaria outra vez o mesmo hotel-não usaria outra vez o mesmo hotel. São alguns exemplos que podem ter como base probabilística o modelo cara-coroa.

A curva normal pode ser comparada a um rio relativamente grande no qual vários afluentes deságuam. Isso porque essa distribuição de probabilidade constitui um limite para o qual tendem outras distribuições de probabilidades. E essa característica permite que o pesquisador, utilizando-se de recursos estatístico-matemáticos, "navegue" pelas várias distribuições, conforme a natureza de seus dados e dos objetivos que tenha em mente.

Reafirmamos agora que este capítulo não é o lugar ideal para considerações acadêmicas a respeito das várias distribuições de probabilidades existentes. Mas não podemos deixar de chamar a atenção do leitor para o fato de que, independentemente da distribuição que esteja sendo usada, os objetivos do pesquisador (ou do administrador) sempre giram em torno do seguinte:

a) verificar se os dados que ele acabou de colher (amostra) estão de acordo com alguma suposição probabilística;

b) analisar se duas variáveis podem guardar entre si relação de dependência;

c) acompanhar a progressão simultânea de dois grupos de dados com vista a determinar em que grau e em que sentido ocorrem as variações;

d) planejar ações futuras com base em dados passados;

e) "voltar ao passado", com base em dados presentes ou imaginários, com vista a verificar quão verossímeis poderiam ser as hipóteses levantadas.

Esses objetivos arrolados podem, de modo geral, ser colocados sob duas rubricas: a Teoria da Estimação e a Teoria da Prova de Hipótese. A Teoria da Estimação possibilita ao pesquisador afirmar, com certo grau de confiança, dentro de que limites pode variar dada medida estatística. Naturalmente, isso só é possível graças à Teoria das Probabilidades, subjacente a toda e qualquer inferência que se faça.

Teoria da Estimação / Teoria da Prova de Hipótese

A Teoria da Prova de Hipótese, de certa forma, particulariza o que a Teoria da Estimação generaliza. Recordemos que, fosse a natureza estável, com variação zero, toda a estatística estaria restrita a aspectos descritivos; assim, não havendo variação, não haveria, *ipso facto*, razão para uma teoria (a das Probabilidades) que desse conta de avaliar as incertezas. Entretanto, como o mundo não é desse jeito, o pesquisador tem, frequentemente, necessidade de verificar se determinadas medidas (duas médias aritméticas, por exemplo) podem ser consideradas iguais, apesar da aparência (numérica) diferente. Também aí a Teoria das Probabilidades entra com sua contribuição: ela diz ao pesquisador com que probabilidade duas medidas (duas médias), apesar de facilmente diferentes, podem ser consideradas iguais, sendo as diferenças atribuíveis ao acaso. Tecnicamente, isso corresponderia a afirmar que tais médias resultam de duas amostras extraídas da mesma população.

A Teoria da Estimação responde às perguntas: Quais os limites, com certo grau de confiança, de determinada medida? A título de exemplificação, suponhamos que os limites da média amostral X = 80 hóspedes (ocupação média de um hotel em fim de semana) sejam 65 | | 95. Isso significa que o gerente desse hotel não deverá ficar preocupado se, num determinado fim de semana, a ocupação cair para 70 hóspedes nem ficar exultante se, em outro final de semana, a média saltar para 92. O intervalo de confiança exerce função protetora no sentido de que, dentro de seus limites, quaisquer variações poderão ser atribuídas a flutuações amostrais ou, no jargão estatístico, ao acaso.

A Teoria da Prova de Hipótese responde às perguntas: Será que determinada amostra pode ter sido extraída de certa população-mãe? Será que determinada média amostral é compatível com a média da população de onde a amostra tenha sido extraída? Exemplificando: suponhamos que todos os hotéis de quatro estrelas de determinada cidade — onde existam também bons apelos turísticos — tenham sido arrolados numa pesquisa com o objetivo de estabelecer a média de ocupação em fins de semana. Suponhamos que a média obtida tenha sido 82 hóspedes (valor esse que, por referir-se à população de hotéis, passa a chamar-se parâmetro). Se, algum tempo depois, a pesquisa for repetida, não mais com todos os hotéis, mas com uma amostra razoavelmente grande, e a nova média de ocupação em fins de semana for igual a 83 ou 80 hóspedes, é possível, à luz da Teoria das Probabilidades, admitir que as diferenças (83 – 82) e (82 – 80) não representam necessariamente aumento ou diminuição da ocupação, mas apenas flutuações casuais decorrentes das próprias amostras. Pode ocorrer, entretanto, que, na nova pesquisa, a média de ocupação em fins de semana seja, por exemplo, 75. Nesse caso, se, à luz da Teoria das Probabilidades, ficar demonstrado que, com certo grau de confiança, esse valor deixa de pertencer ao intervalo que anteriormente incluía a média populacional (parâmetro), o pesquisador passa a admitir que 75 ≠ 82, ou, em jargão estatístico, passa a dizer que a amostra colhida (na réplica da pesquisa) não pertence à população anteriormente estudada.

O que é fundamental perceber, quando se cotejam intervalos de confiança com provas de hipótese (para um mesmo fim), é que o intervalo inclui todas as respostas possíveis para determinado grau de confiança, enquanto a prova de hipótese examina criticamente apenas um ou mais dos valores desse intervalo.

Prova de qui-quadrado

Pela importância de que se reveste, escolhemos a prova de qui-quadrado para ilustrar seu uso (como ferramenta estatística) na gestão de negócios em que a incerteza pode determinar a diferença entre um empreendimento bem-sucedido e outro malsucedido.

A prova de qui-quadrado (χ^2) pode ser utilizada de várias maneiras. Por exemplo, pode ser utilizada para medir o grau de ajustamento de um conjunto de dados a outro conjunto de dados e ajudar o pesquisador a decidir se os dois conjuntos são aderentes a ponto de pequenas diferenças poderem ser explicadas pela ação do acaso.

Suponhamos, por exemplo, que as regiões I, II, III e IV, no mês de dezembro de determinado ano, tenham recebido as seguintes quantidades de turistas:

Região	Turistas
I	22.600
II	25.400
III	21.000
IV	24.000

Suponhamos também que, em dezembro do ano seguinte, essas regiões recebam, respectivamente, o seguinte aporte:

Região	Turistas
I	23.400
II	26.600
III	22.000
IV	24.000

A prefeitura local deseja saber se as diferenças observadas são casuais (isto é, explicáveis pela ação do acaso) ou se as regiões mencionadas estão, de fato, recebendo aporte turístico compatível com as previsões.

A fórmula para resolver esse problema é a seguinte:

$$\chi^2_{obs.} = \Sigma \left[(O - E)^2 / E \right] \text{, onde}$$

E = observações anteriores (que, na fórmula, funcionam como "esperadas");
O = observações atuais.

Aplicando a fórmula, vem:

$(23.400 - 22.600)^2 / 22.600 + (26.600 - 25.400)^2 / 25.400 +$

$+ (22.000 - 21.000)^2 / 21.000 + (24.000 - 24.000)^2 / 24.000 =$

$= 28,319 + 56,693 + 47,190 + 0 = 132,202 = \chi_{obs.}$

O valor obtido corresponde ao qui-quadrado observado, que deverá agora ser comparado com um qui-quadrado crítico, fornecido em tábuas especiais. A título de exemplificação, reproduzimos a seguir, parcialmente, uma tábua de qui-quadrado, para ilustrar o seu uso, bem como a regra de decisão que rege o comportamento do pesquisador.

Graus de liberdade = glib	Confiança de 95%	Confiança de 99%
1	3,841	6,635
2	5,991	9,210
3	7,815	11,345
4	9,488	13,277

Essa tábua parcial mostra que, para consultá-la, o pesquisador deve estar munido de duas informações: graus de liberdade e confiança pretendida. Os graus de liberdade correspondem ao número de linhas da tabela inicial menos 1; logo, os graus de liberdade são 3. A confiança pretendida (95% ou 99% ou qualquer outro grau) decorre da convicção de que, por maior que seja o esforço de quem faça pesquisa, 100% de certeza, embora desejável, é um limite nunca intencionalmente alcançável — a não ser por acaso, mas isso escapa totalmente ao controle de quem quer que seja.

A regra de decisão é muito simples: se o $\chi_{obs.}$ for maior do que o $\chi_{crít.}$, o pesquisador rejeita a hipótese de que as variações nos dados tenham sido casuais; se for menor, passa a conviver com a hipótese de que as variações possam ter resultado de variações (interferências) casuais (amostrais). No presente caso, como o $\chi_{obs.} > \chi_{crít.}$, tudo faz crer que, no município considerado, com 95% ou 99% de certeza, as diferenças nas flutuações turísticas são grandes demais para serem explicadas apenas pela ação do acaso.

Um gráfico que registre os fluxos turísticos nos dois períodos mostra bem o que acaba de ser concluído:

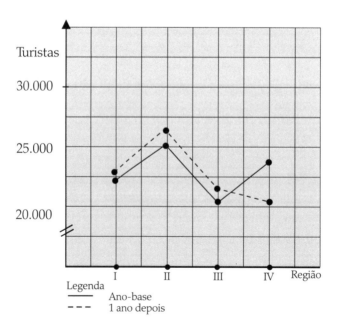

Obs.: Os pontos foram unidos como recurso auxiliar para melhor visualização; rigorosamente, sendo a variável discreta (número de turistas), a união dos pontos é indesejável.

Esse recurso estatístico (qui-quadrado) pode ser usado para analisar outra situação — aliás, muito importante e comum na área do turismo/hotelaria. Trata-se de examinar se duas variáveis podem estar entre si "amarradas" por uma relação de dependência. Por exemplo, uma agência de viagens pode querer saber se o sexo do turista e sua idade são variáveis dependentes. Para tanto, vai a campo (ou recorre a arquivos) e, com base numa amostra aleatória (é sempre possível realizar um sorteio) de 100 pessoas (viajantes potenciais ou turistas já registrados), faz a seguinte classificação dicotômica:

< 20 anos	8	12	20
Entre 21 e 40 anos	30	35	65
> 41 anos	10	5	15
	48	52	100

Como no caso anterior (aderência, ajustamento), o pesquisador deverá fazer uma espécie de "comparação" entre dados obtidos (acima) e dados esperados. Mas onde estão os dados esperados? Esses dados podem ser obtidos mediante a seguinte regra prática:

E = (total de linha) x (total de coluna) / (total geral)

Por exemplo, o valor esperado correspondente a 8 (na tabela original) é 9,6. Esse valor resulta de (20) x (48) / 100 = 960 / 100 = 9,6. Os demais valores esperados podem ser obtidos por igual procedimento e dão origem à seguinte nova tabela:

< 20 anos	9,6	10,4	20
Entre 21 e 40 anos	31,2	33,8	65
> 41 anos	7,2	7,8	15
	48,0	52,0	100

A partir deste ponto, o cálculo do $\chi_{obs.}$ é feito do mesmo modo que o anterior, ou seja:

$(8 - 9,6)^2 / 9,6 + (12 - 10,4)^2 / 10,4 + (30 - 31,2)^2 / 31,2 + (35 - 33,8)^2 / 33,8 +$

$+ (10 - 7,2)^2 / 7,2 + (5 - 7,8)^2 / 7,8 = 0,267 + 0,246 + 0,046 + 0,043 + 1,089 +$

$+ 1,005 = 2,696 = \chi_{obs.}$

Para comparar o valor obtido (observado) com o valor tabelado (crítico), é preciso novamente decidir duas coisas: graus de liberdade e nível de confiança. Para o cálculo dos graus de liberdade, basta fazer o seguinte: (colunas − 1)(linhas − 1). Portanto, (3 − 1)(2 −1) = (2)(1) = 2. Então, supondo que o pesquisador fique satisfeito com 95% de certeza relativamente aos resultados, vem:

$$\chi_{obs.} = 2,696 < \chi_{crít.} = 5,991$$

A interpretação é a mesma que serviu de base para o caso anterior: se o qui-quadrado observado é menor do que o crítico, o pesquisador admite que as discrepâncias observadas sejam fruto do acaso; entretanto, quando tais diferenças ultrapassam o valor crítico do qui-quadrado, a hipótese de explicação casual deve ceder lugar a uma hipótese mais forte, qual seja, a de dependência entre as variáveis sob exame. Assim, não há razão para supor, com base nos dados colhidos, que as variáveis sexo (do turista) e respectiva idade sejam dependentes.

Tivesse sido demonstrado que sexo e idade do turista fossem variáveis dependentes, as empresas de turismo poderiam usar essa informação em suas campanhas publicitárias ou mesmo na oferta individual de produtos. Por exemplo, se o maior contingente de turistas ocorresse na faixa etária superior a 40 anos e fosse marcantemente feminino, o *environment* dos anúncios deveria privilegiar modelos mais velhos, do sexo feminino, em situações que francamente sinalizassem conforto e prazer. A criatividade dos especialistas em publicidade tem-se mostrado ilimitada. Portanto, outras possibilidades exploratórias que capitalizem resultados de pesquisas são possíveis e vale a pena promover a união de esforços entre os vários setores que compõem a área de marketing.

CORRELAÇÃO LINEAR SIMPLES/REGRESSÃO LINEAR SIMPLES

Vamos agora examinar, de modo bastante elementar, as noções de correlação e de regressão. Trata-se de recursos estatísticos que se prestam muito bem para avaliações e planejamento em praticamente qualquer área — e, em particular, na de turismo e hotelaria.

Correlação, como o nome bem o diz, é uma medida estatística que leva em conta o que poderia ser chamado relação em dois sentidos. A correlação expressa uma relação conjunta entre dois (ou mais) grupos de dados e se traduz através de um coeficiente capaz de medir a força que mantém unidas as duas (ou mais) variáveis. Existem, na verdade, vários coeficientes de correlação, mas, nos limites deste trabalho, restringiremos nossa contribuição ao coeficiente de correlação linear simples de Pearson, cuja expressão é $r_{XY} = \Sigma x_i y_i / n(s_X)(s_Y)$, onde

$x_i y_i = (X_i - X)(Y_i - Y)$,
n = tamanho da amostra utilizada,
s_X = desvio-padrão da variável S,
s_Y = desvio-padrão da variável Y.

Obs.: O coeficiente diz-se simples porque envolve apenas duas variáveis; se envolvesse três ou mais, dir-se-ia múltiplo.

Tomemos um exemplo hipotético. Seja uma região onde, ao longo dos anos, tenha havido progressivamente aumento do aporte turístico, e onde, por força dessa demanda, a indústria hoteleira tenha feito alguns investimentos. Uma análise retrospectiva da situação mostra que as variáveis X = investimento em dólares e Y = número de turistas cresceram em paralelo, embora não proporcionalmente, e a questão é expressar, por meio de um coeficiente, a força que manteve X e Y unidos. Consideremos a tabela a seguir e calculemos r_{XY}, de acordo com a fórmula acima.

X_i Investimentos (milhares)	Y_i Número de turistas (milhares)
25	150
30	220
30	250
45	300
50	400

A primeira providência que um pesquisador deve tomar após a coleta de dados é colocá-los num gráfico que possibilite a visualização da nuvem de pontos que se forma — nuvem essa denominada diagrama de dispersão. Essa providência permite que ele (pesquisador) observe como se distribuem esses pontos, isto é, se se distribuem linearmente ou se apresentam formação curvilínea. Neste capítulo, só cuidaremos de distribuições retilíneas (que fazem pensar numa reta), mas é importante que o leitor saiba que, em tese, para todos os tipos de dispersão existem possibilidades estatísticas de análise e representação por meio de coeficientes.

As considerações que apresentaremos a seguir dizem respeito a correlações e regressões somente lineares e, por essa razão, o primeiro passo, como já mencionado, é a construção do gráfico.

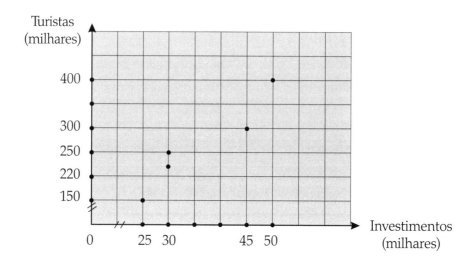

É possível observar que os pontos localizam-se ao longo de uma "cinta" retilínea, na verdade, duas retas paralelas que ladeiam todas as interseções. Se a nuvem de pontos fosse curva não estaria excluída a possibilidade de tratamento estatístico, apenas não no domínio deste trabalho, cujo objetivo é mais sensibilizar para a existência de recursos estatísticos do que propriamente ensinar como utilizá-los.

Apresentamos abaixo os cálculos necessários para a obtenção do r_{XY} mencionado anteriormente.

X_i	Y_i	x_i	x_i^2	y_i	y_i^2	$x_i y_i$
−25	150	− 11	121	− 114	12.996	1.254
30	220	− 6	36	− 44	1.936	264
30	250	− 6	36	− 14	196	84
45	300	9	81	36	1.296	324
50	400	14	196	136	18.496	1.904

Temos:

$\Sigma X_i = 180$

$\Sigma Y_i = 1.320$

$\Sigma x_i^2 = 470$

$\Sigma y_i^2 = 34.920$

$\Sigma x_i y_i = 3.830$

$X = 36$

$Y = 264$

$s^2(X) = 94 \quad \longrightarrow s(X) = 9,7$

$s^2(Y) = 6.984 \quad \longrightarrow s(Y) = 83,6$

Com tais resultados, vem: $r_{XY} = 3.830 / (5)(9.7)(83.6) = 3.830 / 4.054,6 = 0,94$.

Esse valor (0,94) requer interpretação. É possível demonstrar (embora não cuidemos disso neste capítulo) que o coeficiente de correlação (r_{XY}) varia no intervalo fechado $-1,00 \leq r_{XY} \leq +1,00$, o que quer dizer que não há r_{XY} maior do que 1,00 nem menor do que $-1,00$.

O coeficiente de correlação mede a força que mantém as variáveis X e Y unidas. Uma imagem pode auxiliar na compreensão dessa força: suponhamos que uma locomotiva estivesse atrelada a um vagão por um dispositivo metálico, resistente, de modo que, ao mover-se a máquina, o vagão também se movesse no mesmo sentido (para a frente ou para trás). Esse dispositivo que atrela essas composições poderia, entretanto, ser frágil, de arame, por exemplo, o que impediria as mais simples manobras pelo fato de romper-se no primeiro instante. O r_{XY} pode ser comparado a esse dispositivo: assim, existem coeficientes fortes, cujo valor aproxima-se de 1,00 ou de $-1,00$, e coeficientes fracos, cujos valores ficam no entorno de 0 (zero), no meio da escala. Os sinais (+) e (–), por sua vez, indicam o sentido da variação: o sinal positivo indica que X e Y variam no mesmo sentido (quando um cresce, o outro também cresce ou vice-versa), e o sinal negativo indica que quando X cresce, Y decresce (ou vice-versa).

No presente caso, $r_{XY} = 0,94$ indica que as duas variáveis caminharam no mesmo sentido e que a força que as manteve unidas foi de grandeza apreciável, já que está praticamente no limite da escala.

Existem testes estatísticos capazes de avaliar mais profundamente o significado das correlações. Essa avaliação é importante porque, dependendo da magnitude da amostra considerada, o r_{XY} pode ser "visualmente" diferente de zero, mas, na verdade, ser "igual" a zero. Esse tipo de avaliação chama-se Prova de significância de r_{XY}, e depende da utilização de uma distribuição de probabilidade denominada *t de Student*. A correlação calculada acima (0,94) foi submetida ao aludido teste e revelou-se verdadeira.

A regressão corresponde ao "outro lado da moeda". A correlação mede a força que mantém unidas duas (ou mais) variáveis e a regressão fornece a "lei" que possibilita tal

união. Mal comparando, é como se falássemos em "força da gravidade" e em "lei da gravidade". A força (a correlação) é medida por um coeficiente (Pearson) e a lei (a regressão)
é medida por uma fórmula, uma equação.

A ideia que jaz por trás da regressão é simples: se a nuvem de pontos (no
gráfico) tem disposição razoavelmente linear, deveria ser possível traçar uma reta
(no sentido geométrico) que passasse por entre todos os pontos e se ajustasse bem
a eles. Pois isso é possível, e a reta de melhor ajuste — baseada num princípio denominado mínimos quadrados — possibilita que o pesquisador faça boas previsões do que pode ocorrer com Y desde que ele conheça o comportamento de X.

A minimização de quadrados, como mencionado, é uma operação que depende de um ramo da matemática chamado cálculo. E como esse assunto ultrapassa a
proposta deste capítulo, basta-nos recordar que a reta de regressão, isto é, a reta de
melhor ajuste, é da forma $Y_i = a + bX_i$, e que, para obtê-la, é suficiente conhecer o
valor de *a* e o valor de *b*, representantes, respectivamente, do ponto onde a reta cor-
ta o eixo dos Y (intercepto) e da inclinação da reta com relação ao eixo dos X.

As fórmulas resolutivas são as seguintes:

$$a = \frac{\Sigma X_i^2 \Sigma Y_i - (\Sigma X_i)(\Sigma X_i Y_i)}{n\Sigma X_i^2 - (\Sigma X_i)^2}$$

$$b = \frac{n\Sigma X_i Y_i - (\Sigma X_i)(\Sigma Y_i)}{n\Sigma X_i^2 - (\Sigma X_i)^2}$$

Inserindo nas fórmulas acima os valores correspondentes (tirados da tabela
construída anteriormente), temos:

$$a = -29,4 \quad e$$

$$b = 8,15, \text{ donde a equação}$$

$$Y_i = -29,4 + 8,15X_i.$$

Essa equação de regressão (chamada de equação dos Y sobre os X) permite
calcular, dentro de certos limites, o valor de qualquer Y uma vez conhecido o valor

do X correspondente — e aí está o valor dessa ferramenta estatística: a possibilidade de fazer previsões. Por exemplo, qual deveria ser o aporte turístico correspondente a um investimento de 35 milhares de dólares? Basta substituir na equação anterior o X por 35 e fazer os cálculos para obter 255,85, ou seja:

$$Y = -29,4 + 8,15(35) = -29,4 + 285,25 = 255,85$$

Com essa equação é também possível traçar a reta de melhor ajuste (aquela que passa por entre todos os pontos do diagrama de dispersão). Basta substituir, como fizemos acima, o X pelos valores 25 e 50, que são os extremos, e com os dois novos valores obtidos traçar a reta de regressão. O gráfico abaixo ilustra a forma final.

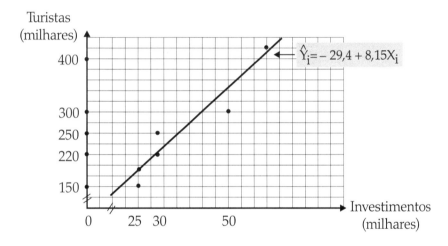

Algumas considerações devem ser feitas. A primeira, talvez a mais importante, diz respeito ao cuidado que o pesquisador deve ter no sentido de não fazer previsões muito fora do campo amostrado. Por exemplo, se o X amostrado vai de 25 a 50, demonstra a prática que ir muito além de 23 ou 22, para baixo, ou muito além de 52 ou 53, para cima, é perigoso, uma vez que não há garantia de que a nuvem de pontos mantenha a sua linearidade de forma constante. Outra observação importante refere-se à questão dos intervalos. É de boa prática que quaisquer previsões sejam feitas com certa margem de erro, de modo que discrepâncias com relação ao valor previsto possam ser produtivamente interpretadas. Finalmente, como terceira consideração, vem a questão do tamanho da amostra. Embora haja situações em que a escassez de dados obrigue o pesquisador a trabalhar com amostras muito pequenas, é de boa norma buscar amostras não muito inferiores a 20. No exemplo utilizado, trabalhamos com n = 5 por motivos de ordem puramente didática, uma vez que o objetivo era demonstrar a técnica e não apresentar cálculos demorados.

Outro aspecto que vale a pena examinar é o seguinte: a regressão pode ser utilizada, para fins de previsão, em situações em que a variável X vem expressa por uma série temporal, como é o caso do exemplo colhido em Stephen L. J. Smith,[5] em que o autor versa sobre a previsão da demanda e as tendências do mercado. Nesse trabalho, ele oferece um quadro que vincula o número de passageiros em viagens aéreas ao período que se estende de 1974 a 1982 através de uma equação de regressão. Observe a disposição dos dados e a equação resultante:

X	Y	XY	X^2	Y^2
74	515	38.110	5.476	265.225
75	534	40.050	5.625	285.156
76	576	43.776	5.776	331.776
77	610	46.970	5.929	372.100
78	679	52.962	6.084	461.041
79	754	59.566	6.241	568.516
80	748	59.840	6.400	559.504
81	752	60.912	6.561	565.504
82	764	62.648	6.724	583.696

Fonte: American Express, 1985.

Feitos os cálculos, resulta a seguinte equação de regressão:

$$Y_i = -2.117,7 + 35,6X_i$$

Para mostrar uma aplicação da fórmula acima, o autor propõe o seguinte problema: qual seria o valor de Y (passageiros) para o ano de 1984? A solução é simples: basta substituir na equação X por 84, de onde resulta o valor (provável) de 837 (milhões).

---

[5] Stephen L. J. Smith, *Tourism Analysis, a Handbook* (Londres: Addison-Wesley), p. 190 e ss.

A IMPORTÂNCIA DAS REVISÕES

Por mais que insistamos, nunca é demais repetir que qualquer pesquisa tem, na melhor das hipóteses, a qualidade dos dados coletados. Isso significa, em linguagem pouco acadêmica, que não há técnica capaz de produzir um produto de qualidade se a matéria-prima não for boa. E a matéria-prima, quando o objetivo é a construção de conhecimento, começa no próprio pesquisador e passa por vários estágios técnicos, alguns até já mencionados.

Para maior reflexão, vamos tecer alguns comentários relevantes.

1. Duas variáveis (X e Y) podem estar correlacionadas, sem, entretanto, haver entre elas relação de causa e efeito. Por exemplo, se X = número de pares de sapatos vendidos em determinado ano, numa região, e Y = quilos de arroz vendidos no mesmo período e na mesma região, certamente o r_{XY} será grande e positivo, o que significa que, à medida que uma das variáveis cresce (ou decresce), a outra cresce em paralelo (ou decresce). Em outras palavras, X e Y movem-se no mesmo sentido. Observe que nenhuma pessoa atenta — ainda que sem nenhum treinamento em estatística — concluiria que o crescimento de X determina o crescimento de Y ou vice-versa. Então como explicar esse "movimento" de variáveis no mesmo sentido? Simples: basta verificar que aumentando a população, aumenta a necessidade de calçados; pela mesma razão, aumenta a necessidade de alimentos. Portanto, as variáveis X e Y estão supostamente correlacionadas entre si, mas estão diretamente correlacionadas, cada uma, com uma terceira variável, Z, que é o aumento da população. Então, é até possível imaginar que Z possa ser a "causa" dos aumentos em X ou em Y, mas nada pode ser afirmado quanto à causalidade entre X e Y. Resumindo, podemos dizer o seguinte: se, dadas duas variáveis, uma for causa da outra, elas estarão obrigatoriamente correlacionadas; mas, se duas variáveis estiverem correlacionadas, elas não manterão entre si, obrigatoriamente, relação de causa e efeito.

2. Dando continuidade ao que ficou dito no item 1, examine a seguinte história: terminada a Segunda Guerra, determinada região do globo recebeu, ao longo do tempo, crescente número de cegonhas em suas praias. No mesmo período, as maternidades locais registraram crescente número de nascimentos. A correlação entre X = número de cegonhas e Y = número de bebês é alta e positiva, o que não significa que a já desgastada história que nos contavam a respeito da chegada dos bebês deva ser levada a sério! Uma possível explicação para essa correlação é a seguinte: terminada a guerra, os gastos que a determinada região tinha com material bélico, munições e soldos voltam para a economia, de modo geral; assim, mais dinheiro, mais abundân-

cia, mais alimentos, maiores desperdícios, mais lixo — lixo que do esgoto vai para o mar e dele para as praias, que é onde as cegonhas aportam para comer. Mas o término da guerra determinou mais uma coisa importante: o retorno dos soldados a suas respectivas casas e mulheres, formando-se assim a dupla ideal — e necessária — para a "fabricação" de bebês. Portanto, o fim da guerra é que é a causa do surgimento das cegonhas nas praias e dos soldados em suas casas. O resto fica por conta da natureza! A correlação entre número de cegonhas e número de bebês é espúria!

3. É possível extrair de um coeficiente de correlação uma informação adicional: determinar quanto das variações em Y decorre das variações em X. Dito de outro modo: quanto das variações em Y pode ser explicado pela regressão. No primeiro exemplo dado, onde X = investimentos e Y = aporte turístico, o r_{XY} foi da ordem de 0,94. Pois bem, se elevarmos esse coeficiente ao quadrado e multiplicarmos o resultado por 100, obteremos 88,36%, que exprime a "influência" que X exerce sobre Y. A parte que falta para completar 100%, isto é, 11,64%, corresponde ao que, no jargão estatístico, convencionou-se chamar acaso, isto é, uma variável ou um conjunto de variáveis que o pesquisador desconheça ou que, por alguma razão, decida ignorar. Isso tudo pode ser expresso por meio de duas fórmulas simples:

$$\text{Coeficiente de determinação} = CD = 100(r_{XY})^2 = 100(0,94)^2 = 88,36\%$$

$$\text{Coeficiente de alienação} = CA = 100\% - CD = 100\% - 88,36\% = 11,64\%$$

Então, é possível dizer que, no problema em foco, 88,36% das variações no fluxo de turistas devem-se às variações ocorridas nos investimentos; quanto aos 11,64%, correspondentes à porção não explicada pela regressão, é possível, sob a rubrica genérica de variação amostral ou acaso, cogitar de variáveis explicativas, que, entretanto, só ganham expressão se forem efetivamente testadas. Algumas dessas possíveis variáveis explicativas são: melhora no sistema de transportes, o que facilita o aporte turístico, aumento da oferta de restaurantes e de lanchonetes no local, incentivos fiscais para o desenvolvimento da região, intensificação de campanhas promocionais através dos variados meios de comunicação disponíveis, etc.

4. Em espaço tão curto, certamente não é possível pretender, mesmo que compactamente, oferecer um curso de estatística. Por outro lado, além das ideias gerais que já foram passadas, só é possível, ainda, acrescentar algumas considerações a respeito da construção de conhecimento específico e da lógica subjacente a essa

construção, que é a pesquisa. Sabemos que, embora o deslocamento de pessoas no espaço, com diferentes finalidades, sempre tenha existido na humanidade, a apropriação desses deslocamentos por uma área maior, mais abrangente, que é o lazer, é coisa mais recente e, por isso, carente de registros completos e de pesquisas que explorem o relacionamento das mais diversas variáveis participantes do composto turístico. Atenção, portanto, para os pontos arrolados abaixo.

a) Identificar o problema é de capital importância numa pesquisa. Sem isso, toda a pesquisa fica prejudicada, uma vez que não se torna possível fazer observações adequadas nem levantar hipóteses corretas. Se tal ocorrer, todo o trabalho será praticamente inútil.

b) A solução de um problema não depende apenas de técnicas estatísticas. Depende, bem na fase preliminar, da correta identificação de uma teoria que dê sustentação às ideias do pesquisador e o ajude a identificar corretamente as hipóteses de trabalho.

c) Lembrar sempre de que levantar hipóteses é exercitar criativamente o bom senso e a experiência, antecipando possíveis — ou prováveis — respostas ao problema.

d) Ao coletar dados, o pesquisador deve examinar a conveniência de trabalhar com uma amostra. Além disso, deverá ter toda a atenção possível em três aspectos da amostragem que constituem o diferencial entre uma boa e uma má amostra: tipo, tamanho e forma de coleta. Sob a rubrica tipo de amostra estão várias implicações, uma vez que, dependendo do problema, as amostras podem ser: probabilísticas, não probabilísticas, por conglomerados, por estágios múltiplos, com reposição, sem reposição, estratificada, de conveniência, etc. O tamanho de uma amostra é outro aspecto importante: cada problema requer uma amostra de tamanho específico, adequado ao tipo de questão que a investigação busca responder; daí que, se a amostra for superdimensionada, o pesquisador perde tempo com o seu manuseio além de incorrer em gastos desnecessários; e se ela for subdimensionada, deixará de dar as respostas com o rigor desejado. Finalmente, deve o pesquisador prestar muita atenção ao procedimento de coleta de seus dados, lembrando-se sempre de que, além de um critério, ele necessita de algum tipo de instrumento que possibilite tal coleta.

e) Dizer que uma pesquisa deve ter princípio, meio e fim é lugar-comum. Apesar disso, insistimos nesse ponto, porque, embora não seja nossa intenção "engessar" a criatividade do pesquisador, também não podemos concordar com a falta de ordem e disciplina no trabalho de produção de conhecimento, sob pena de os resultados não atenderem minimamente aos objetivos propostos. Assim, como mera sugestão, apresentamos a seguir os passos considerados indispensáveis para a realização de uma pesquisa:

- identificação do problema;
- objetivos;
- identificação de uma teoria-suporte;
- levantamento de hipóteses;
- coleta de dados;
- organização dos dados;
- tratamento dos dados;
- análise dos resultados;
- conclusões;
- relatório das conclusões.

5. É sempre conveniente colocar o problema sob a forma de uma pergunta, de modo que a conclusão, que é uma resposta, encontre "encaixe" natural. Sirvam de exemplos as seguintes perguntas:

- Será que pessoas jovens, que têm curso superior, viajam ao exterior mais do que pessoas de mesma faixa etária que só concluíram o curso médio?
- Será que a abertura promovida pelo atual papa aumentou o afluxo de turistas à chamada Terra Santa?
- Será que a proibição de fumar em aviões reduziu o afluxo turístico a Miami?

Obs.: A utilização da estrutura verbal *será que* tem como objetivo formatar a pergunta desde o primeiro momento de sua concepção. É evidente que outras opções servem igualmente bem, como o demonstram os exemplos a seguir agora refraseados:

- Pessoas jovens, com curso superior, viajam mais ao exterior do que pessoas de mesma idade que só concluíram o curso médio?
- A abertura promovida pelo atual papa aumentou o afluxo de turistas à Terra Santa?
- A proibição de fumar em aviões reduziu o afluxo turístico a Miami?

6. Por ser a estatística um método relativamente novo, ela se vale de inúmeros empréstimos de outros ramos do saber para efeito de nomenclatura. Um desses empréstimos está representado na palavra tratamento, que deve ter sido extraída da

medicina, ciência milenar, provavelmente a mais antiga de todas. Com a palavra tratamento o pesquisador designa o conjunto de ações que ele aplica aos dados coletados com vista a extrair deles as respostas ao problema proposto. A teoria e o tratamento como que "iluminam" o trabalho do pesquisador diante dos objetivos que ele persegue.

7. Dissemos anteriormente que a estatística é um método relativamente novo. Referimo-nos à estatística como método científico e não como no passado, há três ou quatro mil anos, na China e no Egito, ou, mais recentemente, no entorno da Era Cristã, na Roma dos césares, quando o seu objetivo era administrativo-descritivo, utilizada por governos que queriam ter controle sobre pessoas e propriedades.

Níveis de mensuração

Medir uma grandeza é atribuir a ela um número real de acordo com algum critério. O critério, que jaz na base de todo o processo de mensuração, leva em conta a escala utilizada nessa operação e os princípios que norteiam a ação que culmina na medida.

São quatro os níveis de mensuração. Do primeiro ao quarto nível as escalas tornam-se mais complexas, o número de princípios norteadores aumenta e a quantidade de informação resultante melhora.

Primeiro nível

Nesse nível, os numerais que são utilizados não exprimem realmente quantidades. São, por assim dizer, substitutos de nomes, donde a escala chamar-se nominal. O princípio regulador desse nível é o da equivalência/não equivalência, que diz: a itens de mesma categoria atribuem-se numerais de idêntica formação. Isso significa que não podemos atribuir a placas de automóveis números que lembrem telefones nem usar números de placas de automóveis para designar camisas de jogadores de futebol. Note, além disso, que os números atribuídos a telefones, a camisas de jogadores ou a automóveis podem facilmente ser substituídos por nomes — nomes dos respectivos donos. Por isso, não é possível realizar nenhuma operação aritmética com medidas de primeiro nível: afinal, as operações pressupõem quantidades e não nomes. Não teria sentido, com efeito, extrair a raiz quadrada do número de um telefone nem adicionar duas placas de automóveis. Os resultados não seriam passíveis de interpretação por não terem correspondente nominal.

Segundo nível

A escala deste nível denomina-se ordinal e deve o seu nome ao fato de possibilitar uma operação rudimentar que é a ordenação, ou seja, a colocação dos itens numa dada ordem segundo determinado critério. São dois os princípios que regem esse nível: o do primeiro nível mais o específico do segundo, que diz: os itens podem ser ordenados segundo possuam mais ou menos uma determinada característica. As notas escolares são um bom exemplo. Se Maria tirou 8,0 em determinada disciplina e João, 4,0 nessa mesma disciplina, é possível afirmar que Maria sabe mais do que João (ou que João sabe menos do que Maria), mas não tem sentido afirmar que Maria sabe o dobro do que João, porque duas fragilidades existem na escala. A primeira diz respeito ao fato de que o zero não é absoluto, ou seja, nota zero não significa ausência de conhecimento (mas apenas que, naquela prova, o aluno não conseguiu dar as respostas adequadas); a segunda refere-se ao fato de que as quantidades de conhecimento presumidas entre pontos contíguos da escala não são necessariamente iguais. Nesse nível não são permitidas operações aritméticas (embora as médias escolares sejam abundantemente calculadas!). Para dar conta de situações onde a escala de medida é de segundo nível existe uma estatística especial denominada não paramétrica. Um pequeno exercício de observação numa corrida de automóveis ou num aeroporto mostra claramente que os três primeiros lugares — ou as três primeiras chegadas — não distam igualmente uns dos outros: o primeiro pode chegar num dado momento, o segundo dali a cinco minutos e o terceiro somente passados vinte minutos.

Terceiro nível

No terceiro nível, a escala chama-se intervalar e caracteriza-se por possuir: princípios que norteiam os dois níveis anteriores e um zero relativo, isto é, um zero que funciona como ponto de referência, mas que não indica ausência do atributo medido, e uma escala graduada em intervalos iguais. O exemplo mais comum de uma escala desse tipo é a termométrica, onde o zero apenas indica uma temperatura bem baixa, mas, em hipótese alguma, ausência de calor, e as divisões, todas iguais entre si, representam os graus. Com os valores resultantes de uma escala de terceiro nível já é possível operar matematicamente, com uma ressalva: as operações de multiplicar e de dividir não são possíveis. Por outro lado, as operações de adição e de subtração podem ser realizadas sem nenhuma dificuldade. A razão disso é simples: se um corpo A estiver a 10 °C e um B, a 40 °C, é possível dizer que o corpo B está mais quente do que o A, mas não é possível afirmar que B seja quatro vezes mais quente do que o A. Isso é facilmente percebido se essas temperaturas forem convertidas para outra escala termométrica, a Fahrenheit, por exemplo, onde A estaria a 50 °F e B, a 104 °F. Se B fosse quatro vezes mais quente do que A, só porque 40 °C = 10 °C + 10 °C + 10 °C + 10 °C, então essa relação deveria continuar verdadeira na escala Fahrenheit, porque o que muda é a escala, e não a quantidade de calor que o corpo encerra. Entretanto, a simples observação mostra que 50 °F + 50 °F + 50 °F + 50 °F = 200 °F e não 104 °F, como seria lógico! Entretanto, se, em lugar dos próprios valores, trabalharmos com as diferenças entre eles, todas as operações matemáticas ganham sentido, o que pode ser observado no quadro a seguir:

Corpos	°C	Dif. em °C	°F	Dif. em °F
A	10		50	
B	20	20 − 10 = 10	68	68 − 50 = 18
C	40	40 − 20 = 20	104	104 − 68 = 36
D	100	100 − 40 = 60	212	212 − 104= 108

Observe o leitor que, em termos de diferenças, 20 = 2 x 10, da mesma forma que 36 = 2 x 18; que 60 = 6 x 10, da mesma forma que 108 = 6 x 18. Assim, valendo a operação de multiplicação, vale também a de divisão, que é o que queríamos demonstrar.

Quarto nível

O quarto nível é o ideal para trabalhos de natureza quantitativa, pois todas as operações matemáticas têm sentido e podem ser realizadas. A escala denomina-se racional e os princípios que lhe dão sustentação são idênticos aos do terceiro nível, com uma exceção: o zero da escala é absoluto, isto é, é zero mesmo! Assim, mensurações feitas em centímetros, polegadas, quilômetros, litros, centímetros quadrados, metros quadrados, centímetros cúbicos, quilos, toneladas, etc. podem ser submetidas a toda a sorte de operações (desde as simples quatro operações fundamentais até operações mais sofisticadas como potenciação, logaritmação ou radiciação).

Quinto nível

Há autores que admitem a existência de um quinto nível representado pela contagem. Por outro lado, a contagem poderia ser considerada um caso particular do quarto nível. De uma forma ou de outra, também nesse caso todas as operações matemáticas têm sentido e são, por isso, permitidas. Note que, do ponto de vista dos princípios, todos os do quarto nível estão presentes.

Considerações finais

Foram apresentados neste capítulo, de modo extremamente sucinto, alguns recursos estatísticos destinados a simples descrições de um grupo de dados ou, de forma um pouco mais sofisticada, técnicas que possibilitam análises para a tomada de decisões diante de incertezas.

Média, variância, desvio-padrão são estatísticas destinadas a descrever a realidade dos dados do jeito como se apresentam; qui-quadrado, correlação e regressão vão um pouco mais longe e dão ao pesquisador condições de levantar hipóteses (buscar "pistas") a respeito das populações de onde se originaram as amostras.

A seção sobre escalas de medida mostra que, no campo paramétrico, as estatísticas mencionadas no parágrafo acima só podem ser calculadas a partir do terceiro nível. A única exceção é o qui-quadrado — que pode ser aplicado ao primeiro nível desde que as as unidades que integram as categorias sejam contadas (como se pertencessem ao quinto nível).

REFERÊNCIAS BIBLIOGRÁFICAS

AGUADO, Carmen Fernández. *Manual de estadística descriptiva aplicada al sector turístico.* Madri: Síntesis, 1993.

COSTA, Sérgio Francisco. *Introdução ilustrada à estatística.* 3ª ed. São Paulo: Harbra, 1998.

_____."Receita para pesquisa: será que isso existe?". Em *Revista Brasileira de Ciência & Movimento*, v. 7, nºs 1, 3 e 4, São Paulo: Celafiscs/UniABC, 1993.

_____."O pesquisador e a estatística". Em *Estudos em Avaliação Educacional*, nº 16, Fundação Carlos Chagas, jul./dez. 1997.

GRAYBILL; IYER; BURDICK. Applied Statistics: a First Course in Inference. Nova York: Prentice-Hall, 1998.

LEVIN, Jack. *Estatística aplicada a ciências humanas.* Trad. Sérgio F. Costa. 2ª ed. São Paulo: Harbra, 1987.

SMITH, Stephen L. J. *Tourism Analysis, a Handbook.* Londres: Addison-Wesley.

Sobre os autores

Luiz Gonzaga Godoi Trigo (organizador)

Graduado em turismo e filosofia pela Pontifícia Universidade Católica (PUC) de Campinas e doutor em educação pela Unicamp. Professor titular da PUC-Campinas, docente do mestrado da Universidade do Vale do Itajaí (Univali-SC) e da Universidade de Las Palmas de Gran Canaria. Gerente corporativo do Centro de Educação em Turismo e Hotelaria do Senac de São Paulo. Membro da Association of Experts on Scientific Tourism (Aiest). Autor dos livros *Turismo e qualidade* e *A sociedade pós-industrial e o profissional em turismo*, da Editora Papirus, e *Turismo básico* e *Viagem na memória*, da Editora Senac São Paulo.

Ada de Freitas Maneti Dencker

Bacharel em ciências sociais, mestre em relações públicas e propaganda e doutora em ciências da comunicação pela Universidade de São Paulo (USP). Professora de metodologia científica da graduação em turismo da Universidade Paulista (Unip), professora de metodologia do planejamento turístico nos cursos de pós-graduação *lato sensu* das Faculdades Senac de Turismo e Hotelaria. Autora dos livros *Métodos e técnicas de pesquisa em turismo* e *Pesquisa empírica em ciências humanas*, da Editora Futura.

Adyr Balastreri Rodrigues

Doutora em ciências humanas e mestre em geografia pela USP, pós-doutorada em geografia do turismo pela Universidade Paris I. Professora do Departamento de Geografia da USP. Autora de diversos livros pela Editora Hucitec e de vários artigos em periódicos nacionais e internacionais. Membro da Associação de Geógrafos Franceses na área de turismo.

Beatriz Helena Gelas Lage

Bacharel em ciências econômicas pela Faculdade de Economia, Administração e Contabilidade (FEA-USP) e doutora em ciências da comunicação pela Fundação Instituto de Pesquisas Econômicas (Fipe-USP). Professora titular (graduação e pós-graduação) da Escola de Comunicações e Artes da USP, coordenadora do curso de pós-graduação em turismo da Fipe-USP e especialista em economia do turismo e teorias da comunicação. Organizadora do livro *Turismo, teoria e prática*, da Editora Atlas, e outras publicações nas áreas de economia e turismo.

GINO GIACOMINI FILHO

Doutor em comunicação pela USP. Professor de graduação e de pós-graduação na Escola de Comunicações e Artes (ECA-USP), especialista em marketing e propaganda, professor do Centro Universitário Municipal de São Caetano do Sul (SP), das Faculdades Senac de Turismo e Hotelaria e da Univali-SC. Autor de *Consumidor X propaganda*, da Editora Summus.

HAROLDO LEITÃO CAMARGO

Doutor em história social pela Faculdade de Filosofia, Letras e Ciências Humanas (FFLCH) da USP. Pró-reitor de pós-graduação e pesquisa, professor de patrimônio cultural no mestrado de turismo, foi coordenador de graduação e pós-graduação dos cursos de turismo e administração hoteleira do Centro Universitário Ibero-Americano (Unibero). Atuou como historiador do Conselho de Defesa do Patrimônio Histórico, Artístico, Arqueológico e Turístico (Condephaat) da Secretaria da Cultura do Estado de São Paulo, de 1982 a 1996.

JOANDRE ANTONIO FERRAZ

Mestre pela Faculdade de Direito da USP. Professor da Fundação Getúlio Vargas (FGV) de São Paulo e advogado de entidades e empresas de turismo.

LUÍS MORETTO NETO

Mestre em geografia pela Universidade Federal de Santa Catarina (UFSC), especialista em administração pública pela Universidade do Estado de Santa Catarina (Udesc) e graduado em administração pela UFSC. Coordenador do Programa de Turismo Empreendedor da UFSC e autor de vários artigos sobre turismo.

MÁRIO CARLOS BENI

Doutor, livre-docente e professor titular em turismo, leciona nos cursos de mestrado e doutorado da ECA-USP e em outros cursos de pós-graduação em turismo no país. É editor associado do Annals of Tourism Research, da Winsconsin University. Pertence à Associação Mundial para a Formação em Turismo e Hotelaria (Amforth), à Aiest e à International Academy of Tourism.

Paulo Cesar Milone

Professor de graduação e pós-graduação da Faculdade de Economia, Administração e Contabilidade (Fipe) da USP, coordenador do curso de pós-graduação em turismo da Fipe-USP. Especialista em economia internacional e desenvolvimento econômico e pesquisador da Fipe-USP. Organizador do livro *Turismo, teoria e prática*, da Editora Atlas, e outras publicações nas áreas de economia e turismo.

Paulo dos Santos Pires

Doutor em geografia humana pela USP, mestre em engenharia florestal pela Universidade Federal do Paraná (UFPR), graduado em engenharia florestal pela Universidade Federal de Santa Maria (UFSM), RS. Professor de graduação e pós-graduação da Univali-SC, consultor da Fundação O Boticário de Proteção da Natureza (PR). Autor de vários artigos em periódicos especializados.

Rui Otávio Bernardes de Andrade

Doutor, livre-docente pela Universidade Gama Filho (UGF-RJ), mestre em administração pela FGV-RJ, *master* em Business Administration pela Concordia University (EUA) e graduado em administração de empresas e em direito. É presidente do Conselho Federal de Administração, da Wiaworld Institute of Administration de Miami (EUA) e membro da Comissão do Exame Nacional de Cursos de Administração. É professor universitário na área de administração e conferencista nacional e internacional. Autor dos livros *Gestão ambiental*, da Editora Makron, e *Gestão de instituições de ensino*, da Editora FGV.

Sérgio Francisco Costa

Graduado em pedagogia e letras, mestre em psicologia da educação, doutor em comunicações pela USP. Autor de *Método científico: os caminhos da investigação*, da Editora Harbra, e de vários livros sobre estatística. É professor em várias universidades.